컴퓨터 기반의 제어와 계측

LabVIEW 2009 (한글판)

LabVIEW는 컴퓨터 기반의 제어와 계측 어플리케이션을 구현하는 완벽한 솔루션입니다.
본 책자는 LabVIEW 2009 시작하기와 어플리케이션 구현에 대한 예제 따라하기와 해설로 구성된 완벽한 해설서입니다.

곽두영 지음

Ohm사

추천글

LabVIEW 2009 교재 출간을 진심으로 축하합니다.

LabVIEW 2009는 4년 만에 출시되는 메이저 버전입니다.
그 4년 동안 멀티코어 프로세스의 발전과 Web 2.0, 3세대 이동 통신의 정착, 한국형 로켓 발사 프로젝트 등 여러 분야에서 비약적인 기술 발전을 선보였습니다. 기존의 자동차, 핸드폰, 해양조선 및 의료 분야를 비롯해서 최근에는 태양광, 풍력, LED, 연료 전지, 전기 자동차 등이 업계의 핵심 키워드입니다. 또한 교량 및 건물의 안전 모니터링, 핵융합 실험(KSTAR), 등이 많은 주목을 받고 있습니다.

LabVIEW는 급변하는 최신 기술 및 산업 동향을 수용하기 위하여 매년 새로운 버전을 출시하는 것을 목표로 하고 있습니다. 이것은 LabVIEW 사용자들이 조금이라도 빨리 최신 기술에 LabVIEW를 접목하여 보다 앞서나갈 수 있도록 돕겠다는 의지의 표명입니다. 더욱이 올해에는 "Do More"라는 컨셉 하에 LabVIEW 2009가 출시되었습니다. LabVIEW 2009는 더 다양한 산업 영역에서, 더 다양한 어플리케이션에서, 그리고 더 다양한 환경에서 성공적인 프로젝트를 수행할 수 있도록 엔지니어의 든든한 기반이 될 것입니다.

LabVIEW의 지속적인 발전과 함께 국내 사용자 층이 매우 두꺼워지고 있는 것도 사실입니다. 마이랩뷰와 같은 커뮤니티의 성장뿐 아니라 20여 권의 다양한 LabVIEW 서적이 출판되어 LabVIEW 개발자들에게 많은 도움을 주고 있습니다. 그러나 최신 버전에 대한 서적은 아무래도 뒤늦게 출간되기 마련입니다. 이러한 때에 LabVIEW의 기본적인 설명과 함께 새로운 기능에 대한 내용을 충분히 학습할 수 있도록 길잡이가 되어 줄 책이 나와 반갑기 그지 없습니다. 초안을 먼저 읽어본 영광을 안게 된 저로서는 이 책이 LabVIEW 개발자로서 경력을 시작하려는 많은 엔지니어와 과학자 여러분들의 갈증을 해소해 드리는 단비가 될 것임을 믿어 의심치 않습니다. 더불어 앞으로도 LabVIEW가 업그레이드될 때마다 저자의 새로운 책이 출간되기를 기대해 봅니다.

감사합니다.

한국내쇼날인스트루먼트
대표이사 김 주 엽

머리글

컴퓨터를 이용하면 많은 일을 할 수 있습니다. 컴퓨터 게임을 할 수 있고, 웹 브라우저에서 신문을 읽고, 문서를 작성할 수 있습니다. 이메일로 정보를 전달하고, 메신저로 실시간 대화를 할 수 있습니다. 그리고 자연스럽게 생활의 일부가 된 컴퓨터는 모든 영역으로 어플리케이션이 확산되었습니다. 컴퓨터를 이용하여 온도를 측정하고, 압력을 측정하고, 소음이나 진동을 측정합니다. 그리고 이렇게 측정한 데이터를 파일로 저장하고 분석하고 리포트를 만들 수 있고, 웹 브라우저로 정보를 공유할 수 있습니다. 작은 실험실에서 기초적인 실험을 할 때도 컴퓨터를 이용하고, 한국 최초의 우주 발사체인 나로호를 만들 때도 컴퓨터를 이용한 제어 및 계측이 이루어집니다.

컴퓨터를 다룰 수 있으면 여러분에게 무한한 기회가 주어집니다. 여러분이 구상한 여러 어플리케이션에 제어 및 계측 프로그래밍을 추가할 수 있고, 새로운 기술을 익혀서 발전시킬 수도 있습니다. 그러나 컴퓨터를 마음대로 다루기 위해서는 프로그래밍 언어를 알아야 됩니다. 누군가 다른 사람이 내게 필요한 프로그램을 짜주기를 마냥 기다릴 수는 없습니다. 직접 프로그래밍을 할 수 있어야 됩니다.
LabVIEW는 컴퓨터를 이용한 제어 및 계측 어플리케이션에 최적인 프로그래밍 언어입니다. 그래픽 G 언어이므로 직관적으로 여러분들의 아이디어를 구현할 수 있고, 다양한 예제를 이해하고 내 프로젝트에 적용시킬 수 있습니다. 그리고 엔지니어들이 쉽게 접근할 수 있고, 빨리 익힐 수 있습니다.

저자는 프로그래밍 경험이 없는 일반 엔지니어들도 쉽게 LabVIEW를 배워서 사용할 수 있도록 LabVIEW 해설서를 써오고 있습니다. 그리고 본 책자는 LabVIEW 2009 버전에 맞추어 집필되었습니다. LabVIEW 8.6 (한글판) 책을 기반으로 하였으며, 2009 버전의 새로운 기능과 최근 기술 동향에 맞추어 수정 집필되었습니다. 특히 LabVIEW의 국제 공인 자격증 시험인 CLAD와 CLD를 준비하는 분들이 참고할 수 있는 내용도 엄선하여 수록하였습니다.

LabVIEW는 새로운 기술의 빠른 발전에 바로 대응하기 위하여 매년 새로운 버전이 출시됩니다. 그래서 새로운 기술을 익히는 일에 끝이 없듯이 새로운 LabVIEW 기능을 익히는 일에도 끝이 없을 것입니다. 경우에 따라서는 LabVIEW를 통하여 새로운 기술 동향을 파악할 수도 있을 것입니다. 저자는 LabVIEW의 최신 버전에 대한 정보를 가장 빨리 얻을 수 있는 위치에 있고 최대한 빨리 새로운 버전에 대한 해설서를 만들었습니다. 초보자도 이해하기 쉽게 새로운 기능들을 소개하는 것을 목표로 하였지만, 미진한 점이 많을 것이라고 생각됩니다.

많은 도움을 주신 한국내쇼날인스트루먼트 김주엽 대표이사님과 직원 분들께 감사드립니다. 그리고 책을 출판해주신 Ohm사 곽종학 사장님과 직원 분들께도 감사드립니다.

사랑하는 아내 창은과 아들 주형, 주환에게 이 책을 바칩니다.

2009년 9월 3일
곽두영

차례

제 1 장 LabVIEW 소개

제 2 장 배열 및 클러스터, SubVI 만들기, VI 스니핏

제 3 장 기본구조 및 복잡한 수식 연산

제 4 장 구조 및 파일 저장

제 5 장 데이터 수집 기초

제 6 장 인스트루먼트 컨트롤

제 7 장 LabVIEW 프로젝트 및 데이터 전송

제 8 장 여러 가지 기법

제 1 장

LabVIEW 소개

LabVIEW의 기본 구성과 변수 타입에 대하여 배워 봅니다.

가. LabVIEW의 구성

LabVIEW는 두 개의 창과 세 개의 팔레트로 구성되어 있습니다. 두 개의 창은 **프런트패널과 블록다이어그램**이며, 세 개의 팔레트는 **컨트롤 팔레트, 함수 팔레트**, 그리고 **도구 팔레트**입니다.

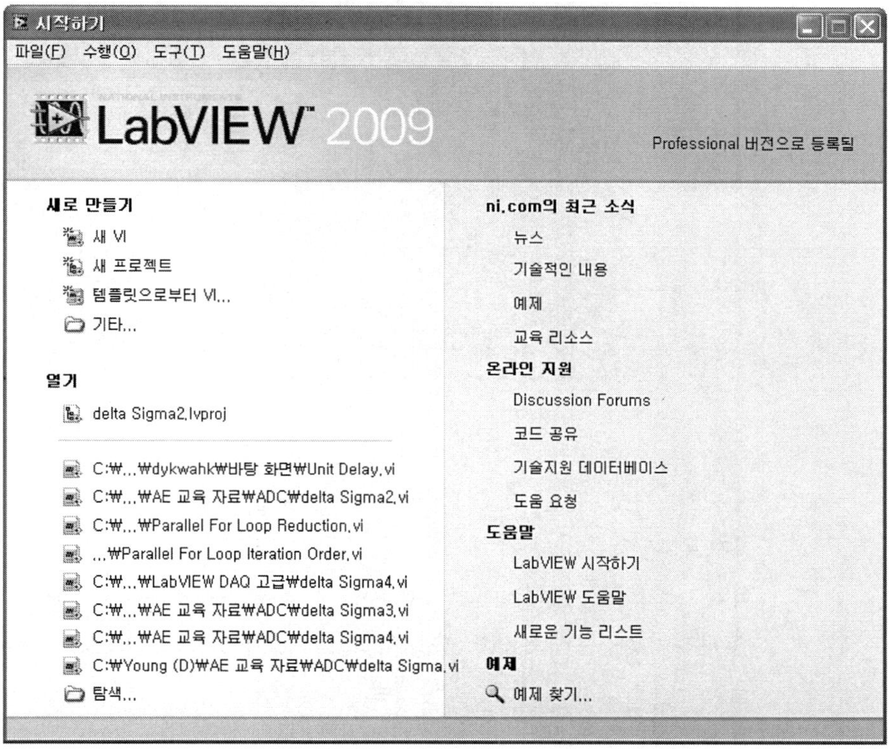

먼저 LabVIEW 시작하기에서 단축키 〈Ctrl + N〉을 사용하거나, **파일(F) 〉 새 VI**을 선택하여 새 VI를 만듭니다.

참고 LabVIEW로 작성한 프로그램을 VI라고 부릅니다. 여기에서 VI는 Virtual Instruments의 약자입니다. 또한 VI의 확장자명은 ***.vi**입니다.

참고 VI만 만드는 방법이 있고, 프로젝트를 만들고 프로젝트 속에 VI를 추가하는 방법이 있습니다. 이때 프로젝트의 확장자명은 ***.lvproj**입니다. 그러나 간단한 프로그래밍에서는 VI만으로도 충분합니다. 프로젝트에 대해서는 7장에서 배울 것입니다.

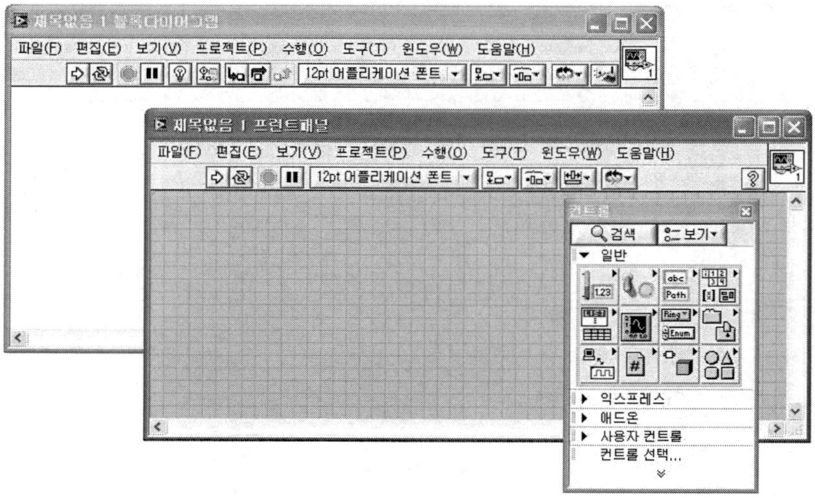

단축키 〈Ctrl + S〉나 상단 메뉴의 파일(F) 〉 저장(S)을 이용하여 새로운 이름으로 저장합니다.

회색 창이 **프런트패널**이고 흰색 창이 **블록다이어그램**입니다. 그리고 각 창에는 대응되는 팔레트가 있습니다. 프런트패널에는 **컨트롤 팔레트**가 대응되며, 블록다이어그램에는 **함수 팔레트**가 대응됩니다. 도구 팔레트는 두 창에서 모두 사용할 수 있습니다.

컨트롤 팔레트나 함수 팔레트가 나타나지 않았을 경우에는 해당 창의 빈 공간에서 마우스의 오른쪽 버튼을 클릭하면 대응되는 팔레트를 임시로 나타낼 수 있습니다. 그리고 팔레트를 계속 고정시키고 싶을 경우에는 아래와 같이 핀으로 고정합니다.

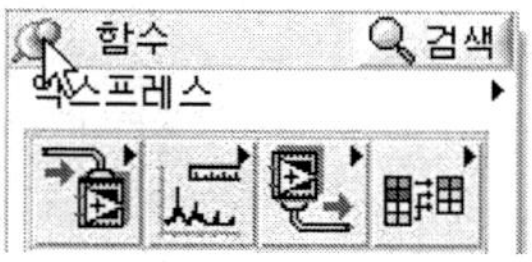

팔레트에 보이는 항목을 변경하고자 할 경우에는 다음과 같이 **보기 〉 보이는 항목 변경**을 선택하여 **보이는 항목 변경** 창을 실행할 수 있습니다. 사용하지 않는 항목은 선택해제하면 될 것입니다.

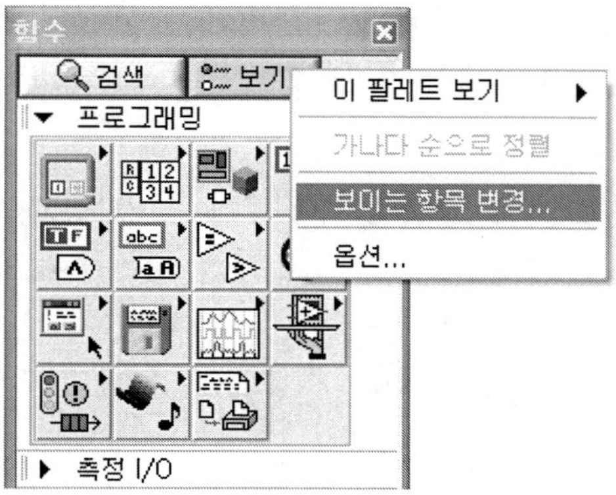

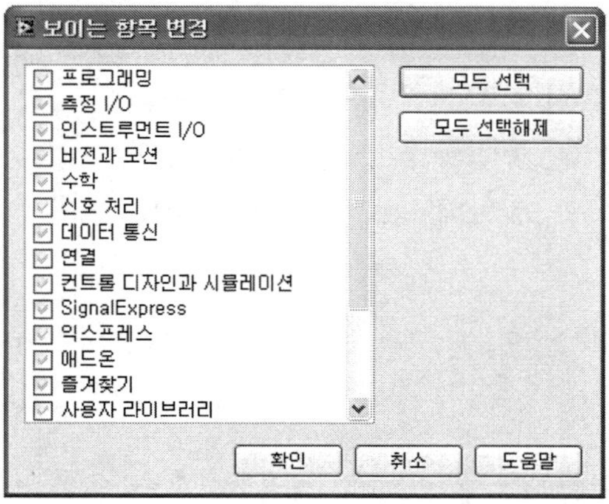

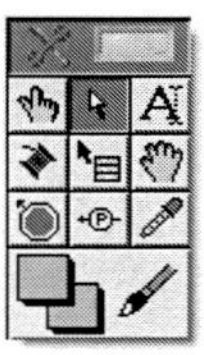

도구 팔레트는 프런트패널과 블록다이어그램 모두에서 사용할 수 있는 팔레트입니다. 도구 팔레트는 마우스의 여러 가지 기능을 선택하는 팔레트입니다. LabVIEW는 그래픽 기반의 프로그래밍 언어이므로, 컴퓨터 마우스의 역할이 중요합니다. 마우스로 아이콘을 선택하거나, 문자/라벨을 입력하거나, Run 버튼을 클릭하거나, 아이콘의 색을 변경하는 등의 다양한 역할을 수행해야 됩니다. 이때 각 역할을 지정하는 것이 도구 팔레트입니다.
도구 팔레트는 프런트패널이나 블록다이어그램의 빈자리에서 〈Shift + 마우스 오른쪽 버튼 클릭〉으로 띄울 수 있습니다.

도구 팔레트에서 10가지 도구를 선택할 수 있지만, 실제로 많이 사용하는 도구는 그중 일부입니다. 그래서 일반적으로 자동 도구 선택으로 지정하고, 자주 사용되는 도구가 자동으로 선택되도록 설정합니다. 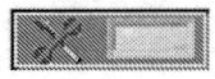 **자동 도구 선택 버튼**이 선택되었을 경우에는 자동으로 가장 적합한 마우스 도구를 선택해줍니다. 그러나 색 도구 등을 사용하기 위해서는 도구 팔레트를 띄워서 원하는 도구를 선택해야 됩니다.
만약 자동 도구 선택으로 지정하지 않았을 경우에는 키보드의 〈스페이스〉나 〈탭〉 키로 도구를 변경하여 선택할 수 있습니다. 〈스페이스〉 키는 가장 많이 사용되는 두 가지 도구를 변경/지정 할 때 사용하고, 〈탭〉 키는 도구들을 순차적으로 바꾸어 지정할 때 사용합니다.

⌘ 프런트패널

프런트패널은 다른 말로 사용자 인터페이스(User Interface)라고 부릅니다.
사용자는 숫자형 입력이나, 버튼 입력, 웨이브폼 그래프 등을 이용하여 사용자 인터페이스를 구성할 수 있습니다. 이러한 아이콘들은 컨트롤 팔레트에서 찾을 수 있습니다.
특히 LabVIEW가 실행 모드일 때 사용자가 접하고 이용하는 부분이 프런트패널입니다.

컨트롤 팔레트에서 필요한 아이콘을 찾은 다음, 마우스 왼쪽 버튼으로 선택합니다. 그리고 다시 프런트패널의 원하는 위치를 클릭하면, 다음과 같이 아이콘을 위치시키고 프런트패널을 구성할 수 있습니다.

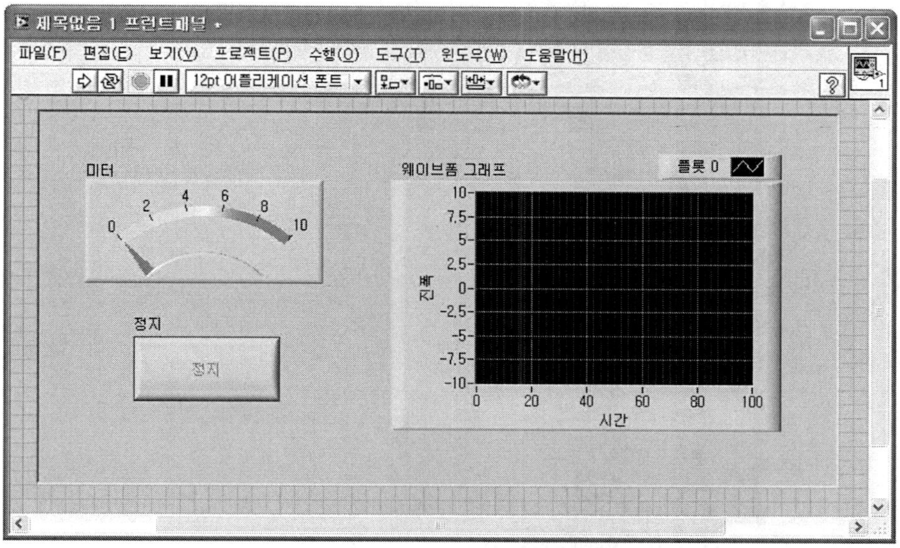

⌘ 블록다이어그램

LabVIEW에서 블록다이어그램은 프로그램을 작성하는 창입니다. 프런트패널에 아이콘을 위치시키면 이에 대응되는 터미널이 블록다이어그램에 생성됩니다. 그리고 사용자는 이 터미널들과 함수 팔레트에서 제공되는 함수를 와이어로 연결하여 프로그램을 완성할 수 있습니다.

다음과 같이 프런트패널에 숫자형 컨트롤을 위치시키면 블록다이어그램에 대응되는 숫자형 터미널이 생성됩니다. 이와 같이 프런트패널의 컨트롤에는 항상 대응되는 터미널이 한 개 존재합니다. 숫자형 컨트롤은 컨트롤 〉 일반 〉 숫자형 팔레트에서 찾을 수 있습니다.

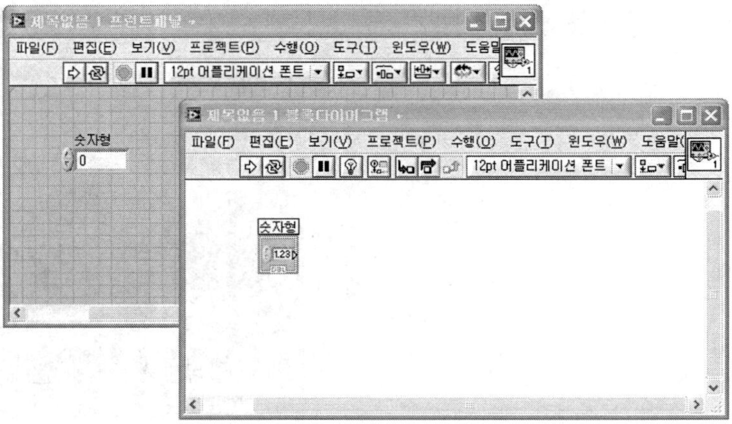

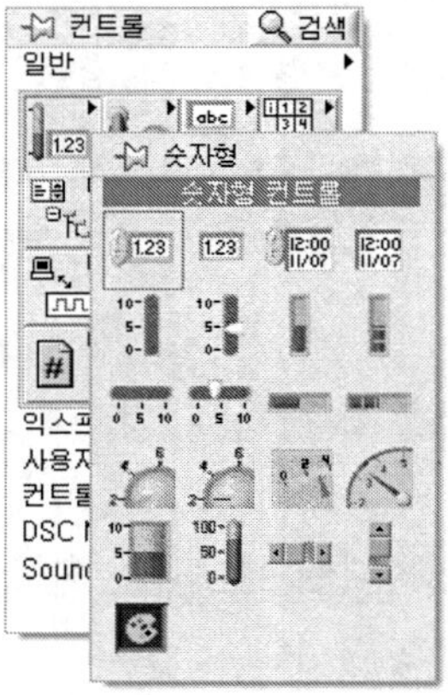

참고 메뉴바에서 수행(O) 〉 **실행 모드로 변경**을 선택하면, 실행 모드로 변경됩니다. 실행 모드에서는 실행은 가능하지만 프로그램을 수정하거나 추가할 수 없습니다.

⌘ 컨트롤과 인디케이터

프런트패널의 객체는 **컨트롤**과 **인디케이터**로 나누어집니다.

컨트롤은 사용자 입력을 위한 객체입니다. 그리고 인디케이터는 프로그램의 실행 결과를 출력하는 객체입니다.

그리고 LabVIEW에서 데이터의 흐름은 항상 컨트롤에서 인디케이터로 흐르게 되므로 와이어를 컨트롤에서 인디케이터로 연결해야 합니다. 이 규칙을

따르지 않으면 실행 버튼이 깨어져서 VI를 실행할 수 없습니다. 
연습 1을 통하여 컨트롤과 인디케이터의 차이점과 용도에 대하여 상세히 배울 수 있을 것입니다.

참고 LabVIEW는 와이어에 의한 데이터 흐름 구조로 구성됩니다. 특히 와이어의 연결 방향은 항상 왼쪽에서 오른쪽입니다. 데이터도 와이어를 따라 왼쪽에서 오른쪽으로 흘러갑니다. 또한 블록다이어그램의 실행 순서도 와이어의 데이터 흐름에 따라서 결정됩니다.

⌘ 도구바

프런트패널과 블록다이어그램의 도구바를 이용하여 실행 및 디버깅, 정렬, 문자 폰트 변경 등을 수행할 수 있습니다.

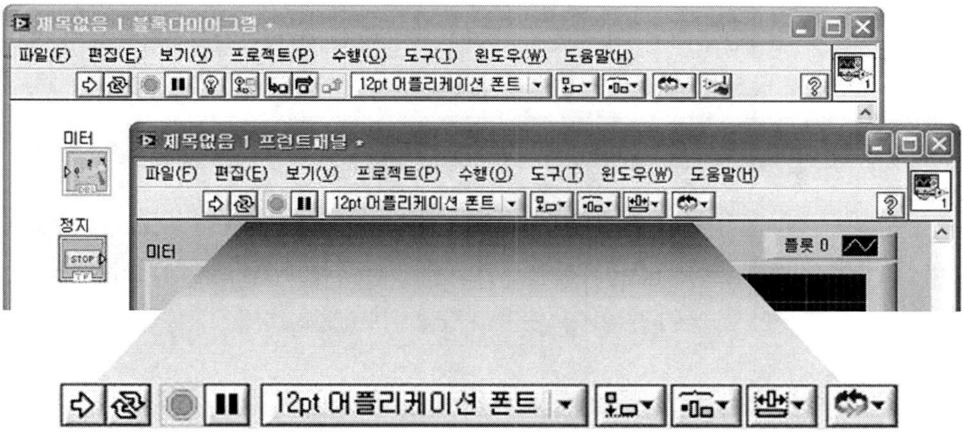

 실행

 디버깅 반복실행

 강제종료 및 일시정지

 아이콘 정렬: 상하좌우 줄맞추기, 간격 맞추기, 크기 맞추기, 앞뒤 아이콘 위치 바꾸기, 그룹 지정 및 해제

블록다이어그램 도구바

실행 하이라이트

다이어그램 정리: 아이콘과 와이어 정리, 특히 블록다이어그램의 일부를 마우스로 선택한 다음, 다이어그램 정리를 클릭하면 선택된 부분만 정리됩니다. (2009 버전부터 가능함)

⌘ 단축키

LabVIEW에서는 OS에서 제공되는 기본적인 단축키와 LabVIEW 전용 단축키를 사용할 수 있습니다. 특히 대부분의 메뉴 항목과 단축메뉴의 항목들이 단축키를 가지고 있으므로 마우스의 조작을 최소화하면서 좀더 편리하게 프로그래밍을 할 수 있습니다. 많이 사용되는 단축키를 다음과 같이 소개합니다.

삭제

프런트패널이나 블록다이어그램에서 아이콘을 삭제하고자 할 경우에는 해당 아이콘을 선택하고 〈Delete〉 키로 삭제할 수 있습니다.

복사 및 붙여넣기

복사의 단축키 〈Ctrl + C〉와 붙여넣기의 단축키 〈Ctrl + V〉를 이용할 수 있습니다. 또는 복사할 아이콘을 선택한 다음, 〈Ctrl〉 키를 누른 상태에서 끌어서 옮기면 아이콘을 복사할 수 있습니다.

아이콘 사이의 공간 넓히기

아이콘들 사이에 공간을 새로 확보하고자 할 경우에는 〈Ctrl〉 키를 누른 상태에서 아이콘 사이의 공간에 필요한 만큼의 공간을 드래그해줍니다.

실행 취소 및 다시 실행

실행 취소 혹은 되돌리기의 단축키인 〈Ctrl + Z〉와 다시 실행의 〈Ctrl + Shift + Z〉를 이용하여 프로그래밍 과정을 되돌리거나 되돌린 것을 다시 실행할 수 있습니다.

깨어진 와이어 제거

블록다이어그램에서 깨어진 와이어를 제거하기 위해서, 와이어들을 일일이 마우스로 선택하고 〈Delete〉 키를 이용하여 제거할 수도 있습니다. 그러나 단축키 〈Ctrl + B〉를 이용하면, 블록다이어그램이 있는 모든 깨어진 와이어를 제거할 수 있습니다.

블록다이어그램 정리

단축키 〈Ctrl + U〉를 이용하여 블록다이어그램의 아이콘과 와이어를 자동으로 정리할 수 있습니다. 도구바의  **다이어그램 정리**와 동일합니다.

프런트패널과 블록다이어그램 전환

프런트패널과 블록다이어그램에서 활성화된 창에서 다른 창으로 전환하고자 할 경우, 단축키 〈Ctrl + E〉를 사용합니다.
그리고 프런트패널을 왼쪽으로 블록다이어그램을 오른쪽으로 위치하게 할 경우에는 단축키 〈Ctrl + T〉를 이용합니다.

다음 연습을 통하여 숫자형 컨트롤과 숫자형 인디케이터를 사용하는 방법과 차이점을 확인하고, 팔레트와 도구 사용에 대하여 익힙니다.

연습 1-1. 숫자의 더하기와 빼기

숫자 두 개를 입력받아서 더하고 빼는 VI를 만들어봅니다.

⌘ 프런트패널

1. 컨트롤 〉 일반 〉 숫자형 팔레트에서 1.23 **숫자형 컨트롤** 두 개를 프런트패널에 위치시킵니다. 아이콘을 선택하고 프런트패널에 끌어놓습니다.

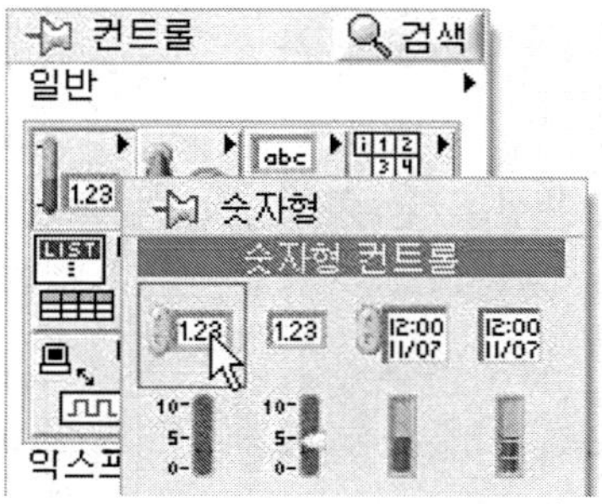

2. 라벨을 각각 a와 b로 바꿉니다. 도구 팔레트가 자동선택으로 설정되어 있을 때는, 고치고 싶은 라벨을 더블클릭하여 바꿀 수 있습니다. 또는 문자 입력 도구 A을 이용하여 라벨을 바꿀 수 있습니다.

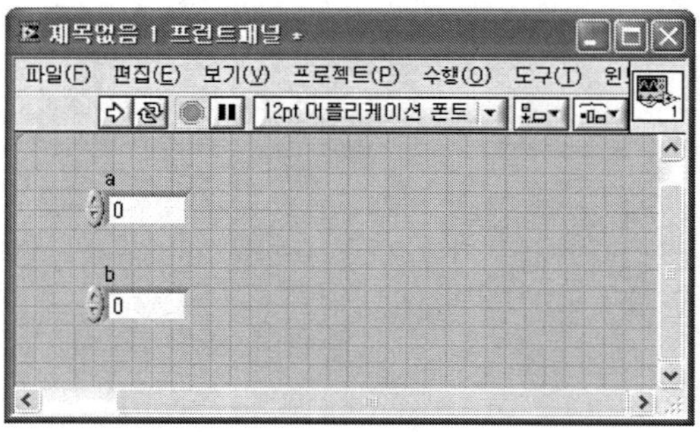

3. 컨트롤 〉 일반 〉 숫자형 팔레트에서 1.23 **숫자형 인디케이터** 두 개를 가지고 와서 프런트패널에 위치시키고, 라벨을 a+b와 a-b로 바꿉니다. 또한

을 이용하여 정렬합니다.

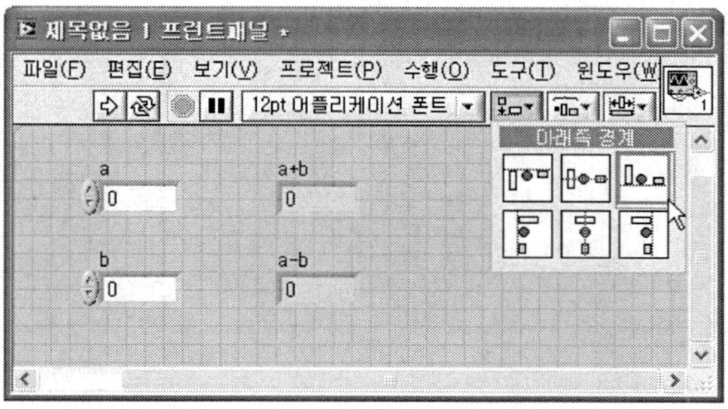

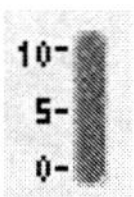

4. 컨트롤 〉 일반 〉 숫자형 팔레트에서 **수직 채움 슬라이드** 두 개를 가지고 와서 프런트패널에 놓습니다.
5. [슬라이드 2]를 마우스로 선택하고 마우스의 오른쪽 버튼을 클릭하면 **단축메뉴**가 나타납니다. 여기에서 **인디케이터로 변경**을 찾아서 선택해줍니다. 수직 채움 슬라이드의 초기 상태는 컨트롤이므로 [슬라이드 2]는 인디케이터로 바꿔준 것입니다.

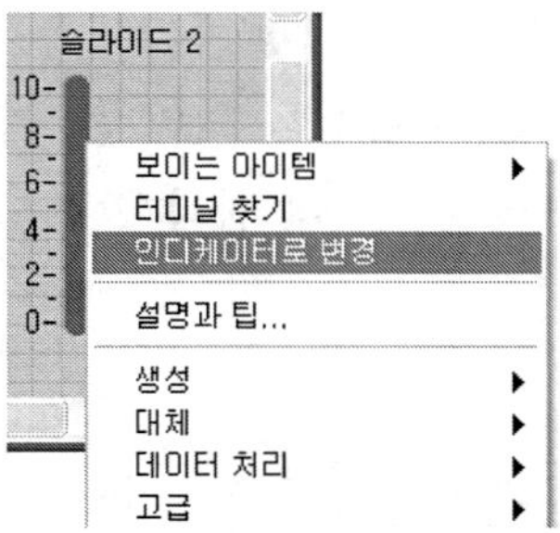

참고 **단축메뉴** : LabVIEW는 아이콘을 이용하여 프로그래밍을 하기 때문에 객체의 세부적인 설정은 단축메뉴를 이용하여 바꿔야 됩니다. 위와 같이 객체를 선택하고 마우스의 오른쪽 버튼을 클릭하여 단축메뉴를 나타낼 수 있습니다.

6. 프런트패널을 다음과 같이 정리합니다.

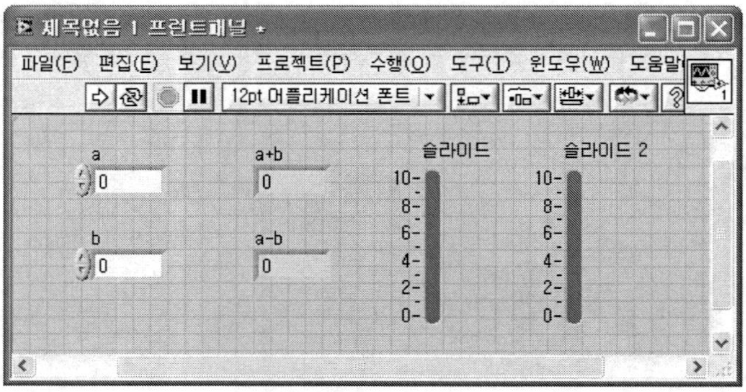

숫자형 컨트롤과 인디케이터는 프런트패널의 모양으로 구분이 가능하지만, 슬라이드는 구분할 수 없습니다. [슬라이드]와 [슬라이드 2]는 모양은 같지만, [슬라이드]는 컨트롤이고 [슬라이드 2]는 인디케이터입니다. 이때 컨트롤인지 인디케이터인지 정확히 구분하기 위해서는 각 아이콘에 대응되는 터미널을 확인해야 됩니다.

은 **컨트롤**이고 은 **인디케이터**입니다. 굵은 테두리는 컨트롤을, 얇은 테두리는 인디케이터를 의미합니다. 이때 주황색은 실수 형태의 숫자형임을 의미하고 DBL DBL은 배정도실수형임을 의미합니다. 흰색 삼각형 ▷ 위치도 서로 다릅니다. 컨트롤은 나가는 쪽에 삼각형이 있고 인디케이터는 들어오는 쪽에 삼각형이 있습니다.

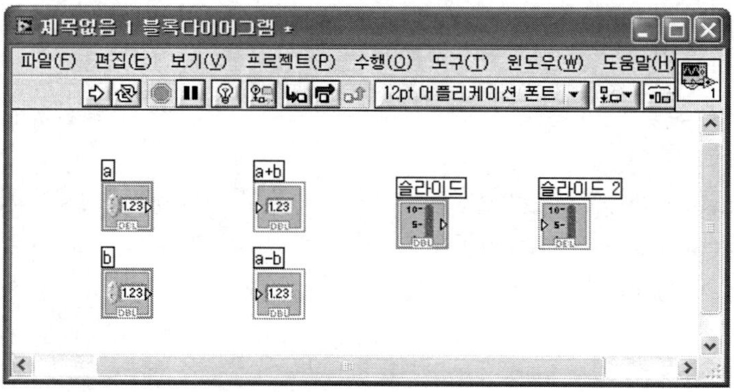

⌘ 블록다이어그램

7. 함수 〉 프로그래밍 〉 숫자형 팔레트에서 더하기와 빼기를 찾아서 위치시키고 와이어를 연결합니다. 이때 **기본 도움말**을 이용하여 정확한 연결위치를 확인합니다.

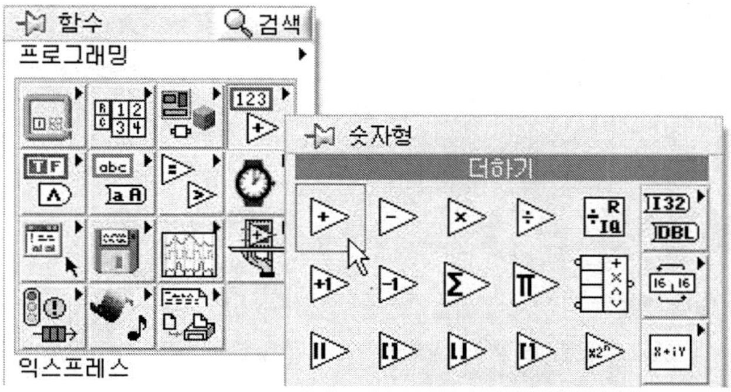

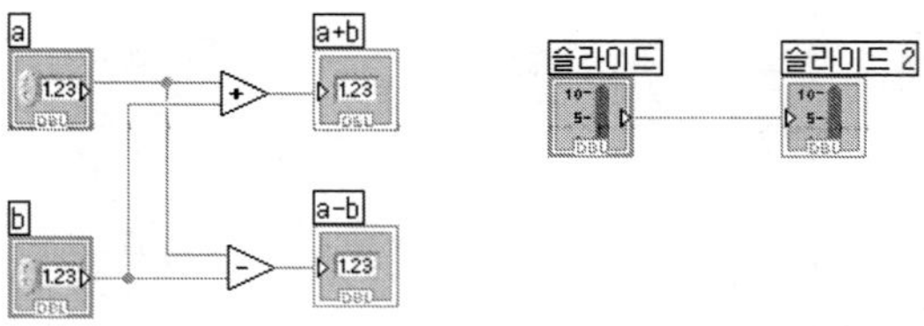

참고 **기본 도움말**은 단축키 〈Ctrl+H〉나, 도움말(H)에서 **기본 도움말 보이기(H)**를 선택하거나 또는 윈도우 창의 오른쪽 상단에 있는 [?]을 클릭하여 사용할 수 있습니다. 기본 도움말은 마우스로 지시한 아이콘의 역할과 와이어 연결 방법을 알려줍니다. 사용자가 마우스로 아이콘을 선택하면 아래와 같이 기본 도움말을 볼 수 있습니다. 아래는 더하기 함수 노드가 x와 y 값을 입력받고, x+y값을 출력한다는 것을 알려주는 기본 도움말 창입니다.

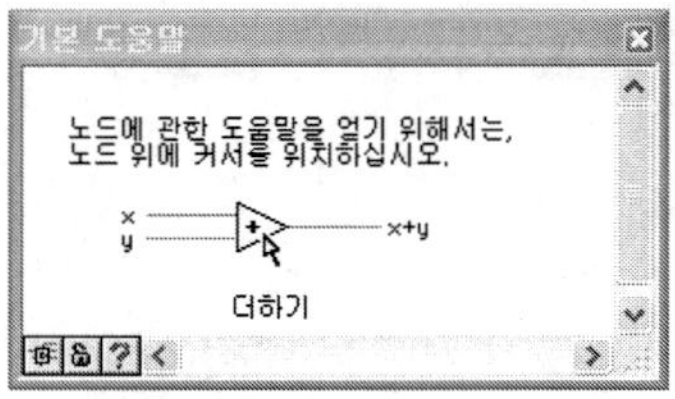

8. 더하기와 빼기.vi로 저장합니다. 단축키는 〈Ctrl+S〉입니다.
9. 프런트패널로 다시 돌아와서 컨트롤인 [a], [b], [슬라이드]에 값을 입력하고 VI를 실행합니다.

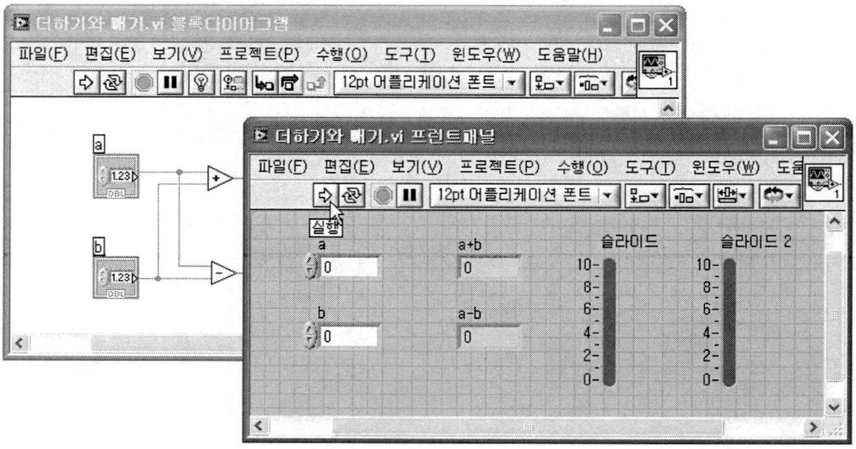

참고 VI의 이름은 한글이나 영문을 모두 사용할 수 있습니다. 그러나 Real Time OS와 같은 임베디드 솔루션을 개발하는 경우에는 OS에서 한글을 인식할 수 없는 경우가 있으므로, 영문 이름과 폴더 명을 사용하는 것이 안전합니다. 영문VI 이름에서 대문자와 소문자를 구분하지 않습니다.

참고 처럼 실행 버튼이 깨어진 경우는 깨진 와이어가 있거나, 꼭 필요한 와이어를 연결하지 않은 경우입니다. 깨진 와이어는 단축키 〈Ctrl+B〉를 이용하여 없앨 수 있습니다. 또는 상단 메뉴의 편집(E) 〉 **깨진 와이어 제거(B)**를 이용하여 없앨 수도 있습니다.

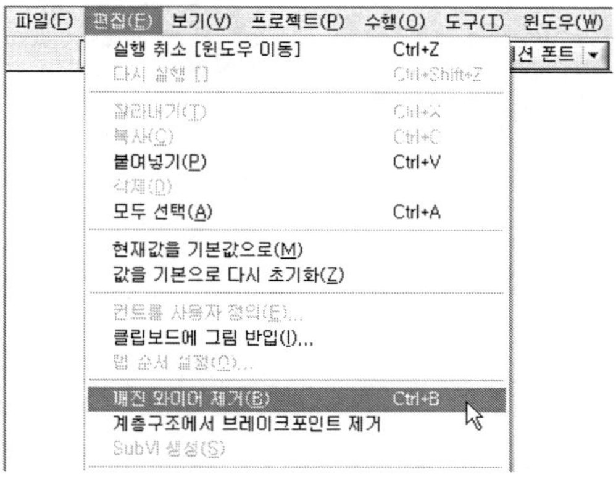

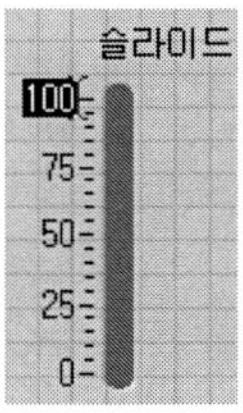

10. 슬라이드 눈금의 최대값을 10에서 100으로 바꿔줍니다. 최대값을 더블클릭하여 편집모드로 바꾼 다음, 새로운 값을 입력해주면 나머지 눈금들은 새로운 최대 값 100에 맞추어 자동으로 조정됩니다.
11. 슬라이드의 특성을 바꿔봅니다. 우선 슬라이드를 마우스로 선택하고 마우스 오른쪽 버튼을 클릭해봅니다. LabVIEW의 모든 아이콘에 마우스를 두고 오른쪽 버튼을 클릭하면 단축메뉴가 나타납니다. 슬라이드의 단축메뉴에서 가장 아래쪽에 있는 **프로퍼티**를 선택합니다. 다음과 같이 **슬라이드 프로퍼티** 창이 나타날 것입니다.

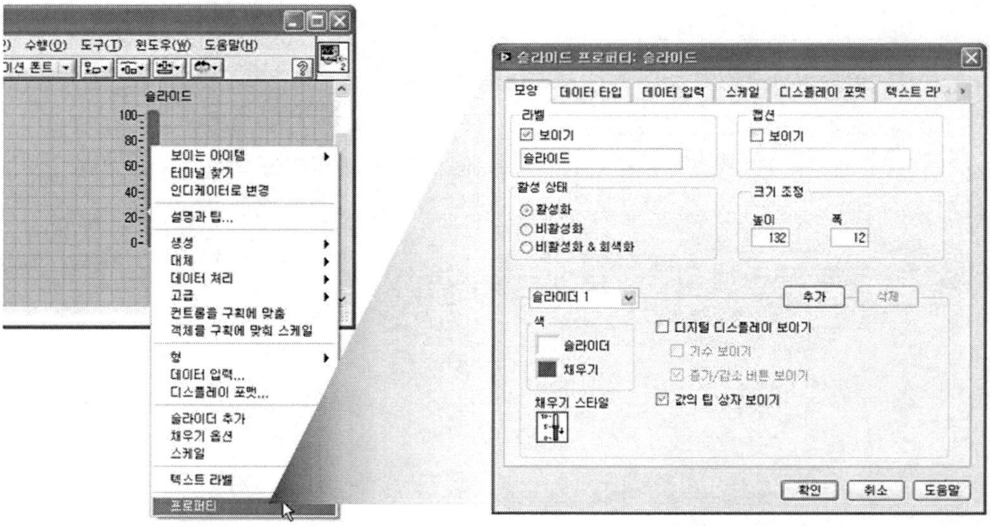

슬라이드 프로퍼티 창에서 필요한 속성을 변경해줍니다.

디스플레이 포맷 텝을 선택하고 **뒤따르는 제로 숨기기**의 체크를 없앱니다. 전체적으로 **자릿수**만큼 되도록 나머지부분을 Zero로 채워 넣게 됩니다.

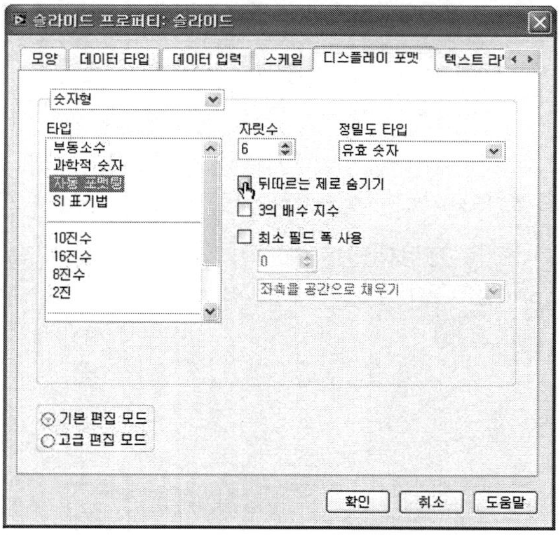

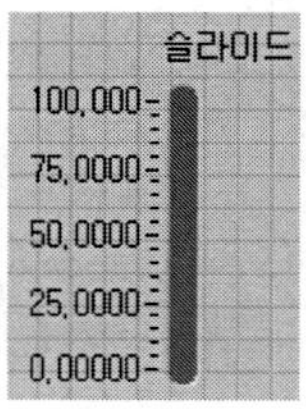

12. VI의 아이콘 모양 바꿔줍니다. 더하기와 빼기.vi의 아이콘은 기본형인

입니다. 더하기 빼기.vi를 다른 VI에서 불러서 사용할 때 이 아이콘으로 표현됩니다. 다른 아이콘과 구별을 하기위해서 아이콘 모양을 고칩니다.

 VI의 오른쪽 위에 있는 아이콘을 더블클릭하면 **아이콘 편집기**가 실행됩니다. 아이콘 편집기를 이용하여 더하기와 빼기.vi의 아이콘을 바꾸고 다시 저장합니다. 아이콘 편집기의 문양 탭에서 다양한 아이콘을 선택할 수 있습니다.

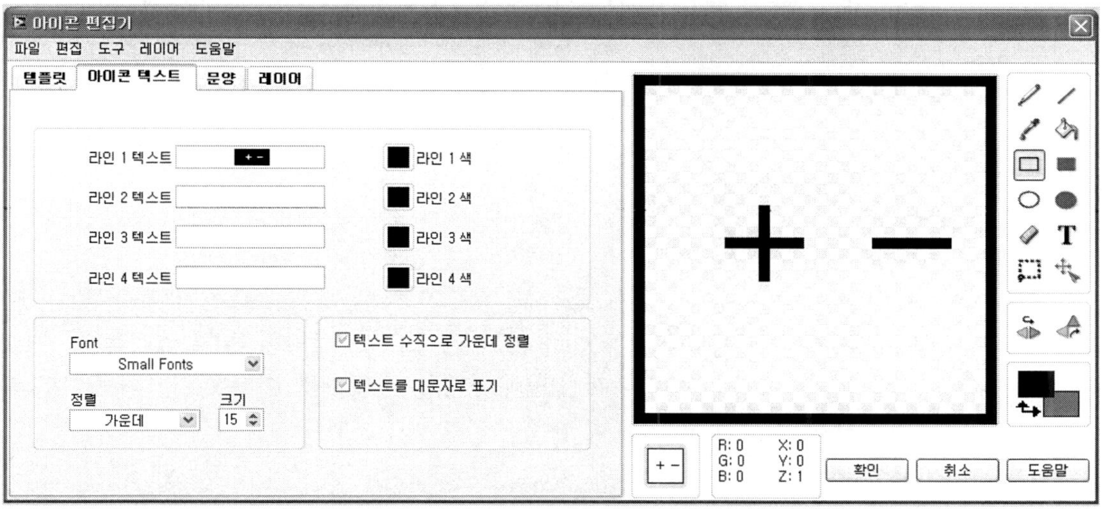

연습 1-1 끝

연습 1-2. 섭씨온도를 화씨온도로 바꾸기

섭씨온도를 입력 받아서 화씨온도로 만드는 VI를 만들어봅니다.

화씨온도 = (섭씨온도) X 1.80 + 32.00

⌘ 프런트패널

1. **새 VI**를 선택하여 새로운 창을 만듭니다. 〈단축키 Ctrl+N〉
2. 숫자형 컨트롤 하나를 프런트패널에 위치시키고 라벨로 '섭씨온도'를 입력합니다.
3. **아이콘 복사하기:** 〈Ctrl〉 키를 누른 상태에서 [섭씨온도]를 선택하여 옮기면 마우스 포인트가 화살표에서 +로 모양이 바뀌고 [섭씨온도 2]로 복사됩니다.

4. **인디케이터로 변경:** 새로운 숫자형 컨트롤의 라벨을 '화씨온도'로 바꾸고, 단축메뉴에서 인디케이터로 변경을 선택하여 숫자형 인디케이터로 바꿉니다.

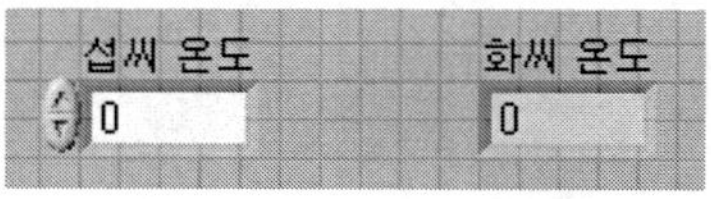

⌘ 블록다이어그램

5. 단축키 〈Ctrl+E〉를 이용하여 블록다이어그램으로 창을 옮기고, 더하기와 곱하기를 위치시킵니다. 함수 〉 프로그래밍 〉 숫자형 팔레트에서 더하기와 곱하기를 찾을 수 있습니다.

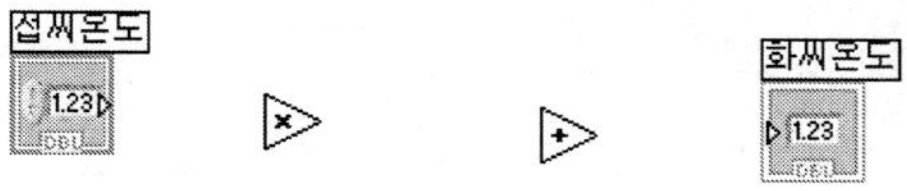

6. 다음과 같이 **기본 도움말**을 확인하면서 와이어를 연결합니다.

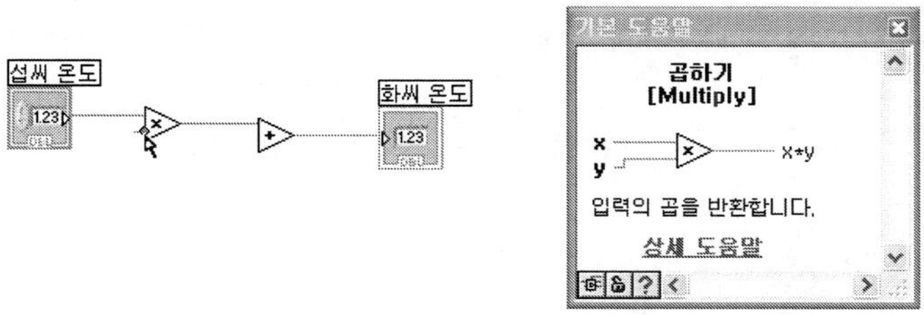

7. **상수 생성하기**: 곱하기의 y 입력에서 마우스 오른쪽 클릭하고, 단축메뉴에서 **생성 〉 상수**를 선택합니다. 그리고 생성된 숫자형 상수에 1.8을 입력합니다.

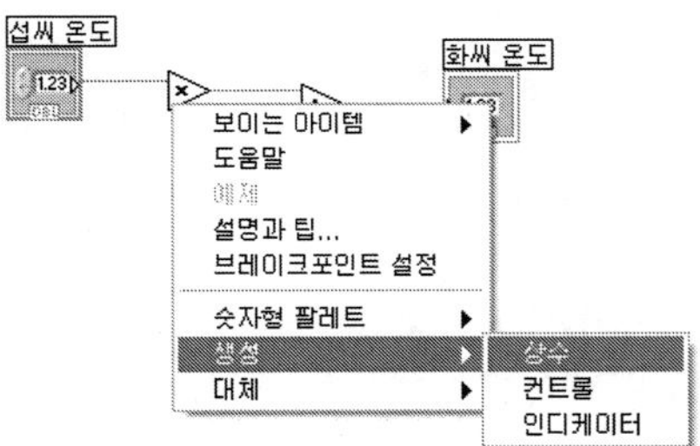

8. 같은 방법으로 더하기의 y 입력에서 숫자형 상수를 생성하고 32를 입력합니다.
9. 섭씨 화씨 변환.vi라는 이름으로 저장하고, 아이콘 편집기로 아이콘 모양을 바꿔줍니다.

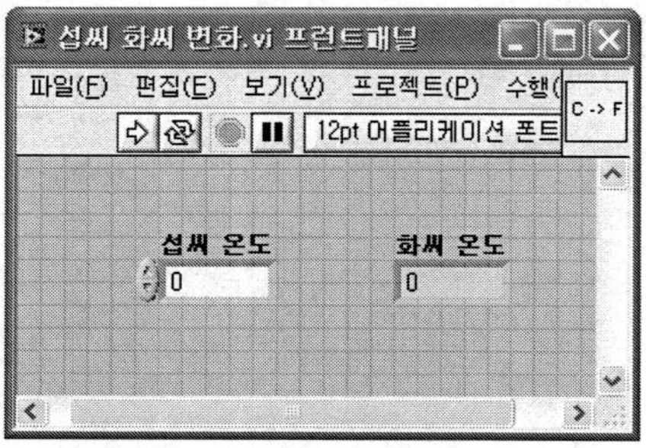

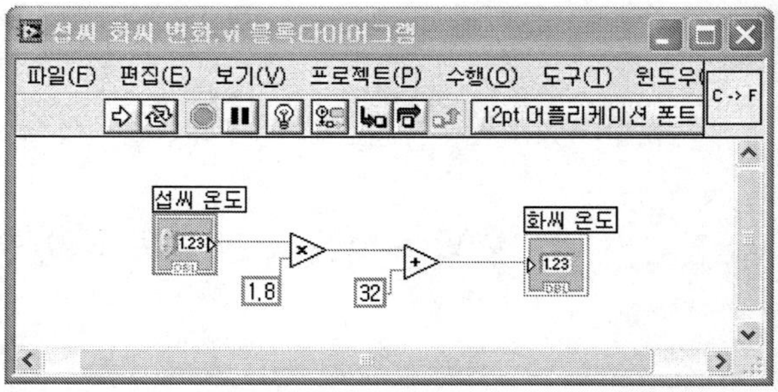

10. 단축키 〈Ctrl+S〉를 이용하여 저장하고 창을 닫습니다.

연습 1-2 끝

나. LabVIEW의 데이터 타입

앞에서 프런트패널에 있는 아이콘은 컨트롤과 인디케이터로 나눠진다고 배웠습니다. 이번에는 LabVIEW에는 어떤 데이터 타입이 있는 지 알아봅니다. LabVIEW에는 **숫자형**, **불리언**, 그리고 **문자열**의 세 가지 데이터 타입이 있습니다. 그리고 각각 **컨트롤**과 **인디케이터**가 있으므로 숫자형 컨트롤과 숫자형 인디케이터, 불리언 컨트롤과 불리언 인디케이터, 그리고 문자열 컨트롤과 문자열 인디케이터가 있습니다.

다음은 컨트롤 팔레트를 항목(아이콘과 텍스트)으로 선택했을 때의 모양입니다. 보기 〉 이 팔레트 보기 〉 항목(아이콘과 텍스트)을 선택할 수 있습니다. 컨트롤 팔레트 〉 일반 항목에 차례로 숫자형, 불리언, 문자열 & 경로 항목이 있음을 확인할 수 있습니다.

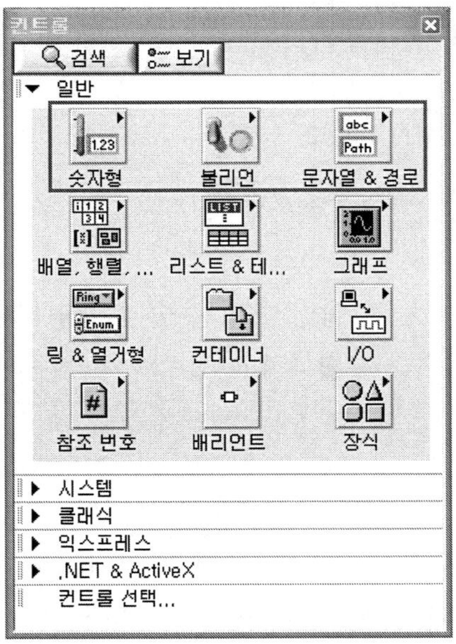

숫자형 컨트롤	숫자형 인디케이터	숫자형 상수
불리언 컨트롤	불리언 인디케이터	불리언 상수
문자열 컨트롤	문자열 인디케이터	문자열 상수

⌘ 숫자형 변수

숫자형은 실수와 정수 같은 숫자입니다. 더하기, 빼기, 곱하기, 혹은 나누기 등의 산술연산이나 삼각함수 같은 연산에서 입력과 출력으로 사용되는 값이 숫자형입니다.

숫자형은 다시 실수, 정수, 자연수 등으로 나누어집니다. 총 15개의 다른 형태로 구분되는데 이것은 숫자형의 단축메뉴에서 **형**(Representation)을 선택하면 고를 수 있습니다. 이러한 분류는 메모리의 크기와 용도에 따른 것입니다.

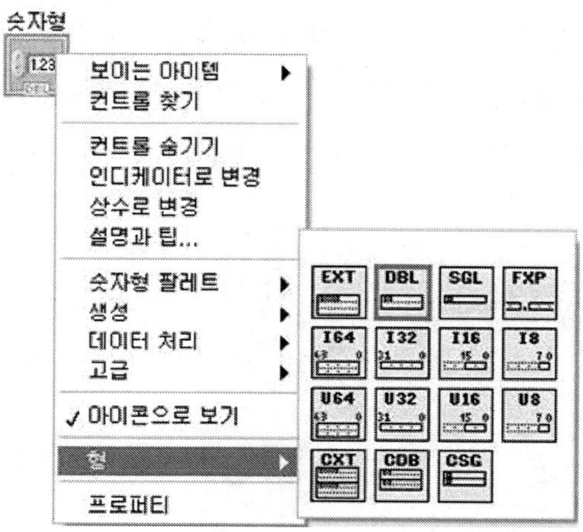

그리고 블록다이어그램에서 터미널 형태의 차이로 숫자형의 데이터 형을 구분할 수 있습니다. 실수와 복소수는 **주황색**이고 정수와 자연수는 **파란색**임을 확인할 수 있을 것입니다.

와이어를 연결할 때 숫자형은 숫자형끼리 연결해야 됩니다. 그리고 같은 숫자형이지만 정수와 실수를 연결하게 되는 경우에는 자동으로 형이 바뀌게 됩니다. 예를 들어, 다음과 같이 배정도 DBL을 정수 32인 I32에 연결하면 자동으로 반올림 처리되어 실수가 정수로 바뀝니다. 이것을 강제 형변환이라고 부르고, 빨간색의 **강제 형변환 점**(Coercion dot)이 생겨서 강제 형변환 되었음을 알려줍니다. 이때 강제 형변환을 위하여 Coercion Dot에 새로운 메모리가 추가로 생성됩니다.

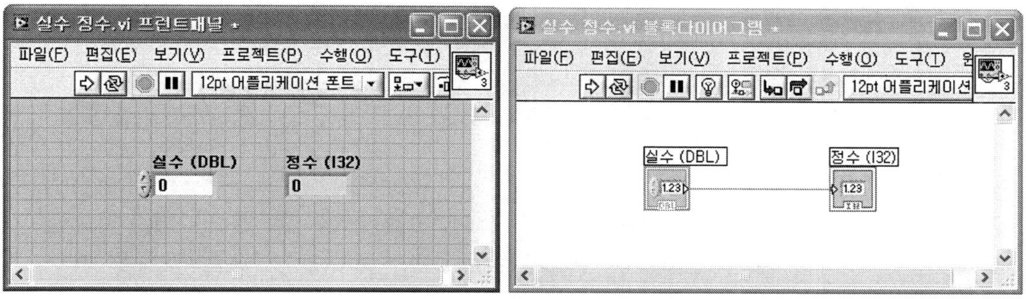

또한 프런트패널에서 숫자형은 여러 가지 아이콘으로 표현이 가능합니다. 사용자는 보기 좋은 사용자 인터페이스를 만들기 위하여 슬라이드나 다이얼 같은 아이콘을 이용할 수 있습니다. 아래 팔레트의 아이콘들은 형태만 다를 뿐이지 같은 숫자형 변수들입니다.

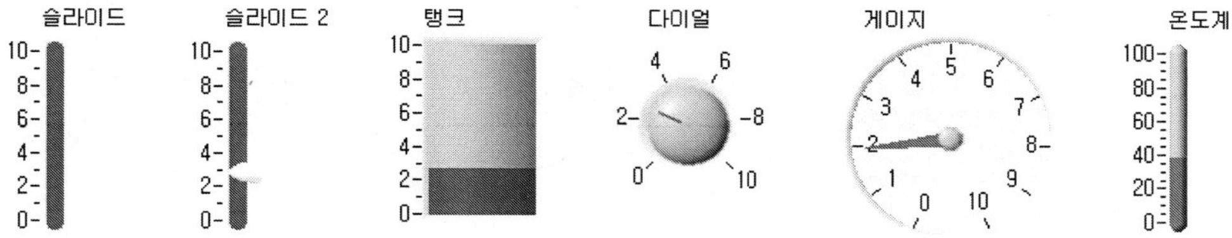

블록다이어그램에서는 컨트롤과 인디케이터의 터미널과 함께 **숫자형 상수**를 사용할 수 있습니다. 함수 〉 프로그래밍 〉 숫자형 팔레트에서 숫자형 상수를 찾을 수 있습니다. 초기 데이터 형은 I32 정수입니다.

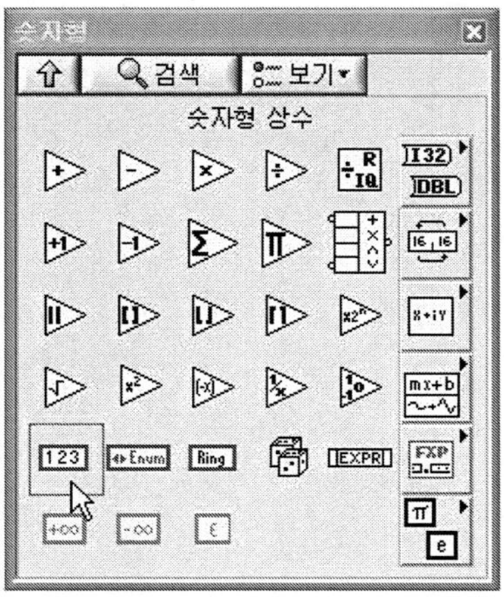

⌘ 불리언 변수

불리언은 **참**과 **거짓**의 두 가지 값을 가지는 논리 데이터입니다. 다음과 같이 컨트롤 팔레트에서 불리언을 찾을 수 있습니다. 스위치와 버튼은 불리언 컨트롤에 속하고, LED는 인디케이터에 속합니다. 그리고 함수의 불리언 팔레트에서 불리언 함수와 불리언 상수를 찾을 수 있습니다. 참고로 컨트롤과 인디케이터, 상수는 단축메뉴에서 상호 변환이 가능합니다.

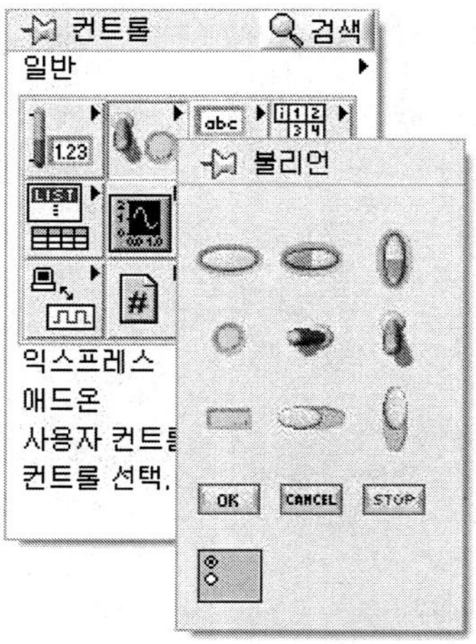

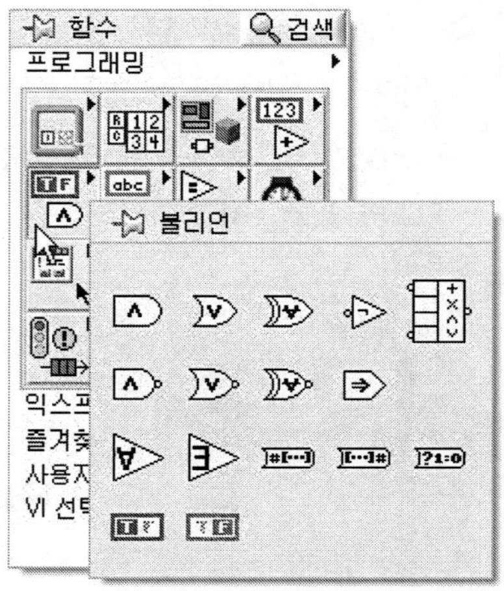

불리언 함수는 논리 연산을 의미합니다. 논리 연산에는 AND, OR, XOR, NOT, NAND, NOR, 그리고 NXOR 등이 있습니다.

연습 1-3. 불리언 연산

토글스위치로 입력받은 불리언 값으로 AND, OR 등의 논리 연산을 수행합니다. 그리고 결과 값을 다시 토글스위치로 디스플레이해줍니다.

⌘ 프런트패널

1. 새 VI를 열고, 불리언 함수.vi로 저장합니다. 〈단축키 Ctrl+N, Ctrl+S〉
2. 아래와 같이 프런트패널에 토글스위치 여섯 개를 위치시키고 라벨을 붙입니다. 컨트롤 〉 불리언 팔레트에서 **토글스위치**를 찾을 수 있습니다.

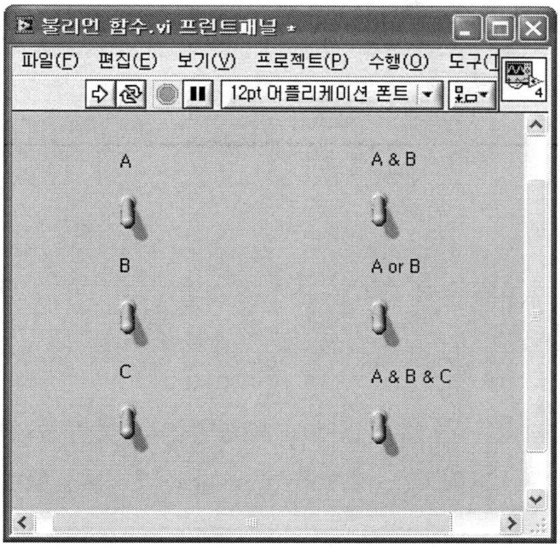

3. 오른쪽에 있는 세 개의 불리언은 아래와 같이 단축메뉴를 이용하여 **인디케이터**로 바꿔줍니다. 결과적으로 왼쪽의 A, B, C는 불리언 컨트롤이고, 오른쪽의 A & B, A OR B, A & B & C는 인디케이터가 되도록 만들어줍니다.

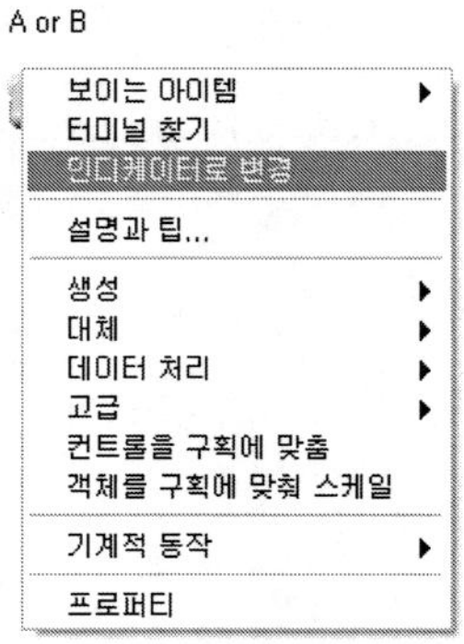

⌘ 블록다이어그램

4. 아래와 같이 블록다이어그램을 구성합니다. 함수 〉 프로그래밍 〉 불리언 팔레트에서 AND와 OR를 찾을 수 있습니다.

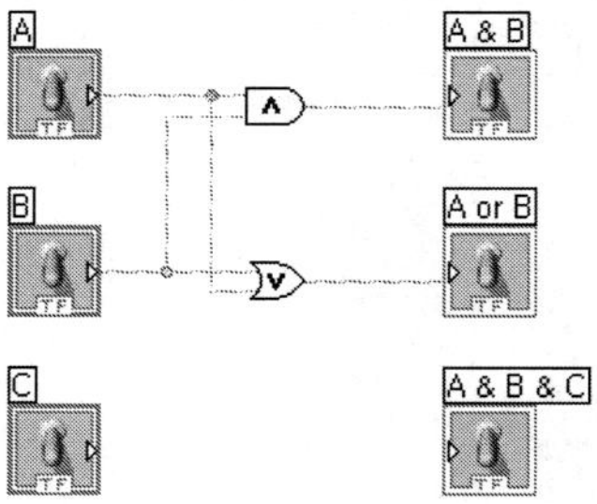

5. 함수 〉 프로그래밍 〉 불리언 팔레트에서 **복합연산**을 찾아 화면에 위치시키고 크기를 늘려줍니다. 그리고 단축메뉴에서 다음과 같이 **모드 변경 〉 AND**을 선택해줍니다.

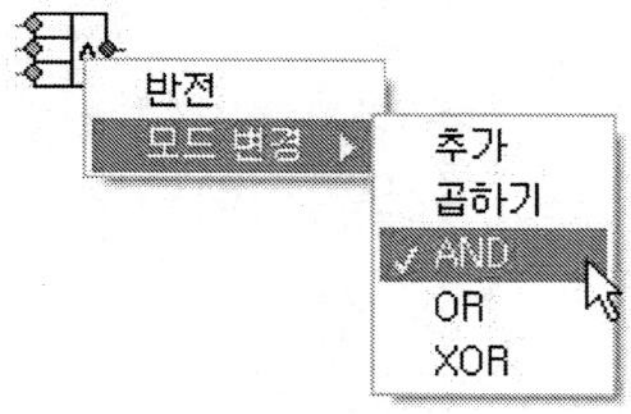

다음과 같이 블록다이어그램을 완성합니다.

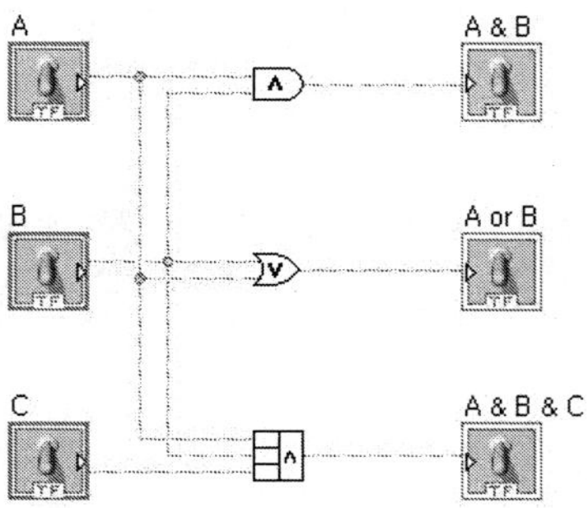

6. VI를 저장하고 실행시켜봅니다.

연습 1-3 끝

⌘ 문자열 변수

문자열은 ASCII 코드로 구성된 데이터 타입입니다. 그래서 간단한 Text 문을 작성할 수 있고 하드디스크에 저장하고 다른 프로그램 언어, Excel, 혹은 메모장에서 읽을 수 있습니다. 그리고 문자열은 인터넷 통신이나 GPIB 통신의 데이터 타입으로 사용됩니다.

영문 소문자, 대문자, 한글, 특수 문자, 숫자, 텝, 스페이스, 그리고 Enter 등 키보드에서 입력 가능한 모든 문자들을 문자열로 사용할 수 있습니다. 참고로 문자열에서 숫자는 48에서 57에 대응하는 ASCII 코드입니다. 그래서 더하기와 빼기, 나누기 같은 산술연산을 할 수 없습니다. 문자열 숫자로 연산을 수행하기 위해서는 먼저 문자열 타입을 숫자형 타입으로 변환시켜줘야 됩니다.

컨트롤 〉 일반 〉 문자열 & 경로 팔레트에서 **문자열 컨트롤, 인디케이터**를 찾을 수 있습니다. 그리고 **문자열 함수와 상수**는 함수 〉 프로그래밍 〉 문자열 팔레트에서 찾을 수 있습니다.

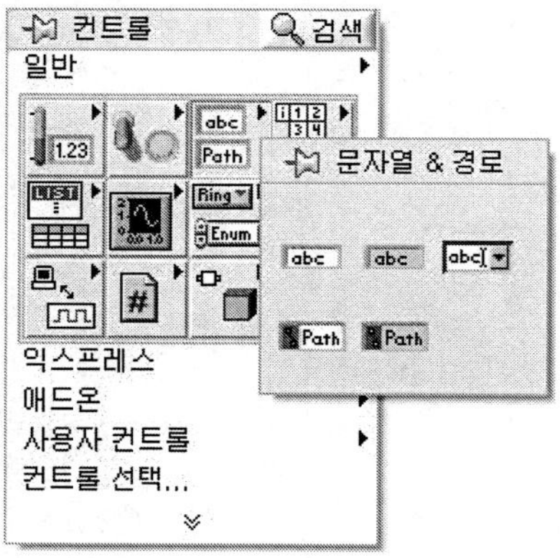

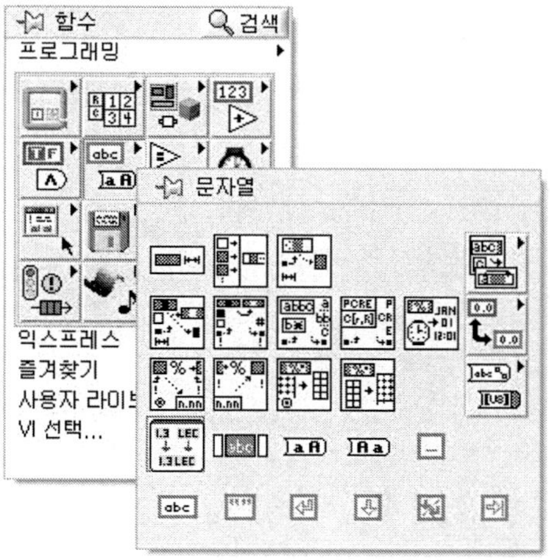

문자열에도 컨트롤, 인디케이터, 그리고 상수가 있으며, 컨트롤은 **흰색**이고 인디케이터는 **회색**입니다. 블록다이어그램에서 문자열의 터미널은 **분홍색**입니다.

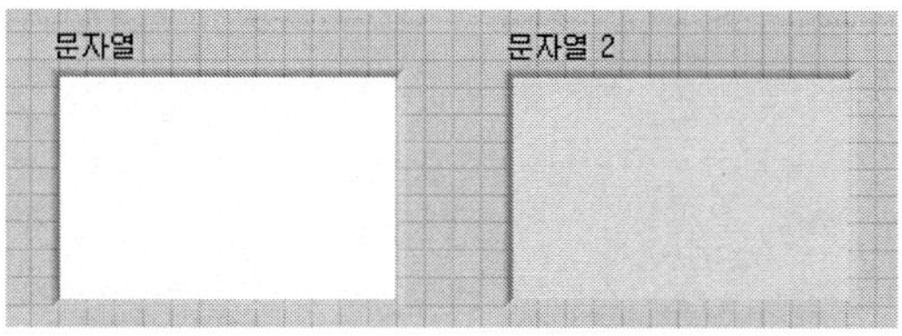

문자열의 컨트롤이나 인디케이터의 크기는 가변적입니다. 그래서 다음과 같이 마우스로 크기를 적당히 조절해줄 수 있습니다. 이때 여덟 개 방향으로 크기를 바꿀 수 있습니다.

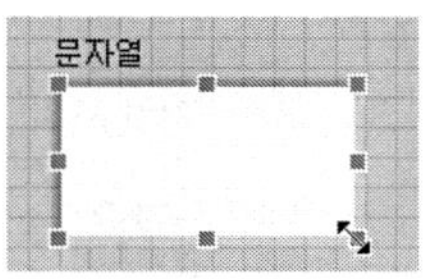

연습 1-4. 문자열과 문자열 함수

문자열을 만들고 문자열 함수들을 이용해 봅니다. 문자열과 숫자형 입력을 받아서 연결된 문자열을 출력하는 VI를 만들어봅니다.

⌘ 블록다이어그램

1. 새 VI를 만들고, 숫자형 문자열.vi라는 이름으로 저장합니다.
2. 다음과 같이 블록다이어그램을 구성합니다.

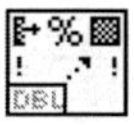
문자열로 포맷을 위치시키고, [초기 문자열]과 [입력 1]에서 단축메뉴로 생성 〉 컨트롤을 실행하여 컨트롤들을 만들어줍니다. 그리고 [포맷 문자열]에서 생성 〉 상수를 실행하고 키보드로 " **%.4f** "를 입력합니다. 이때 앞뒤로 〈Space〉가 하나씩 들어갑니다.

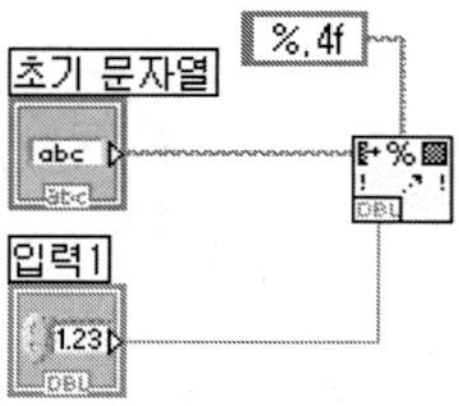

참고 **단축메뉴의 생성 기능**은 가장 유용하게 사용되는 단축메뉴 기능 중의 하나입니다. 단축메뉴의 생성에서 생성 〉 컨트롤, 생성 〉 인디케이터, 그리고 생성 〉 상수 등을 선택할 수 있습니다. 단축메뉴의 생성 기능은 해당 함수노드나 SubVI의 커넥터에 가장 적합한 변수 타입을 생성해줍니다. 함수 팔레트나 컨트롤 팔레트에서 아이콘을 찾을 필요가 없기 때문에 빠르고 쉬운 프로그래밍 방법입니다. 그러나 커넥터의 변수 타입이 결정되지 않았을 때는 생성 기능을 사용할 수 없습니다. For나 While 루프의 시프트 레지스터 초기화가 대표적인 사례입니다.

3. 문자열 함수를 이용하여 다음을 완성합니다.

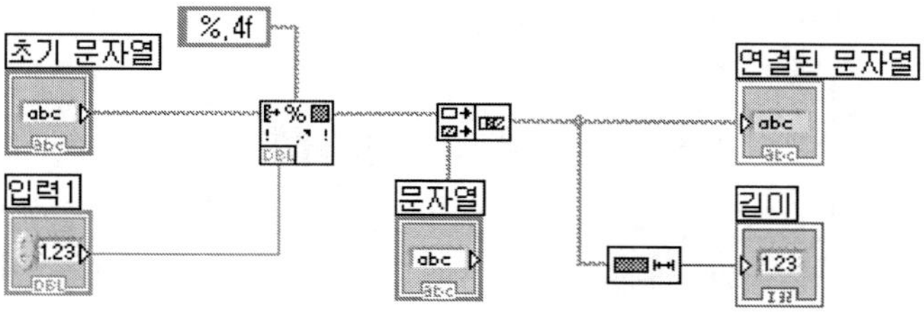

문자열 연결은 입력된 문자열을 차례로 연결하여 새로운 문자열을 만드는 함수입니다.

문자열 길이는 문자열의 길이를 I32 값으로 출력하는 함수입니다.

⌘ 프런트패널

4. 다음과 같이 프런트패널을 정리하고, 값을 입력한 다음 실행합니다.

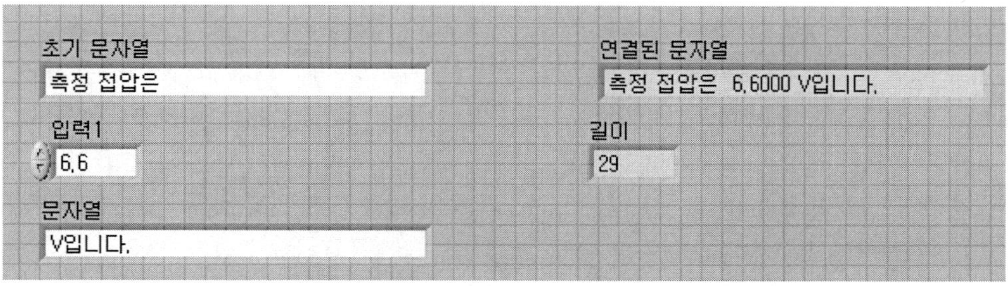

5. 상단 메뉴의 **편집(E) 〉 현재값을 기본값으로(M)**를 선택해주고 저장합니다. **현재값을 기본값으로(M)**를 설정해주지 않으면, 이 VI를 닫았다가 다시 열었을 때, 입력했던 글자들이 모두 사라져버립니다. 즉, 원래 기본값인 빈 문자열로 바뀝니다.

연습 1-4 끝

정리를 하면 LabVIEW의 데이터 타입은 **숫자형, 불리언,** 그리고 **문자열**로 세 가지입니다. 숫자형은 주황색 또는 파란색, 불리언은 녹색, 문자열은 분홍색으로 구분되며, 이러한 데이터 타입이 흐르는 와이어 역시 그 색을 따릅니다.

또한 각각의 데이터 타입에는 **컨트롤**과 **인디케이터, 상수**가 있습니다. 프런트 패널에는 컨트롤과 인디케이터의 아이콘을 놓을 수 있고, 블록다이어그램에서는 컨트롤과 인디케이터의 터미널과 상수 및 관련 함수를 이용하여 프로그래밍할 수 있습니다.

같은 데이터 타입끼리만 와이어로 연결이 가능합니다. 다른 데이터 타입을 와이어로 연결하기 위해서는 타입변환 함수를 이용하여 다른 타입으로 변환시켜줘야만 가능합니다.

⌘ 타입변환 함수

숫자형 변수를 문자열로 바꾸어 저장하거나, 문자열을 숫자형으로 바꾸어 산술 연산을 수행할 수 있습니다. 그리고 숫자형 변수인 0과 1을 불리언인 참과 거짓으로 변환할 수 있습니다.

숫자형과 문자열의 타입변환 함수는 함수 〉 프로그래밍 〉 문자열 〉 문자열/숫자 변환 팔레트에서 찾을 수 있습니다. 숫자형 변수에는 정수, 실수, 자연수 등의 형과 데이터의 포맷에 따라서 가지고 있는 정보가 다르므로 문자열로 변환할 때, 정확한 데이터의 정보를 파악해야 될 것입니다. 일반적으로 많이 사용하는 것이 소수점 4자리의 배정도 실수 타입입니다.

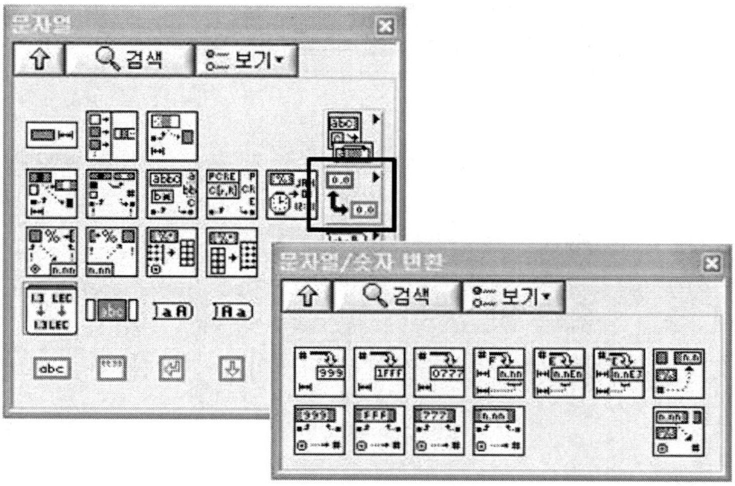

숫자형을 불리언으로 타입 변환하는 함수는 함수 〉 프로그래밍 〉 불리언 팔레트에서 찾을 수 있습니다. 그리고 함수 〉 프로그래밍 〉 숫자형 〉 변환 팔레트에서도 같은 함수를 찾을 수 있습니다.

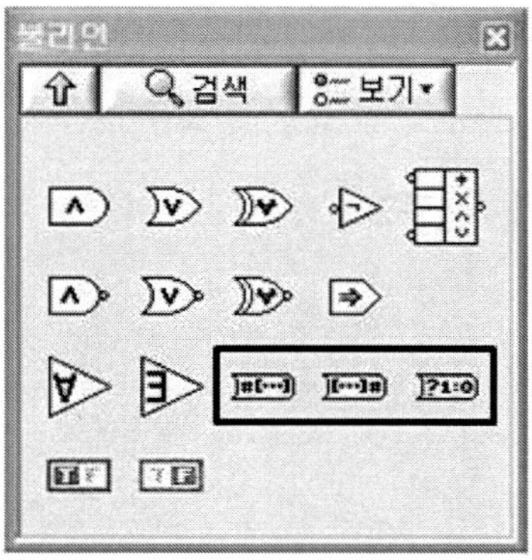

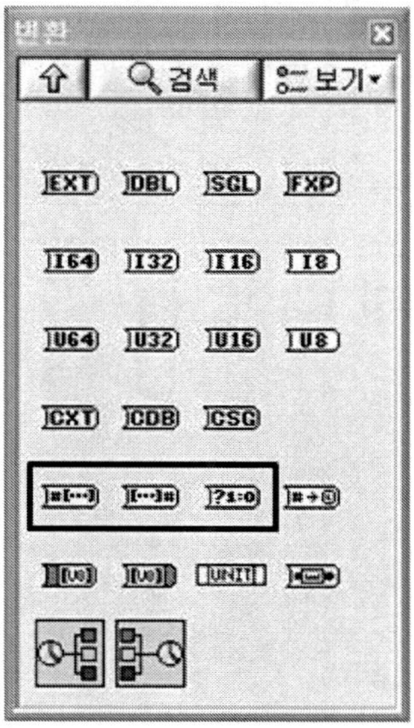

연습 1-5. 숫자형 데이터를 문자열로 바꾸기

소수점 아래 자리수를 가진 숫자형 실수를 문자열로 바꿔봅니다.

⌘ 프런트패널

1. 새 VI를 만들고, 형변환.vi라는 이름으로 저장합니다.
2. 숫자형 컨트롤 한 개와 문자열 인디케이터 한 개를 프런트패널에 놓습니다.

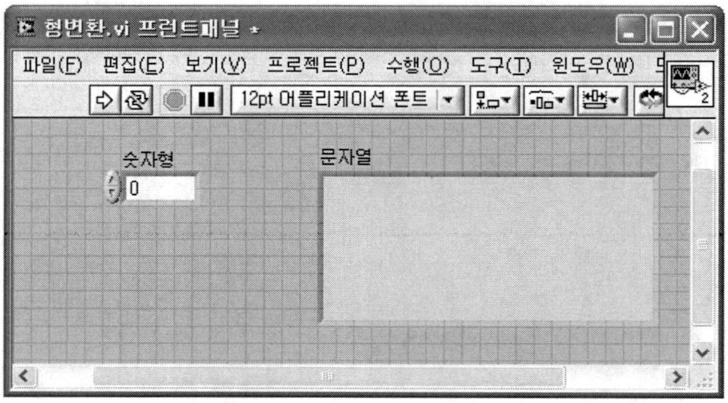

⌘ 블록다이어그램

3. 다음과 같이 블록다이어그램을 구성합니다.

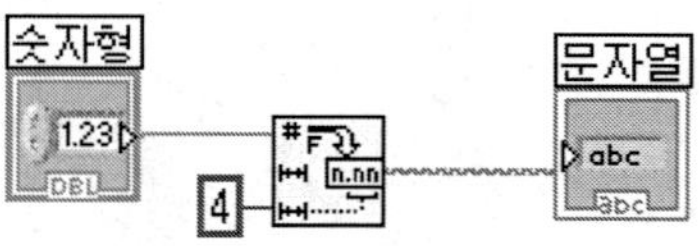

 **숫자를 소수점형 문자열로**는 실수 숫자형을 소수점을 가진 문자열로 바꾸는 함수입니다. 위와 같이 [정밀도]에 4를 입력하면, 소수점 네 자리의

문자열로 표현됩니다. 함수 〉 프로그래밍 〉 문자열 〉 문자열/숫자 변환 팔레트에서 찾을 수 있습니다.

4. 숫자형 컨트롤에 값을 입력하고 실행합니다.

문자열에서 소수점 아래 네 자리를 만들기 위하여 나머지 두 자리는 0으로 채워진 것을 확인할 수 있습니다.

연습 1-5 끝

연습 1-6. 문자열 데이터를 숫자형으로 바꾸기

문자열 데이터를 숫자형으로 바꿔 산술연산을 수행해봅니다.

⌘ 프런트패널

1. 새 VI를 만들고, 문자열 to 숫자형.vi라는 이름으로 저장합니다.
2. 문자열 컨트롤 한 개와 숫자형 인디케이터 한 개를 프런트패널에 놓습니다.
3. 문자열에 10.23 + 12 = 라고 입력합니다.
4. 메뉴의 편집(E) 〉 현재값을 기본값으로(M)를 선택해주고 저장합니다.

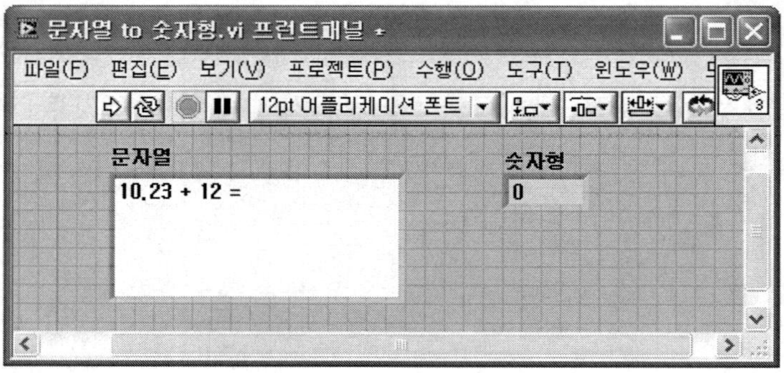

⌘ 블록다이어그램

5. 다음과 같이 블록다이어그램을 구성합니다.

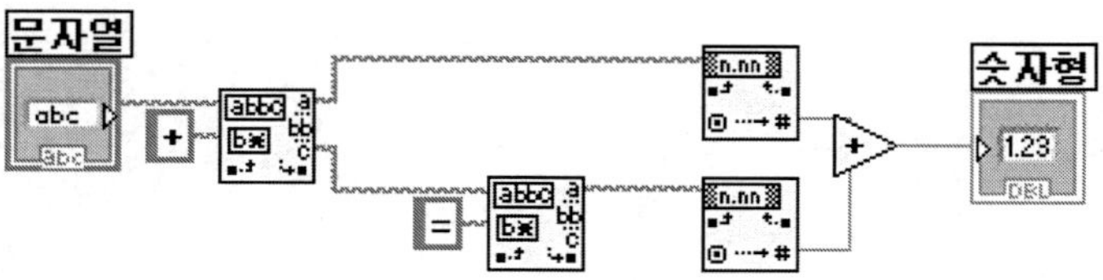

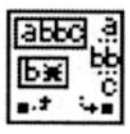 **패턴 일치**는 문자열에서 특정한 문자를 찾는 함수입니다. 여기에서는 “+”와 “=”을 찾습니다. 함수 〉 프로그래밍 〉 문자열 팔레트에서 찾을 수 있습니다.

 **소수점/지수 문자열을 숫자로** 함수는 함수 〉 프로그래밍 〉 문자열 〉 문자열/숫자 변환 팔레트에서 찾을 수 있습니다. 문자열을 배정도 실수로 변환하는 함수입니다.

6. VI를 저장하고 실행합니다.

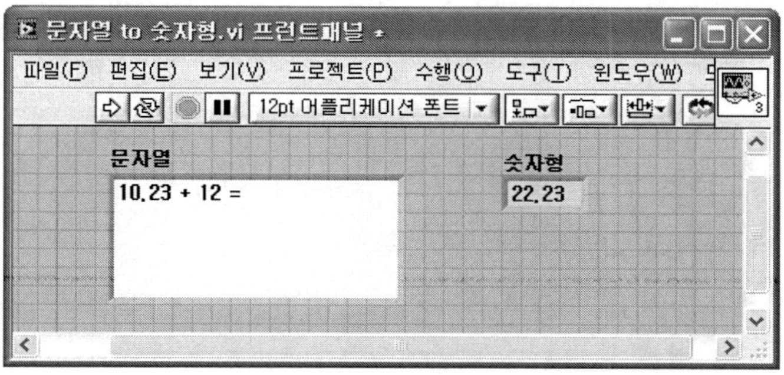

문자열에서 숫자 부분만 분리하고, 분리한 숫자 문자열을 숫자형으로 변형시킨 다음, 더하기 연산을 수행한 것입니다.

연습 1-6 끝

요약정리

가. LabVIEW는 프런트패널과 블록다이어그램으로 구성됩니다.

나. 프런트패널에서는 컨트롤 팔레트를 사용할 수 있고, 블록다이어그램에서는 함수 팔레트를 사용할 수 있습니다.

다. LabVIEW에서는 숫자형, 불리언, 문자열 타입의 변수를 사용합니다.

라. 모든 변수에는 컨트롤, 인디케이터, 그리고 상수가 있습니다.

마. LabVIEW는 데이터 흐름 방식으로 프로그래밍하므로 와이어는 항상 컨트롤이나 상수에서 인디케이터로 연결되어야 됩니다.

바. 항상 같은 데이터 타입으로 컨트롤과 인디케이터를 연결해야 됩니다. 즉, 숫자형 컨트롤과 숫자형 인디케이터를 연결하고, 불리언 컨트롤과 불리언 인디케이터를 연결합니다.

사. 타입 변환 함수를 이용하여 숫자형을 문자열로, 문자열을 숫자형으로, 그리고 숫자형을 불리언으로 바꿀 수 있습니다.

Note

제 2 장

배열 및 클러스터, SubVI 만들기, VI 스니핏

배열 및 클러스터에 대한 정의와 사용법에 대하여 배워봅니다.
그리고 사용자 컨트롤 및 SubVI를 만드는 방법에 대하여 배워봅니다.

가. 배열

데이터의 개수가 많을 때 각 원소들을 하나씩 따로 처리하는 것은 효율적이지 못합니다. 이때 같은 타입의 데이터를 묶어서 배열로 만들면 쉽게 많은 양의 데이터를 처리할 수 있습니다. 배열에는 숫자형 배열, 불리언 배열, 그리고 문자열 배열이 있습니다. 또한 각각에 컨트롤, 인디케이터, 그리고 상수가 있습니다. 다음과 같이 컨트롤 〉 일반 〉 배열, 행렬, 클러스터 팔레트에서 **배열**을 찾을 수 있습니다.

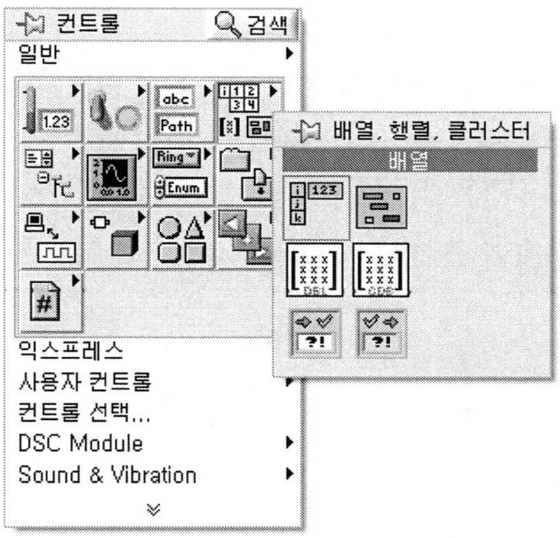

배열은 차원을 가집니다. 주로 1차원 배열과 2차원 배열을 많이 사용합니다. 참고로 행렬은 2차원 숫자형 배열입니다.

⌘ 1차원 배열

배열을 만들기 위해서 가장 먼저 컨트롤 〉 일반 〉 배열, 행렬, 클러스터 팔레트에서 배열을 찾아서 프런트패널에 위치시킵니다. 그러나 배열의 초기 상태는 다음과 같이 텅 빈 배열이 놓이게 됩니다. 빈 배열의 터미널은 검정색 테두리입니다.

이 속에 숫자형 컨트롤을 넣으면 숫자형 컨트롤 배열이 되는 것이고, 불리언 인디케이터를 넣으면 불리언 인디케이터 배열이 됩니다.

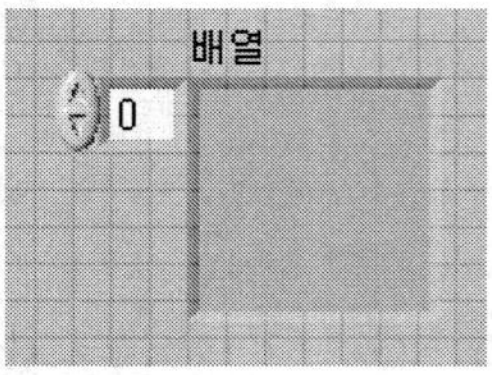

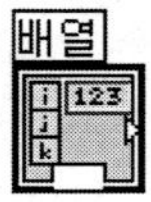

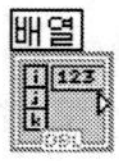

숫자형 컨트롤 배열

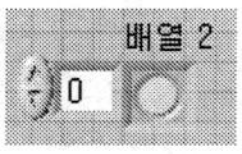

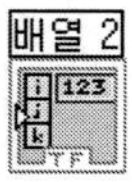

불리언 인디케이터 배열

배열은 마우스를 이용하여 크기를 바꿔줄 수 있습니다. 이때 마우스로 선택하는 위치에 따라서 다음과 같이 두 가지 변화가 가능합니다.

- **원소 한 개가 차지하는 공간의 크기를 바꾸는 경우**

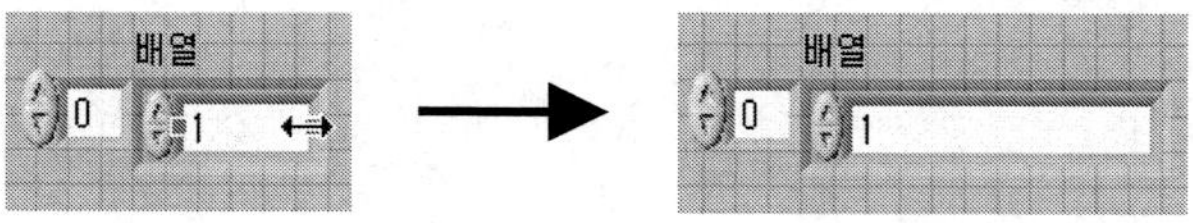

- **보이는 원소의 개수를 늘이는 경우**

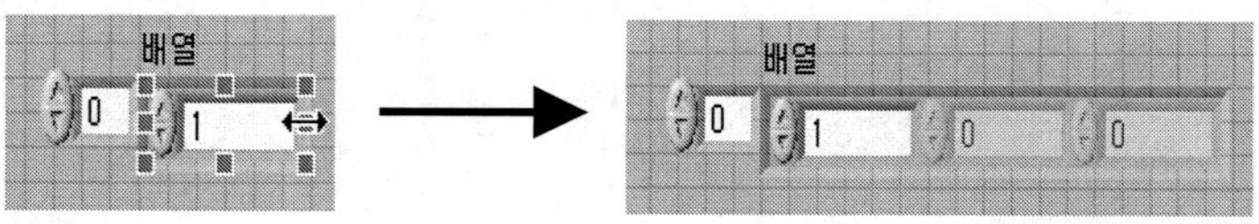

참고 배열의 메모리 할당: LabVIEW에서 배열의 메모리 크기를 미리 선언할 필요가 없습니다. 배열의 메모리는 다이내믹하게 자동으로 설정됩니다.

참고 배열의 인덱스(Index): LabVIEW는 그래픽 사용자 인터페이스를 제공하지만 배열을 표현하는 것은 쉽지 않습니다. 왜냐하면 모니터와 같은 디스플레이의 크기가 유한하기 때문에 배열의 원소를 전부 프런트패널에 표현하는 것은 사실상 불가능하기 때문입니다. 아래와 같이 인덱스에 30을 입력하면, 인덱스 30의 원소가 첫 번째로 디스플레이됩니다. 즉, 인덱스를 이용하여 원하는 위치의 원소 값을 확인할 수 있는 방식입니다. 참고로 1차원 배열은 인덱스가 한 개이고, 2차원 배열은 인덱스가 2 개입니다. 같은 방식으로 N 차원 배열은 N개의 인덱스를 가지고 있습니다.

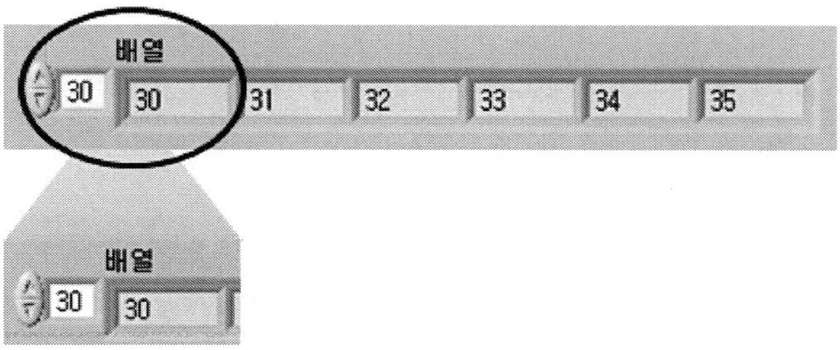

연습 2-1. For 루프를 이용하여 배열 만들기

For 루프를 이용하여 100개 원소를 가진 배열을 만들어봅니다.

⌘ 블록다이어그램

1. 새 VI를 만들고, 배열만들기.vi라는 이름으로 저장합니다.
2. 아래와 같이 블록다이어그램을 구성합니다.

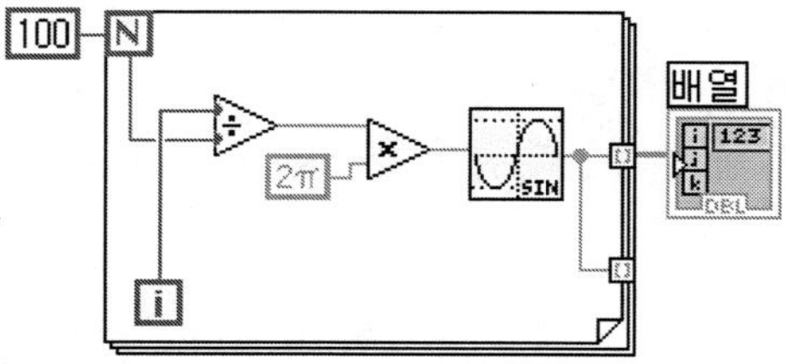

참고 For **루프**는 입력한 횟수 N만큼 루프 속의 함수를 반복 실행하는 구조입니다. 함수 〉 프로그래밍 〉 구조 팔레트에서 찾을 수 있습니다.

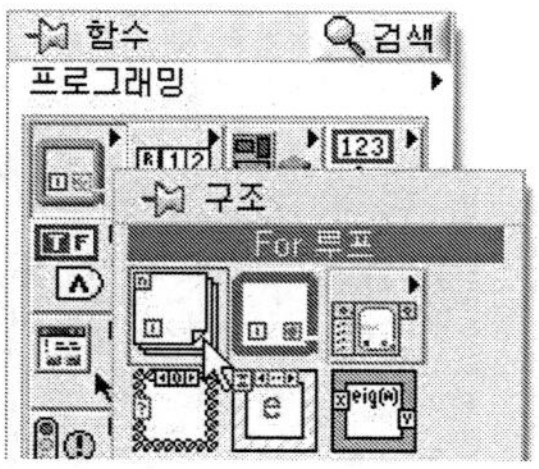

For 루프의 기본 출력은 배열입니다. **자동 인덱싱**이 되도록 설정되어있습니다. For 루프가 실행되는 동안 이 부분에서 데이터들의 Index가 자동으로 할당되면서 배열이 만들어지고, For 루프가 끝나면 N개의 원소를 가진 배열을 출력합니다.

출력단에서 단축메뉴의 생성 〉 인디케이터를 선택하면 숫자형 DBL 배열이 생성됩니다.

단축메뉴에서 **인덱싱 비활성화**를 선택하면 배열이 생성되지 않습니다. 이 경우에는 배열을 만들지 않고 For 루프가 끝날 때의 마지막 100번째 데이터를 출력합니다. 즉, 숫자형 변수 한 개가 출력됩니다. 단축메뉴의 생성 〉 인디케이터를 선택하면 숫자형 DBL 인디케이터가 생성됩니다.

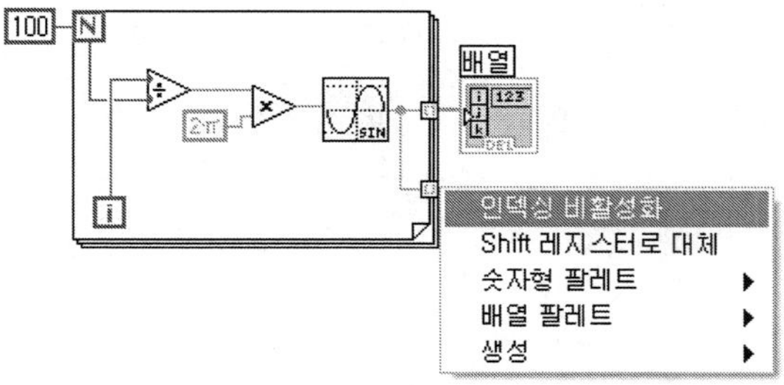

 사인[Sine]은 함수 〉 수학 〉 기본&특수 함수 〉 삼각함수 팔레트에서 찾을 수 있습니다.

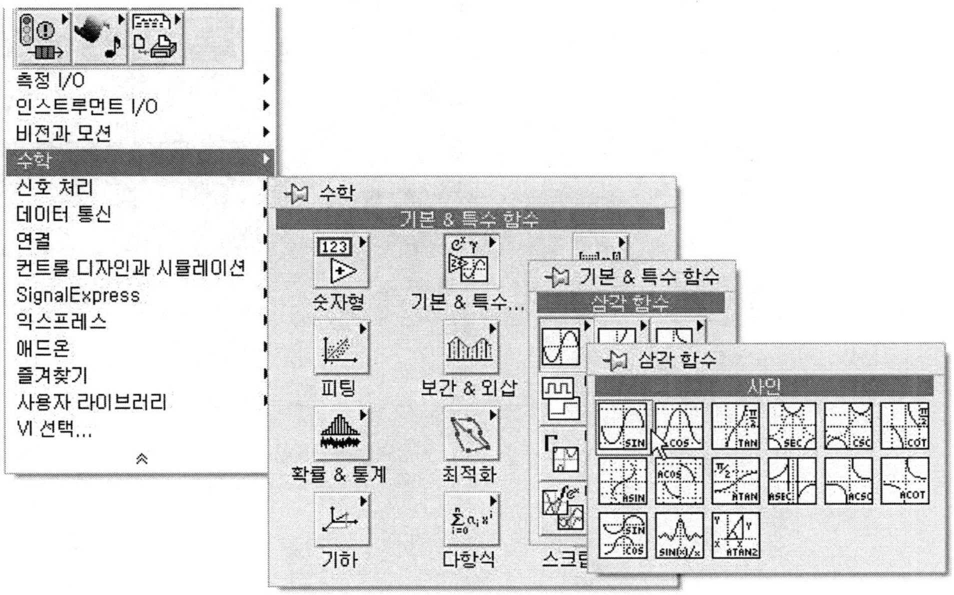

3. 아래와 같이 배열 출력단과 숫자형 출력단이 다름을 확인할 수 있습니다. 배열 출력은 [ ]와 같이 속에 [ ]이 있고, 숫자형 출력은 ■와 같이 속이 메워져 있습니다.

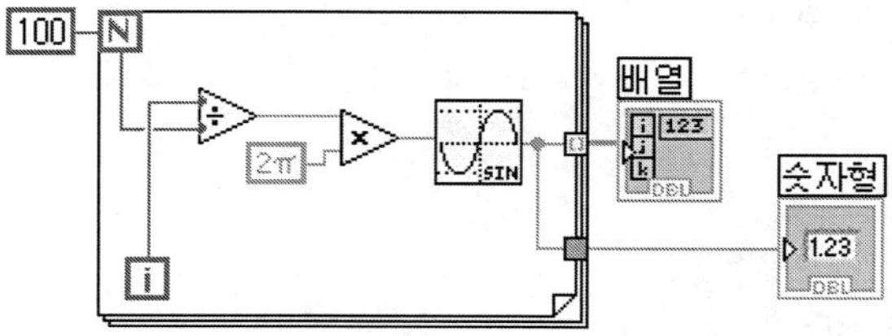

⌘ 프런트패널

4. 프런트패널을 정리하고 실행합니다.
5. 100개의 원소를 모두 배열에서 나타낼 수 없습니다. 그래프를 위치시키고 배열을 그래프에 연결합니다. 컨트롤 〉 일반 〉 그래프 팔레트에서 웨이브폼 그래프를 찾을 수 있습니다.

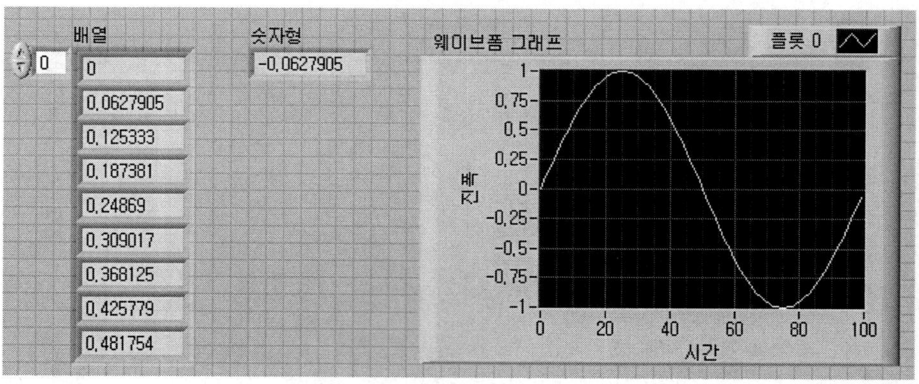

참고 웨이브폼 그래프

웨이브폼 그래프는 배열 형태의 데이터를 표현하기 위하여 사용하는 그래프 인디케이터의 한 종류입니다. 컨트롤 〉 일반 〉 그래프 팔레트에는 웨이브폼 차트와 웨이브폼

그래프 등이 있습니다. 웨이브폼 그래프는 이전 데이터를 지우고 새로 플롯합니다. 반면 웨이브폼 차트는 이전 데이터를 그대로 두고 새로운 데이터를 이어서 플롯합니다. 또한 차트는 숫자형 데이터도 플롯할 수 있습니다. 그러나 그래프는 항상 배열 형태의 데이터를 플롯해야 합니다. 웨이브폼 그래프와 차트에 대하여 뒤에서 다시 배울 것입니다.

6. Index에 50을 입력하여 50번째부터 54번째까지의 데이터 값을 확인해봅니다. Index의 역할은 화면 전체에 100개의 원소를 모두 보여줄 수 없기 때문에 보고 싶은 부분을 선택할 수 있게 도와주는 것입니다.

7. Index에 98을 입력해봅니다. 98번째와 99번째 원소를 보여줍니다. Index 100 이상은 회색으로 아직 메모리가 할당되지 않았음을 나타냅니다. 또한 99번째 값은 -0.06279입니다. 이것은 숫자형 출력과 같은 값입니다. 숫자형 출력은 For 루프의 마지막 값을 출력하기 때문입니다.

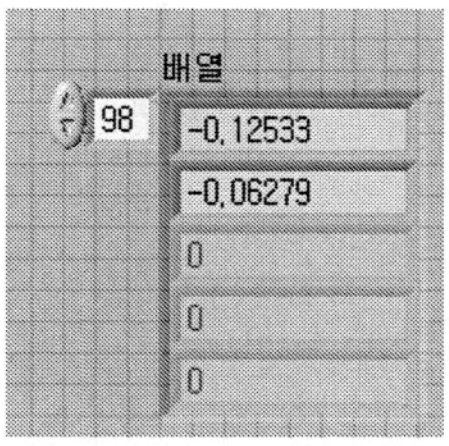

연습 2-1 끝

⌘ 2차원, 3차원 그리고 다차원 배열

2차원 배열을 만들기 위해서는 1차원 배열을 먼저 만듭니다. 인덱스(Index)를 마우스로 클릭하고 아래로 당겨서 다음과 같이 두 칸으로 늘여줍니다. 이렇게 인덱스가 두 개 있는 배열이 2차원 배열입니다.

- **1차원 배열**

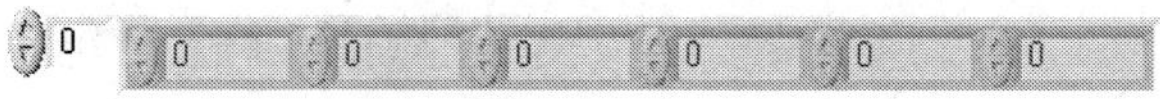

- **2차원 배열**

2차원 배열은 다음과 같이, 원소부분을 2차원으로 늘여줄 수 있습니다.

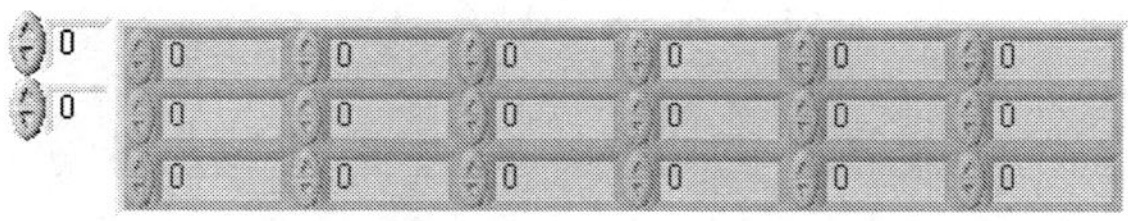

같은 방법으로 3차원 배열 이상의 다 차원 배열도 만들 수 있습니다. 그러나 인덱스 개수를 늘여서 차원을 계속 높일 수 있지만, 직관적으로 이해하기 힘들기 때문에 3차원정도까지만 사용합니다. 그리고 프런트패널에서는 2차원 배열까지만 배열의 원소를 직관적으로 디스플레이할 수 있습니다.

연습 2-2. 2차원 배열 만들기

For 루프 두 개를 이용하여 2차원 배열을 만들어봅니다.

⌘ 프런트패널

1. 새 VI를 만들고, 2D배열.vi라는 이름으로 저장합니다.
2. 배열, 행렬, 클러스터 팔레트에서 배열을 찾아서 프런트패널에 위치시킵니다.
3. 숫자형 팔레트에서 숫자형 인디케이터를 배열 속에 넣어서 1차원 숫자형 인디케이터 배열을 만듭니다.
4. Index를 늘여서 2차원 배열로 바꾸어줍니다.

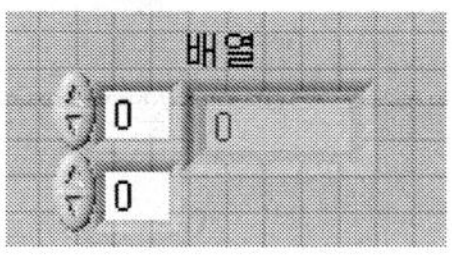

⌘ 블록다이어그램

1. For 루프를 두 개 위치시키고 아래와 같이 블록다이어그램을 구성합니다. **난수(0-1)**는 함수 〉 프로그래밍 〉 숫자형 팔레트에서 찾을 수 있습니다. For 루프의 출력을 배열 터미널에 연결합니다.

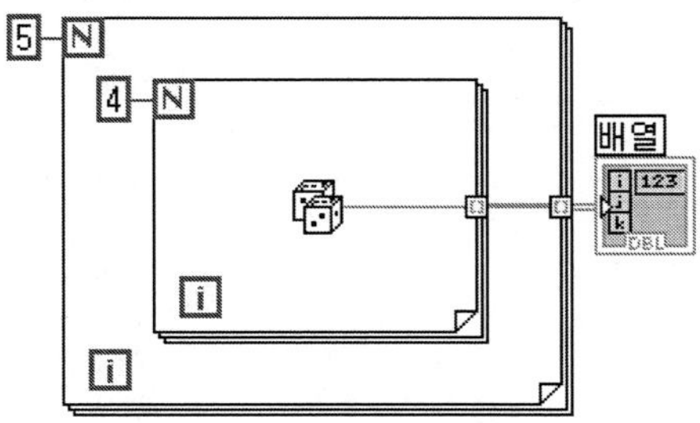

2. 프런트패널을 다음과 같이 구성하고 실행합니다.

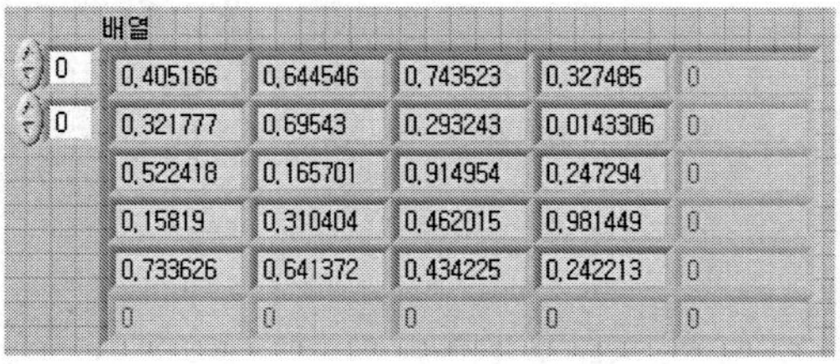

3. Index에 2와 3을 입력하여 Index(2, 3) 원소를 찾아봅니다.

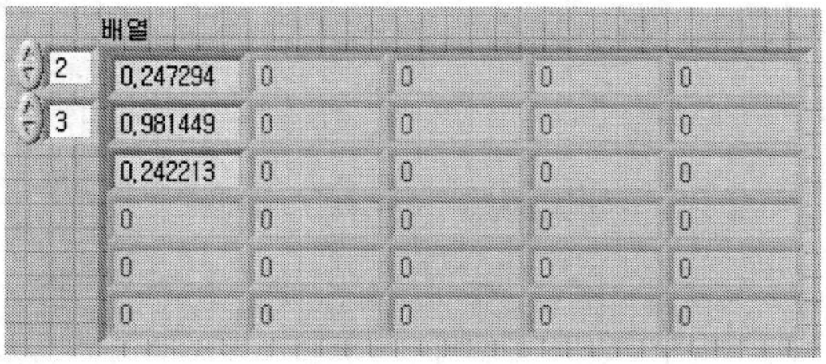

연습 2-2 끝

⌘ 배열 함수와 노드

다음과 같이 함수 〉 프로그래밍 〉 배열 팔레트에서 배열 관련 **함수**와 **노드**들을 찾을 수 있습니다.

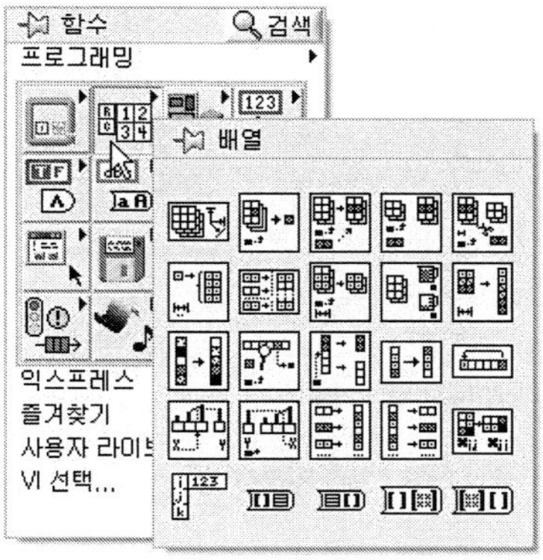

배열 크기

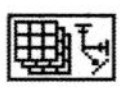 **배열 크기**는 배열의 크기를 알아내는 함수입니다. 예를 들어, 배열 형식의 데이터를 네트워크로 전송할 때, 전송할 파일 사이즈를 알기 위하여 배열 크기 함수를 사용할 수 있습니다.

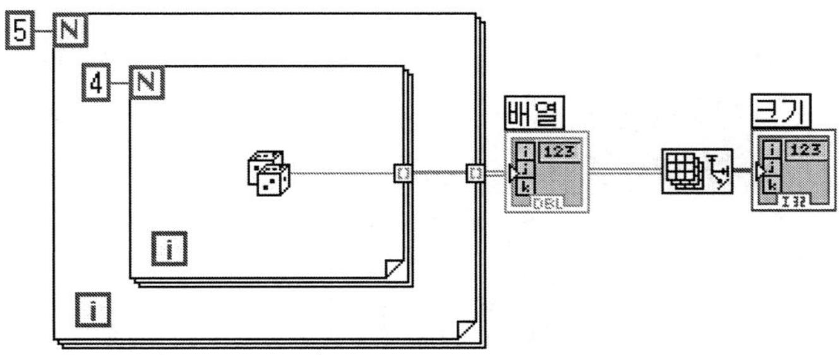

배열 인덱스

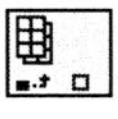 **배열 인덱스**는 배열에서 원하는 인덱스의 원소를 찾을 때 사용합니다. 다음은 2차원 배열에서 Low = 1, Column = 2에 있는 원소를 찾는 예입니다.

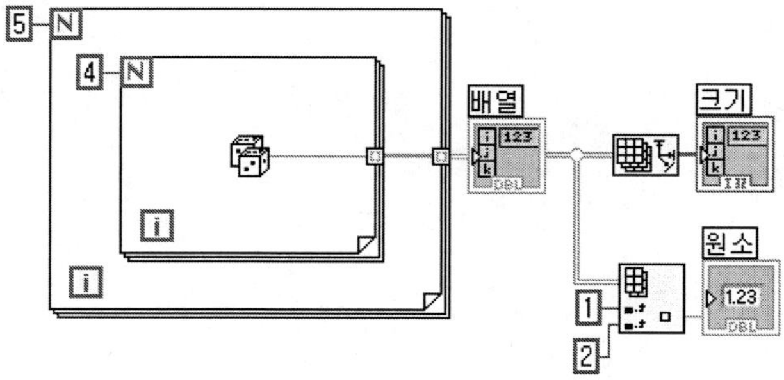

배열 상수

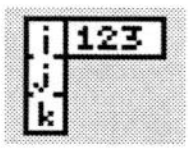 **배열 상수**를 블록다이어그램에 위치시키면 다음과 같은 모양입니다. 이곳에 원하는 데이터 타입을 넣어줍니다. 예를 들어, 숫자형 상수를 넣으면 **숫자형 상수 배열**이 됩니다.

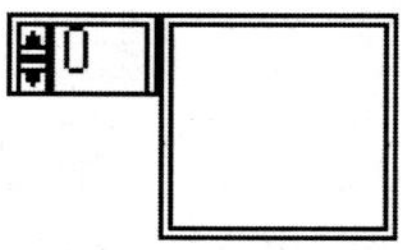

배열 만들기

 **배열 만들기**는 여러 개의 배열이나 원소를 묶어서 새로운 배열을 만들 때 사용됩니다. 예를 들어, 숫자형 원소를 여러 개 묶어서 1차원 배열을 만들거나, 1차원 배열들을 묶어서 2차원 배열을 만들 수 있습니다. 또는 1차원 배열에 원소를 추가하여 붙일 수 있습니다.

배열 만들기 노드를 블록다이어그램에 놓으면 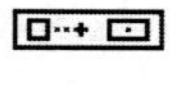과 같은 모양입니다. 다음과 같이 마우스로 필요한 만큼 키워줍니다.

다음은 배열 만들기 함수를 이용하여 숫자형 상수 세 개를 묶어서 1D 배열을 만든 예입니다. 만들어진 배열은 {23, 0, 100.24}입니다.

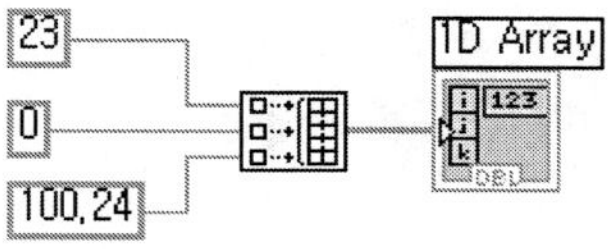

다음은 배열 만들기 함수를 이용하여 1D 배열 두 개를 묶어서 2D 배열을 만든 예입니다. 배열의 길이가 서로 다를 경우에는 긴 쪽에 맞추어 2D 배열이 생성됩니다. 이때 부족한 부분은 0으로 채워집니다.

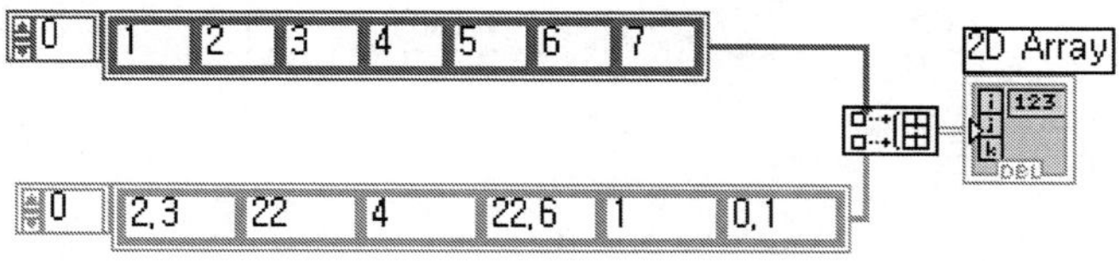

다음은 1차원 배열에 원소를 추가한 예입니다. 추가된 배열은 1차원 배열인 {3, 4, 5, 6}이 됩니다.

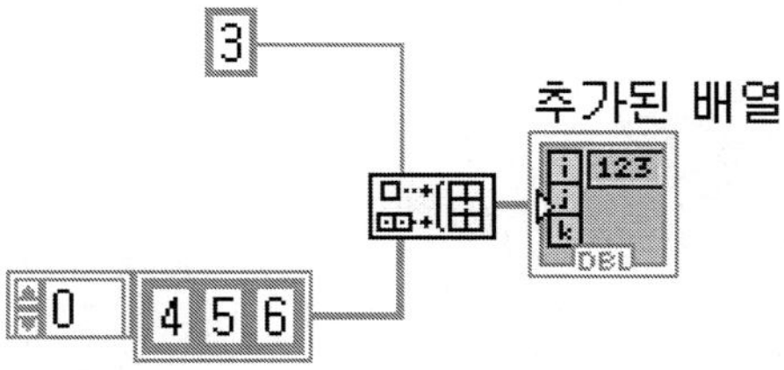

다음은 배열 만들기 함수를 이용하여 1D 배열 두 개를 연결하여 1D 배열을 만든 예입니다. 이때 배열 만들기의 단축메뉴에서 입력 연결을 선택해줘야 됩니다. 다음과 같이 배열 만들기의 모양도 다르게 표현됩니다. 새로운 1D 배열은 {1, 2, 3, 4, 5, 6, 7, 2.3, 22, 4, 22.6, 1, 0.1, 7}입니다.

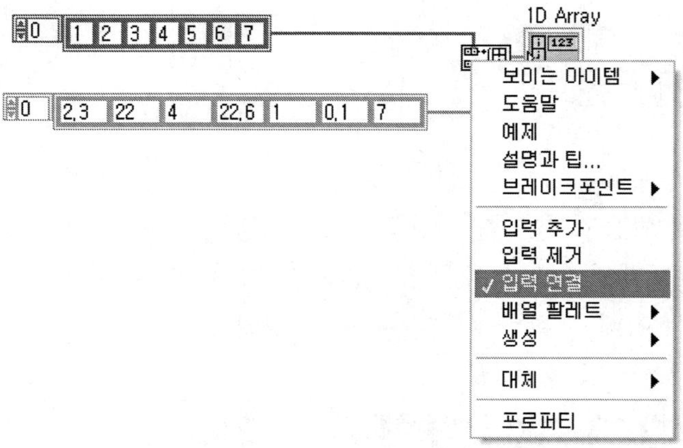

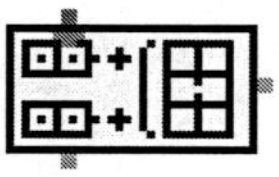

기타 함수

이외에도 여러 가지 배열 함수들이 있습니다. 예를 들어 원소를 바꾸는 함수, 원소를 추가 하는 함수, 원소를 제거 하는 함수 등이 있습니다.

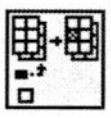 **배열 부분 대체,**

 **배열에 삽입,**

 **배열로부터 삭제** 입니다.

⌘ 배열의 연산(Polymorphism)

배열의 연산, 즉 더하기, 빼기, 곱하기, 나누기 등에 대하여 알아봅니다. 여기서 Polymorphism이란 다른 데이터 구조라도 계산이 가능하다는 뜻입니다.

배열 +숫자형 = 배열

- 블록다이어그램

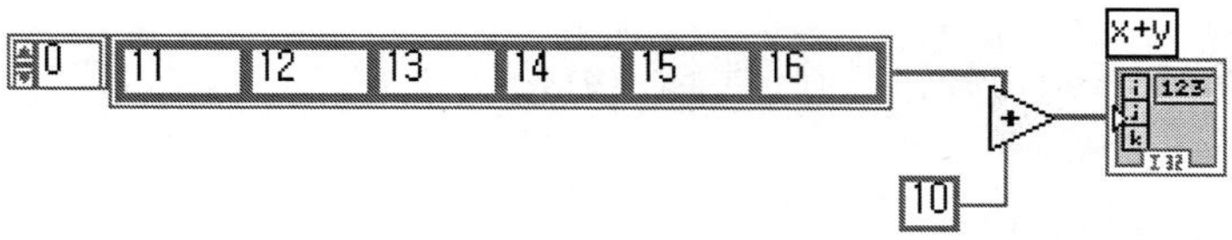

- 프런트패널

배열(6원소) * 배열(8원소) = 배열(6원소)

- 블록다이어그램

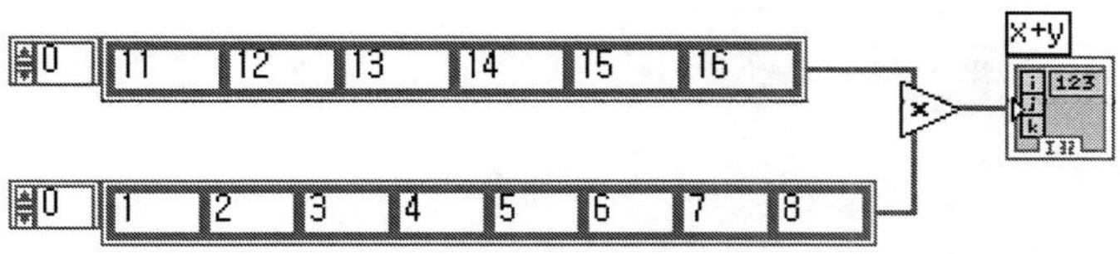

- 프런트패널

연습 2-3. 배열 함수와 연산

배열을 만들고 여러 가지 함수와 연산을 이용하여 배열을 연산해봅니다.

⌘ 블록다이어그램

1. 새 VI를 만들고 배열함수.vi라는 이름으로 저장합니다.
2. For 루프와 난수(0-1)를 이용하여 1차원 배열을 생성시킵니다. 단축메뉴의 생성 〉 인디케이터를 이용하여 배열 인디케이터를 생성합니다. **난수(0-1)**는 함수 〉 프로그래밍 〉 숫자형 팔레트에서 찾을 수 있습니다. 0에서 1사이의 난수(Random Number)를 발생하는 함수입니다.

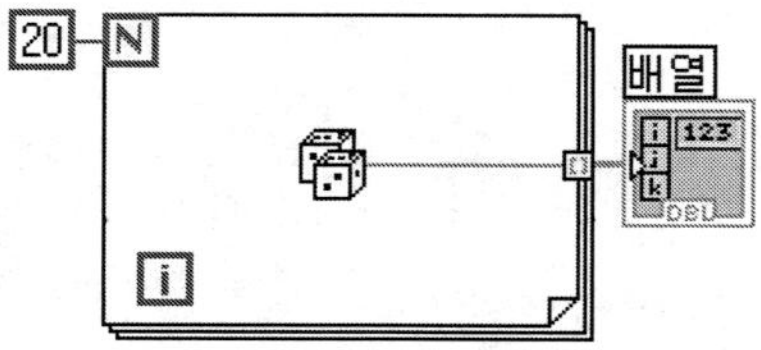

3. 스케일을 곱해줍니다.

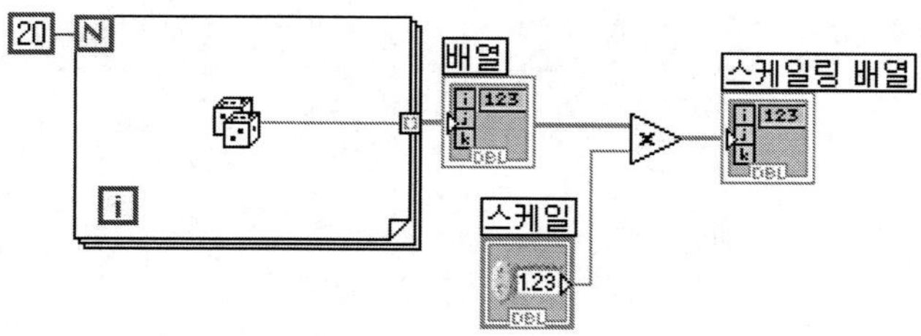

이때 스케일은 숫자형 컨트롤입니다. 배열 Polymorphism이 있기 때문에 단축메뉴의 생성 〉 컨트롤을 이용하여 생성시킬 수 없습니다. 그래서 프런트패널에서 숫자형 컨트롤을 붙여주어야 됩니다. 라벨을 "스케일"로 바꿔줍니다.

4. 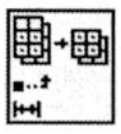 **배열 잘라내기**를 이용하여 배열의 일부를 떼어냅니다. 단축메뉴의 생성을 이용하여 [인덱스], [길이]에 컨트롤을 생성시켜줍니다. 그리고 [부분배열]에 인디케이터를 생성시킵니다.

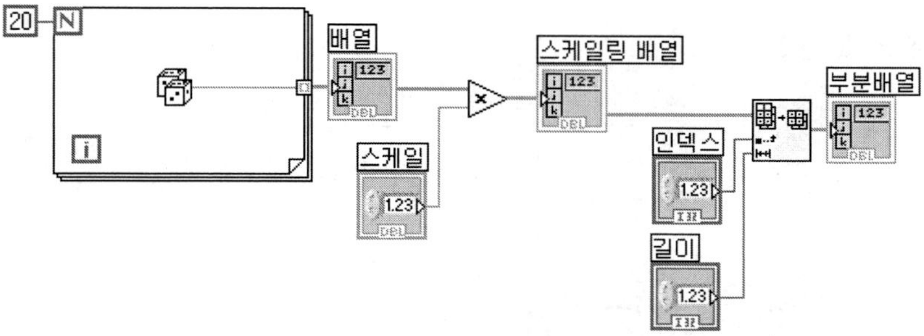

⌘ 프런트패널

5. 프런트패널을 아래와 같이 정리하고 실행합니다.

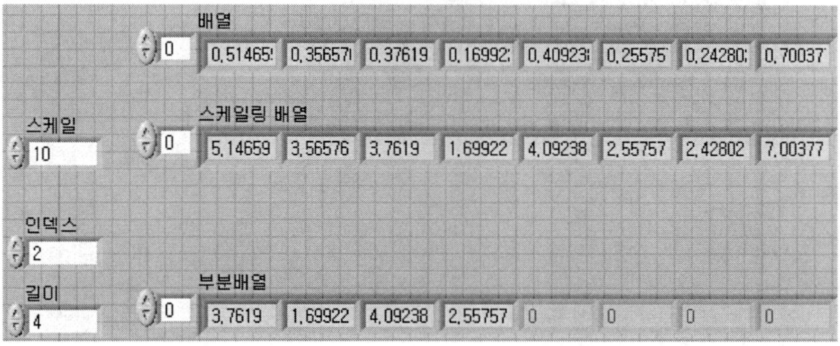

For 루프에서 20개의 난수를 생성하여 [배열] 인디케이터에 나타냅니다. 그리고 DBL 1차원 배열에 DBL 숫자형 [스케일]을 곱하여 [스케일링 배열]을 만듭니다. 다시 입력한 [인덱스]에서 [길이]만큼 잘라서 새로운 배열인 [부분배열]을 생성합니다.

연습 2-3 끝

연습 2-4. 원 그리기

XY 그래프를 이용하여 원을 그려봅니다.

⌘ 프런트패널

1. 새 VI를 만들고, 원.vi라는 이름으로 저장합니다.
2. 프런트패널에 XY 그래프를 위치시킵니다.

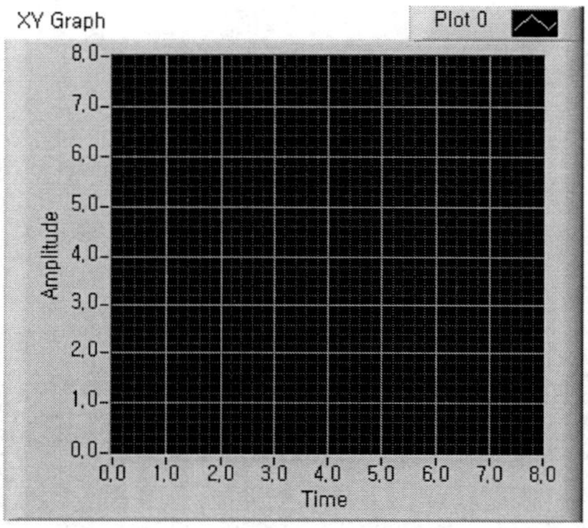

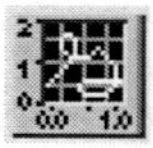 **XY 그래프**는 X 배열과 Y 배열을 각각 Time과 Amplitude 축으로 하여 그래프를 그리는 인디케이터입니다. 컨트롤 〉 일반 〉 그래프 팔레트에서 찾을 수 있습니다.

⌘ 블록다이어그램

3. 아래와 같이 블록다이어그램을 구성합니다.

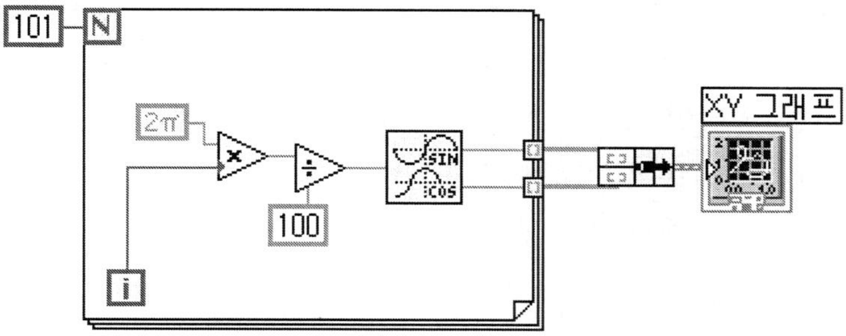

사인 & 코사인은 함수 〉 수학 〉 기본&특수 함수 〉 삼각함수 팔레트에서 찾을 수 있습니다. 입력 값 x에 대하여 sin(x)과 cos(x)를 출력하는 함수입니다.

2π는 함수 〉 프로그래밍 〉 숫자형 〉 수학 & 과학 상수 팔레트에서 찾을 수 있습니다.

묶기는 함수 〉 프로그래밍 〉 클러스터 & 배리언트 팔레트에서 찾을 수 있습니다. XY 그래프를 이용하기 위해서는 클러스터 묶기 함수를 항상 사용해야 됩니다. 클러스터에 대하여 뒤에서 설명합니다.

4. VI를 실행합니다.

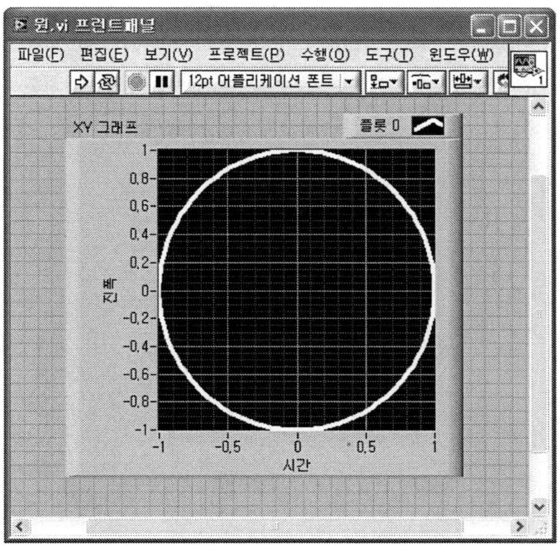

X=sin(t)일 때, Y=cos(t) (t=0 to 2π)이면 XY 그래프에서 원을 그릴 수 있습니다. For 루프 속의 [i]는 0에서부터 N-1까지의 정수 값을 차례로 출력합니다. N=101이므로 0에서부터 100까지 출력합니다. 각각에 2π를 곱하고, 100으로 나누어주었으므로 0에서부터 2π사이를 100등분하여 **사인 & 코사인** 함수에 차례로 입력되는 것입니다.

연습 2-4 끝

나. 클러스터

배열은 같은 타입의 데이터를 묶을 때 사용합니다. 그러나 서로 다른 타입의 데이터를 하나로 묶어서 관리하면 더 효율적으로 프로그래밍할 수 있습니다. 클러스터는 여러 가지 데이터 타입을 묶어서 만든 데이터의 묶음입니다. 예를 들어, 컴퓨터 통신에 많이 사용되는 Len 케이블을 보면 여러 색깔의 선들을 하나로 묶어서 만들어져 있습니다. 이들은 모두 다른 타입의 데이터가 전달되는 선들입니다. 디지털 데이터 신호선, 전력선, 통신 관리선 등으로 기본 구성이 되어있을 것입니다. 이것처럼 여러 가지 다른 데이터 타입을 하나로 묶어서 처리하면 와이어의 수를 줄일 수 있고 관리도 편할 것입니다.

컨트롤 〉 일반 〉 배열, 행렬, 클러스터 팔레트에서 **클러스터**를 찾을 수 있으며, 배열과 비슷한 방법으로 사용됩니다. 클러스터를 프런트패널에 위치시키면 다음과 같이 빈 클러스터가 놓이게 됩니다.

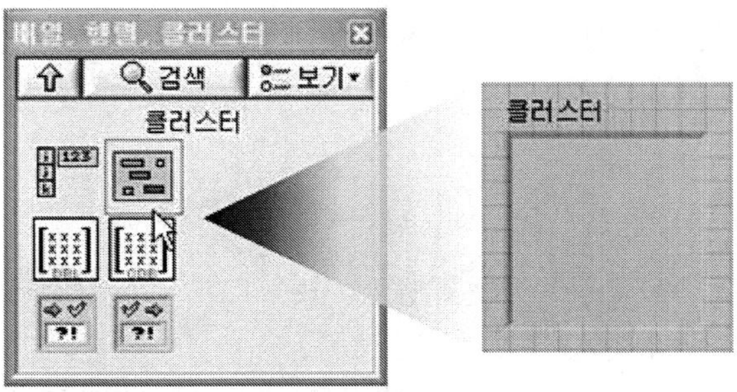

다음은 숫자형, 숫자형 배열, 불리언, 불리언 배열, 문자열, 문자열 배열을 클러스터에 넣은 예입니다.

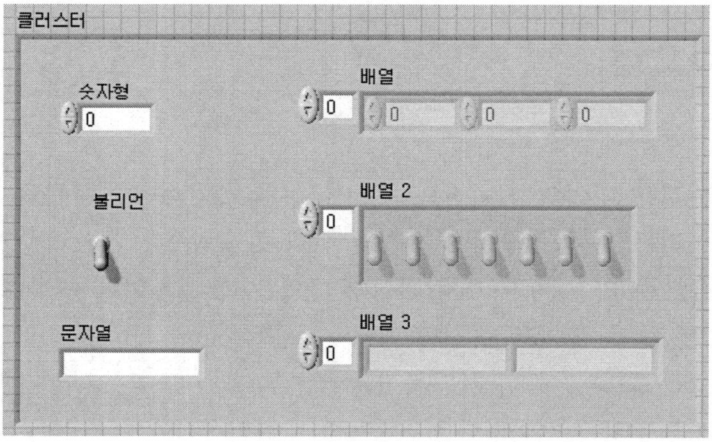

⌘ 클러스터의 두 가지 주의 사항

첫째, 묶어주는 데이터들은 모두 컨트롤로 통일하거나 인디케이터로 통일해야 합니다. 컨트롤과 인디케이터를 섞어서 클러스터를 만들 수는 없습니다. 이것은 LabVIEW가 와이어를 통한 데이터 흐름으로 구성된다는 것과 일치합니다.

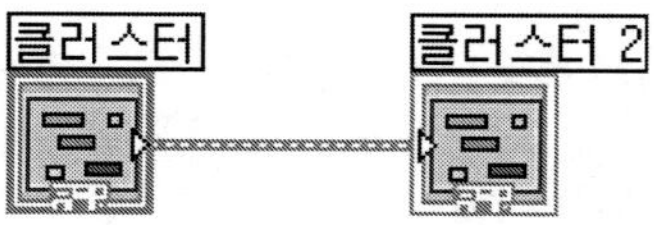

둘째, 클러스터에 아이콘을 넣을 때, 넣어주는 순서에 따라서 **컨트롤 순서**가 정해집니다. 그리고 클러스터 컨트롤과 클러스터 인디케이터를 서로 연결할 때, 이 순서가 꼭 맞아야합니다.

순서를 바꾸기 위해서는 클러스터의 단축메뉴에서 **클러스터 내의 컨트롤 순서 재설정…**을 선택하여 원소들의 순서를 새로 정해줄 수 있습니다. 이때 새로운 순서로 원소들을 클릭해주면 됩니다. 마우스의 모양은 다음과 같이 바뀝니다. 

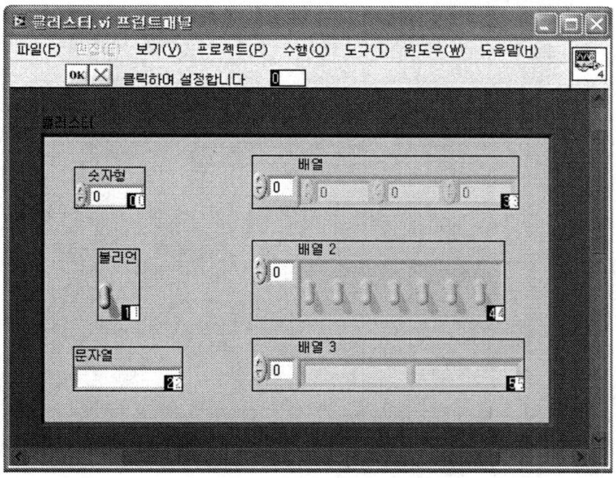

⌘ 클러스터의 함수

클러스터는 데이터의 묶음이므로 **묶어주는 함수**와 **풀어주는 함수**가 있습니다. 함수 〉 프로그래밍 〉 클러스터, 클래스 & 배리언트 팔레트에서 찾을 수 있습니다.

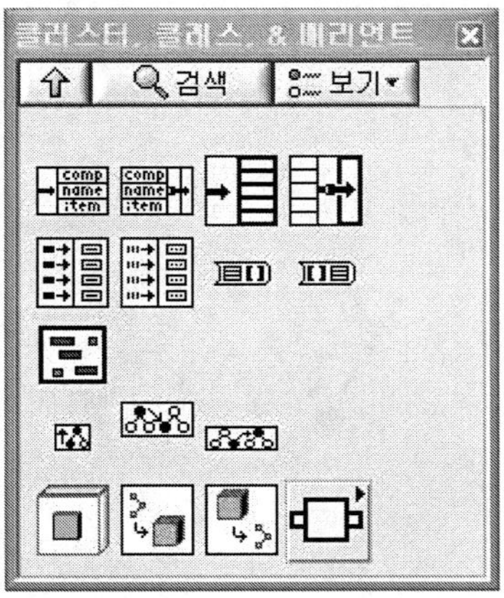

풀어주는 함수

풀어주는 함수에는 **풀기**와 **이름으로 풀기**가 있습니다.

- **풀기**

풀기는 클러스터의 데이터 전체를 순서에 따라 모두 풀어줍니다. 앞에서 순서를 다시 정해준 클러스터를 풀어주면 다음과 같습니다. DBL, 불리언, 문자열, DBL 배열, 불리언 배열, 문자열 배열의 순서로 클러스터가 풀림을 확인할 수 있습니다. 사용자는 이들 중에서 필요한 데이터만 사용하면 될 것입니다.

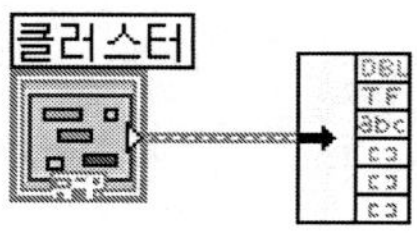

- **이름으로 풀기**

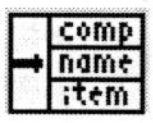

이름으로 풀기는 원소 별로 골라서 풀러주는 함수입니다. 이때 원소의 이름을 이용합니다. 클러스터를 **이름으로 풀기**에 연결하고 마우스로 클릭하여 원하는 원소를 선택해줍니다. 동시에 두 개 이상의 아이템을 선택하고 싶은 경우에는 **이름으로 풀기**의 크기를 늘려줍니다.

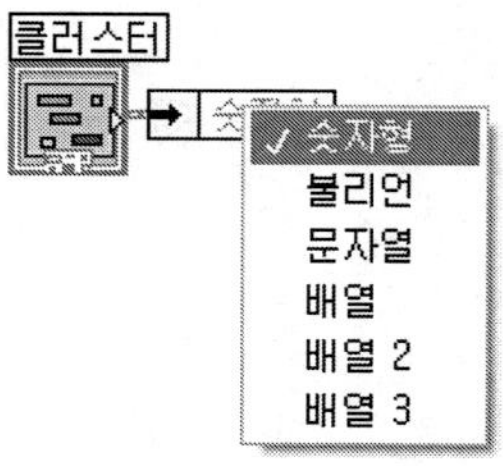

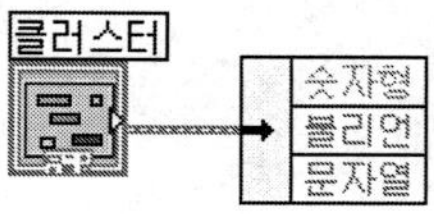

클러스터의 대표적인 예는 **에러 입력**입니다. **에러 입력**에서 상태(Status)만 풀어내기 위하여 **이름으로 풀기**를 사용할 수 있습니다.
에러 입력에서 **상태**는 불리언 타입이고, **코드**는 숫자형 타입이며, **소스**는 문자열 타입입니다. 컨트롤 〉 일반 〉 배열, 행렬, 클러스터 팔레트에서 **에러 입력**을 찾을 수 있습니다.

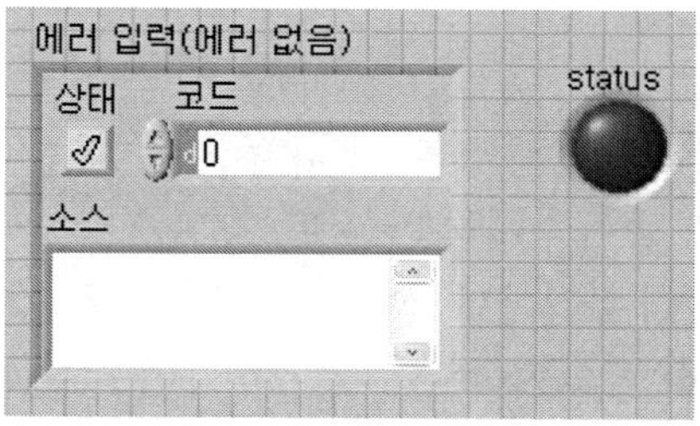

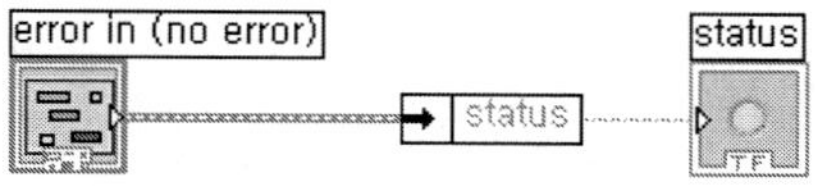

⌘ 묶어주는 함수

클러스터를 만들기 위하여 묶어주는 함수에는 **묶기**와 **이름으로 묶기**가 있습니다.

- **묶기**

 **묶기**는 여러 개의 데이터들을 위에서부터 순서대로 묶어주는 함수입니다. 예를 들어, 숫자형 배열, 불리언, 그리고 문자열 배열을 클러스터로 묶어주면 아래와 같습니다.

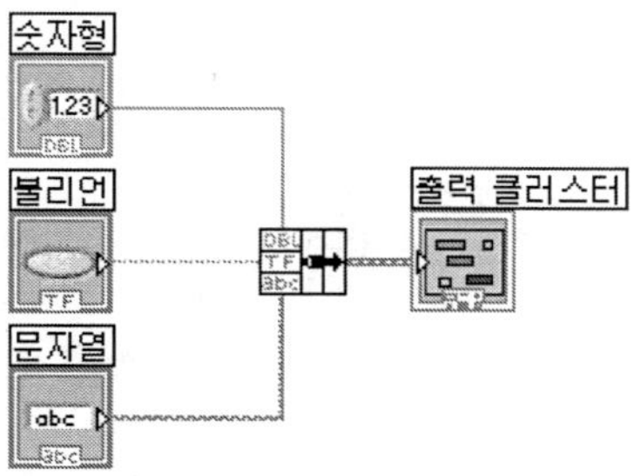

묶기를 블록다이어그램에 놓으면 처음에는 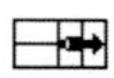 와 같은 모양이지만 마우스로 클릭해서 아래로 당겨주면 필요한 크기로 바꿔줄 수 있습니다.

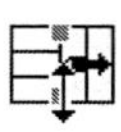

- 이름으로 묶기

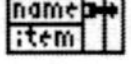 **이름으로 묶기**는 미리 어떤 클러스터를 만들 것인가에 대한 정보를 알고 있을 때, 이 정보에 따라서 클러스터를 구성하는 함수입니다. 클러스터의 함수 중에서 가장 까다로운 함수입니다. 어떤 클러스터를 만들 것인가에 대한 정보를 다음과 같이 **이름으로 묶기**의 중간부분인 [입력 클러스터]에 꼭 연결해줘야 됩니다.

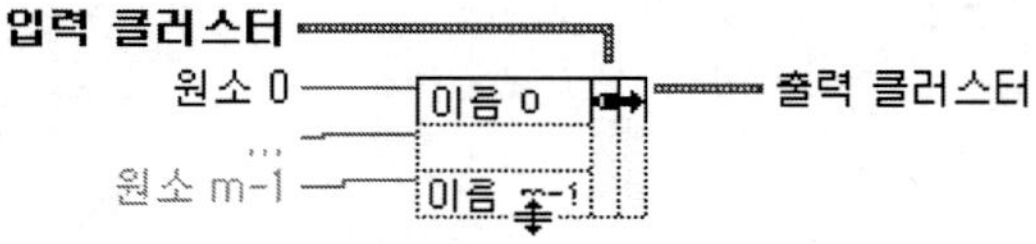

다음 연습을 통하여 클러스터를 만드는 방법과 클러스터 함수를 이용하는 방법에 대하여 익혀봅니다.

연습 2-5. 클러스터를 만들고 다루는 법

클러스터를 만들고, 클러스터 함수를 이용하여 클러스터를 수정해봅니다.

⌘ 프런트패널

1. 새 VI를 만들고, 클러스터.vi라는 이름으로 저장합니다.
2. 프런트패널에 클러스터를 만듭니다. 숫자형, 숫자형 배열, 불리언, 불리언 2, 슬라이드를 클러스터에 순서대로 넣어줍니다. 순서를 틀렸을 때에는 **클러스터 내의 컨트롤 순서 재설정…**을 이용하여 순서를 바꿔줍니다.

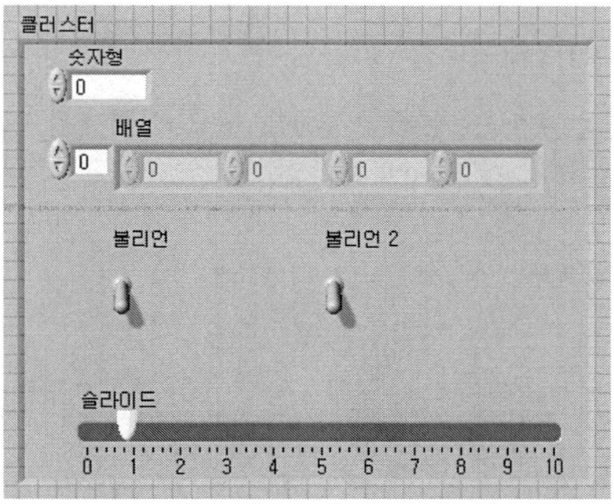

⌘ 블록다이어그램

3. **풀기**와 **이름으로 풀기**를 이용하여 이 클러스터를 풀어줍니다. 그리고 **묶기**와 **이름으로 묶기**를 이용하여 다시 묶어줍니다.

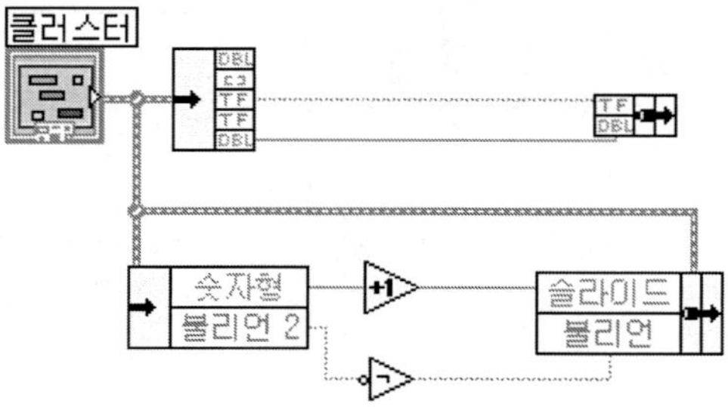

증가는 숫자형 값에 +1을 해주는 함수입니다. 함수 〉 프로그래밍 〉 숫자형 팔레트에서 찾을 수 있습니다.

NOT은 불리언 값에 Not 연산을 하는 함수입니다. 함수 〉 프로그래밍 〉 불리언 팔레트에서 찾을 수 있습니다.

4. 단축메뉴의 생성 〉 인디케이터를 이용하여 다음을 완성합니다. 그리고 While 루프로 전체를 둘러줍니다. **While 루프 조건**에서 단축메뉴의 생성 〉 컨트롤을 이용하여 [정지] 버튼을 생성해줍니다.

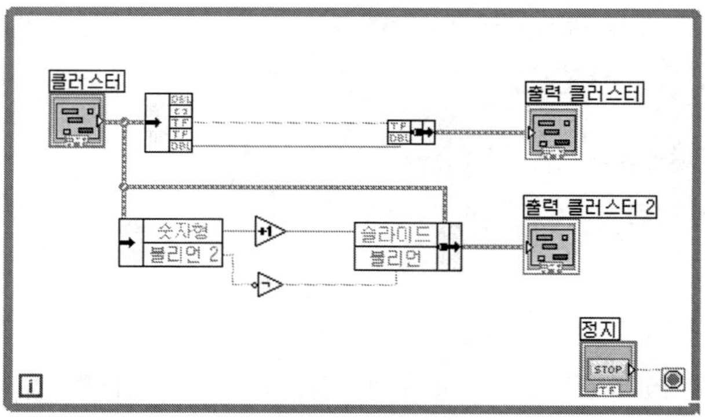

[출력 클러스터]는 두 개의 원소를 가진 새로운 클러스터이고, [출력 클러스터 2]는 [클러스터]에서 슬라이드와 불리언의 값만 바뀐 것입니다.

참고 **While 루프:** While 루프는 조건을 만족할 때까지 루프 속의 함수를 반복 실행하는 **구조**이며, 함수 〉 프로그래밍 〉 구조 팔레트에서 찾을 수 있습니다. 위의 연습에서는 [정지] 버튼을 클릭해서 참 값이 입력될 때까지 루프를 실행합니다.

5. While 루프는 컴퓨터 시스템이 가능한 범위까지 최대한 빨리 실행됩니다. While 루프의 실행 속도를 조절하기 위해서 **시간 지연** 함수를 사용합니다.

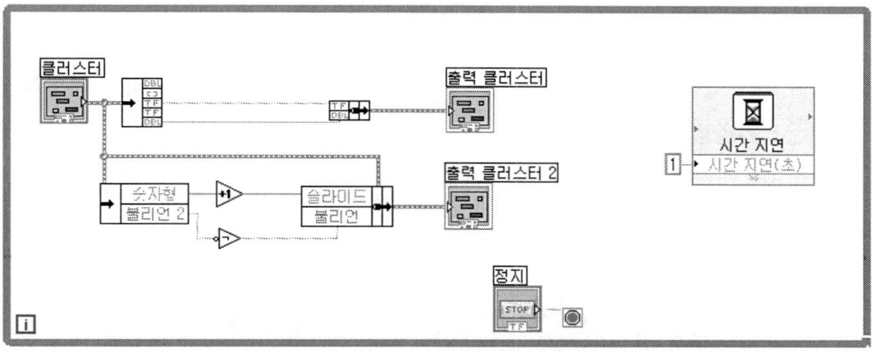

 **시간 지연**은 초단위의 시간 지연을 주는 함수입니다. 함수 〉 프로그래밍 〉 타이밍 팔레트에서 찾을 수 있습니다. While 루프에 시간 지연을 넣어주지 않으면, 이 VI를 실행했을 때, 필요 이상의 리소스를 사용하게 됩니다. 다음은 시간 지연 없이 실행했을 경우의 컴퓨터 리소스 사용량을 나타낸 것입니다.

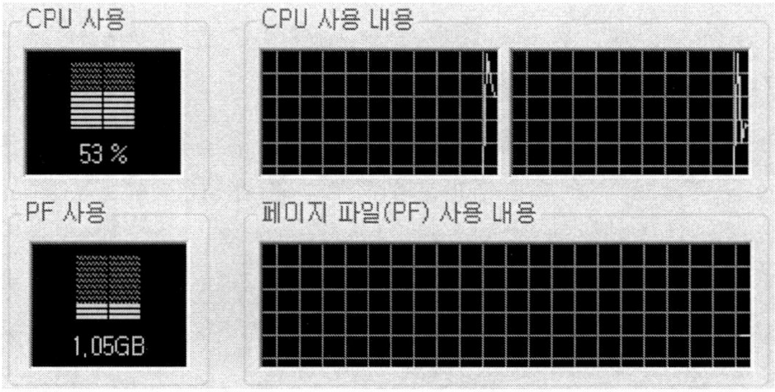

타이밍 팔레트에 있는 **기다림(ms)**과 **다음 ms배수까지 기다림** 함수는 ms단위로 시간 지연을 줄 수 있는 함수입니다.

⌘ 프런트패널

6. 프런트패널을 정리하고 실행합니다. While 루프에 의하여 반복 실행함을 알 수 있습니다. 정지 버튼을 클릭하여 VI의 실행을 멈춥니다.

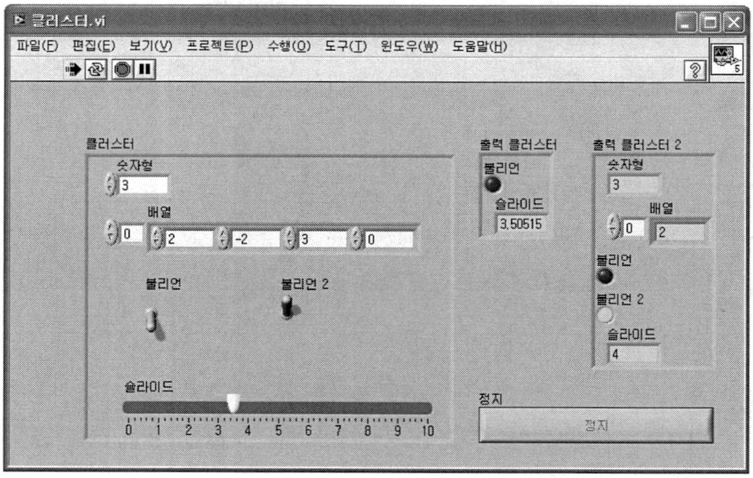

연습 2-5 끝

연습 2-6. 클러스터를 이용한 산술연산

숫자형이나 열거형 데이터 타입으로 만들어진 클러스터는 산술연산이 가능합니다. 클러스터와 숫자형의 산술연산을 수행해봅니다.

⌘ 프런트패널

1. 새 VI를 만들고, 클러스터 산술연산.vi로 저장합니다.
2. 다음과 같이 프런트패널에 클러스터를 두고, 숫자형 컨트롤, 열거형, 텍스트 링을 차례로 위치시킵니다. 열거형과 텍스트 링은 함수 〉 일반 〉 링 & 열거형 팔레트에서 찾을 수 있습니다.
3. 클러스터를 복사하여 클러스터 2를 만들고, 단축메뉴에서 [인디케이터로 변경]을 선택해서 인디케이터로 바꿔줍니다.

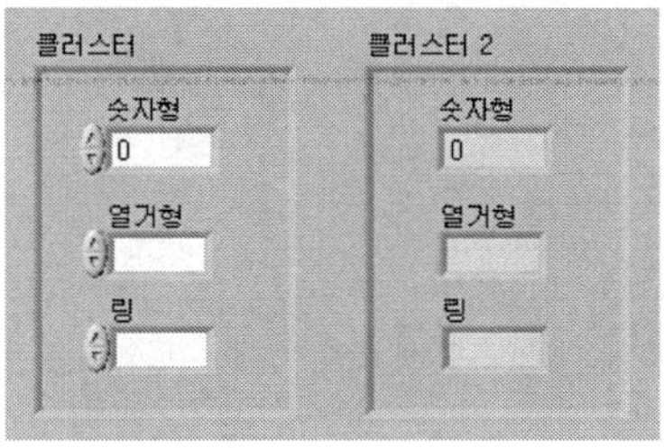

⌘ 블록다이어그램

4. 다음과 같이 블록다이어그램을 구성합니다.

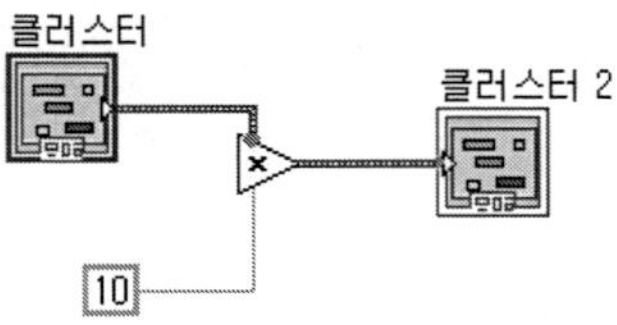

5. VI를 실행하고, 숫자형의 값을 변경해봅니다. 클러스터의 모든 입력에 10이 곱해져서 클러스터 인디케이터로 출력됨을 확인할 수 있습니다.

6. 다음과 같이 클러스터에 각각 불리언 컨트롤과 인디케이터를 추가해주면 에러가 발생함을 확인할 수 있습니다.

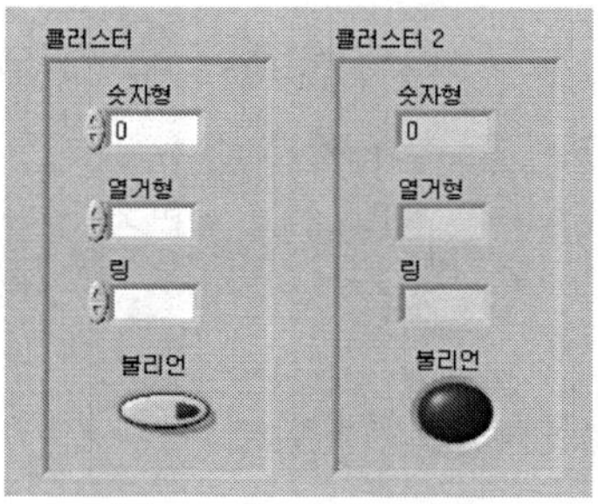

클러스터에 숫자형 데이터 타입만 위치한 경우에는 산술연산이 가능하고, 불리언이나 문자열등이 포함된 경우에는 산술연산이 불가능함을 확인할 수 있습니다.

또한 열거형이나 텍스트 링 등도 숫자형 데이터 타입임을 확인할 수 있습니다. 열거형과 텍스트 링 등은 U16의 정수형입니다.

연습 2-6 끝

다. 사용자 컨트롤

LabVIEW에서는 기본적으로 제공되는 컨트롤이나 인디케이터뿐 아니라 사용자 정의 컨트롤을 만들어 사용할 수 있습니다. 사용자는 다양한 형태의 사용자 컨트롤을 만들어 프런트패널을 구성할 수 있을 뿐 아니라 저장하여 다른 VI에 제공할 수 있습니다.

다음과 같이 세 가지 방법으로 사용자 컨트롤을 만들 수 있습니다.

- 프런트패널에 있는 객체에서 단축메뉴로 **고급 〉 사용자 정의...**를 선택하여 해당 컨트롤이나 인디케이터를 사용자가 새로 정의합니다.
- 프런트패널의 객체를 하나 선택하고, 상단 메뉴의 편집(E)에서 **컨트롤 사용자 정의(E)...**를 선택하여 만들 수 있습니다.
- 다음과 같이 LabVIEW 시작하기에서 **새로 만들기**의 기타 파일에서 사용자 컨트롤을 선택하여 만들 수 있습니다.

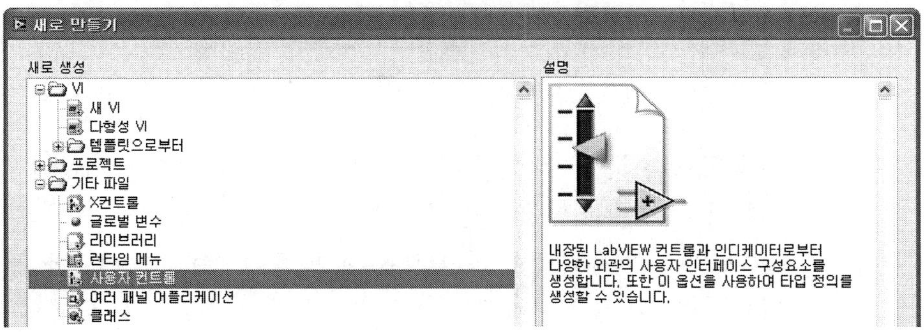

프런트패널의 컨트롤이나 인디케이터를 선택하고, 단축메뉴의 고급 〉 사용자 정의...를 선택하거나, 편집(E)의 컨트롤 사용자 정의(E)...를 이용하면, 아래와 같이 **사용자 컨트롤 편집 창**이 나타납니다.

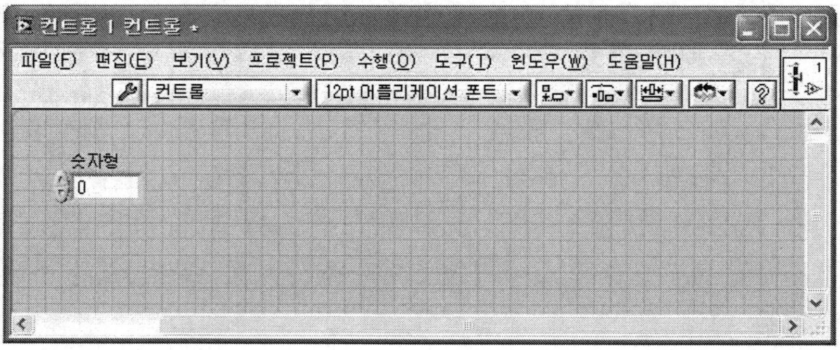

그리고 새로 만들기의 사용자 컨트롤 생성을 선택하면, 빈 사용자 컨트롤 편집 창이 나타나고, 이곳에 편집하고자 하는 컨트롤이나 인디케이터를 컨트롤 팔레트에서 가져다 놓으면 됩니다. 이때 한 개만 놓아야 되고, 동시에 두 개 이상의 컨트롤과 인디케이터를 놓고 편집할 수는 없습니다.

⌘ 편집 모드와 사용자 정의 모드

사용자 컨트롤 편집 창은 두 가지 모드로 설정할 수 있습니다.

편집 모드와 **사용자 정의 모드**입니다. 모드 버튼을 클릭하여 다른 모드로 전환하거나, 상단 메뉴의 수행(O)에서 사용자 정의 모드로 변경(C)이나 편집 모드로 변경(C)을 선택하여 전환할 수 있습니다.

편집 모드에서는 컨트롤이나 인디케이터의 프로퍼티를 사용자 정의할 때 사용합니다. 프로퍼티를 사용자 정의하여 사용자 컨트롤로 만들면, 프로퍼티를 매번 설정할 필요가 없습니다. 예를 들어, 숫자형 컨트롤의 크기를 바꾸거나 라벨의 폰트를 바꾸고, 데이터 입력 범위를 바꾸는 등의 설정을 사용자가 정의합니다.

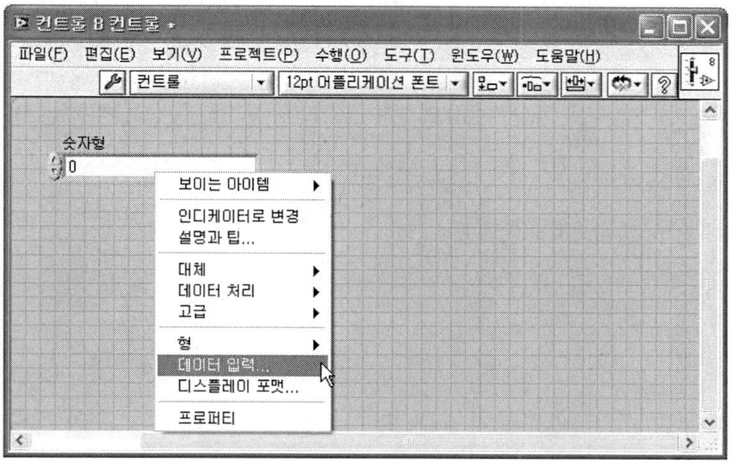

사용자 정의 모드는 컨트롤이나 인디케이터의 프로퍼티뿐 아니라 객체를 다시 세부적인 아이템으로 분리하여 새롭게 정의할 수 있게 합니다. 다음과 같이 숫자형 컨트롤은 증감버튼, 라벨, 입력 부분, 테두리 등으로 세분화 됩니다. 각각의 아이템을 개별적으로 설정할 수 있습니다.

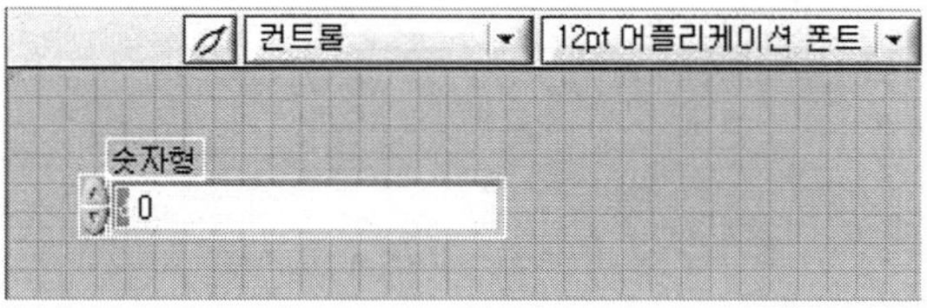

객체의 세부 아이템 중에서 **그림 아이템**은 다른 이미지 파일로 대체할 수 있습니다. 예를 들어, 숫자형 컨트롤에서 증감버튼이 그림 아이템이며, 이 아이템의 단축메뉴에서 **파일로부터 같은 크기로 반입...**을 선택하여 다른 이미지로 대체할 수 있습니다.

참고로 그림 아이템은 여러 개의 이미지로 구성되어 있습니다. 아래와 같이 평소 상태를 나타내는 이미지와 클릭했을 때의 이미지 등으로 세분화됩니다. 그러므로 사용자 정의 모드로 객체의 이미지를 다른 이미지로 대체할 때는 구성된 여러 이미지를 모두 고려해줘야 될 것입니다.

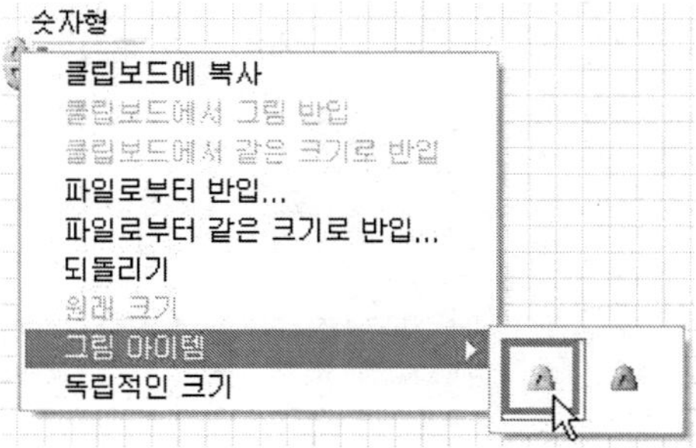

다음은 증감버튼의 그림 아이템들을 다른 이미지로 바꾼 예입니다. 평소 상태는 삼각형이며, 클릭했을 때는 화살표로 나타나도록 각각을 바꿔주었습니다.

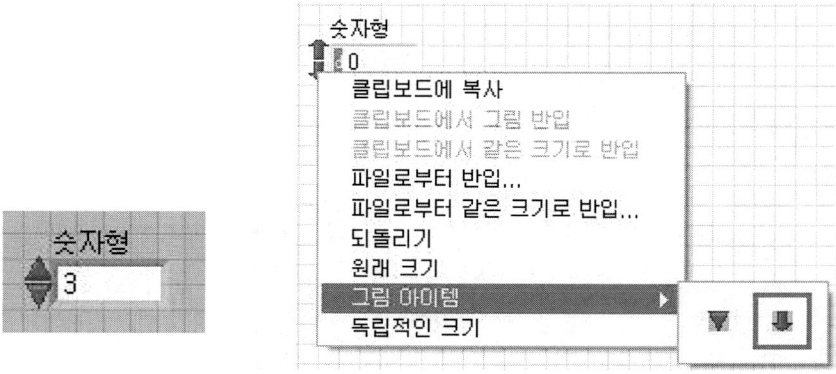

⌘ 사용자 컨트롤 저장 및 불러오기

사용자 정의 컨트롤 편집이 끝나면, 상단 메뉴의 편집(F)에서 **변경된 사항 적용**을 선택하여 변경된 사항을 적용하고 저장합니다. ***.ctl** 확장자를 가집니다.

시스템의 LabVIEW₩user.lib 폴더에 저장하면, 컨트롤 〉 사용자 컨트롤 팔레트에서 저장된 사용자 컨트롤을 가져 올 수 있습니다. 이때 LabVIEW를 한 번 재실행해야만 사용자 컨트롤 팔레트에 나타납니다.

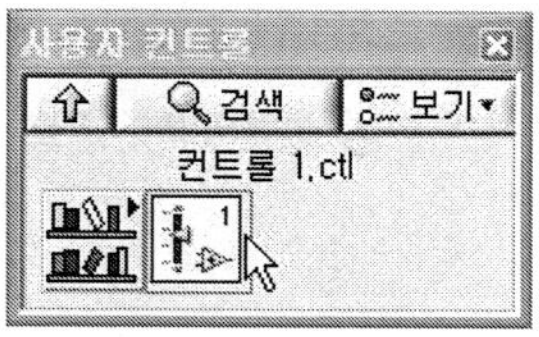

다른 폴더에 저장한 경우에는 컨트롤 팔레트의 **컨트롤 선택...**을 이용하여 불러옵니다.

⌘ 타입 정의

다음과 같이 컨트롤, 타입 정의, 그리고 엄격한 타입 정의로 세 가지 옵션을 선택할 수 있습니다.

- **컨트롤**은 개별 객체들을 필요에 따라서 임의로 변경하고자 할 때 사용됩니다. 프런트패널의 컨트롤을 선택하여 사용자 정의할 때 선택된 컨트롤에만 변경된 값이 적용됩니다.

- **타입 정의**는 같은 이름으로 저장된 사용자 정의 컨트롤들에게 모두 변경값을 적용하고자 할 때 사용됩니다. 저장된 사용자 정의 컨트롤을 여러 VI나 SubVI에서 사용하고 있을 때, 변경된 값이 모든 VI의 사용자 정의 컨트롤에 적용됩니다. 단, 이렇게 적용되는 속성은 몇 개로 제한되어있습니다. 컨트롤 팔레트의 각 컨트롤이나 인디케이터마다 타입 정의 옵션으로 적용 가능한 속성이 정해져있으므로 LabVIEW 도움말을 참고하여 사용하시기 바랍니다.

- **엄격한 타입 정의**는 라벨, 설명, 기본값을 제외한 모든 속성을 엄격하게 타입 정의할 때 사용합니다. 타입 정의 옵션에서 적용할 수 없었던 속성까지 적용하고자 할 경우에 사용하면 됩니다.

참고로 타입 정의 옵션으로 정의되었지만, 사용자 컨트롤 변경에 적용받지 않기 위해서는 개별 객체의 단축메뉴에서 **타입 정의로부터 연결 끊기**를 선택해주면 됩니다.

연습 2-7. 불리언의 사용자 컨트롤 편집

불리언 타입인 확인 버튼을 사용자 컨트롤로 편집해봅니다.

⌘ 프런트패널

1. 새 VI를 만들고, 사용자 컨트롤.vi로 저장합니다.
2. 컨트롤 〉 불리어 팔레트에서 확인 버튼을 하나 찾아서 프런트패널에 위치시킵니다.
3. 확인 버튼의 단축메뉴에서 고급 〉 사용자 정의...를 선택하여 사용자 컨트롤 편집 창을 띄웁니다.
4. **사용자 정의 모드**로 바꾸고 확인 버튼에서 **그림 아이템**을 선택합니다.
5. 다음과 같이 네 개의 그림 아이템이 있습니다. 각 그림 아이템을 **파일로부터 같은 크기로 반입...**을 이용하여 다른 이미지로 대체해 줍니다.

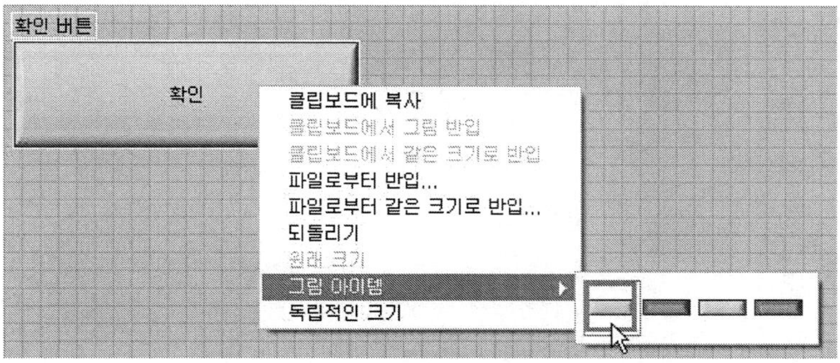

6. 사용자 컨트롤 편집이 끝나면, 상단 메뉴의 파일(F)에서 **변경된 사항 적용**을 선택하여 변경된 사항을 적용하고 저장합니다.
7. 사용자 컨트롤 편집 창을 닫습니다. 다음은 그림 아이템으로 윈도즈에서 제공되는 기본 샘플을 이용한 경우입니다.

사용자 컨트롤.vi 프런트패널
파일(F) 편집(E) 보기(V) 프로젝트(P) 수행(O) 도구(T) 윈도우(W) 도움말(H)
12pt 어플리케이션 폰트
확인 버튼
확인

연습 2-7 끝

라. SubVI 만들기

SubVI는 LabVIEW에서 제공되는 아이콘 이외에 사용자가 만들어서 사용할 수 있는 아이콘입니다. Text 기반의 프로그래밍 언어에서처럼 프로그래머는 자주 사용하는 자기만의 프로그램을 함수의 형태로 보관하고 다른 프로그램에 붙여서 사용하거나 다른 프로그래머에게 제공할 수 있습니다. 이런 경우에 SubVI를 만들고 이 SubVI를 다른 VI에서 호출하여 사용합니다. 또는 반복해서 같은 형태의 작업이 계속 나타나는 경우, 이 반복되는 부분을 SubVI로 만들어두면 아주 간편하게 프로그램을 작성할 수 있습니다.

SubVI는 두 가지 방법으로 만들 수 있습니다.

- 모든 VI는 근본적으로 다른 VI에서 SubVI로 사용할 수 있습니다. 그러나 커넥터가 있는 SubVI가 되기 위해서는 VI의 프런트패널에 있는 컨트롤들과 VI의 커넥터를 연결하는 작업을 수동으로 해줘야 됩니다.
- VI의 일부만 선택하여 SubVI로 만들 수 있습니다. 이 경우에는 와이어 연결이 필요한 커넥터가 자동으로 생성됩니다.

SubVI는 다른 VI에서 서브로 사용되는 일종의 함수이므로, 함수의 기능을 아이콘으로 이해할 수 있게, 함축적으로 표현할 수 있는 아이콘으로 편집해 줄 필요가 있습니다. 이때 아이콘 편집기를 이용합니다.

두 가지 연습 문제를 통하여 SubVI 만드는 방법을 배워봅니다.

연습 2-8. SubVI 만들기

모든 VI는 저장만 되면 SubVI가 됩니다. 간단한 연습을 통하여 SubVI를 만드는 방법을 배워봅니다.

⌘ 블록다이어그램

1. 새 VI를 만듭니다. 〈Ctrl+N〉
2. 함수 〉 VI 선택...을 선택하면 원하는 VI를 불러올 수 있습니다. 연습 1-1에서 만든 더하기와 빼기.vi를 불러옵니다.

3. **아이콘 편집기**로 만들어준 아이콘 모양으로 나타남을 확인할 수 있습니다. 이 아이콘을 더블클릭해봅니다. 더하기와 빼기.vi가 다시 열립니다.

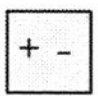

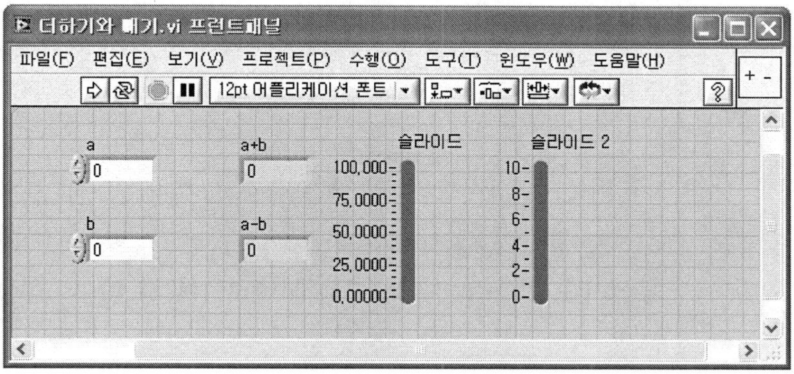

연습 1-1에서 저장해두었던 더하기와 빼기.vi는 이 연습에서 SubVI로 사용됩니다. 이와 같이 모든 VI는 다른 VI의 SubVI가 될 수 있습니다.

그러나 이 SubVI에는 한 가지 빠진 점이 있습니다. SubVI로서 역할을 다하기 위해서는 와이어를 연결하여 입력과 출력을 연결할 수 있어야 합니다. 이제 더하기와 빼기.vi에 커넥터를 만들어주는 방법에 대하여 알아봅니다.

4. 더하기와 빼기.vi의 아이콘을 클릭하고, 마우스 오른쪽 버튼을 이용하여 단축메뉴를 만들고 **커넥터 보이기**를 선택합니다.

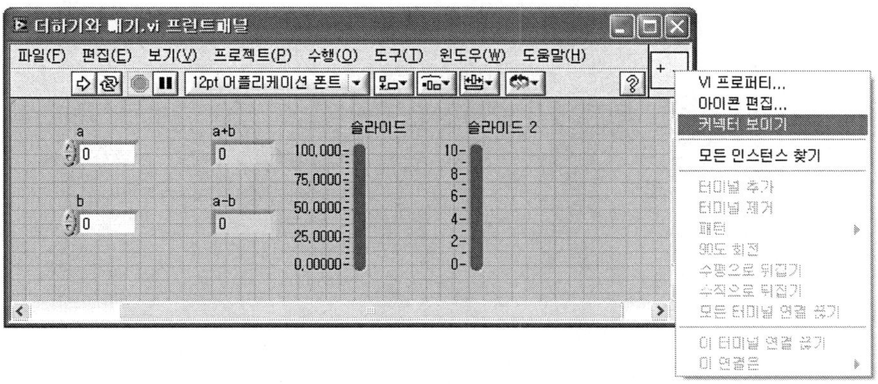

5. 커넥터들이 나타납니다. 빈칸의 오른 쪽에는 컨트롤을, 왼쪽에는 인디케이터를 도구를 이용하여 연결합니다. 만약 커넥터가 부족하면 단축메뉴에서 **터미널 추가**를 선택해서 커넥터를 더 만들 수 있습니다. 그리고 필요한 커넥터만 연결하고 나머지는 비워둬도 됩니다. 오른쪽 커넥터에는 a와 b를 연결하고 왼쪽은 a+b와 a-b를 연결해봅니다. 슬라이드와 슬라이드 2는 연결하지 않아도 됩니다. 우선 을 이용하여 a를 선택하고, 다시 왼쪽 커넥터 중에서 하나를 선택하면 서로 연결됩니다.
6. 같은 방법을 나머지도 연결합니다. 연결된 커넥터에는 색깔이 채워집니다.

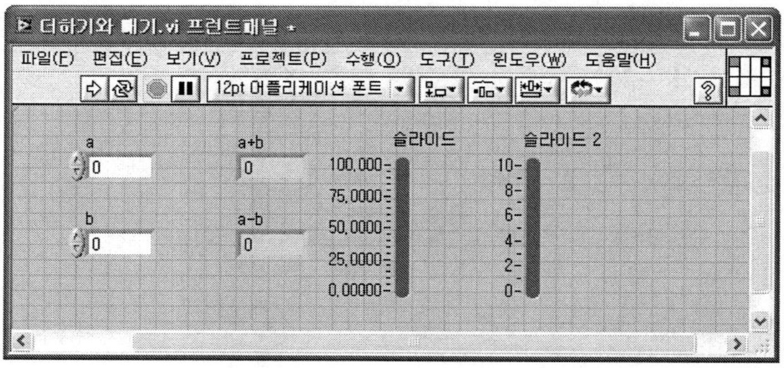

다시 **VI 선택...**으로 더하기와 빼기.vi를 불러와서 위치시키면 와이어를 연결할 수 있는 커넥터가 생겼음을 확인할 수 있습니다. 다음과 같이 **기본 도움말**에서 커넥터를 확인할 수 있습니다.

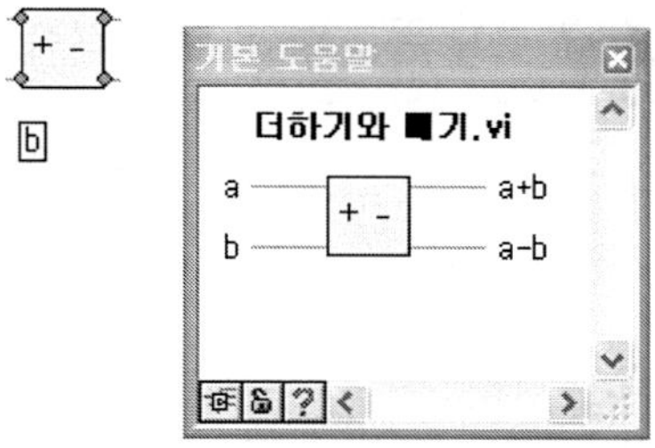

7. 각 커넥터에서 단축메뉴를 이용하여 컨트롤과 인디케이터를 생성해봅니다.

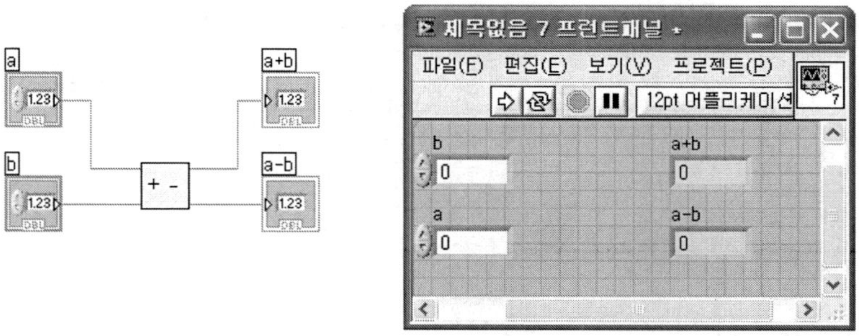

연습 2-8 끝

연습 2-9. VI의 일부만 SubVI로 만들기

연습 2-8은 더하기와 빼기.vi에서 표시한 부분만 사용합니다. 그렇다면 굳이 전체 VI를 SubVI로 만들 필요는 없습니다. 예를 들어, 아주 큰 VI에서 전체의 일부만을 SubVI로 만들고 싶은 경우를 생각한다면 연습 2-8은 적절한 방법이 아닙니다.

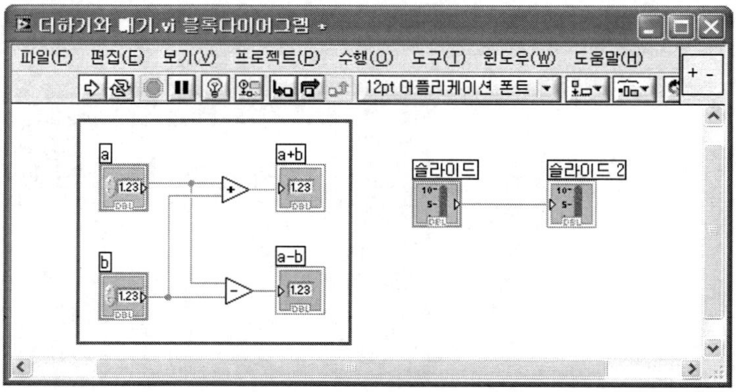

표시한 부분만 따로 SubVI로 만들어봅니다.

⌘ 블록다이어그램

1. 우선 SubVI로 만들고 싶은 부분을 다음과 같이 마우스로 선택합니다. 선택된 영역은 점선으로 표시됩니다.

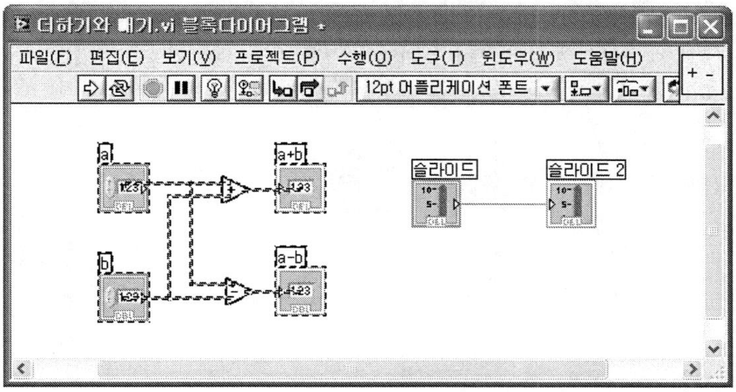

2. 메뉴의 **편집(E)**에서 **SubVI 생성(S)**을 선택합니다.

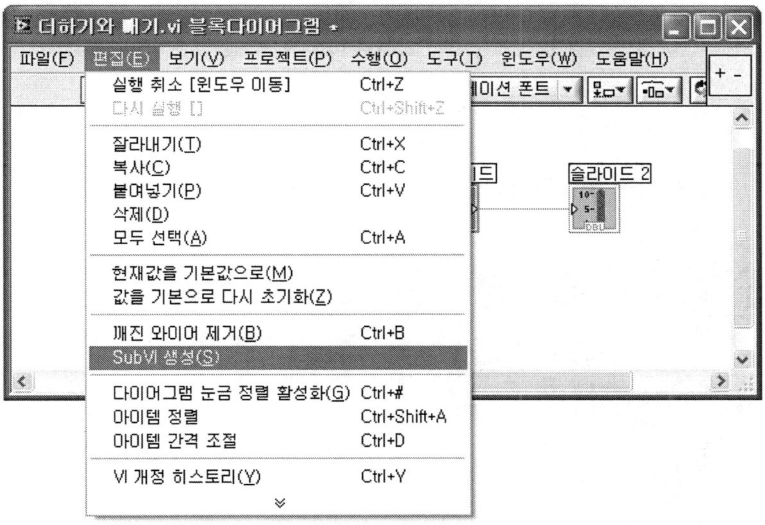

다음과 같이 SubVI가 생성됨을 확인할 수 있습니다.

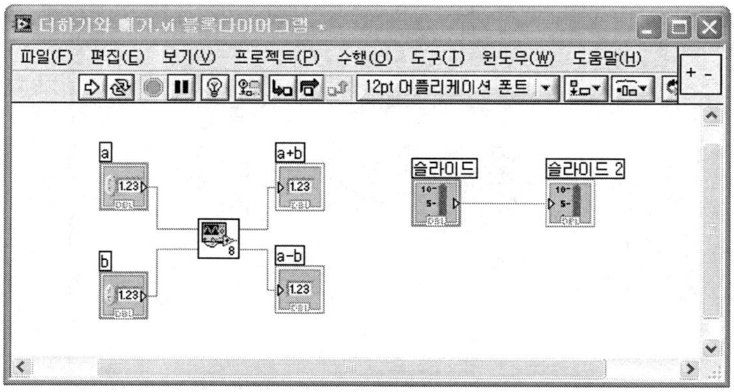

연습 2-8과 반대로 이번에는 커넥터는 있지만 아이콘의 모양이 기본형 인 SubVI가 만들어집니다. 이제 아이콘 편집기를 이용하여 아이콘의 모양을 바꿔줍니다. 또한 이 SubVI의 이름을 정해줘야 됩니다.

3. SubVI를 더블클릭하여 창을 띄웁니다. 그리고 SubVI 연습.vi로 저장합니다. 아이콘 편집기를 이용하여 아이콘 모양을 바꿔줍니다.

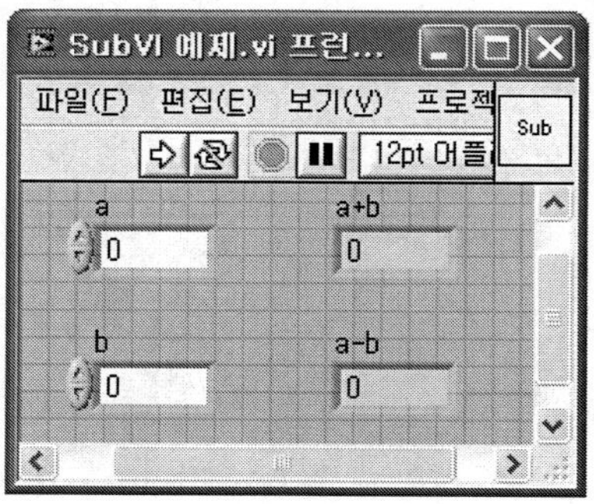

4. 새 VI를 만들고 **VI 선택...**를 이용하여 SubVI 연습.vi을 불러옵니다. 그리고 컨트롤과 인디케이터를 생성시킵니다.

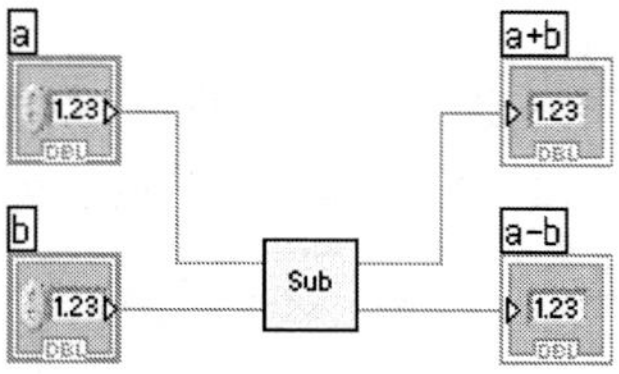

연습 2-9 끝

⌘ SubVI의 데이터 입력

왼쪽으로 데이터를 입력하고 오른쪽으로 수행 결과를 출력합니다. 그리고 다음과 같이 [기본 도움말]을 이용하여 각 터미널에 대한 정보를 확인할 수 있습니다.

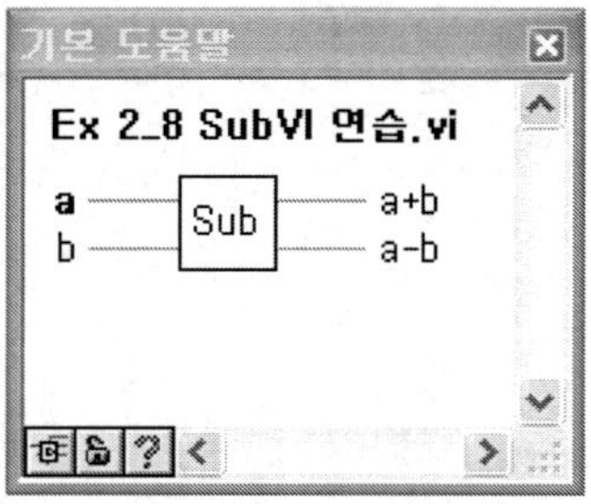

터미널의 연결 속성 변경

다음과 같이 커넥터 보기로 선택한 뒤에 단축메뉴에서 이 연결은 필수, 권장, 또는 옵션으로 선택해줄 수 있습니다.

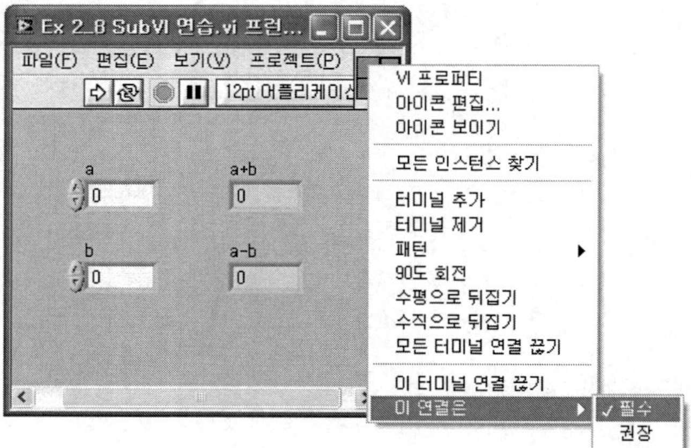

필수로 선택된 터미널에 입력을 연결하지 않으면 에러가 발생합니다. 그리고 [기본 도움말]에서는 필수 터미널임을 알리기 위하여 굵은 글씨체로 표시해줍니다. SubVI를 사용할 때, 위와 같이 [기본 도움말]을 이용하여 터미널에 필수 입력이 요구되는지를 꼭 확인해야 될 것입니다.

권장으로 선택된 터미널에는 입력을 연결하지 않아도 에러는 발생하지 않습니다. 그러나 SubVI 내부 연산을 수행하기 위하여 입력이 필요하기 때문에 연결되지 않은 경우에는 그 변수 타입의 기본값이 사용됩니다. [기본 도움말]에서 평이한 글씨체로 권장 터미널임을 표시해줍니다.

옵션으로 선택된 터미널에도 입력을 연결하지 않으면 에러가 발생하지 않고, 입력 값이 연산에 필요한 경우에는 그 변수 타입의 기본값을 사용합니다. 그러나 [기본 도움말]에 터미널에 대한 정보가 나타나지 않습니다.

⌘ SubVI의 메모리 사용

VI 프로퍼티에서 그 VI의 메모리 사용량을 다음과 같이 확인할 수 있습니다. VI 프로퍼티는 파일(F)에서 VI 프로퍼티(I)를 선택하여 열 수 있습니다. VI 메모리 사용은 다음과 같이 프런트패널 객체, 블록다이어그램 객체, 코드, 데이터로 나누어집니다. 프런트패널에 용량이 큰 그림 아이콘이 있거나 웨이브폼 그래프 등에 대용량의 데이터를 디스플레이할 경우에는 프런트패널 객체의 메모리 사용량이 많아질 것입니다.

SubVI의 경우에도 이들 네 가지 메모리 객체들을 모두 가지고 있지만, 프런트패널 객체와 블록다이어그램 객체는 SubVI를 열 경우에만 메모리가 할당되고, 평소에는 코드와 데이터만 메모리에 상주하여 메모리의 사용을 최소화시켜줍니다.

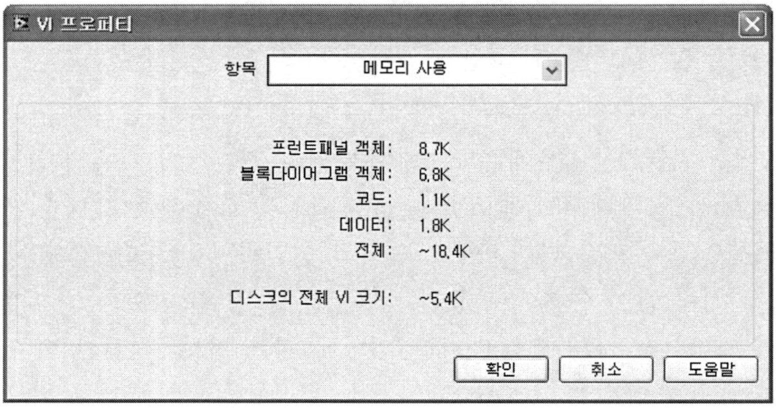

⌘ VI의 계층구조

프로그램의 소스코드를 이해하기 쉽고, 수정하기 쉽게 만들기 위해서는 구조화된 프로그램을 만들어야 됩니다. LabVIEW에서는 SubVI를 이용하여 구조화된 프로그램을 만들 수 있습니다.

다음과 같이 메뉴의 **보기 〉 VI 계층구조(H)**를 선택하면, 그 VI의 계층구조를 확인할 수 있습니다. VI 계층구조를 확인하면 어떤 SubVI들이 그 VI에서 사용되고 있는 지 확인할 수 있습니다.

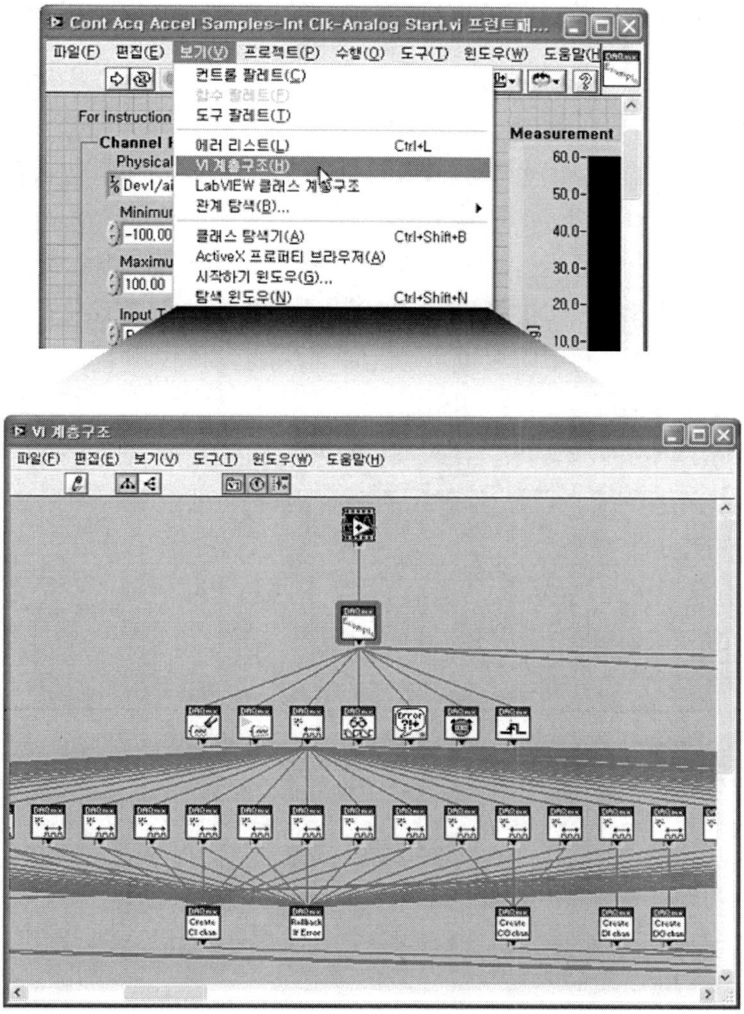
Cont Acq Accel Samples-Int Clk-Analog Start.vi 프런트패...
파일(F) 편집(E) 보기(V) 프로젝트(P) 수행(O) 도구(T) 윈도우(W) 도움말(H)
컨트롤 팔레트(C)
함수 팔레트(F)
도구 팔레트(T)
에러 리스트(L) Ctrl+L
VI 계층구조(H)
LabVIEW 클래스 계층구조
관계 탐색(B)...
클래스 탐색기(A) Ctrl+Shift+B
ActiveX 프로퍼티 브라우저(A)
시작하기 윈도우(G)...
탐색 윈도우(N) Ctrl+Shift+N
For instruction
Channel
Physical
Dev1/ai
Minimum
-100.00
Maximum
100.00
Input T
Measurement
60.0
50.0
40.0
30.0
20.0
10.0
VI 계층구조
파일(F) 편집(E) 보기(V) 도구(T) 윈도우(W) 도움말(H)

마. VI 스니핏

VI 스니핏(Snippet)은 블록다이어그램의 일부를 선택하여 그림 파일인 png 파일로 저장할 때, VI의 정보까지 저장하는 기능입니다. Snippet한 그림 파일의 특징은 다른 블록다이어그램에 이 그림 파일을 드래그 앤 드롭하면 다시 블록다이어그램과 프런트패널의 정보가 되살아난다는 것입니다.

VI 스니핏은 LabVIEW 2009 버전부터 사용 가능한 기능입니다. 한글 버전의 번역 방식에 따라서 편집(E) 〉 **선택사항에서 VI 일부 생성** 또는 편집(E) 〉 **선택사항에서 VI 스니핏 생성**으로 이 기능을 사용할 수 있습니다. LabVIEW 2009의 첫 버전에서는 아래와 같이 [선택사항에서 VI 일부 생성]으로 번역되어 있습니다.

Snippet한 그림 파일에는 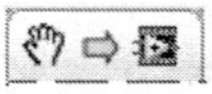이 추가됩니다. 드래그 앤 드롭으로 VI를 복원할 수 있다는 의미입니다.

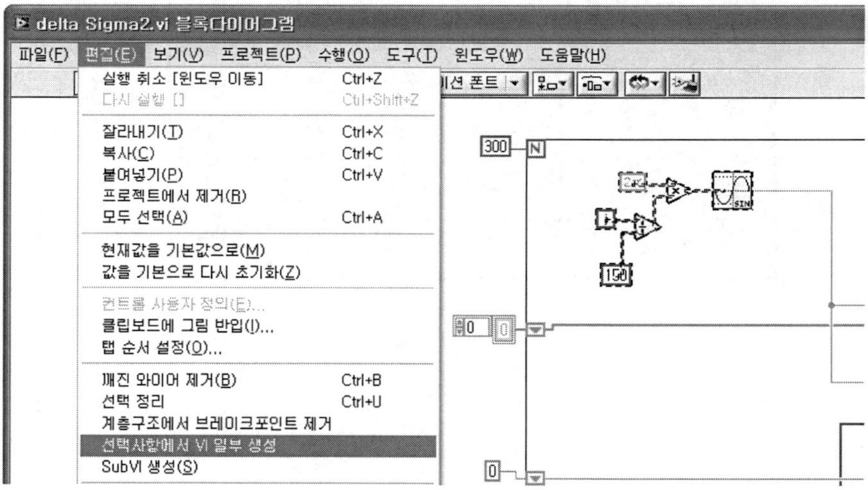

VI Snippet의 특징:

1. 그림 파일로 저장한다고 해서 파일의 크기가 작아지는 것은 아닙니다. VI의 정보가 png파일에 추가되므로, 실제로는 사이즈가 약간 커집니다.

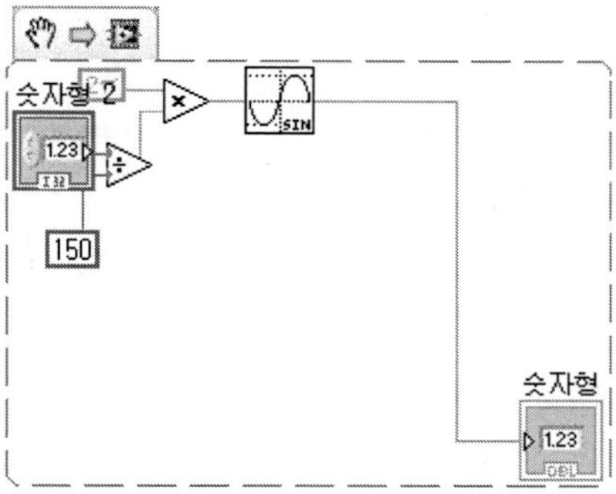

2. 그림 파일을 수정하면 VI Snippet의 기능이 사라집니다. 예를 들어, 포토샵이나 그림판에서 그림을 수정하거나 파워포인터나 워드, 흔글 같은 에디터에서 그림 붙여넣기를 한 경우에는 VI의 정보를 잃어버립니다.
3. 블록다이어그램에 SubVI가 포함되었을 경우에는 SubVI에 대한 정보까지 그냥 가지고 가지는 못합니다. SubVI를 별도로 첨부해주거나 라이브러리를 만들어 VI와 SubVI를 같은 라이브러리 속에 넣어주면 됩니다. 라이브러리 만들기는 뒤에서 배울 것입니다.

VI Snippet의 사용례:

1. 이메일로 자료를 전송
2. Knowledge Base와 같은 웹 환경에서의 VI를 공유
3. 마이랩뷰 같은 커뮤니티에서 VI를 공유

블록다이어그램을 그림 파일로 공유하고, 필요한 경우에는 VI로 복원할 수 있다는 것이 VI 스니핏의 의미입니다.

바. VI 디버깅

와이어를 잘못 연결하거나 함수의 필수 입력에 데이터를 연결하지 않은 경우에는 깨어진 실행 버튼으로 에러를 알려줍니다. 또한 버튼을 클릭하면, 에러에 대한 정보가 열거됩니다.

다음과 같이 **에러 리스트**에 에러와 경고가 리스트됩니다. 그리고 에러를 선택하면 세부사항에 에러에 대한 설명을 디스플레이해줍니다. 또한 에러를 더블클릭하면 에러가 발생한 곳을 찾아서 지시해줍니다.

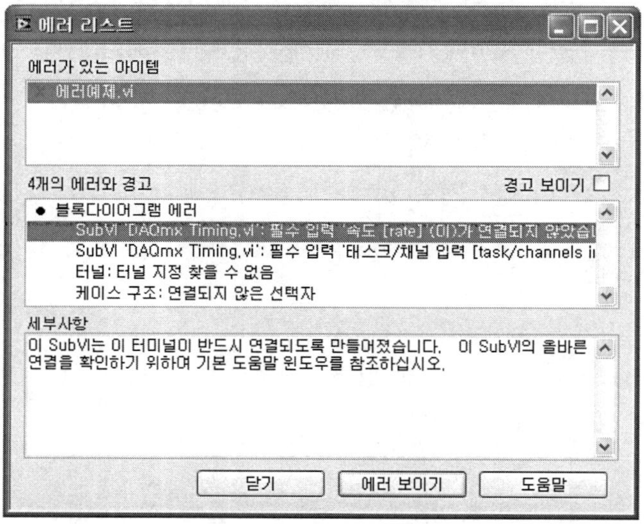

에러 없이 실행은 가능하지만, 논리적인 오류에 의하여 원하는 결과 값이 출력되지 않는 경우에는 다양한 디버깅 툴을 이용하여 VI를 디버깅해야 됩니다. LabVIEW에는 실행 하이라이트, 프로브, 브레이크포인트, 단계별 실행 버튼 등의 디버깅 툴들이 있습니다.

1. 실행 하이라이트

블록다이어그램에서 실행 하이라이트 버튼을 선택하고 VI를 실행하면, 슬로우모션으로 VI가 실행하고, 각 노드에서 출력되는 값들이 디스플레이됩니다. 이때 프로브와 함께 사용하면 더욱 효과적입니다.

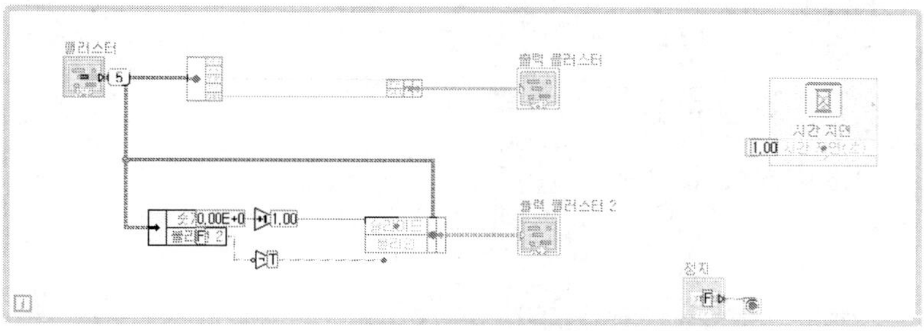

2. 프로브

블록다이어그램에서 와이어들에 실시간으로 흐르는 데이터를 모니터링하기 위하여 프로브를 사용할 수 있습니다. 데이터를 모니터링하고자 하는 곳에서 단축메뉴로 프로브를 선택하면 아래와 같이 **프로브 관찰 윈도우**가 나타납니다.

프로브 관찰 윈도우에서는 여러 VI에서 생성한 모든 프로브를 디스플레이해줍니다. 그리고 관찰 윈도우에서 더블클릭하면 해당 프로브를 찾아갑니다.

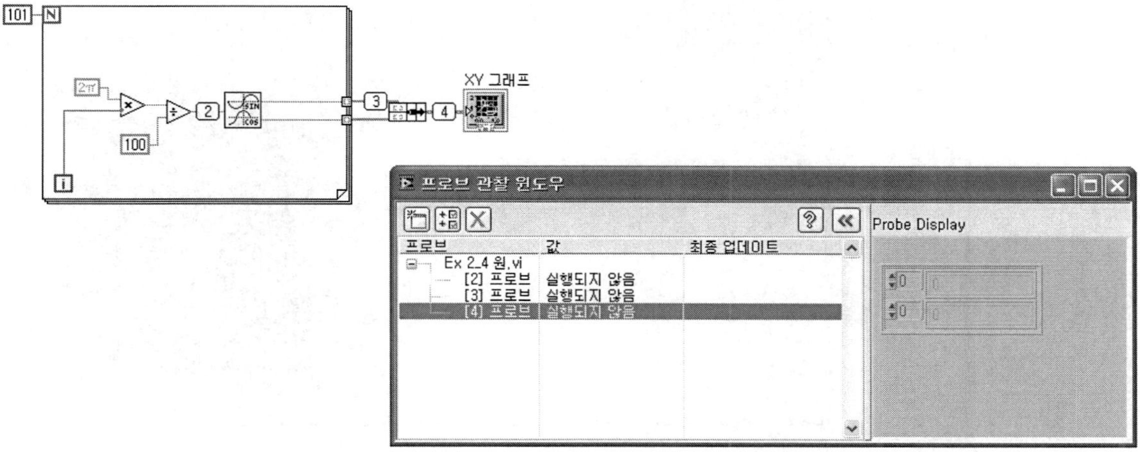

다음과 같이 [새 윈도우에서 열기]를 선택하면, 선택한 프로브만 별도의 창

으로 띄울 수 있습니다.

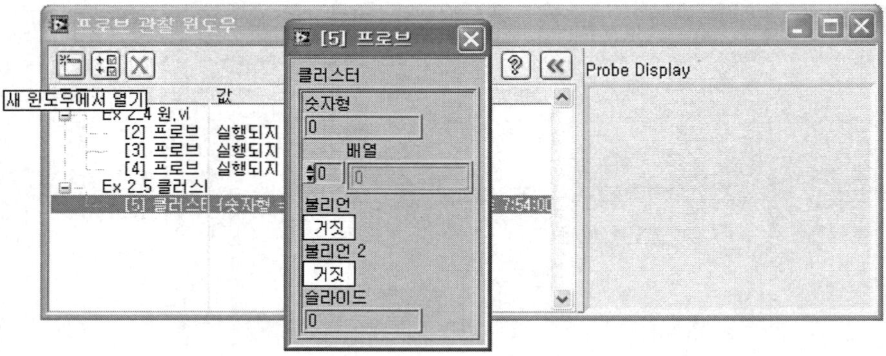

그리고 사용자 프로브를 만들어 좀더 구체적으로 프로브의 출력을 지정할 수 있습니다. 와이어의 단축메뉴에서 사용자 프로브 〉 컨트롤 〉 일반 팔레트에서 원하는 컨트롤을 선택하거나, 사용자 프로브 〉 새로 만들기를 이용하여 사용자 프로브를 만들 수 있습니다.
다음은 XY 그래프를 이용하여 사용자 프로브를 만든 예입니다.

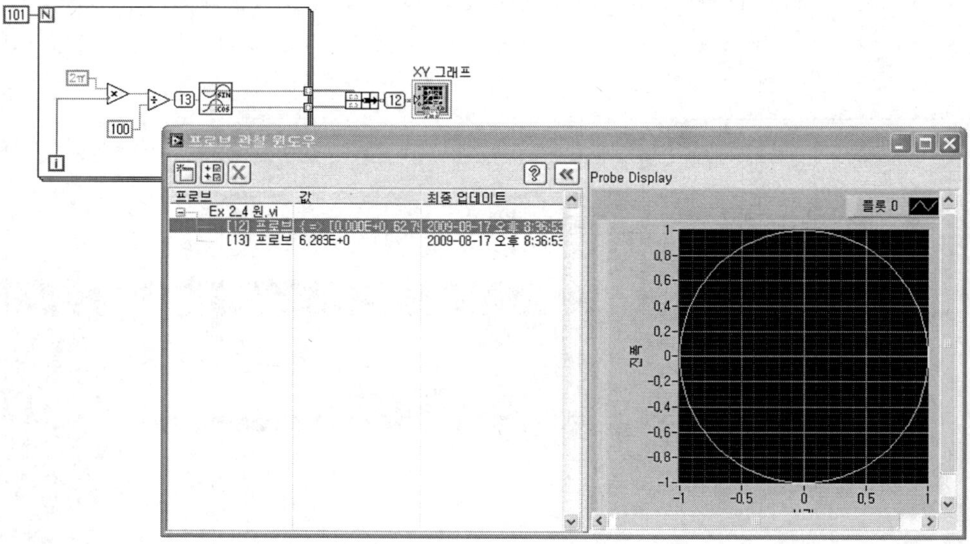

3. 브레이크포인트

브레이크포인트는 설정한 위치에서 VI를 정지시키기 위하여 사용됩니다. 브레이크포인트로 실행을 정지시킨 뒤에 단계별 실행 버튼 을 이용하여 단계별로 실행하면서 VI를 관찰할 수 있습니다. 또는 프로브와 함께 사용하여 각 위치에서의 값을 확인할 수 있습니다.

브레이크포인트는 도구 팔레트에서 브레이크포인트 도구를 선택하여 설정하거나, 와이어의 단축메뉴에서 브레이크포인트 〉 브레이크포인트 설정을 이용하여 설정할 수 있습니다.

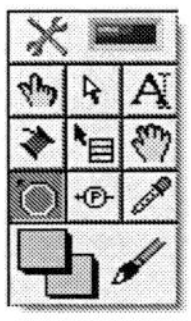

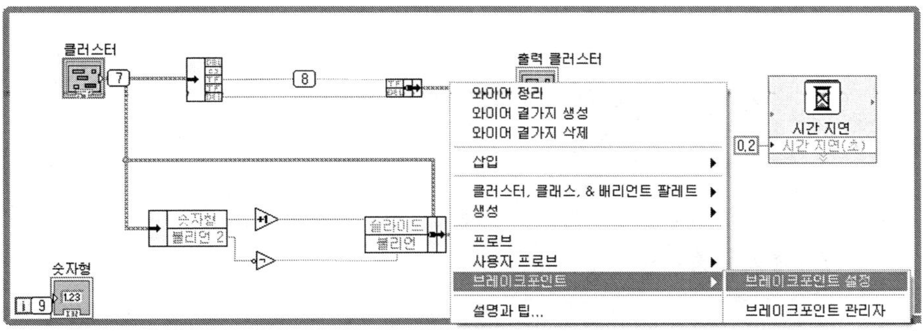

VI가 실행 중인 경우에는 설정할 와이어에 마우스를 놓고, 마우스 오른쪽 버튼으로 브레이크포인트 〉 브레이크포인트 설정을 선택하여 설정할 수 있습니다.

브레이크포인트 관리자는 VI에 있는 모든 브레이크포인트를 활성화, 비활성화, 삭제를 수행할 수 있는 유틸리티입니다.

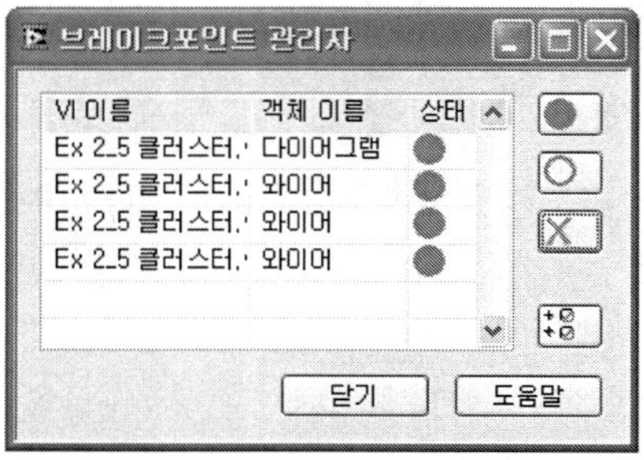

그리고 편집(E) 〉 계층구조에서 브레이크포인터 제거를 선택하여 VI의 모든 브레이크포인트를 제거할 수 있습니다.

4. 에러 핸들러

VI를 실행할 수는 있지만, 설정 값이나 조건이 만족되지 못하여 에러가 발생하는 경우에는 에러 핸들러를 이용하여 에러를 확인하고 디버깅할 수 있습니다.

다음은 에러 입출력과 단순 에러 핸들러를 이용한 사례입니다. 함수들을 연결한 아래쪽 클러스터 와이어가 에러에 대한 데이터입니다.

단순 에러 핸들러는 함수 〉 프로그래밍 〉 대화 상자 & 사용자 인터페이스 팔레트에서 찾을 수 있습니다. 에러가 발생하면 에러 메시지와 정보를 팝업해줍니다.

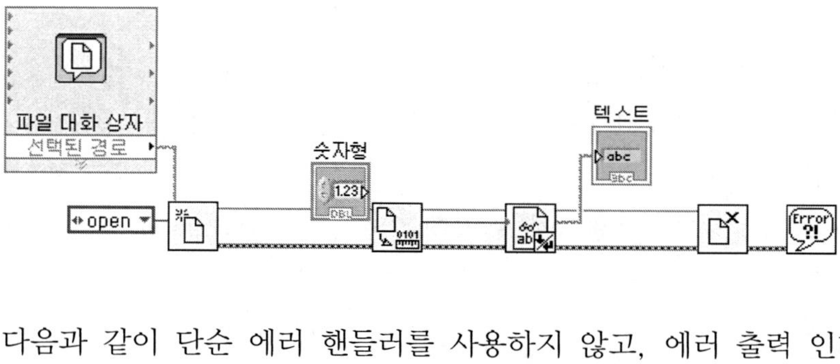

다음과 같이 단순 에러 핸들러를 사용하지 않고, 에러 출력 인디케이터를 생성해줘도 됩니다. 에러 출력 인디케이터는 클러스터 타입으로, 에러 상태, 에러 코드, 에러 소스를 디스플레이해줍니다.

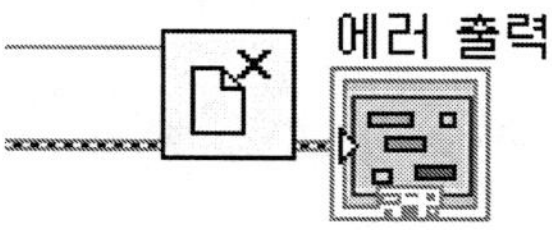

에러에 대한 좀더 상세한 설명이 필요한 경우에는 메뉴의 도움말(H) 〉 에러 설명(X)을 선택하여 에러 설명 대화 상자를 열수 있습니다. 에러 설명 대화 상자의 **코드**에 에러 코드를 입력하면 에러에 대한 상세한 설명을 확인할 수 있습니다.

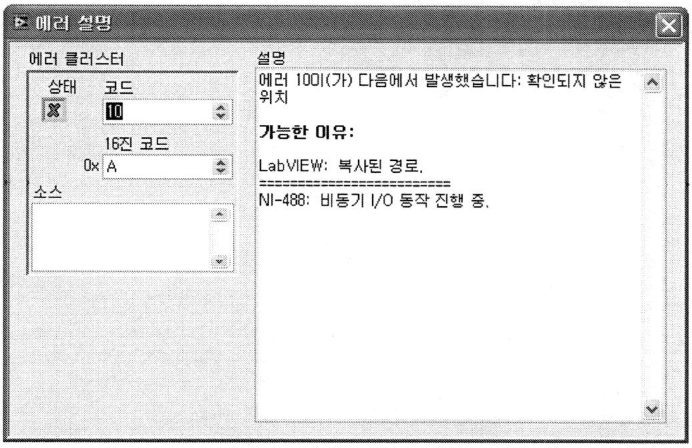

연습문제

1.  난수(0-1)를 이용하여 1에서 6사이의 정수 100개를 출력하는 VI를 만들어 봅니다. 그리고 각 숫자가 출력되는 비율을 표시합니다.

2. 두 개의 **슬라이더**를 가진 **슬라이드**를 이용하여 물탱크의 상한 값과 하한 값을 지정해봅니다. 슬라이드의 단축메뉴에서 슬라이더 추가를 선택하면 두 개의 슬라이더를 가진 슬라이드를 만들 수 있습니다.

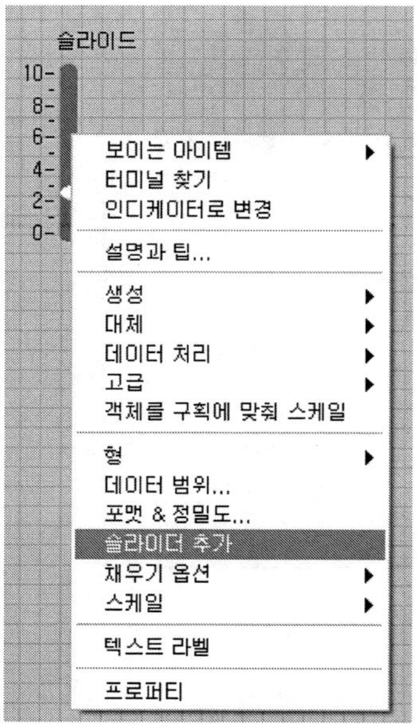

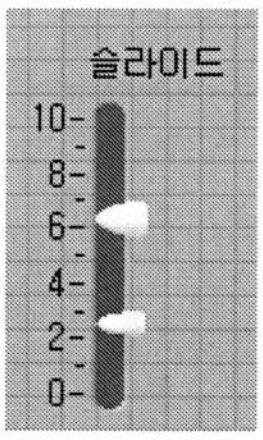

연습문제 답

문제 1. 난수(0-1)를 이용하여 1에서 6사이의 정수 100개를 출력하는 VI를 만들어 봅니다. 그리고 각 숫자가 출력되는 비율을 표시합니다.

블록다이어그램

1. 새 VI를 만들고, 다음과 같이 For 루프와 **난수(0-1)**를 이용하여 블록 다이어그램을 구성합니다.

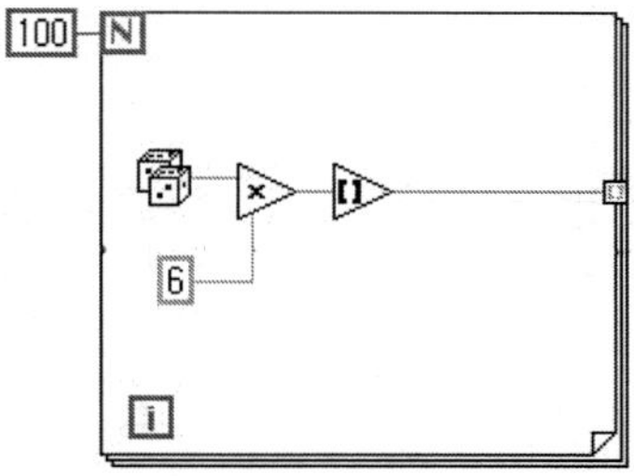

반올림은 입력한 숫자보다 크거나 같은 가장 가까운 정수를 반환합니다. 함수 〉 프로그래밍 〉 숫자형 팔레트에서 찾을 수 있습니다.

2. **1D 배열 정렬**을 이용하여 오름차순으로 정렬합니다.

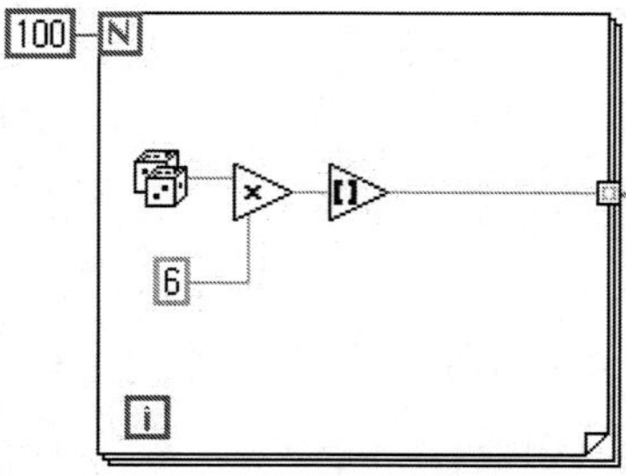

3. 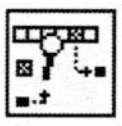 **1D 배열 검색**과 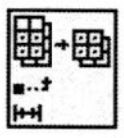 **배열 잘라내기**를 이용하여 다음과 같이 블록다이어그램을 완성합니다.

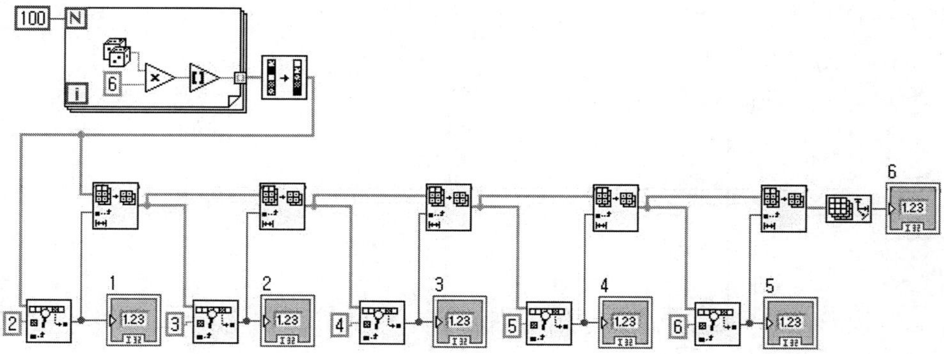

 **1D 배열 정렬**을 이용하여 오름차순으로 정렬되어 있으므로, 숫자 1의 개수는 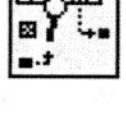 **1D 배열 검색**을 이용하여 2를 찾았을 때의 **원소의 인덱스** 출력과 동일합니다. 참고로 **시작 인덱스**는 항상 0부터 시작합니다.

⌘ 프런트패널

4. 다음과 같이 프런트패널을 정리하고 실행합니다.

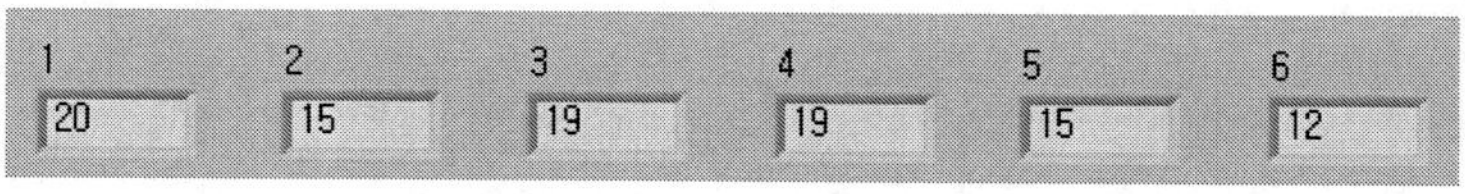

참고 반올림을 사용하였으므로 결과적으로 6이 나올 확률이 다른 숫자보다 낮습니다. 왜냐하면 5.5 ~ 6 사이의 값이 6이 되고, 4.5 ~ 5.499... 사이의 값이 5가 되기 때문입니다. 또한 1이 나올 확률은 상대적으로 높습니다. 0 ~ 1.499... 사이의 값이 1이 되기 때문입니다.

1에서 6사이의 정수가 동일한 확률로 생성되기 위해서는 아래와 같이 블록다이어그램을 수정해야 됩니다. 즉, 난수에 0.5를 더해줘서 For 루프가 0.5 ~ 6.5 사이의 값을 출력되도록 수정하였습니다.

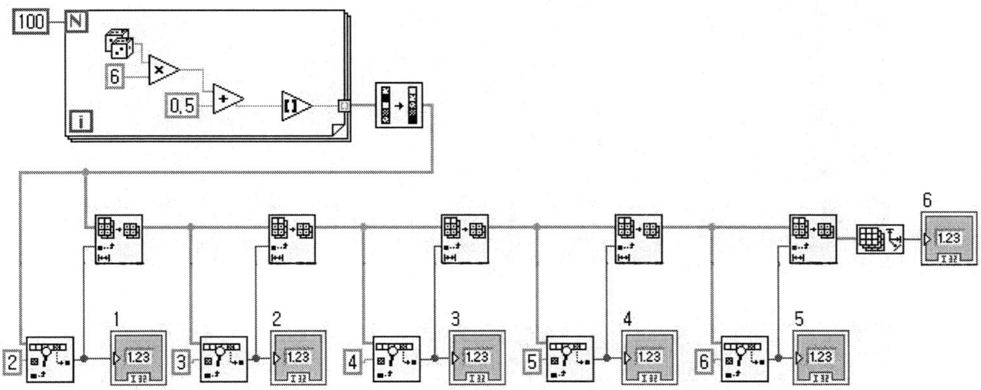

문제 1 끝

문제 2. 두 개의 슬라이더를 가진 슬라이드를 이용하여 물탱크의 상한 값과 하한 값을 지정해봅니다.

⌘ 프런트패널

1. 새 VI를 만들고, 다음과 같이 프런트패널을 구성합니다.

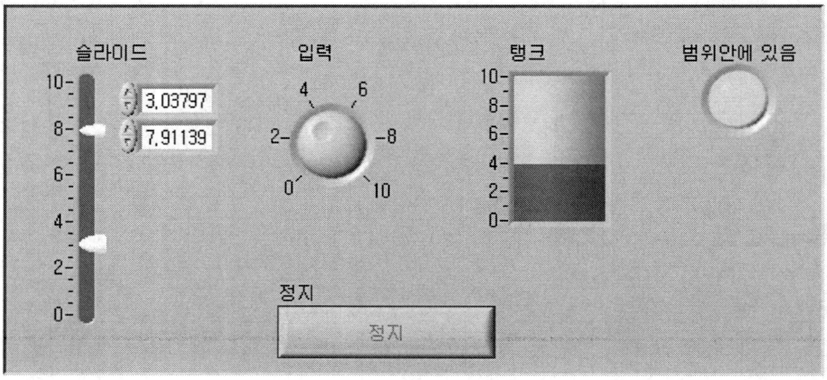

2. 슬라이드의 단축메뉴에서 **슬라이더 추가**를 선택하여, 두 개의 슬라이더를 가진 슬라이드를 만들어줍니다.

⌘ 블록다이어그램

3. 다음과 같이 블록다이어그램을 구성합니다.

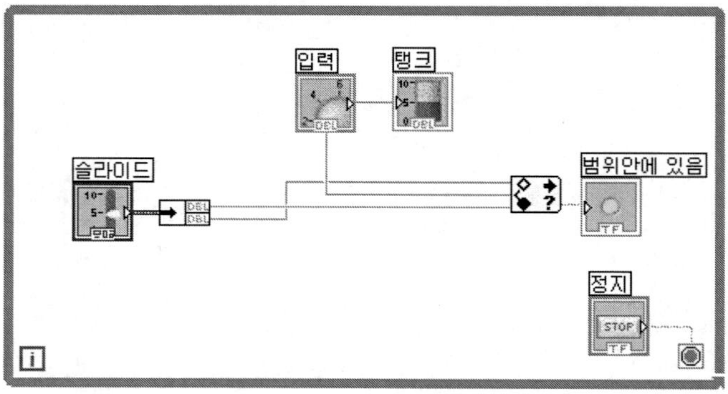

 **범위내 확인과 강제변환**은 함수 〉 프로그래밍 〉 비교 팔레트에서 찾을 수 있습니다.

문제 2 끝

요약정리

가. 같은 타입의 데이터를 묶어서 배열을 만들 수 있습니다.

나. 컨트롤 팔레트에서 배열을 찾아서 프런트패널에 놓고, 빈 배열 속에 원하는 타입의 객체를 넣어줘서 배열을 완성합니다.

다. For 루프의 출력에는 자동 인덱싱이 있습니다. 배열을 만들 때, 유용하게 사용될 수 있습니다.

라. 다른 타입의 데이터를 묶어서 클러스터를 만들 수 있습니다.

마. 모든 데이터 타입을 클러스터 속에 넣을 수 있지만, 컨트롤은 컨트롤끼리 인디케이터는 인디케이터끼리 묶어줘야 됩니다.

바. 클러스터 속에 넣어주는 순서가 중요합니다. 순서가 다르면 다른 타입의 클러스터가 됩니다.

사. 프런트패널에서 사용자 정의 컨트롤을 만들어 사용할 수 있습니다.

아. 엄격한 타입 정의로 선택하면, 사용자 컨트롤의 변경 값이 모든 사용자 컨트롤에 적용됩니다.

자. VI를 SubVI로 만들어 다른 VI에서 불러서 사용할 수 있습니다.

차. VI의 일부를 SubVI로 만들 수 있습니다.

카. VI 스니핏을 이용하여 블록다이어그램을 그림 파일인 png 파일로 저장하여 공유할 수 있습니다.

타. VI 스니핏으로 저장된 png 파일은 드래그 앤 드롭으로 VI를 복원할 수 있습니다.

파. 에러 핸들러와 다양한 디버깅 툴을 이용하여 VI를 디버깅할 수 있습니다.

Note

제 3 장

기본구조 및 복잡한 수식 연산

LabVIEW에서 사용되는 While 루프, Timed 루프, For 루프, 케이스 구조에 대하여 배워봅니다. 그리고 수식 노드를 이용하여 복잡한 수식 연산을 수행하는 방법을 배웁니다.

가. While 루프

While 루프는 루프안의 내용을 조건에 따라 반복 실행하는 구조입니다. 어떤 Task를 일정한 속도로 반복 실행하고, 정지 버튼을 클릭하면 멈추는 어플리케이션을 만들 때, 사용할 수 있는 가장 기본적인 LabVIEW의 구조입니다.

아래와 같이 화살표로 그려진 사각형의 테두리가 있고, 그 속에 [i]과 [◉]이 들어있습니다. While 루프는 함수 〉 프로그래밍 〉 구조 팔레트에서 찾을 수 있습니다.

[i]는 **루프 반복횟수(Iteration)**이라고 부르며, 0에서부터 시작하여 1씩 증가하는 I32 정수 값을 내줍니다. 그러므로 While 루프의 반복 횟수는 N+1이 됩니다.

[◉] **루프 조건**은 While 루프의 실행을 제어합니다. 또한 이것은 [◉] **참인 경우 정지**와 [↻] **참이면 계속**의 두 가지 선택 가능한 제어 방법이 있습니다. [◉]는 참값이 들어오면 While 루프를 멈추라는 것이고, [↻]는 참 값이 들어오면 While 루프를 실행하라는 의미입니다. 논리적으로 이해가 쉬운 것이 [◉] 참인 경우 정지이므로 이것을 주로 사용합니다. 이들은 단축메뉴에서 선택 가능합니다.

While 루프는 CPU의 성능이 가능한 범위에서 최대한 빨리 실행됩니다. 그러므로 루프를 사용자가 설정한 속도로 실행하기 위해서 **시간 지연** 함수를 사용합니다.

시간 지연은 함수 〉 프로그래밍 〉 타이밍 팔레트에서 찾을 수 있습니다.

그리고 **기다림(ms)**과 **다음 ms 배수까지 기다림** 함수는 밀리 초(Millisecond)단위로 시간 지연을 줄 수 있는 함수입니다. 이 두 함수는 실제로 비슷한 기능을 수행합니다. 그러나 루프가 처음 시작할 때나 한 개 루프 속에서 타이밍 함수를 여러 개 사용할 때, 차이를 확인할 수 있습니다.

기다림(ms)은 무조건 입력한 [대기 시간(ms)]만큼 기다리는 함수입니다.
다음 ms 배수까지 기다림은 입력된 [ms 배수] 값의 최소 배수가 될 때까지 기다리는 함수입니다. 0배일 수도 있고, 1배일 수도 있고, 2배일 수도 있습니다. 특히 다음 ms 배수까지 기다림이 최초로 호출될 때에는 0이 입력되어 현재 스레드가 CPU의 컨트롤을 양도하도록 강제하는 명령을 주게 됩니다. 그래서 최초 호출 시에는 입력된 [ms 배수] 값보다 작게 기다릴 수 있습니다.

시간 지연, 기다림(ms), 그리고 다음 ms 배수까지 기다림은 루프를 일정한 속도로 실행하게 하는 역할과 함께, CUP의 리소스 사용량을 최소화시키는 목적으로도 주로 사용됩니다. 다음 연습에서처럼 이들 타이밍 함수를 사용하지 않고 While 루프를 실행했을 경우, While 루프는 CPU의 성능이 가능한 범위에서 최대한 빨리 실행하게 됩니다. 그래서 CPU의 사용량도 최대가 됩니다. 다음은 듀얼 코어에서 측정한 CPU 사용량입니다. 한 개 코어를 모두 사용하여 50% 정도임을 확인할 수 있습니다.

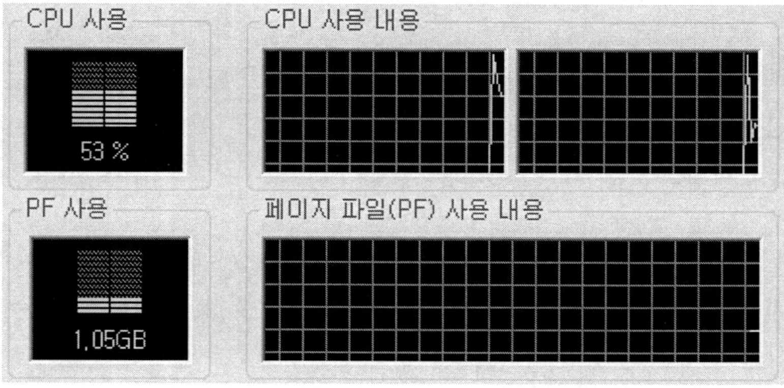

연습 3-1. While 루프의 속도

While 루프는 CPU의 성능이 가능한 범위에서 최대한 빨리 실행됩니다.

⌘ 블록다이어그램

1. 새 VI를 만들고, 반복횟수.vi라는 이름으로 저장합니다.
2. While 루프를 블록다이어그램에 다음과 같이 위치시킵니다.

While 루프를 놓으면서 마우스로 끌어주면 원하는 크기로 만들 수 있습니다. 그리고 ◉ **참인 경우 정지**에서 단축메뉴의 생성 〉 컨트롤을 이용하여 [정지] 버튼을 생성시킵니다.

3. ⓘ의 단축메뉴에서 **생성 〉 인디케이터**를 합니다. I32 정수 값의 인디케이터가 생성되며 이것의 라벨을 '반복'으로 바꿔줍니다.

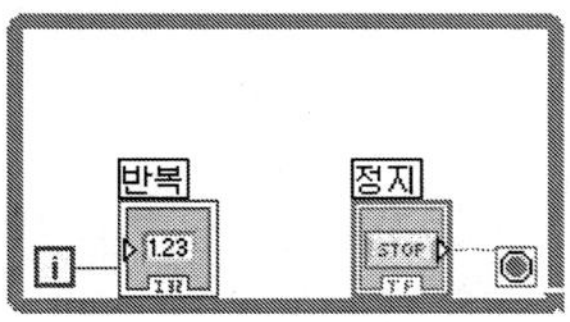

4. VI를 실행해서 루프 반복횟수(Iteration)의 값이 얼마나 빨리 증가하는 지 확인해봅니다. 이때 루프 반복횟수(Iteration)는 0에서부터 시작합니다. 그래서 실제로 While 루프가 실행된 횟수는 **루프 반복횟수(Iteration) +1**입니다.

5. **실행 하이라이트**을 이용하여 관찰해봅니다.
6. While 루프 속에 시간 지연을 위치시킵니다. 그리고 시간 지원(초)에 0.2를 입력합니다.
7. 실행 하이라이트를 끄고 VI를 실행합니다. 루프의 반복횟수를 관찰합니다. While 루프가 0.2초에 한번씩 실행함을 확인할 수 있습니다.

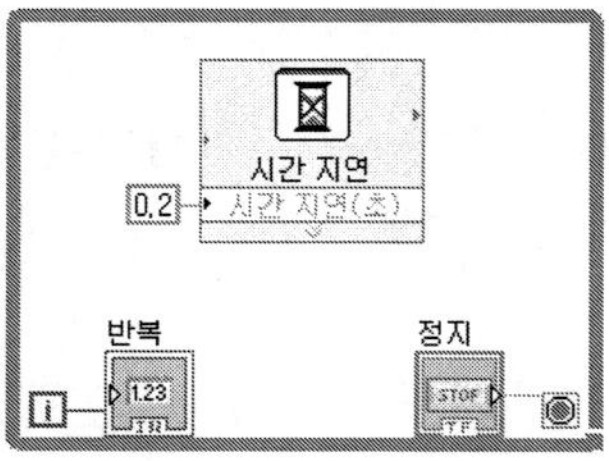

연습 3-1 끝

연습 3-2. 난수 발생 및 일치되는 실수 값 찾기

While 루프와 난수 발생기를 이용하여 입력한 실수 값과 똑같은 난수가 생성될 때까지의 While 루프 반복횟수를 찾는 VI를 만들어봅니다.

⌘ 블록다이어그램

1. 새 VI를 열고, 난수 자동 일치.vi라는 이름으로 저장합니다.
2. While 루프를 블록다이어그램에 위치시킵니다.
3. **난수(0–1)**를 위치시킵니다. 함수 〉 프로그래밍 〉 숫자형 팔레트에서 **난수(0–1)**를 찾을 수 있습니다.
4. **더하기**를 위치시키고, 단축메뉴에서 상수 생성을 이용하여 상수를 만들고 10,000을 붙입니다. 난수는 0에서 1사이의 값이므로 10,000을 곱하여 0에서 10,000사이의 값으로 바꿔주는 것입니다.
5. 함수 〉 프로그래밍 〉 숫자형 팔레트에서 **반올림** 을 찾아서 위치시키고, 출력단의 단축메뉴에서 생성 〉 인디케이터를 선택하여 DBL 인디케이터를 만들어줍니다. 라벨을 '현재 값'으로 바꿉니다.

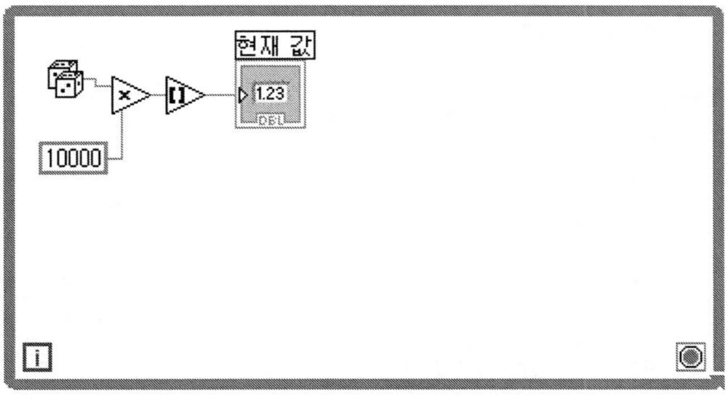

6. 함수 〉 프로그래밍 〉 비교 팔레트에서 **같지 않음?**을 찾아서 위치시키고, 입력 쪽의 단축메뉴에서 컨트롤 생성으로 DBL 컨트롤을 만들고 라벨을 '입력'으로 바꿉니다.

7. 의 단축메뉴에서 **참이면 계속**을 선택하여 로 바꾼 다음, 의 출력을 연결합니다.

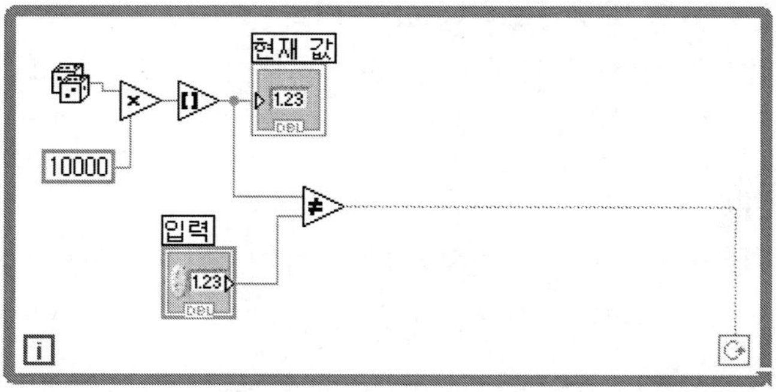

8. 을 오른쪽으로 옮기고 함수 〉 프로그래밍 〉 숫자형 팔레트에서 **증가**를 찾아서 위치시킵니다. 그리고 출력에 인디케이터 생성을 하고 라벨을 '반복 횟수'로 바꿉니다. 1을 더해주는 것은 가 0에서부터 시작하기 때문입니다.

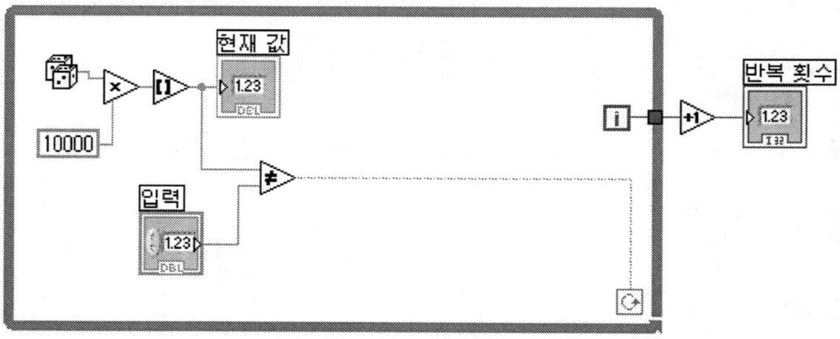

⌘ 프런트패널

9. 아래와 같이 프런트패널을 정리합니다.

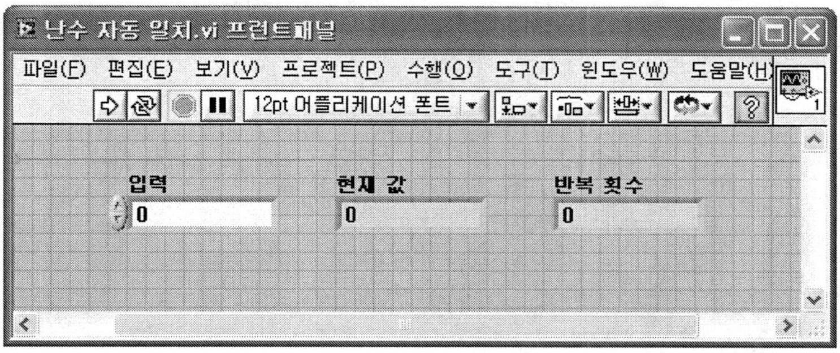

10. 난수에 10,000을 곱하고 반올림 처리를 했기 때문에, 0에서 10,000사이의 정수만 생성됩니다. 만약 [입력]에 이외의 값을 입력하면, 일치되는 값을 찾지 못하고 무한 루프가 됩니다. 그래서 [입력]에 0에서 10,000사이의 정수 값만 입력되도록 범위를 정해줍니다. 단축메뉴에서 **데이터 입력**…을 선택하고 아래와 같이 설정을 바꿔줍니다.

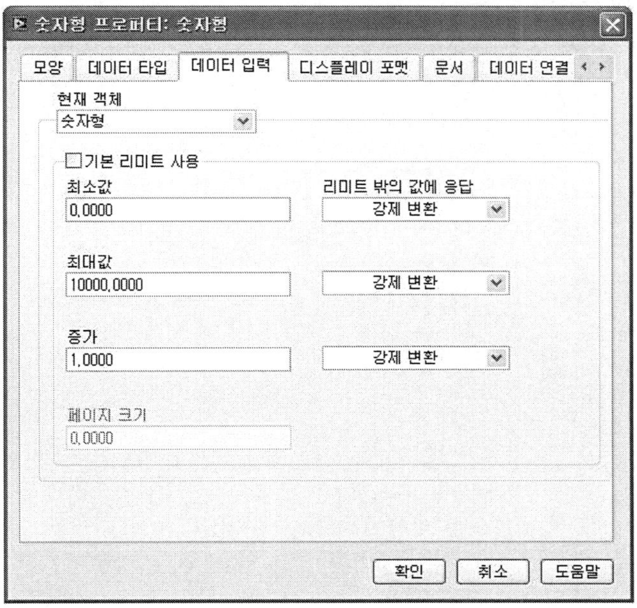

최소값: 0　　　　리미트 밖의 값에 응답: 강제 변환

최대값: 10,000　　　　리미트 밖의 값에 응답: 강제 변환

증가: 1　　　　리미트 밖의 값에 응답: 강제 변환

11. **입력**에 0에서 10,000사이의 정수 값을 입력하고 실행시킵니다.
12. 실행 하이라이트를 이용하여 관찰해봅니다.

연습 3-2 끝

⌘ While 루프 없애기

While 루프를 없애기 위하여 〈Delete〉키를 이용하면 While 루프 안에 있는 것들까지 모두 사라져버립니다. 그래서 While 루프만 없애기 위해서 단축 메뉴에서 **While 루프 제거**를 선택하여 없애야합니다.

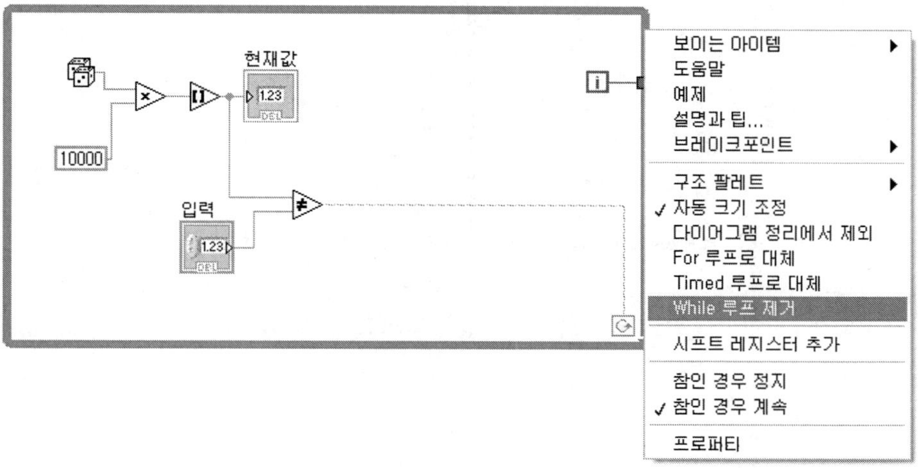

⌘ 다이어그램 정리에서 제외

도구바에 있는  **다이어그램 정리**를 이용하여 블록다이어그램을 자동으로 정리할 수 있습니다. 그러나 선택한 While 루프는 다이어그램 정리에서 제외시키고자 한다면, While 루프의 단축메뉴에서 [다이어그램 정리에서 제외]를 선택하면 됩니다.

⌘ 시프트 레지스터

While 루프나 For 루프에서 이전 루프에서 다음 루프로 데이터를 전달할 경우가 있습니다. 단순한 와이어의 연결은 루프 밖으로 데이터를 전달하는 역할이므로 루프 내에서 데이터를 전달하기 위해서는 **시프트 레지스터**라는 기능이 필요합니다. While 루프의 테두리를 마우스로 클릭하고 단축메뉴에서 **시프트 레지스터 추가**를 찾을 수 있습니다.

시프트 레지스터는 일종의 기억 공간으로 변수 선언과 유사합니다. 그래서 Text 기반의 프로그래밍 언어들과 마찬가지로 시프트 레지스터 변수는 초기화시켜줘야 하며, 데이터 타입도 미리 정해줘야 됩니다. 데이터 타입에는 제한이 없습니다.

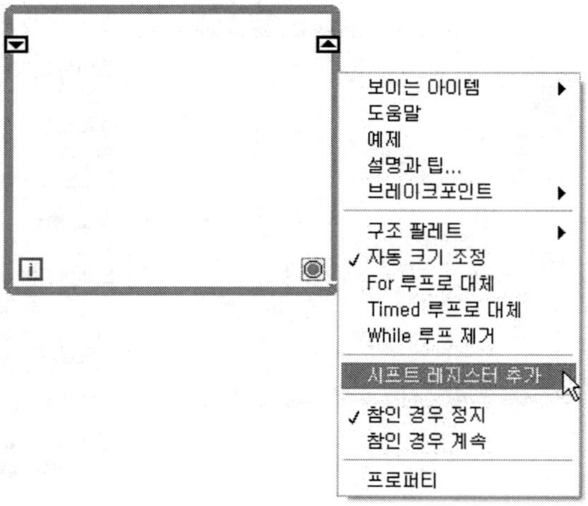

시프트 레지스터를 임의 타입의 상수로 초기화시켜주면 그 타입으로 바뀝니다. 다음은 각각 시프트 레지스터를 I32 정수, 불리언, 문자열 상수로 초기화시킨 예입니다. While 루프가 시작하기 전에 먼저 초기 값을 입력받게 됩니다.

참고로 시프트 레지스터의 초기 데이터 타입이 정해져 있는 것이 아니므로 단축메뉴의 생성 〉 상수로 초기화할 수 없습니다. 함수 팔레트에서 필요한 상수를 찾아서 붙여줘야 됩니다.

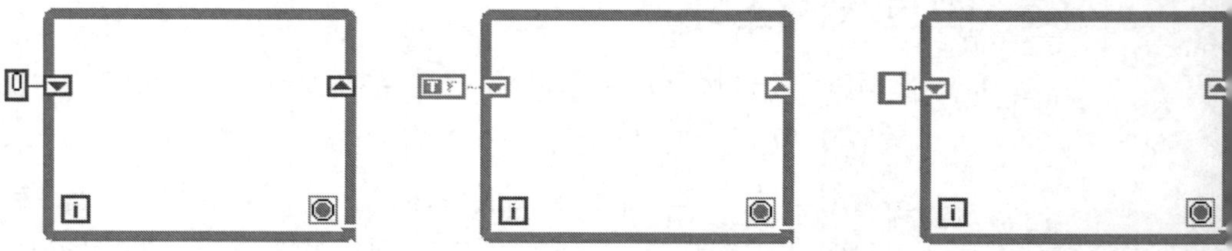

시프트 레지스터의 오른쪽 터미널로 값을 넣어주면, 다음 루프의 왼쪽 터미널에서 그 값이 출력됩니다. 아래는 오른 터미널에 **루프 반복횟수 [i]**을 넣어주고 다음 루프에서 그 값을 출력하는 예입니다.

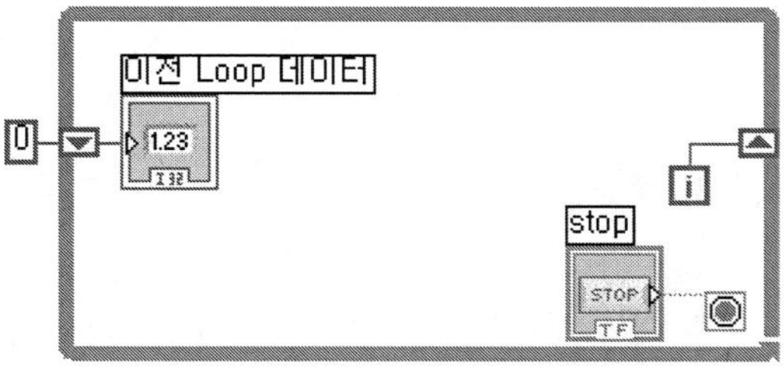

시프트 레지스터 원소 추가

바로 이전 단계의 값뿐만 아니라 몇 단계 앞의 값도 불러오고 싶을 때에는 오른쪽 시프트 레지스터 터미널의 단축메뉴에서 **원소 추가**를 선택합니다. 이때 추가한 시프트 레지스터 모두를 초기화시켜줘야 됩니다.

아래 블록다이어그램에서 왼쪽의 출력부분은 세 개이고, 오른쪽 입력부분은 하나임을 확인할 수 있습니다. 출력부분은 차례로 이전 루프의 값, 전전 루프의 값, 전전전 루프의 값이 됩니다.

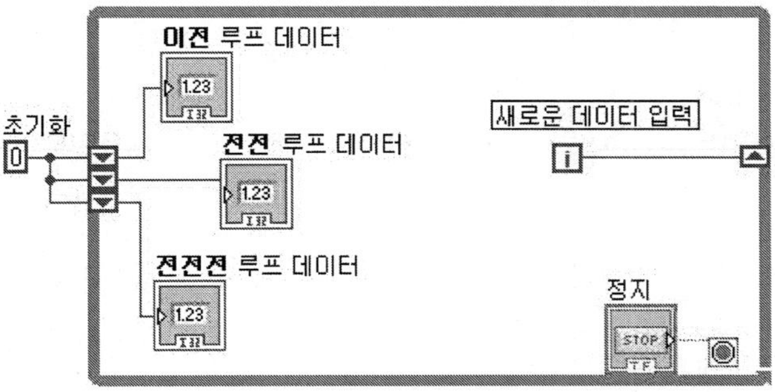

연습 3-3. 시프트 레지스터 만들기

While 루프에서 시프트 레지스터를 만들고 그 의미를 이해합니다.

⌘ 블록다이어그램

1. 새 VI를 만들고, 시프트 레지스터.vi라는 이름으로 저장합니다.
2. 블록다이어그램에 While 루프를 위치시킵니다.
3. While 루프의 테두리를 마우스로 클릭하고 단축메뉴에서 **시프트 레지스터 추가**를 선택하여 시프트 레지스터를 하나 만듭니다.
4. 왼쪽 시프트 레지스터 아이콘에 마우스를 위치시키고, 단축메뉴에서 원소 추가를 두 번 실행합니다.
5. 숫자형 상수 [0]을 이용하여 세 개 모두 초기화시킵니다. 함수 〉 프로그래밍 〉 숫자형 팔레트에서 숫자형 상수를 찾을 수 있습니다.

6. [+▷] **더하기**를 위치시키고 5를 더해줍니다. 단축메뉴의 **상수 생성**을 이용합니다. 출력부분에 인디케이터를 생성하고 라벨을 **X(i)**로 바꿉니다.

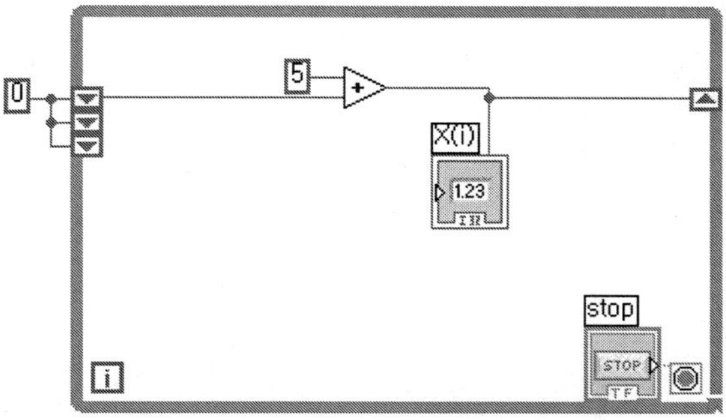

7. 오른쪽 세 개의 시프트 레지스터에서 인디케이터를 생성하고 위에서부터 차례로 라벨을 X(i−1), X(i−2), X(i−3)로 바꿉니다. 각각 i-1번째 루프의 값, i-2번째 루프의 값, i-3번째 루프의 값이라는 의미입니다. 단축메뉴에서 생성 〉 인디케이터를 선택하여 필요한 인디케이터를 생성해줍니다. 그리고 블록다이어그램을 보기 좋게 정리하기 위하여 각 인디케이터의 단축메뉴에서 **아이콘으로 보기**의 체크를 없앴습니다.

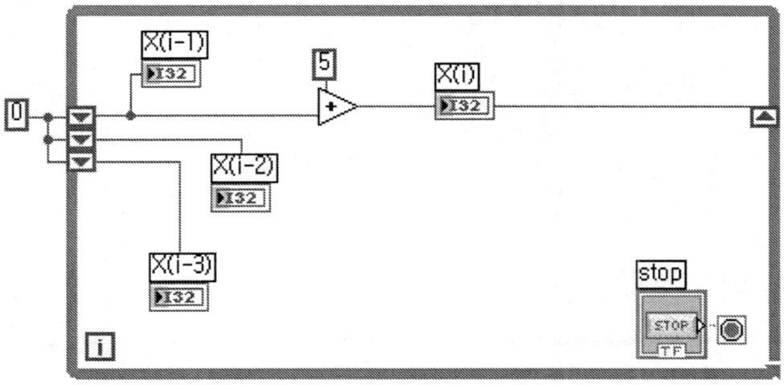

8. 함수 〉 프로그래밍 〉 타이밍 팔레트에서 시간 지연을 찾아서 위치시킵니다. 시간 지연(초)에 0.5초를 입력합니다.

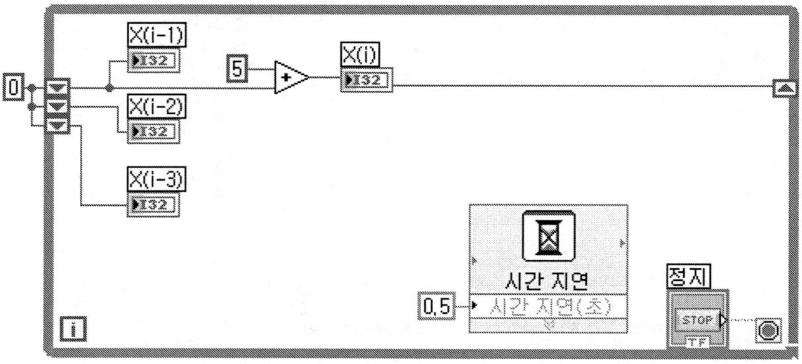

⌘ 프런트패널

9. 프런트패널로 가서 아이콘들을 정리하고 실행합니다. 현재 값 X(i)가 45일 때, 아래로 내려오면서 5씩 감소함을 확인할 수 있습니다. 40, 35, 30입니다.

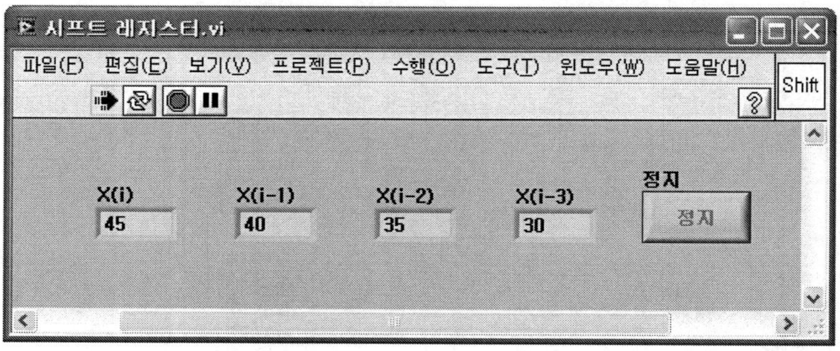

연습 3-3 끝

연습 3-4. While 루프를 이용한 난수 발생 및 플롯

웨이브폼 차트를 이용하여 난수(0-1)를 플롯해봅니다.

⌘ 블록다이어그램

1. 새 VI를 만들고 블록다이어그램에 While 루프를 위치시킵니다.
2. 프런트패널에 웨이브폼 차트를 위치시킵니다.
3. 아래와 같이 블록다이어그램을 구성합니다.

 **난수(0-1)**는 0에서 1사이의 난수를 생성하는 함수이며, 함수 〉 프로그래밍 〉 숫자형 팔레트에서 찾을 수 있습니다.

 **시간 지연**은 함수 〉 프로그래밍 〉 타이밍 팔레트에서 찾을 수 있습니다. While 루프가 실행되는 속도를 조절합니다. 0.5 초에 한 번씩 While 루프를 실행하기 위하여 [시간 지연(초)]에 0.5를 입력합니다.

⌘ 프런트패널

4. **난수 차트.vi**로 저장합니다.
5. 오른쪽 위에 있는 플롯 0을 마우스로 클릭하고, 단축메뉴에서 일반 플롯을 다른 형태로 바꿔봅니다.

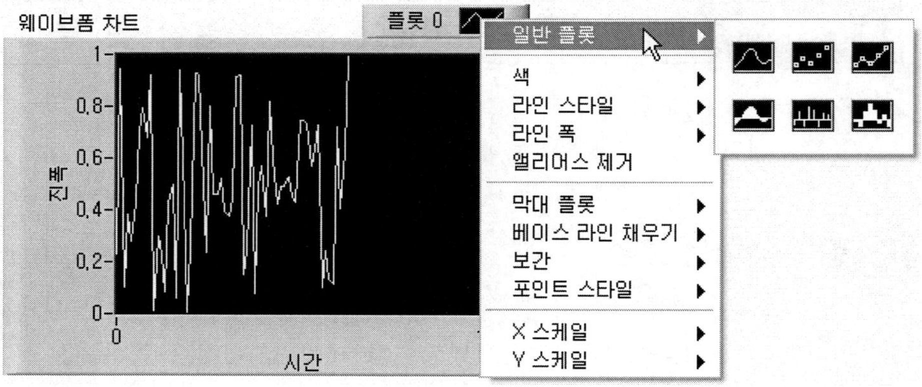
웨이브폼 차트
플롯 0
진폭
시간
일반 플롯
색
라인 스타일
라인 폭
앨리어스 제거
막대 플롯
베이스 라인 채우기
보간
포인트 스타일
X 스케일
Y 스케일

연습 3-4 끝

나. 웨이브폼 차트

웨이브폼 차트는 숫자형 값을 디스플레이하는 인디케이터 중의 하나입니다. 컨트롤 〉 일반 〉 그래프 팔레트에서 웨이브폼 차트를 찾을 수 있습니다. 숫자형 인디케이터와 웨이브폼 차트의 가장 큰 차이점은 차트에서는 현재 데이터와 함께 이전 데이터를 비주얼하게 보여준다는 것입니다. 이를 위하여 웨이브폼 차트에는 히스토리 데이터를 기억할 수 있는 히스토리가 있고, 히스토리 길이의 기본 값은 1024입니다. 이 값을 바꾸기 위해서는 차트의 단축메뉴에서 [차트 히스토리 길이...]를 선택하여 바꿀 수 있습니다. 그리고 히스토리 버퍼를 가지고 있으므로 웨이브폼 차트는 배열 값을 받아서 디스플레이할 수도 있습니다.

⌘ 웨이브폼 차트의 보이는 아이템

웨이브폼 차트에서 다양한 보이는 아이템들을 추가할 수 있습니다. 사용자는 이 아이템들을 이용하여 이해하기 쉽고, 사용이 편리한 사용자 인터페이스를 구성할 수 있습니다.

다음과 같이 웨이브폼 차트의 단축메뉴인 **보이는 아이템**에서 여러 가지 옵션들을 선택할 수 있습니다. 보이는 아이템에는 플롯 범례, 스케일 범례, 그래프 팔레트, 디지털 디스플레이, 그리고 X 스크롤 막대 등이 있습니다.

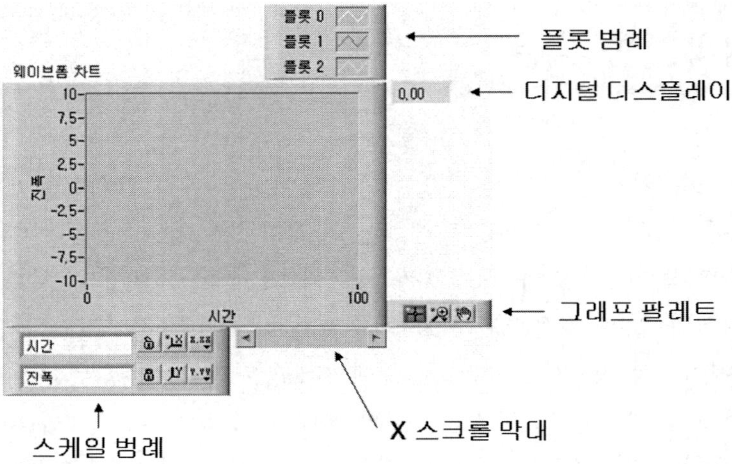

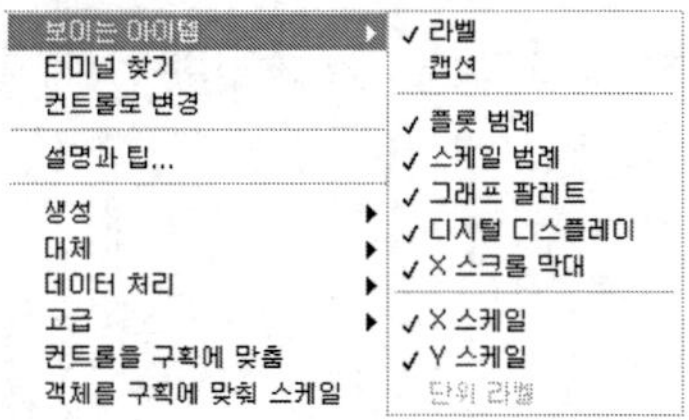

플롯 범례

플롯 범례는 웨이브폼 차트에 디스플레이되는 데이터의 표현 방식을 바꿀 수 있는 도구입니다. 사용자는 플롯 범례를 이용하여 데이터의 플롯 방식을 다양하게 바꿀 수 있습니다.

만약 웨이브폼에 두 개 이상의 데이터가 동시에 플롯된다면, 마우스로 선택하고 당겨서 키워줄 수 있습니다. 이때 플롯의 형태, 색, 라인 스타일, 라인 폭 등은 개별 플롯 범례의 단축메뉴로 바꿀 수 있습니다. 그리고 플롯의 이름은 마우스로 선택하여 텍스트로 입력할 수 있습니다.

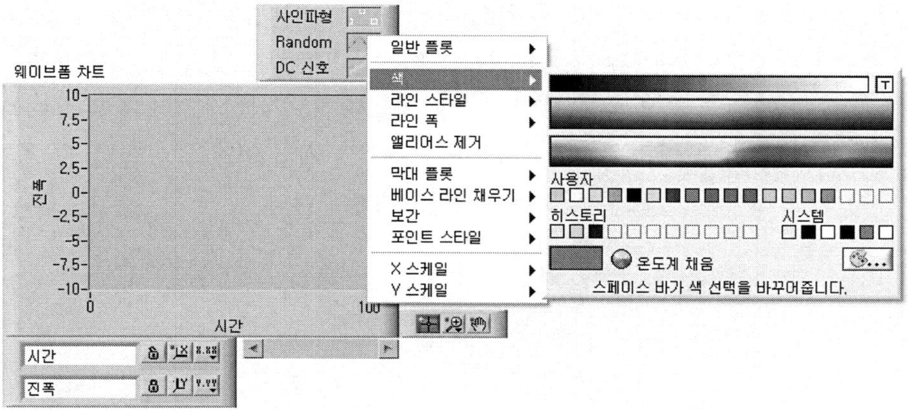

디지털 디스플레이

웨이브폼 차트는 숫자형 인디케이터의 일종이므로 디지털 디스플레이로 현재 숫자 값을 바로 나타내줍니다.

X 스크롤 막대

차트는 **히스토리(History)** 데이터를 저장할 수 있습니다. 그리고 X 스크롤 막대를 이용하여 차트 히스토리 데이터를 모두 볼 수 있습니다.

스케일 범례

VI의 편집 모드에서는 각 축의 스케일이나 이름 등을 단축메뉴를 이용하여 직접 바꾸고 입력할 수 있습니다. 그러나 VI가 실행 모드일 때는 축의 스케일이나 이름 등을 스케일 범례를 이용하여 변경시켜야 됩니다. 특히 VI를 실행 파일로 만들어 배포하고자 하는 경우에는 스케일 범례가 유용하게 사용될 수 있습니다.

그래프 팔레트

그래프의 여러 가지 도구들입니다. 1은 **[일반 디스플레이]**이며, 2는 **[줌]**이고, 그리고 3은 **[드래그]**로 마우스를 이용하여 화면을 끌어서 움직일 수 있는 도구입니다.

1 2 3

이와 같이 웨이브폼 차트에 보이는 아이템을 추가하여 다양한 도구를 사용자들이 사용할 수 있도록 만들 수 있습니다. 참고로 웨이브폼 그래프에서도 차트와 동일하게 보이는 아이템들이 있습니다. 그러나 웨이브폼 그래프에는 디지털 디스플레이가 없고, 그 대신 **커서 범례**가 있습니다. 커서 범례는 커서를 만들고 설정하는 역할을 수행합니다.

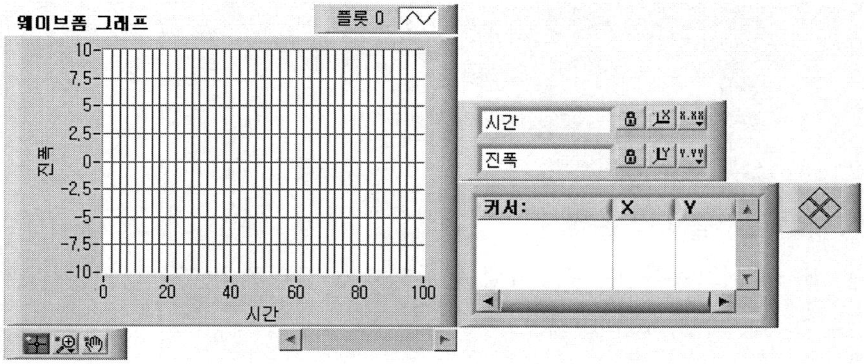

⌘ 웨이브폼 차트의 데이터 지우기

단축메뉴에서 **데이터 처리 〉 차트 지우기**를 선택해서 차트에 있는 모든 데이터를 삭제할 수 있습니다. 이것은 차트의 히스토리에 저장되어 있던 데이터를 지운다는 의미와 같습니다.

프로그램적으로 차트를 지우기 위해서는 프로퍼티 노드를 사용해야 됩니다. 프로퍼티 노드는 차트의 터미널에서 단축메뉴로 생성시킬 수 있습니다. **생성 〉 프로퍼티 노드 〉 히스토리 데이터**를 선택하면 웨이브폼 차트의 히스토리 데이터를 선택할 수 있습니다. 다음과 같이 **쓰기로 변경**한 다음, 빈 배열을 연결해주면 히스토리 데이터를 지울 수 있습니다.

⌘ 웨이브폼 차트의 업데이트 모드

웨이브폼 차트의 프로퍼티에서 세 가지의 서로 다른 업데이트 모드를 선택할 수 있습니다. 스트립 차트, 스코프 차트, 스윕 차트입니다.
스트립 차트는 데이트를 연결해서 계속 업데이트하는 기본 모드입니다. 그리고 **스코프 차트**는 왼쪽에서 오른쪽으로 그린 후 차트를 지우고 다시 새로운 데이터를 왼쪽에서 오른쪽으로 업데이트하는 모드입니다. **스윕 차트**는 수직하는 스윕 선을 기준으로 새로운 데이터를 업데이트해 나가는 모드입니다. 병원 등에서 사용하는 스윕 디스플레이와 비슷한 모양이 됩니다.

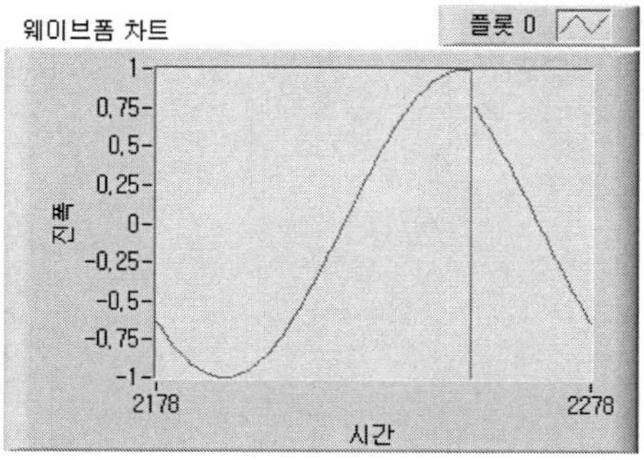

웨이브폼 차트와 그래프의 차이점

웨이브폼 차트는 숫자형이나 숫자형 배열, 웨이브폼을 플롯할 수 있습니다. 그리고 차트 히스토리를 가지고 있습니다. 그러나 웨이브폼 그래프는 숫자형 배열과 웨이브폼은 플롯할 수 있지만, 숫자형은 플롯할 수 없습니다. 그리고 히스토리 버퍼를 가지고 있지 않습니다.
또한 웨이브폼 그래프에는 차트에는 없는 커서를 가지고 있습니다.
웨이브폼 그래프는 숫자형 배열이나 웨이브폼 전체를 한 번에 플롯하고, 새로운 배열이나 웨이브폼이 들어오면 이전 데이터를 지우고 새로운 데이터는 업데이트하는 방식으로 디스플레이합니다. 입력된 데이터를 연결하여 플롯하는 웨이브폼 차트와는 대조되는 플롯방식입니다.

웨이브폼 차트와 웨이브폼 그래프는 일정한 간격으로 데이터를 플롯하지만, 시간 축으로 데이터가 일정한 간격이 아닐 경우에는 각 데이터에 대응되는 시간 정보를 X축 배열로 만들어 XY 그래프로 디스플레이할 수 있습니다.
XY 그래프는 X축 배열과 Y축 배열을 클러스터로 묶어서 입력받아 플롯하는 그래프입니다.

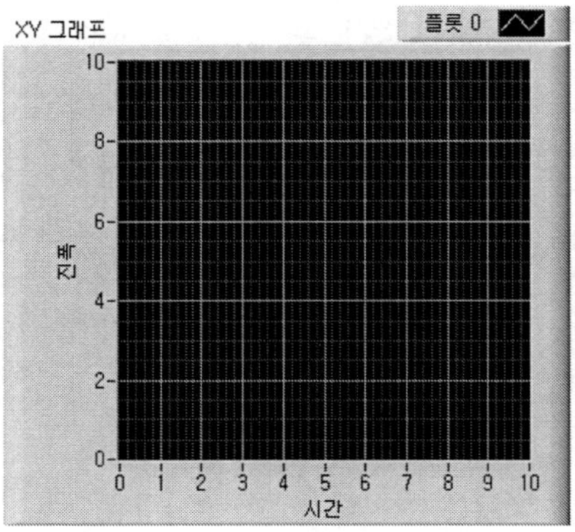

연습 3-5. 차트에 여러 개의 데이터를 동시에 그리기

차트에 여러 개의 데이터를 동시에 그리기 위해서는 우선 이들 데이터를 하나로 묶어줘야 합니다.

⌘ 블록다이어그램

1. 새 VI를 만들고, While 루프를 위치시킵니다.
2. 프런트패널에 웨이브폼 차트를 위치시키고, 아래와 같이 블록다이어그램을 구성합니다.

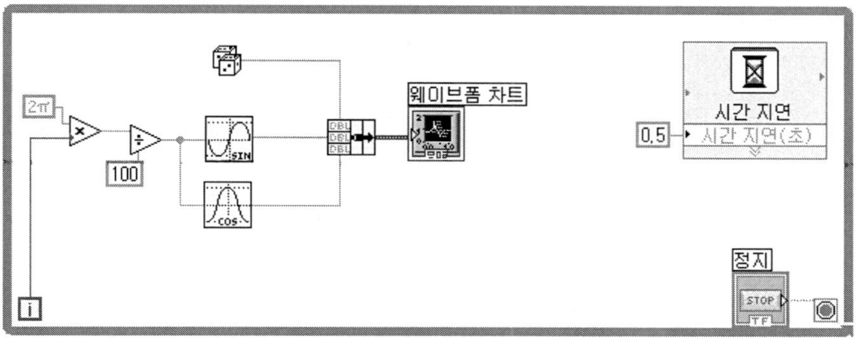

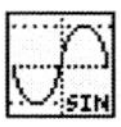 **사인**과 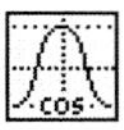 **코사인**은 함수 〉 수학 〉 기본 & 특수 함수 〉 삼각함수 팔레트에서 찾을 수 있습니다.

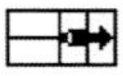 **묶기**는 함수 〉 프로그래밍 〉 클러스터, 클래스. & 배리언트 팔레트에서 찾을 수 있습니다.

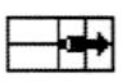을 마우스로 키워주면 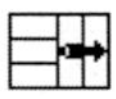이 됩니다.

⌘ 프런트패널

3. 차트.vi로 저장하고 실행합니다. 플롯 범례의 이름을 각각 난수, 사인, 코

사인으로 바꿔줍니다. 이름을 더블클릭하여 선택한 다음, 키보드로 원하는 이름을 새로 입력하면 됩니다.

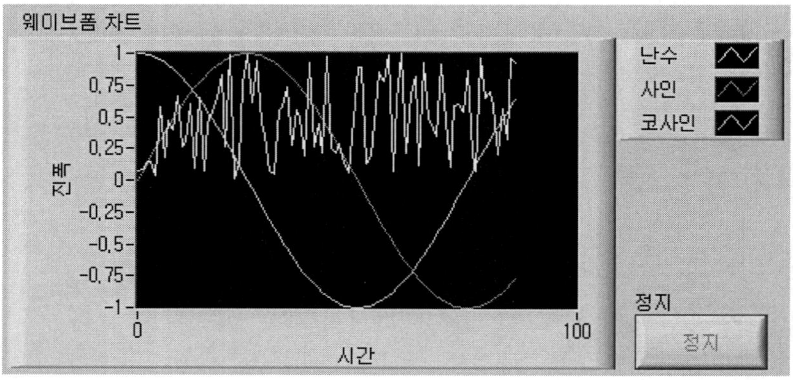

연습 3-5 끝

다. Timed 루프

Timed 루프는 함수 〉 프로그래밍 〉 구조 〉 Timed 구조 팔레트에서 찾을 수 있습니다. While 루프의 다른 형태이며, 정확한 타이밍으로 루프를 실행합니다. 그리고 Timed 루프는 실행 우선순위를 지정할 수 있습니다. 그래서 더 정확한 타이밍이 필요한 루프에 더 높은 우선순위를 지정할 수 있습니다. 또한 클럭(Clock)을 선택할 수 있습니다.

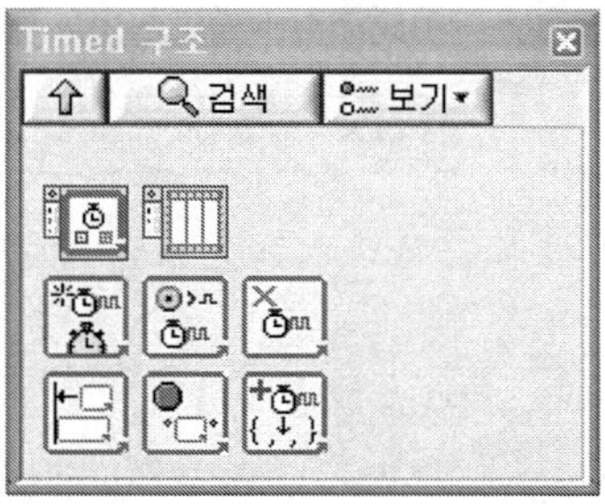

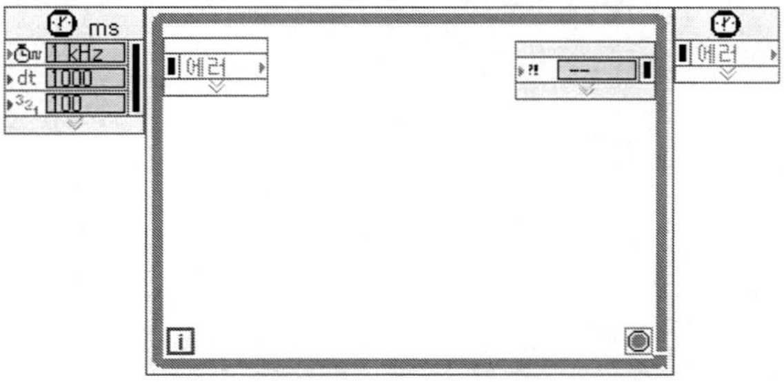

Timed 루프의 사용법은 While 루프와 동일합니다. 그리고 Timed 구조 팔레트에는 루프를 정밀하게 제어할 수 있는 여러 가지 함수들이 추가되어 있습니다.

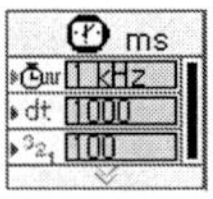

Timed 루프의 왼쪽 위에 위치한 입력노드를 더블클릭하면 **Timed 루프 설정** 창을 열 수 있습니다. 루프 타이밍 소스, 우선순위, 주기 등을 설정할 수 있습니다.

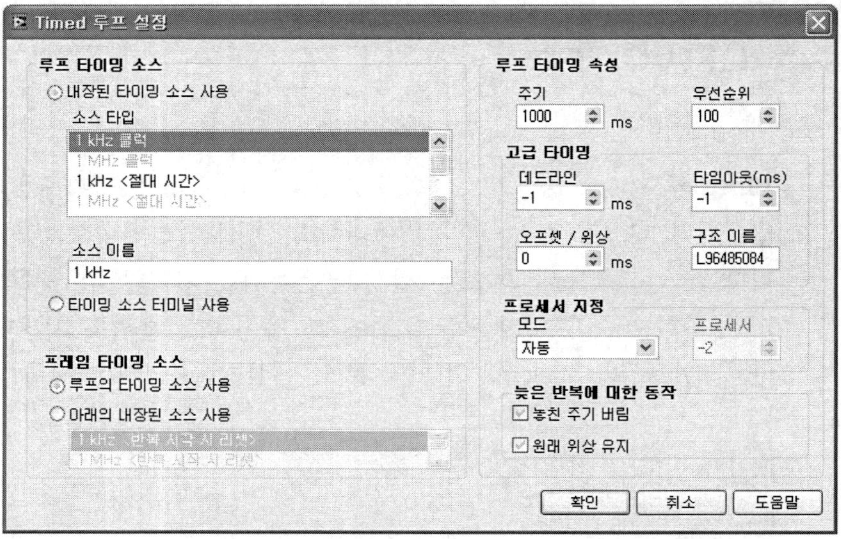
Timed 루프 설정
루프 타이밍 소스
내장된 타이밍 소스 사용
소스 타입
1 kHz 클럭
1 MHz 클럭
1 kHz <절대 시간>
1 MHz <절대 시간>
소스 이름
1 kHz
타이밍 소스 터미널 사용
프레임 타이밍 소스
루프의 타이밍 소스 사용
아래의 내장된 소스 사용
루프 타이밍 속성
주기
1000
ms
우선순위
100
고급 타이밍
데드라인
-1
ms
타임아웃(ms)
-1
오프셋 / 위상
0
ms
구조 이름
L96485084
프로세서 지정
모드
자동
프로세서
-2
늦은 반복에 대한 동작
놓친 주기 버림
원래 위상 유지
확인
취소
도움말

연습 3-6. While 루프와 Timed 루프의 타이밍 차이

While 루프와 Timed 루프의 타이밍 차이를 알아봅니다.

⌘ 블록다이어그램

1. 다음과 같이 While 루프를 이용하여 블록다이어그램을 구성합니다.

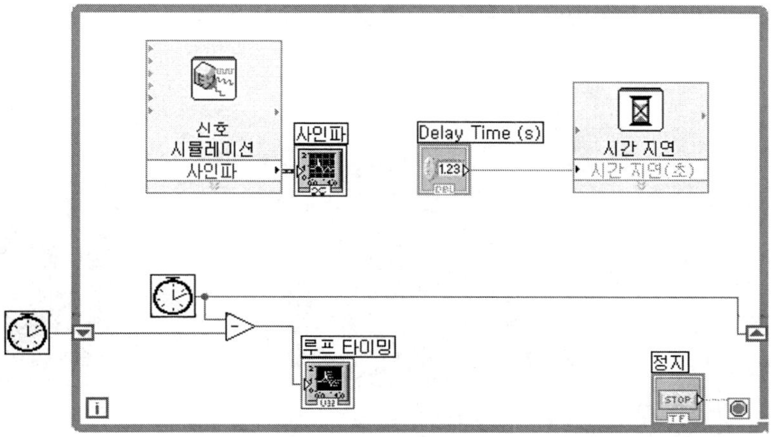

 **틱 카운터(ms)**는 함수 〉 프로그래밍 〉 타이밍 팔레트에서 찾을 수 있습니다. 현재 시간을 정수 타입으로 출력하는 함수입니다. 단위는 밀리 초입니다.

시프트 레지스터를 이용하여 현 루프의 시간에서 이전 루프의 시간으로 빼주고, 결과 값을 웨이브폼 차트에 플롯해준 것입니다. 웨이브폼 차트의 라벨을 '루프 타이밍'으로 바꿔주었습니다.

일반적으로  **시간지연(초)**에 입력한 시간만큼, 루프 타이밍이 출력됩니다. 그러나 Window 환경에서 수십 msec 단위까지만 타이밍을 보장할 수 있습니다.

 **신호 시뮬레이션**은 함수 〉 익스프레스 〉 입력 팔레트에서 찾을 수 있습니다. 임의의 신호를 시뮬레이션할 경우에 사용할 수 있습니다. 여기에서는 사인파를 시뮬레이션하였습니다. 신호 시뮬레이션 설정 [신호 시뮬레이션] 창에서 다른 설정 없이 확인 버튼을 클릭하면 10.1 Hz의 사인파를 시뮬레이션할 수 있습니다.

⌘ 프런트패널

2. 다음과 같이 프런트패널을 구성하고 [시간 지연(초)]에 0.001을 입력하고 실행합니다.

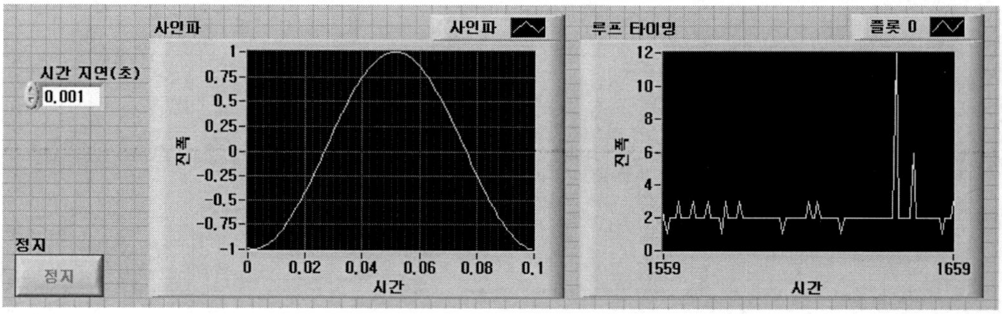

시간 지연(초)에 0.001을 입력하여 1 msec에 한번씩 While 루프를 실행하도록 명령했지만, 실제로 While 루프가 한번 실행한 시간은 루프 타이밍에서 볼 수 있듯이 2 msec ~ 12 msec의 에러가 발생합니다. 실행 중에 마우스를 움직이면 더 큰 에러가 발생합니다.

⌘ Timed 루프

3. 블록다이어그램에서 While 루프를 선택하고, 단축메뉴에서 [Timed 루프로 대체]를 선택합니다.
4. **시간 지연** 함수를 삭제합니다. Timed 루프에서는 시간 지연 함수를 사용하지 않습니다.

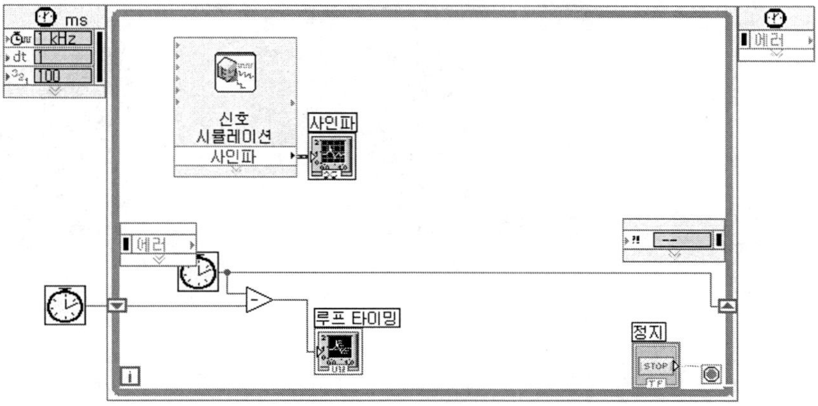

5. Timed 루프 입력노드를 더블클릭하여 **Timed 루프 설정**을 실행합니다.
6. Timed 루프 설정 대화 상자의 **주기** 항목에 1을 입력합니다. msec 단위이므로 1 msec 주기로 루프를 실행한다는 의미입니다.

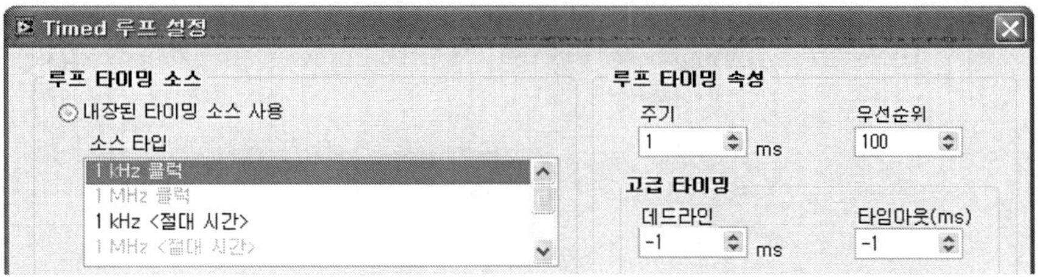

7. 프런트패널에서 VI를 실행하면, 루프 타이밍이 1 msec에서 거의 유지됨을 확인할 수 있습니다. 그러나 윈도즈 시스템 레벨에서 사용하는 리소스가 있기 때문에 2 msec로 가끔씩 튀는 것을 완전히 없앨 수는 없습니다.

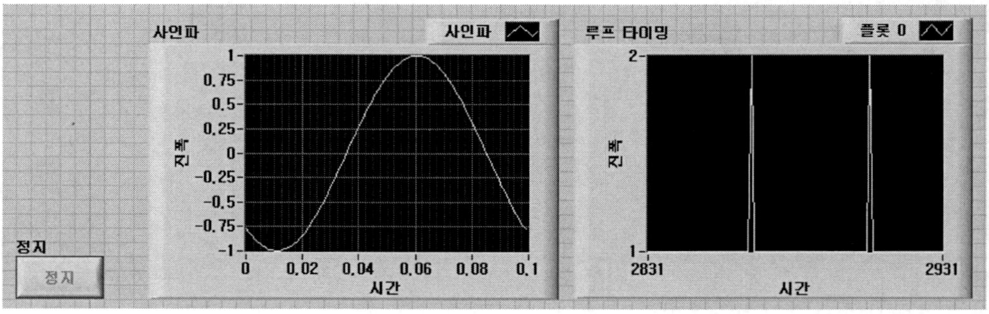

Timed 루프는 While 루프보다 정확한 타이밍을 보장할 수 있지만, 시스템 리소스를 독점하는 것이므로 정확한 타이밍 제어가 필요한 경우에만 사용하는 것이 바람직합니다. 일반적인 루프 반복의 경우에는 While 루프가 적합합니다.

연습 3-6 끝

⌘ 타이밍 함수들의 차이점

루프의 속도를 조정하거나, 타임스탬프를 생성하거나, 현재 시간을 출력하거나, 시간을 측정하기위하여 틱 카운트를 하는 함수들이 LabVIEW의 타이밍 팔레트에서 제공됩니다. 함수 〉 프로그래밍 〉 타이밍 팔레트입니다. 참고로 타이밍 함수들의 이름과 함수의 기능과는 크게 연관되지 않습니다. 그래서 이름만으로 함수의 기능을 판단하기는 힘듭니다. 이 책에서 설명한 내용이나 LabVIEW 도움말로 각 함수의 기능을 확인하시기 바랍니다.

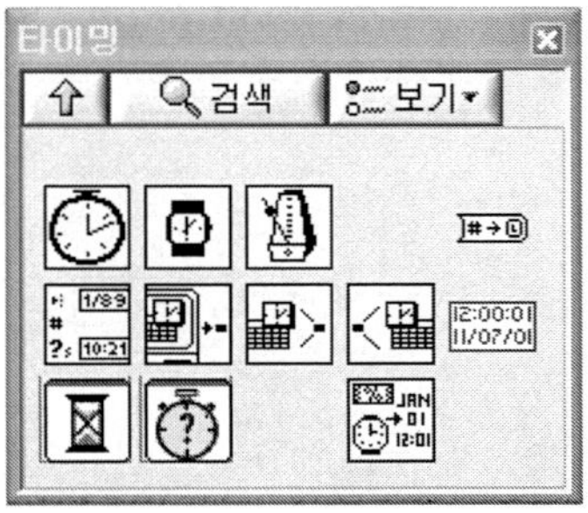

 **틱 카운트(ms)**는 밀리 초 단위의 틱을 만들어주는 함수입니다. 출력은 U32 타입입니다. 그리고 출력 값은 0에서 4,294,967,295까지입니다. 이때 틱이 최대값 4,294,967,295를 넘으면 다시 0부터 틱이 시작됩니다. 컴퓨터의 CPU Clock에서 값을 가지고 오므로, 현재 값에 특별한 의미는 없습니다. 그러나 다음과 같은 방식으로 While 루프 등의 루프 실행 속도를 측정하거나 특정 시퀀스의 실행 속도를 측정하는데 사용됩니다. 현재 틱 카운트에 이전 틱 카운트를 빼주는 방식입니다.

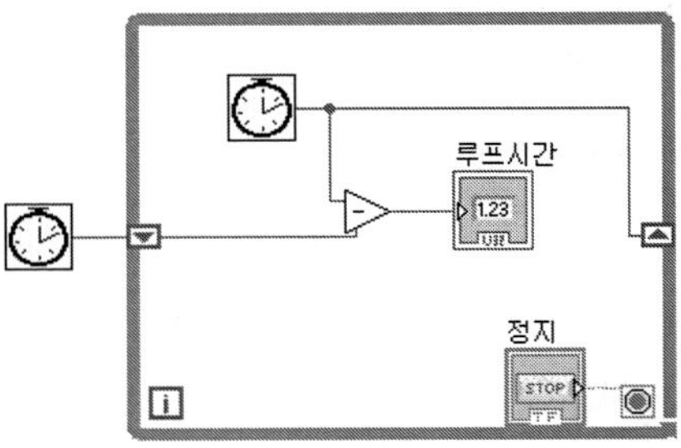

 **기다림(ms)**는 입력된 [대기 시간(ms)]만큼 기다리는 함수입니다. 독립적으로 기다리는 일만 하는 함수이고, 주변의 다른 함수나 루프와 연동되는 기능은 없습니다.

예를 들어, 다음과 같이 While 루프 속에 기다림(ms)과 DAQ 어시스턴트가 함께 들어 있다면, 각자 Parallel하게 자신의 임무를 수행합니다. 기다림(ms)이 1000ms를 수행하고, DAQ 어시스턴트가 100ms를 수행한다면, 각자 병렬로 수행하므로 가장 긴 시간에 맞추어 이 While 루프는 1000ms의 속도로 실행되게 됩니다.

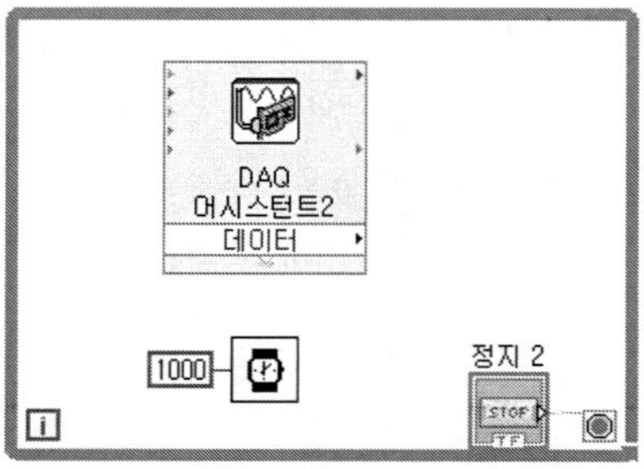

만약 다음과 같이 시퀀스 구조를 이용하여 강제로 병렬 수행을 없앤다면, 루프의 속도는 1100ms가 됩니다. 각자 100ms와 1000ms를 수행했기 때문입니다.

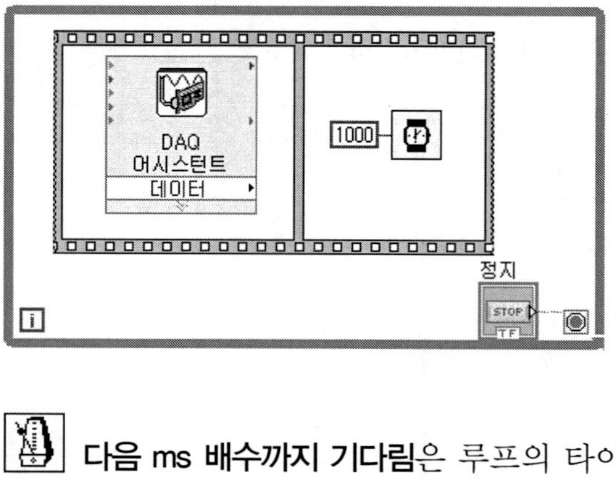

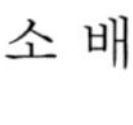 **다음 ms 배수까지 기다림**은 루프의 타이머 값이 입력된 [ms 배수]의 최소 배수가 될 때까지 기다리는 함수입니다. 기다림(ms) 함수와 비슷하지만,

두 가지의 중요한 차이점이 있습니다.

첫 호출에 CPU 리소스를 할당받는 초기화 과정이 있기 때문에, 첫 번째 루프 주기가 짧아질 가능성이 있습니다. 즉 1000ms로 설정하더라도, 첫 번째 루프는 800ms나 700ms로 실행할 수 있습니다.

독립적으로 움직이지 않고, 루프의 실행 속도에 따라서 배수가 조정됩니다. 다음과 같이 100ms로 수행하는 DAQ 어시스턴트와 1000ms의 다음 ms 배수까지 기다림 함수를 시퀀스로 사용할 경우, 뒤에 실행되는 다음 ms 배수까지 기다림 함수가 전체 루프 속도를 1000ms에 맞춰줍니다. 그래서 이 루프의 속도는 1000ms가 됩니다.
만약 DAQ 어시스턴트가 1200ms로 실행되면, 다음 ms 배수까지 기다림 함수는 전체 루프 속도가 2000ms가 되도록 조정합니다. 즉 800ms를 기다리는 것입니다.

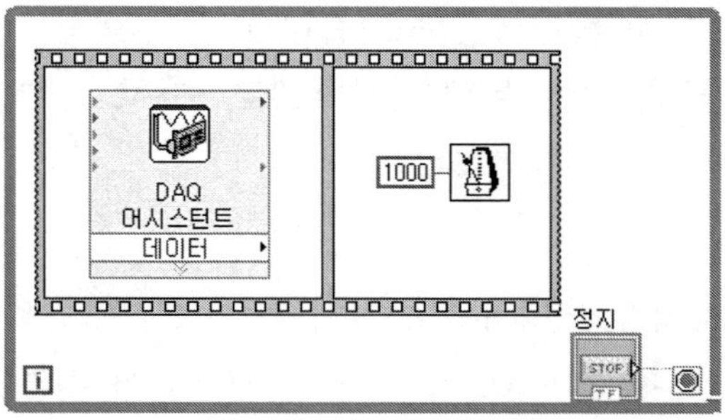

다음 ms 배수까지 기다림은 루프 속의 코드가 완료된 다음 타이밍이 시작되고, 입력된 [ms 배수]의 배수가 될 때까지 기다리는 함수입니다.

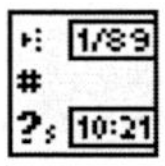 **날짜/시간을 문자열로 얻기**는 현재 시간과 날짜를 문자열로 출력하는 함수입니다. 날짜 문자열에는 현재 날짜 정보가 YYYY-MM-DD 형식으로 출력하고, 시간 문자열에는 시간 정보가 오전/오후 시: 분: 초 형식으로 출력됩니다. 이때 초 단위를 출력할 것인지는 선택해줘야 됩니다.

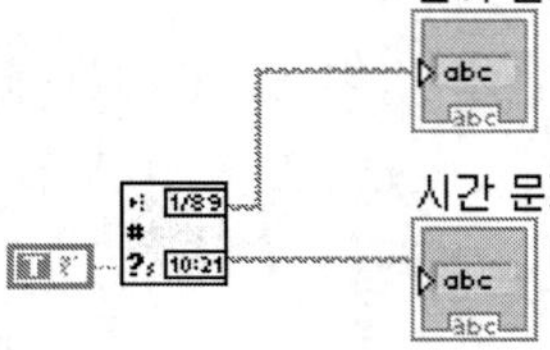

 **날짜/시간을 초로 얻기**는 현재 시간과 날짜를 타임스탬프로 출력하는 함수입니다. 참고로 LabVIEW에서는 세계시인 1904년 1월 1일 금요일 오전 12시를 기준으로 몇 초가 경과했는지를 계산하여 타임스탬프를 만듭니다.

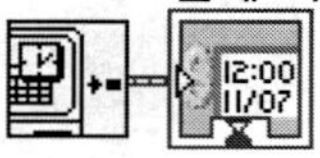

타임스탬프 관련 변환 함수들은 다음과 같습니다.
타임스탬프로, **초를 날짜/시간으로**, **날짜/시간을 초로**, 그리고 **날짜/시간 문자열로 포맷** 등이 있습니다.

 **타임스탬프로**는 숫자형을 입력 받아서 타임스탬프로 포맷하는 함수입니다. 1을 입력하면 [오전 9:00:01.000 1904-01-01]이 출력됩니다. 세계시 기준으로 1초가 경과했다는 의미입니다.

 **초를 날짜/시간으로**는 타임스탬프나 숫자형 입력을 받아서 시간 값 클러스터를 출력하는 함수입니다.

 **날짜/시간을 초로**는 시간 값 클러스터를 타임스탬프로 바꾸는 함수입니다.

 **날짜/시간 문자열로 포맷**은 타임스탬프나 숫자형 입력을 받아서 문자

열로 포맷하는 함수입니다.

아래는 타임스탬프와 시간 값 클러스터입니다. 시간 값 클러스터에는 소수점 초, 초, 분, 시, 월중의 일, 월, 연도, 주중의 일, 연중의 일, 일광 절약 시간이 표기됩니다.

타이밍 팔레트에는 두 개의 익스프레스 함수가 있습니다. 시간 지연과 시간 경과 함수입니다.

 **시간 지연**은 호출된 VI를 얼마나 오래 시간 지연할 지를 초단위로 설정하는 함수입니다. 기다림(ms)나 다음 ms 배수까지 기다림 함수와 유사하게 사용할 수 있는 함수입니다.

 **시간 경과**는 지정한 시간부터 경과된 시간을 나타냅니다. 다음과 같이 블록다이어그램을 구성하여 시간 경과 함수의 특성을 확인할 수 있습니다. 타겟 시간(초)을 입력하면, 시간이 경과됨 여부, 경과 시간(초), 현재 시간(초) 등을 확인할 수 있습니다.

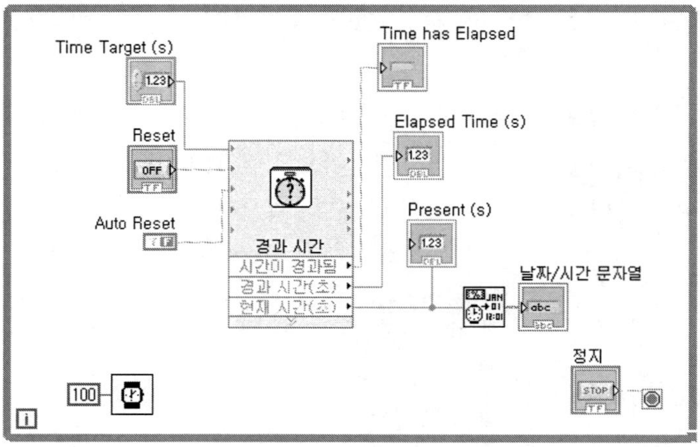

타이밍 함수들은 각자 기능과 특성이 다르기 때문에, 사용자들은 본인의 어플리케이션에 맞추어 가장 적합한 함수를 선택해서 사용해야 될 것입니다. 예를 들어, 초단위의 어플리케이션에서는 기다림(m), 다음 ms 배수까지 기다림, 시간 지연, 틱 카운트(ms) 같은 함수를 사용하고, 날짜나 시간 단위의 어플리케이션에서는 날짜/시간을 문자열로 얻기 함수나 날짜/시간을 초로 얻기 함수를 사용합니다. 그리고 타임스탬프나 숫자형, 문자열, 시간 값 클러스터 등을 상호 포맷 변환시켜야 되는 경우에는 해당되는 변환 함수를 사용합니다.

연습 3-7. 기다림(ms) 함수와 다음 ms 배수까지 기다림 함수

기다림(ms) 함수와 다음 ms 배수까지 기다림 함수의 차이를 확인할 수 있는 VI를 작성해봅니다. 이 연습을 통하여 이 두 함수의 차이를 명확히 확인할 수 있습니다.

경우 1

1. 새 VI를 만들고, 타이밍 함수.vi로 저장합니다.
2. 다음과 같이 블록다이어그램을 구성합니다.

 **기다림(ms),**  **다음 ms 배수까지 기다림,**  **틱 카운트(ms)** 함수는 함수 〉 프로그래밍 〉 타이밍 팔레트에서 찾을 수 있습니다. 이때 틱 카운트(ms)는 While 루프의 실행 속도를 측정하기 위하여 사용되었습니다. 시프트 레지스터를 이용하여 현재 루프의 틱 카운트에서 이전 루프의 틱 카운트를 빼주는 방식입니다. 그리고 시퀀스 구조는 각 함수들의 실행 순서를 명확히 정해주기 위한 용도입니다. 시퀀스 구조는 4장에서 배웁니다.

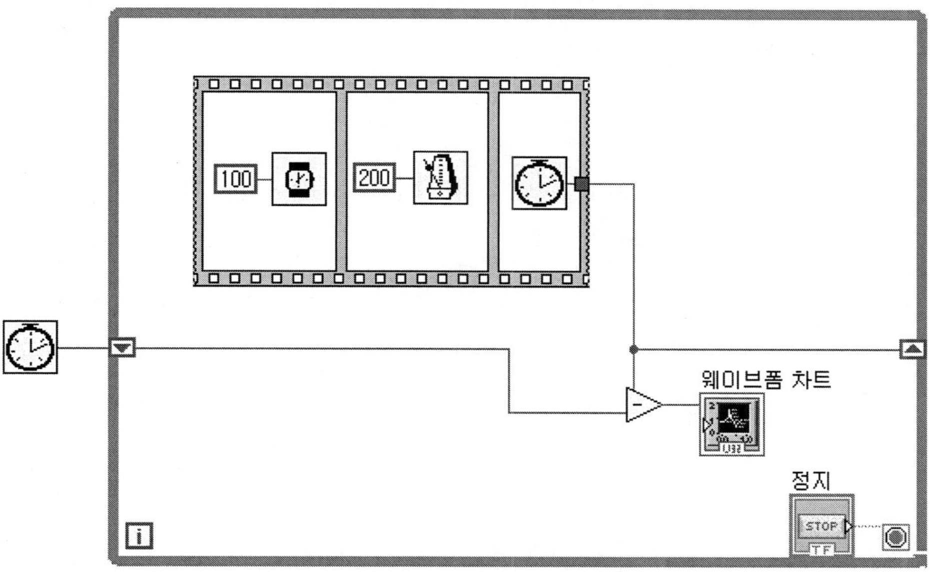

3. 프런트패널에 웨이브폼 차트를 다음과 같이 설정하고 VI를 실행합니다. 첫 번째 루프가 255 ms로 실행되고, 두 번째 루프부터는 200 ms로 실행됨을 확인할 수 있습니다. 약간으로 지터(jitter)는 있습니다. 기다림(ms)이 100 ms를 기다리고, 다음 시퀀스에서 다음 ms 배수까지 기다림이 총 200ms가 될 때까지 100 ms를 더 기다리게 조정합니다.

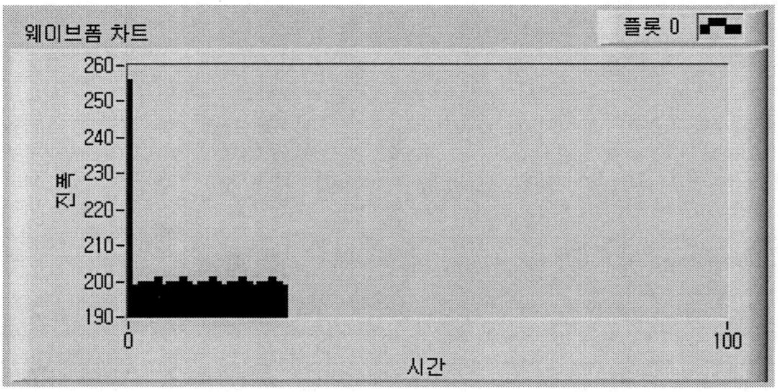

첫 번째 루프에서는 [다음 ms 배수까지 기다림]의 전체 루프 시간 조절 기능이 작동하지 않았기 때문에, [기다림(ms)]의 실행 시간과 [다음 ms 배수까지 기다림]의 초기화 시간이 소요된 것입니다. 두 번째 루프부터는 [다음 ms 배수까지 기다림]의 전체 루프 시간 조절 기능이 작동하여 루프 시간을 200 ms로 조절한 것입니다.

경우 2

4. 다음과 같이 블록다이어그램을 수정합니다. [다음 ms 배수까지 기다림]의 단축 메뉴에서 대체 〉 타이밍 팔레트의 기다림(ms)을 선택하여 [다음 ms 배수까지 기다림]을 [기다림(ms)]로 대체해줍니다.

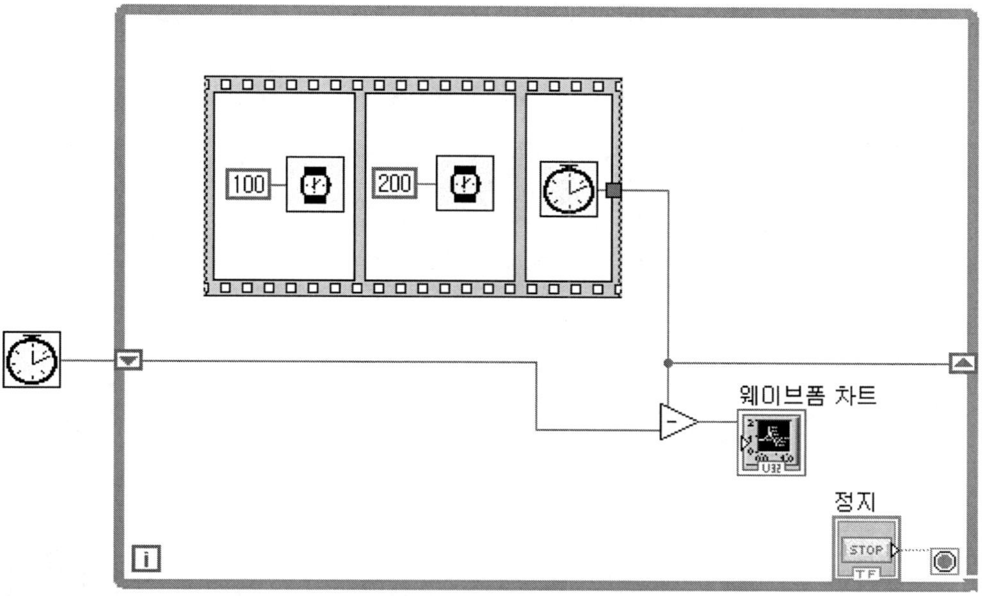

5. 프런트패널은 그대로 두고 실행합니다. 웨이브폼 차트는 이전 데이터를 그대로 가지고 새로운 데이터를 이어서 업데이트합니다. 첫 번째 루프부터 300 ms로 실행됨을 확인할 수 있습니다. 기다림(ms)이 각각 100 ms와 200 ms를 기다리므로, 총 300 ms가 되는 것입니다.

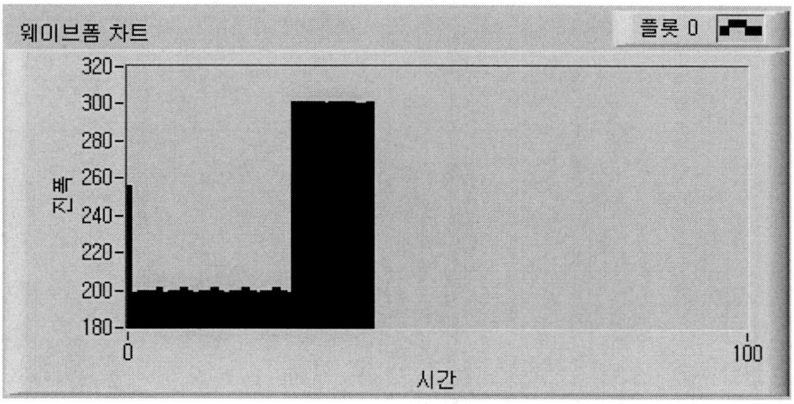

경우 3

6. 다음과 같이 블록다이어그램을 수정합니다. 단축메뉴의 대체를 이용하여

[기다림(ms)]를 모두 [다음 ms 배수까지 기다림]으로 대체하였습니다.

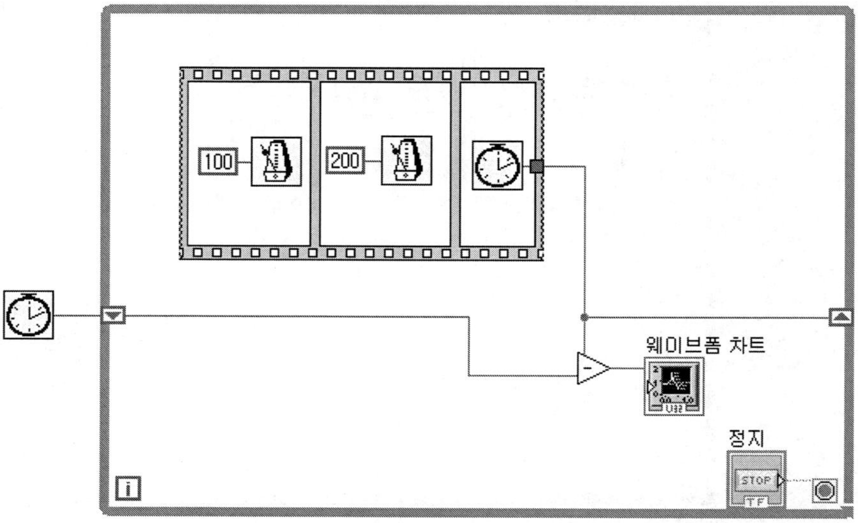

7. VI를 실행합니다. 첫 번째 루프는 140 ms정도로 실행되고, 두 번째 호출부터 200 ms로 루프가 실행됨을 확인할 수 있습니다. 첫 번째 [다음 ms 배수까지 기다림] 함수가 설정대로 100 ms를 기다립니다. 그리고 다음 시퀀스에서 두 번째 [다음 ms 배수까지 기다림] 함수가 설정값인 200 ms가 될 때까지 추가로 100 ms를 더 기다린 것입니다.

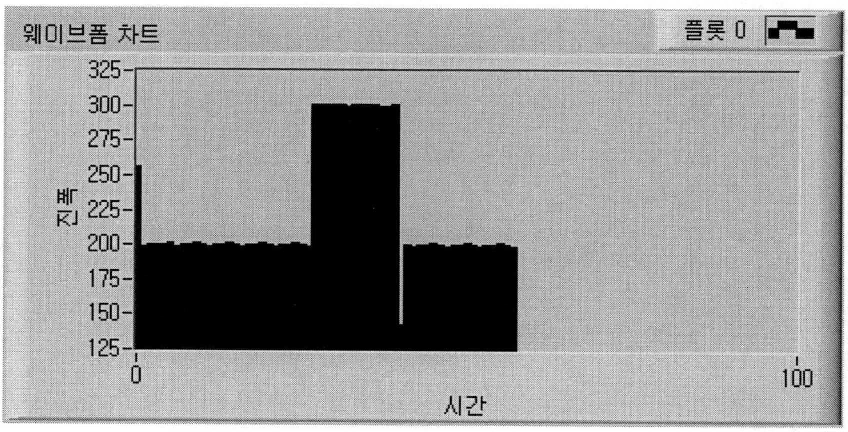

경우 4

8. 다음과 같이 블록다이어그램을 수정하고, VI를 실행합니다. [다음 ms 배수까지 기다림] 함수가 먼저 오고, 다음으로 [기다림(ms)]가 오도록 작성하였습니다.

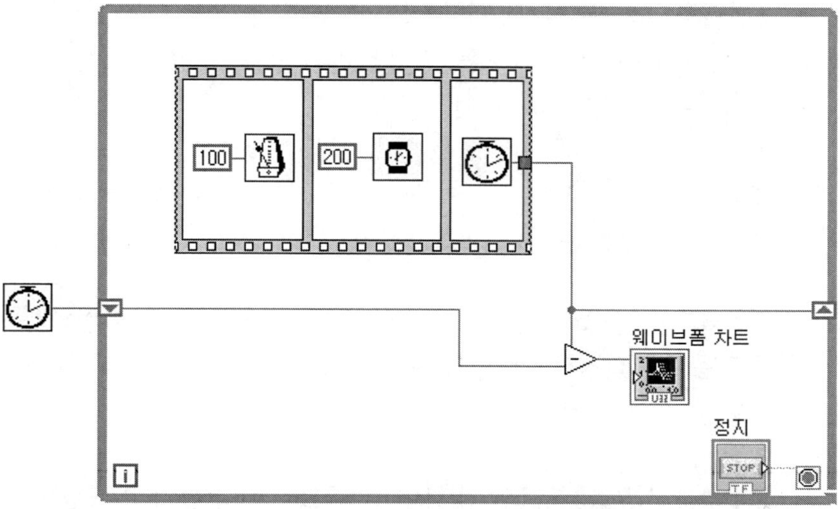

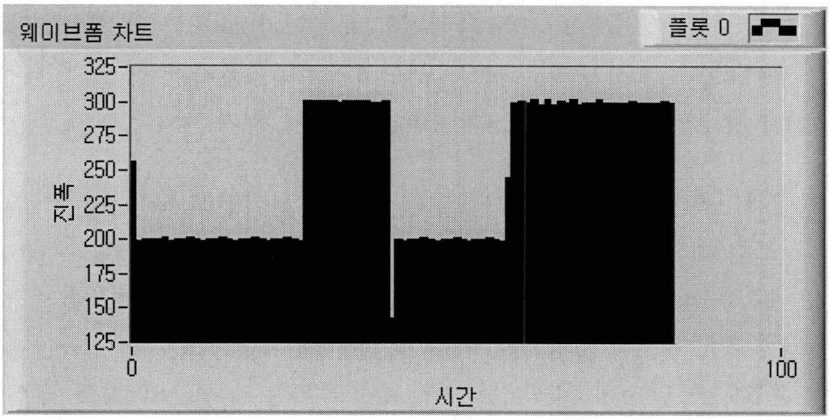

첫 루프에서는 약 240 ms정도이고 두 번째 루프부터는 300 ms임을 확인할 수 있습니다.

이 연습에서 네 가지 경우로 [기다림(ms)]와 [다음 ms 배수까지 기다림] 함수의 특징을 비교하였습니다.

경우 1에서 첫 번째 루프에서는 [기다림(ms)]는 기다리는 역할을 수행하고, [다음 ms 배수까지 기다림]은 초기화 작업을 수행합니다. 그래서 300 ms보다는 작지만 200 ms보다 길게 수행한 것입니다. 그러나 두 번째 루프부터는 [다음 ms 배수까지 기다림]이 본연의 기능을 수행하여 전체 루프가 200 ms가 되도록 루프 속도를 조정합니다. 실제로 100 ms만 추가로 기다려서 전체 루프를 200 ms로 맞추었습니다.

경우 2는 [기다림(ms)]만 두 개 있으므로, 100 + 200 = 300 ms를 기다리는 구조가 되었습니다.

경우 3은 [다음 ms 배수까지 기다림]만 두 개 있는 경우입니다. 여기에서 첫 루프는 초기화 단계이고, 두 번째 루프부터가 [다음 ms 배수까지 기다림]의 기능을 발휘된 것입니다.

경우 4는 시퀀스 구조에 의하여 [다음 ms 배수까지 기다림]이 100 ms를 기다리고, [기다림(ms)]가 다시 200 ms를 기다려서, 결과적으로 300ms를 기다리는 구조가 되었습니다. 경우 1과 다른 결과가 된 것은 [기다림(ms)]에는 전체 루프의 속도를 조정하는 기능이 없기 때문입니다.

[기다림(ms)]는 루프 속의 다른 함수들이 어떻게 작동하는지에 관계없이 무조건 자기 역할만 수행하는 함수입니다.
[다음 ms 배수까지 기다림]은 루프 속의 다른 함수들이 어떻게 작동하는지를 확인하면서 작동합니다. 그러나 첫 번째 루프는 초기화 단계이므로 설정값에 못 미치게 되고, 두 번째 루프부터는 설정값의 최소 배수만큼을 기다려서 전체 루프의 속도가 [ms 배수] 값의 배수로 실행됩니다.
다음은 경우 1을 일부 수정한 것입니다. [기다림(ms)]에는 200을 입력하고, [다음 ms 배수까지 기다림]에는 150을 입력한 것입니다. 결과적으로 두 번째 루프부터 While 루프는 150의 배수인 300 ms로 실행되었습니다. [기다림(ms)] 시퀀스에서 200 ms를 기다려 버렸으므로, [다음 ms 배수까지 기다

림]은 전체 루프가 [ms 배수] 입력 값의 최소 배수인 300 ms로 실행하도록 조정한 것입니다.

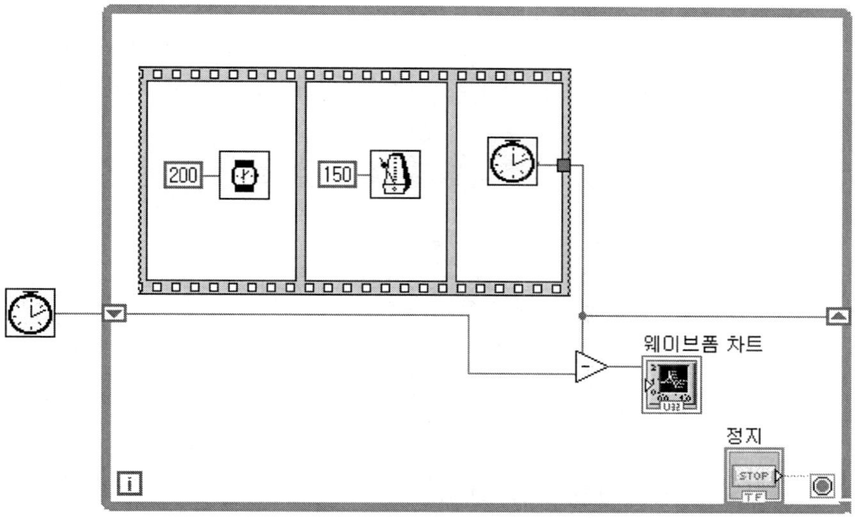

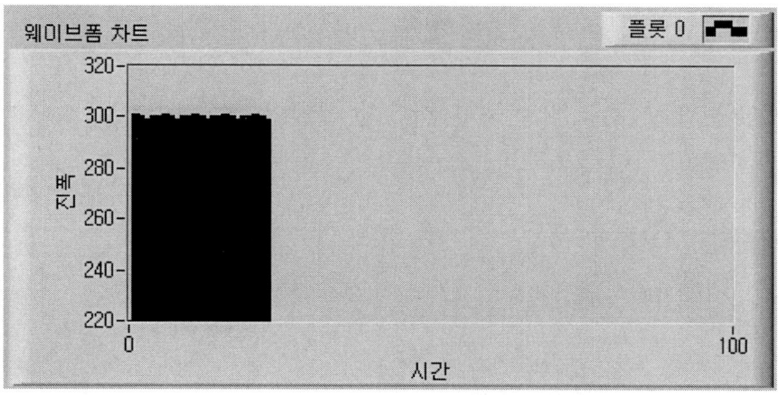

연습 3-7 끝

라. For 루프

For 루프는 사용자가 정해준 숫자만큼 루프를 실행하고 멈추는 구조입니다. While 루프가 정지 버튼을 누를 때까지 끊임없이 실행하는 것과는 차이를 보입니다. 함수 〉 프로그래밍 〉 구조 팔레트에서 For 루프를 찾아서 블록다이어그램에 위치시키고 마우스로 적당한 크기만큼 키워줘서 사용합니다.

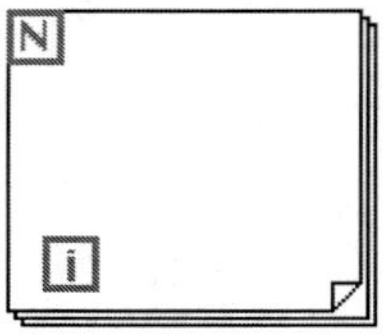

N에 실행시키고 싶은 횟수를 입력하면 입력한 숫자만큼 실행하고 멈춥니다. i는 0에서 시작하고 현재 실행 횟수를 나타냅니다. While 루프의 반복횟수와 기능이 동일합니다.

아래는 For 루프를 이용한 간단한 예제입니다. 연습 3-4를 For 루프에서 구현한 것입니다.

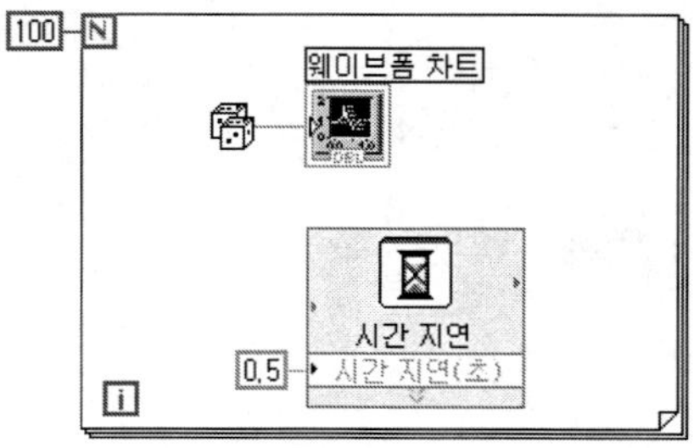

⌘ For 루프의 자동 인덱싱

For 루프에서 값이 입출력될 때, **자동 인덱싱** 기능이 작동합니다. 다음은 For 루프 속에서 반복횟수 값을 루프 밖으로 빼내는 경우입니다. 출력이 자동 인덱싱이 되었습니다.
이때 자동 인덱싱은 출력 데이터의 차원을 하나 더 높여주는 역할을 합니다. 예를 들어, 1차원 배열을 같은 방법으로 자동 인덱싱하면, 2차원 배열이 출력됩니다.

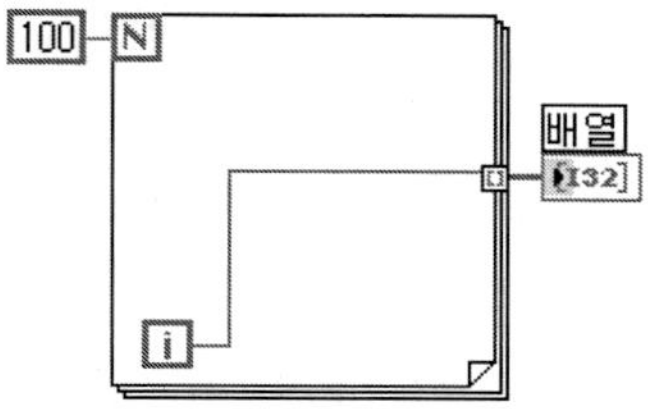

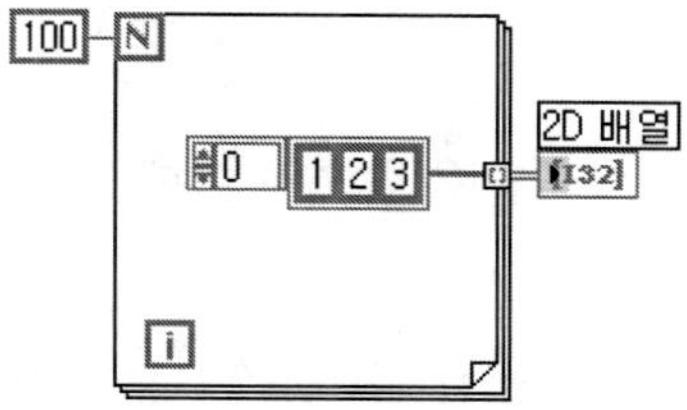

그리고 단축메뉴에서 **인덱싱 비활성화**를 선택하면, 인덱싱 기능이 비활성화 됩니다.

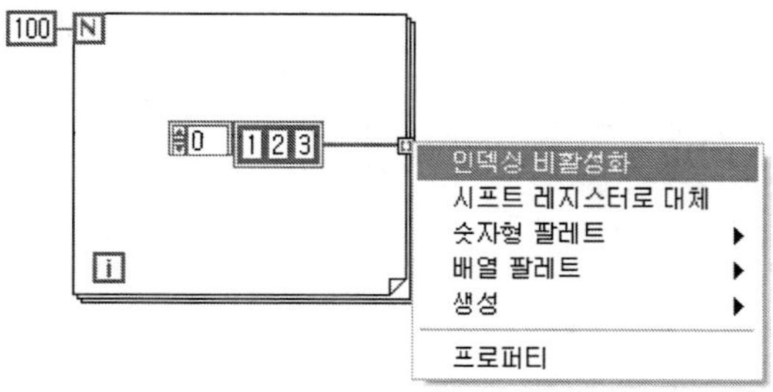

For 루프의 출력에서는 자동 인덱싱으로 데이터의 차원이 높아졌지만, 입력에서는 반대로 낮아집니다. 다음과 같이 1D 숫자형 배열을 입력하면 For 루프 속에서는 숫자형으로 원소들이 분리됩니다. 이때 N에 값을 입력하지 않으면 자동 인덱싱 되는 배열의 원소 개수만큼 루프가 실행됩니다. 즉 **N = 입력 배열의 원소 개수**가 됩니다.

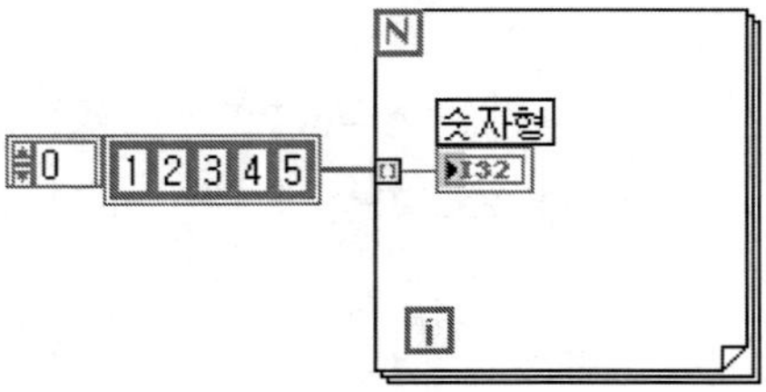

입력의 자동인덱싱은 **배열 인덱스**와 같은 역할을 수행합니다. 다음과 같이 단축메뉴의 **인덱싱 비활성화**를 이용하여 자동 인덱싱 기능을 비활성화 시킬 수 있습니다. N에 5를 입력하여 루프가 다섯 번 실행하도록 지정하고, 배열 인덱스 함수를 이용하여 위와 동일한 VI를 만들 수 있습니다. 배열 인덱스는 함수 〉 프로그래밍 〉 배열 팔레트에서 찾을 수 있습니다.

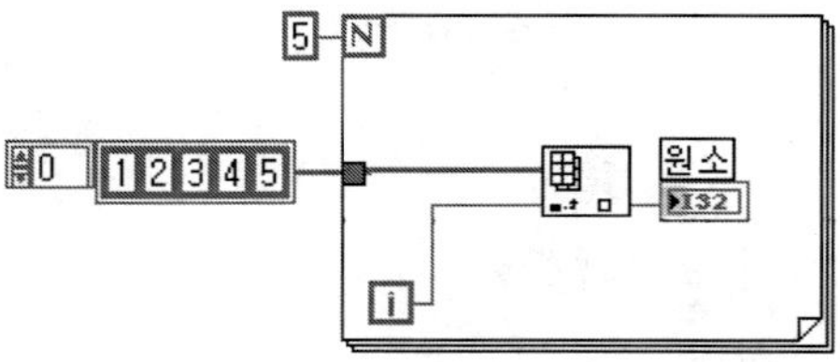

⌘ For 루프의 정지

For 루프는 N에 입력된 값만큼 실행하고 멈추는 구조입니다. 그래서 도중에 루프를 멈출 수 없습니다. 그러나 실행 도중에 에러가 발생하거나 디버깅을 위하여 실행을 멈춰야 될 경우에는 다음과 같이 단축메뉴에서 **조건 터미널**을 선택하여 While 루프와 동일한 조건 터미널을 생성해줘야 됩니다. N번을 실행하고 멈추거나 조건 터미널에 정지 명령을 입력하면 멈출 수 있습니다.

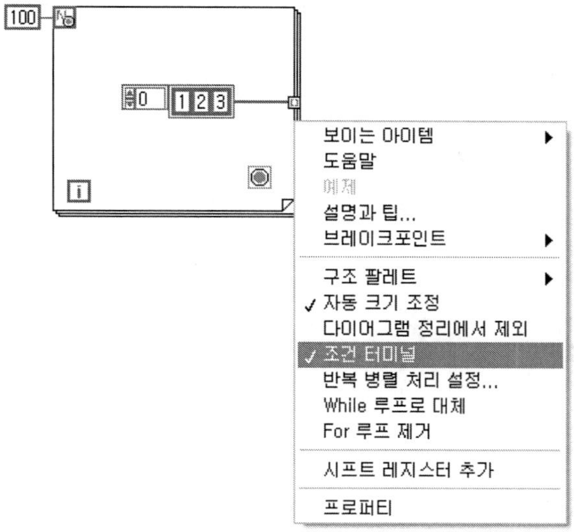

⌘ For 루프의 반복 병렬 처리 설정

같은 계산을 반복해서 N번 수행하기 위하여 For 루프를 사용하는 경우가 있습니다. 이런 경우, 멀티코어 프로세스의 병렬 처리 기능을 이용하면 효율적으로 일을 처리할 수 있습니다. 예를 들어, 임의의 수학 연산을 1000번 수행해야 되는 경우에 아래와 같이 250 루프씩 네 개로 나누어 For를 만들면 병렬 수행이 가능합니다.

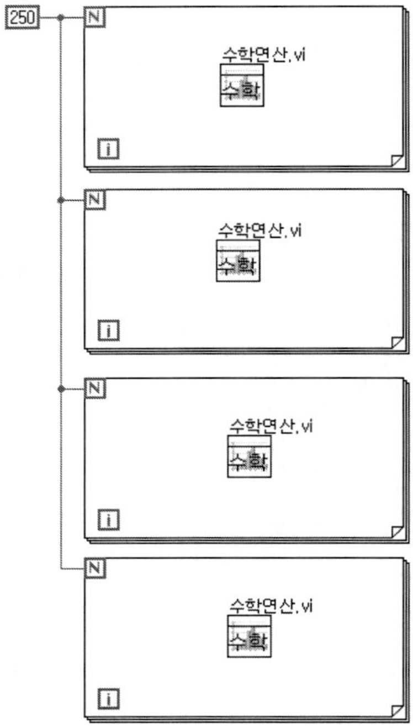

그리고 LabVIEW 2009의 **반복 병렬 처리 설정**을 이용하면 아래와 같이 단순화시킬 수 있습니다. For 루프의 단축메뉴에서 반복 병렬 처리 설정을 선택할 수 있습니다. 수학 연산을 1000번 수행하는데, 4 개의 Worker로 나누어 병렬 처리하도록 설정한 것입니다.

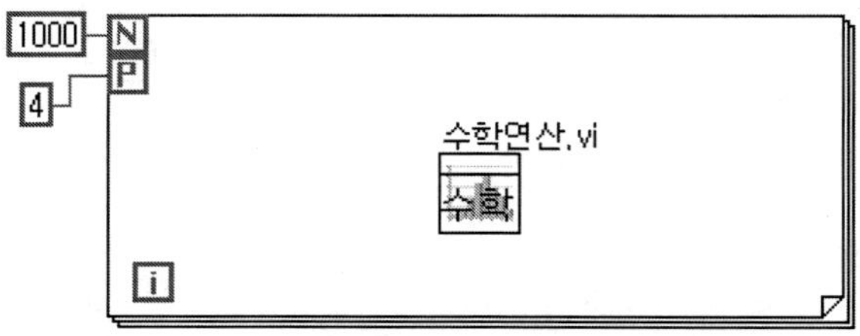

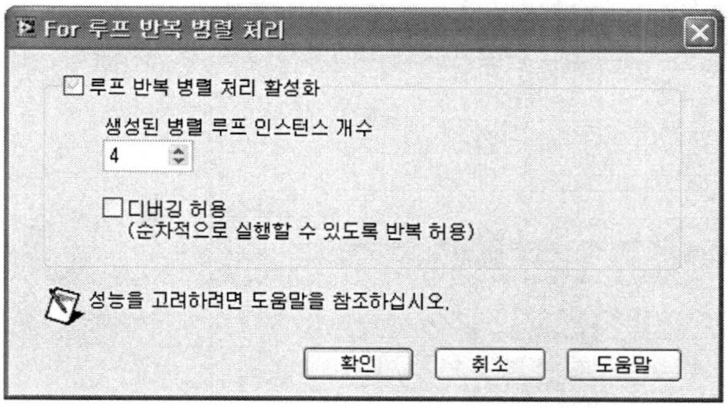

For 루프의 단축메뉴에서 반복 병렬 처리 설정...을 선택하여 [For 루프 반복 병렬 처리 설정] 창을 띄울 수 있습니다. 그리고 [루프 반복 병렬 처리 활성화]를 선택해주면, For 루프에 **작업 개수** P가 생성됩니다. 여기에서 [생성된 병렬 루프 인스턴스 개수]는 Worker의 개수를 의미합니다. 또는 블록다이어그램에서 상수나 컨트롤로 P값을 새로 입력해줄 수 있습니다.
여기에서 [디버깅 허용]은 For 루프를 디버깅할 수 있게 허용해주는 옵션입니다. 그러나 디버깅 허용을 선택하면, 병렬 처리는 비활성화 됩니다.

모든 For 루프에서 병렬 처리를 활성화할 수 있는 것은 아닙니다. 개별 루프가 독립적이어서 루프를 나누어 실행할 수 있는 경우에만 사용할 수 있습니다. 예를 들어, 시프트 레지스터를 이용하여 다음 루프로 데이터를 전달하는 경우에는 병렬 실행을 할 수 없습니다.
도구(T) 〉 프로파일 〉 **병렬 가능 루프 찾기**를 실행하여 VI에서 병렬 실행이 가능한 루프를 검색할 수 있습니다. [병렬 가능한 루프 찾기 결과]에서 **병렬 가능**으로 확인되는 경우에만 병렬화할 수 있습니다.

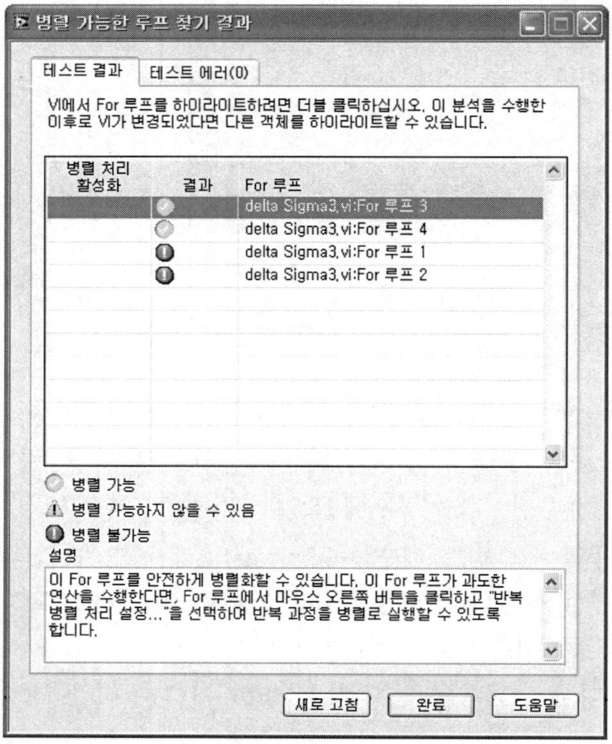

위와 같이 병렬 가능한 루프의 경우, "이 For 루프를 안전하게 병렬화할 수 있습니다. 이 For 루프가 과도한 연산을 수행한다면, For 루프에서 마우스 오른쪽 버튼을 클릭하고 "반복 병렬 처리 설정..."을 선택하여 반복 과정을 병렬로 실행할 수 있도록 합니다."라는 설명을 확인할 수 있습니다. 그리고 더블클릭하면 해당 For 루프를 하이라이트해줍니다.

마. 케이스 구조

케이스 구조는 조건에 따라서 다른 실행을 수행할 수 있게 하는 구조입니다. 케이스 구조는 함수 〉 프로그래밍 〉 구조 팔레트에서 찾을 수 있습니다. 케이스 구조의 모양은 아래와 같습니다.

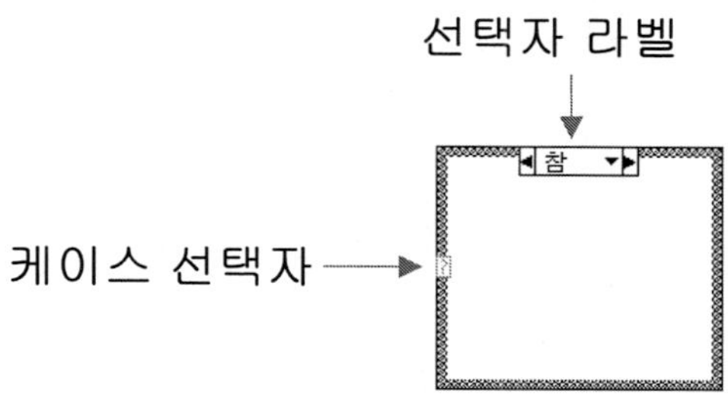

케이스 구조를 사용하기 위해서는 에 선택자를 입력해줘야 합니다. 불리언, 숫자형, 문자열, 에러 등을 입력할 수 있습니다.
예를 들어, 케이스 선택자에 불리언을 연결하면 [참]과 [거짓]의 두 가지 조건에 대한 케이스가 생길 것이고, 숫자형 0, 1, 2, 3을 입력하면 [0], [1], [2], 그리고 [3]의 네 가지 조건에 대한 케이스가 생길 것입니다.

참 **선택자 라벨**을 마우스로 클릭하면 원하는 조건으로 케이스를 선택할 수 있습니다.

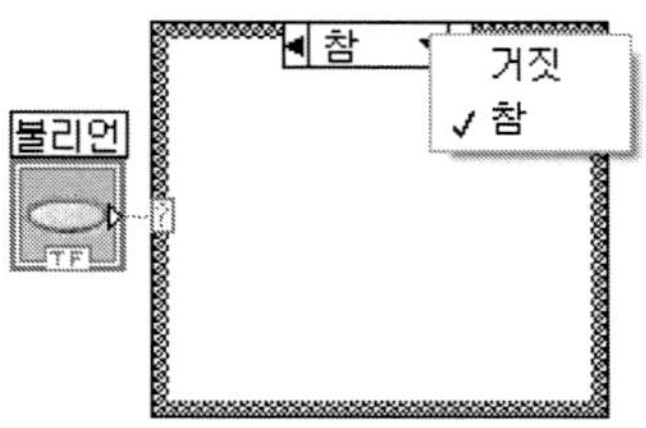

⌘ 불리언을 조건으로 사용하는 경우

케이스 선택자로 불리언을 사용하는 것은 가장 일반적인 경우이며, 참과 거짓 두 가지 조건을 가집니다. 다음 연습을 통하여 불리언 조건으로 케이스 구조를 사용하는 방법을 배워봅니다.

연습 3-8. 케이스 구조 (불리언 조건 입력)

두 개의 값을 입력받아서 참일 때는 더하고 거짓일 때는 빼는 예제입니다.

⌘ 프런트패널

1. 새로운 VI를 만들고, 케이스.vi로 저장합니다.
2. 프런트패널에 숫자형 컨트롤 두 개와 인디케이터 한 개를 위치시키고 라벨을 바꿔줍니다.

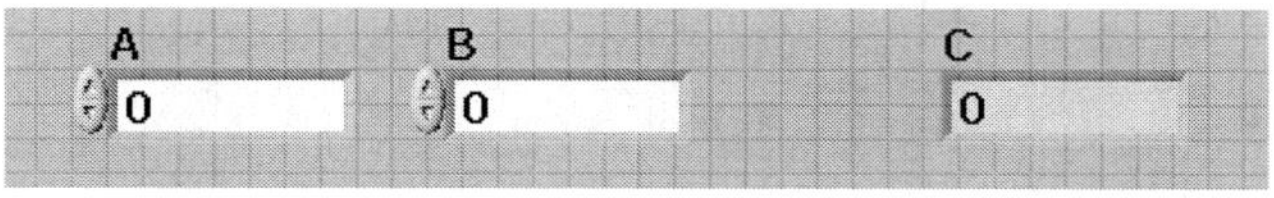

⌘ 블록다이어그램

3. 구조 팔레트에서 케이스를 가지고 와서 블록다이어그램에 적당한 크기로 위치시킵니다.
4. ?의 단축메뉴인 **컨트롤 생성**으로 불리언 컨트롤을 만들어줍니다.

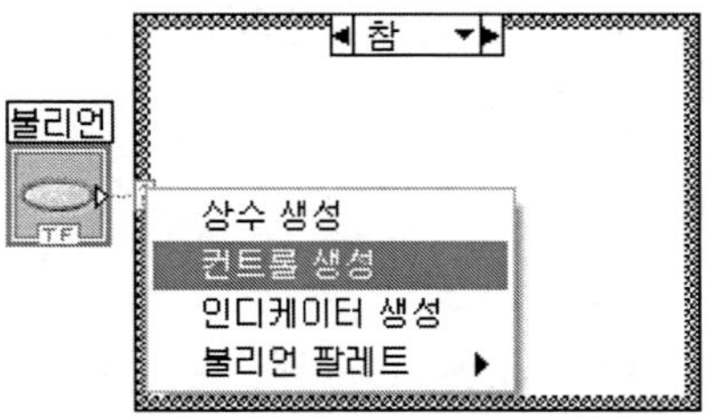

5. (참인 경우) 아래와 같이 블록다이어그램을 구성합니다.

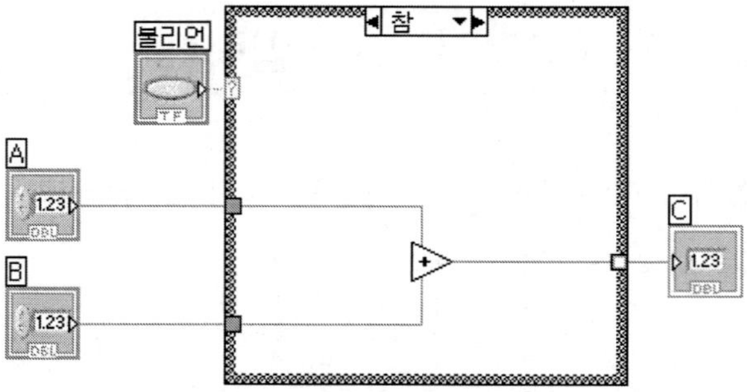

6. (거짓인 경우) 참 을 마우스로 클릭하여 거짓 으로 옮깁니다. 빼기를 위치시킵니다.

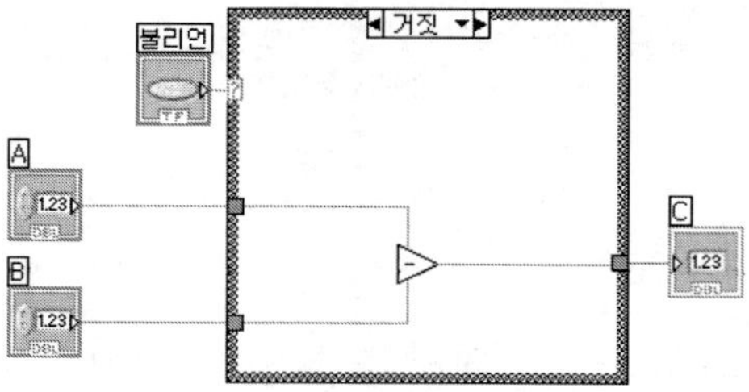

7. VI를 실행하고 출력 값을 확인합니다.

A와 B의 숫자형 컨트롤에서 두 개의 숫자 값을 입력받아서, 참인 경우에는 서로 더해주고, 거짓인 경우에는 서로 빼주는 예제입니다. 다음과 같이 선택을 이용하여 동일하게 구현할 수도 있습니다.

8. 다음과 같이 VI를 수정합니다. 함수 〉 프로그래밍 〉 비교 팔레트에서 **선택**을 찾을 수 있습니다.

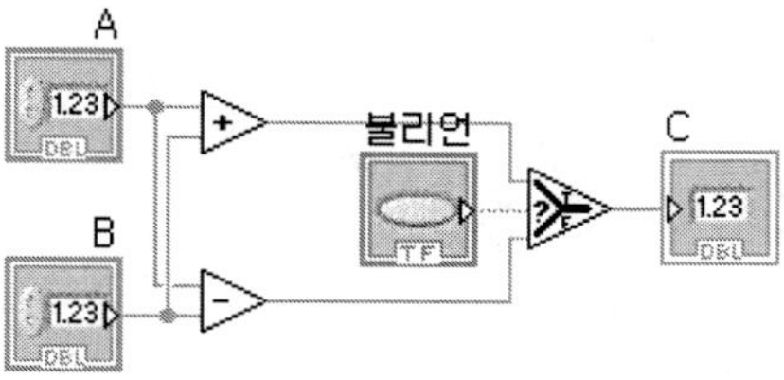

불리언 값이 참이면 T를 선택해서 출력하고, 거짓이면 F를 선택해서 출력합니다. 케이스를 사용하는 것과 동일한 결과를 구현한 것입니다.

연습 3-8 끝

⌘ 숫자형을 선택자로 사용하는 경우

숫자형 팔레트에서 숫자 상수를 가지고 와서 케이스 선택자 ?에 연결합니다. 케이스 구조가 0과 1의 두 경우로 바뀔 것입니다.

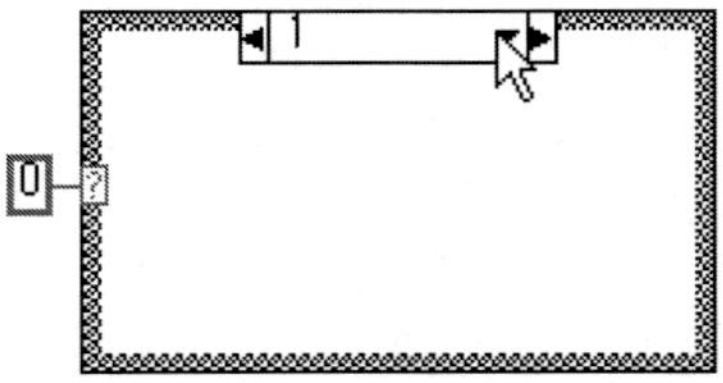

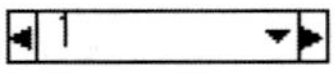 선택자 라벨에서 단축메뉴를 만들고, [다음 케이스 추가]를 선택합니다. 2가 추가 될 것입니다. 같은 방법으로 3과 4도 추가해봅니다.

불리언에서는 참과 거짓의 두 경우뿐이지만, 숫자형이나 문자열에서는 케이스의 개수를 계속 늘일 수 있습니다. 이제 숫자 상수 0을 삭제하고 단축메뉴의 [컨트롤 생성]을 이용하여 숫자형 컨트롤을 만들어 케이스 구조를 제어합니다.
다음과 같이 선택자 라벨을 클릭하면 0에서 4까지의 케이스를 선택할 수 있습니다.

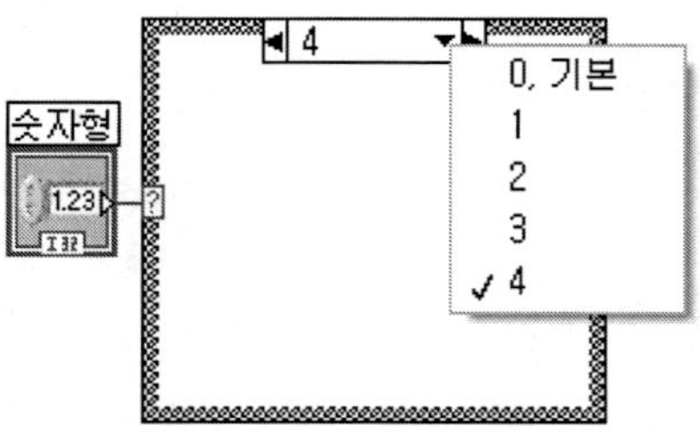

0번 케이스에는 [0, 기본]이라고 되어있습니다. 만약 0, 1, 2, 3, 4 이외의 숫자가 입력되면, 기본 케이스인 [0, 기본] 케이스가 실행된다는 의미입니다.

⌘ 링을 이용한 케이스 선택자

링은 정수타입의 숫자형 컨트롤과 같은 역할입니다. 그래서 단순한 숫자형 컨트롤을 사용하는 것보다는 링을 사용하는 것이 훨씬 유용합니다.

컨트롤 〉 일반 〉 링 & 열거형 팔레트에서  **텍스트 링**을 찾을 수 있습니다.

링의 단축메뉴에서 **아이템 편집...**을 선택하여 아이템을 추가하거나 바꿉니다. **[링 프로퍼티: 링]**의 아이템 편집 탭에서 순차적인 값을 체크하고, 아이템 항목에 사용할 아이템을 하나씩 삽입합니다.

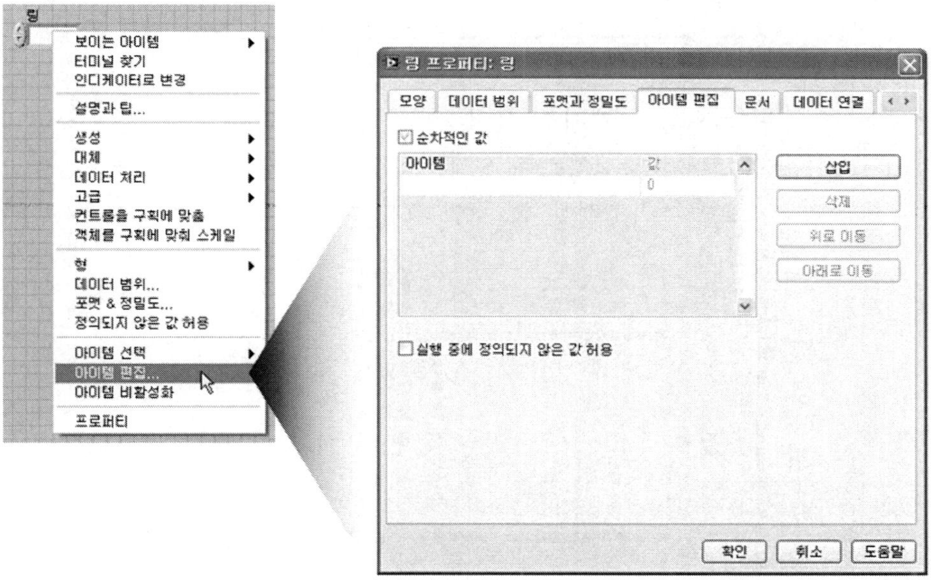

아이템을 선택한 뒤에 키보드로 문자를 입력하고 〈Enter〉 키를 클릭하면 값을 입력할 수 있습니다. 다음과 같이'없음','사인파','코사인파', '난수', 그리고'사각파'를 차례로 입력합니다. 각 아이템에 대응하는 값이 0, 1, 2, 3, 4로 지정됨을 확인할 수 있습니다.

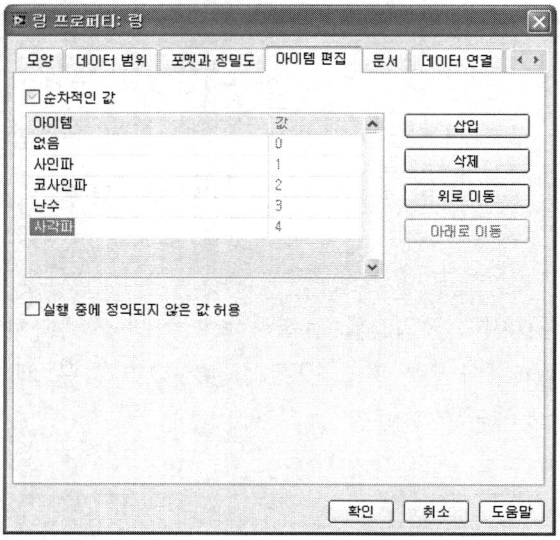

링 컨트롤을 케이스 선택자에 연결합니다.

참고로 기본 케이스 구조에는 두 개의 케이스(0과 1)만 있으므로 2, 3, 4 케이스를 추가해줘야 할 것입니다. 단축메뉴의 [다음 케이스 추가]를 이용합니다.

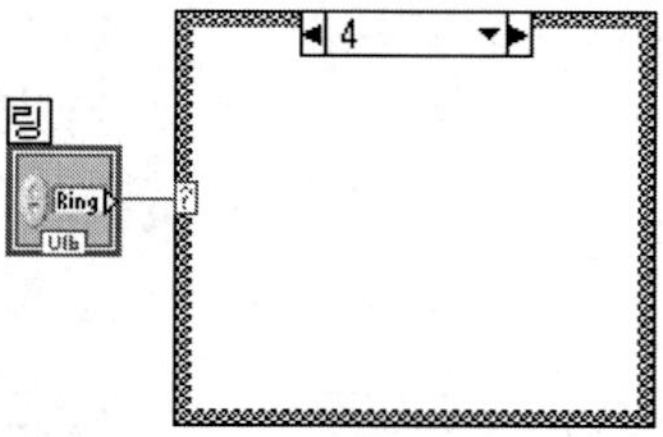

프런트패널의 링 컨트롤을 마우스로 클릭하면 다음과 같이 입력된 아이템들을 확인하고 선택할 수 있습니다. 링 컨트롤은 근본적으로 U16 정수형이므로 선택한 아이템은 대응되는 정수 값으로 출력됩니다. 예를 들어, '코사인파'를 선택하면 2가 출력됩니다.

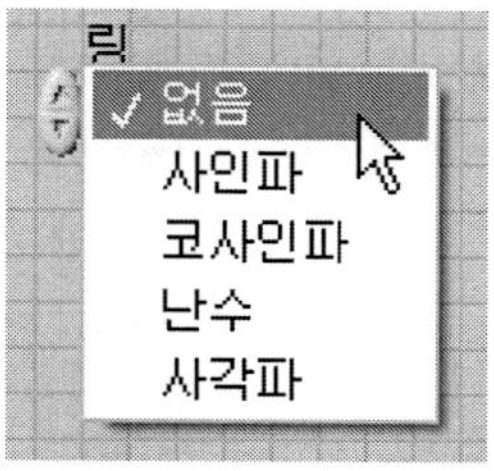
링
✓ 없음
사인파
코사인파
난수
사각파

연습 3-9. 케이스 구조 (링 조건 입력)

링에서 선택한 형태의 웨이브폼을 생성하는 VI를 만들어봅니다.

⌘ 프런트패널

1. 새 VI를 만들고, 링.vi로 저장합니다.
2. 프런트패널에 **링 컨트롤**을 위치시키고, **아이템 편집...**을 이용하여 'DC', '사인파', '사각파', '톱니파', 그리고 '삼각파'를 차례로 입력합니다. 컨트롤 〉 일반 〉 링 & 열거형 팔레트에서 텍스트 링을 찾을 수 있습니다.

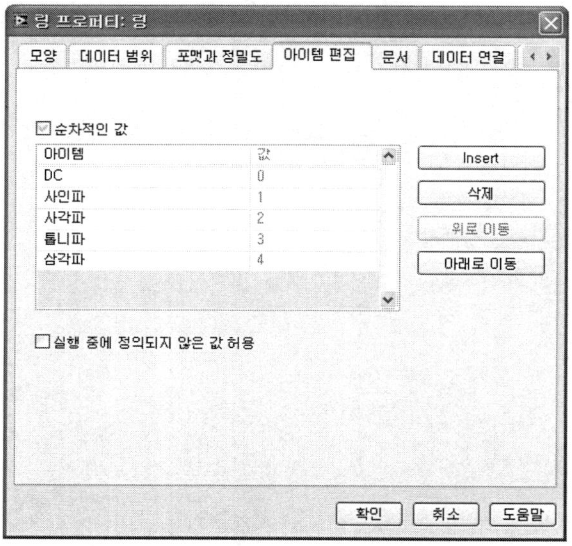

⌘ 블록다이어그램

3. 블록다이어그램에 케이스 구조를 위치시키고, 링 컨트롤을 케이스 선택자에 연결합니다.
4. 단축메뉴의 **다음 케이스 추가**를 이용하여 2, 3, 4 케이스를 추가해줍니다.

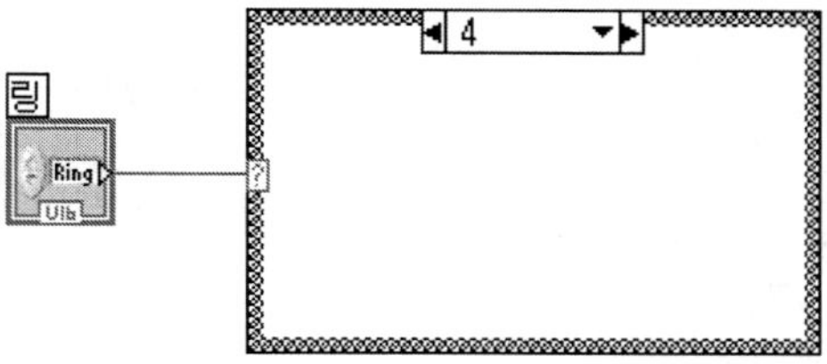

5. 케이스 0을 선택하고  **신호 시뮬레이션**을 위치시킵니다. 함수 〉 익스프레스 〉 입력 팔레트에서 신호 시뮬레이션을 찾을 수 있습니다. 신호 시뮬레이션 설정 창에서 신호 타입으로 [DC]를 선택해줍니다.

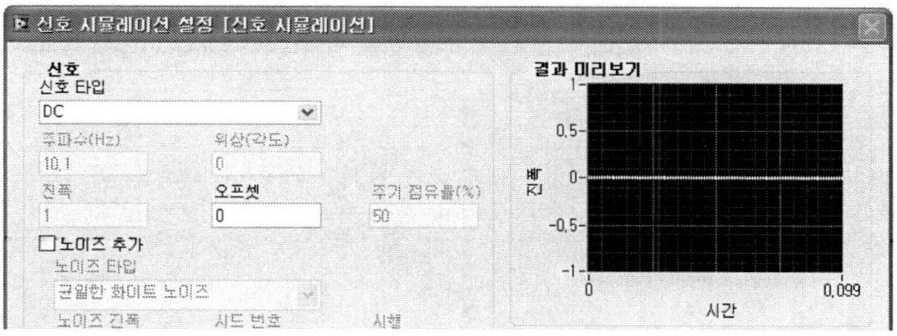

블록다이어그램은 다음과 같습니다.

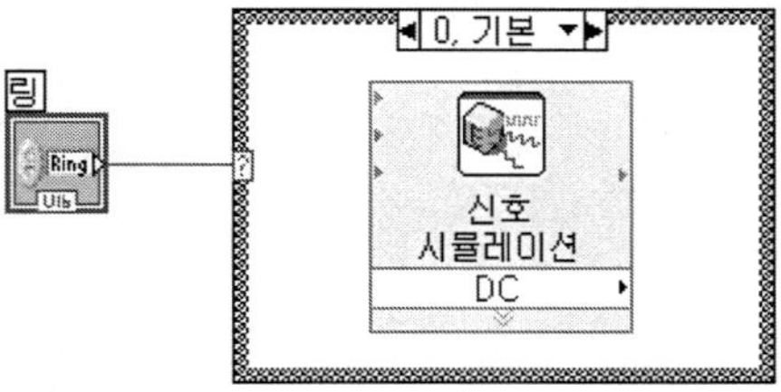

6. 같은 방법으로 각 케이스에 신호 시뮬레이션을 하나 씩 위치시키고, 차례로 사인파, 사각파, 톱니파, 그리고 삼각파를 생성시킵니다.
7. 각 케이스에서 신호 시뮬레이션 출력을 케이스의 오른쪽 테두리로 연결합니다. 이때 모든 케이스에서 한곳으로 출력을 연결해야 됩니다.

8. 출력단을 클릭하고 단축메뉴에서 생성 〉 그래프 인디케이터를 선택합니다.

9. While 루프를 위치시키고,  **시간 지연**으로 1초를 설정합니다.

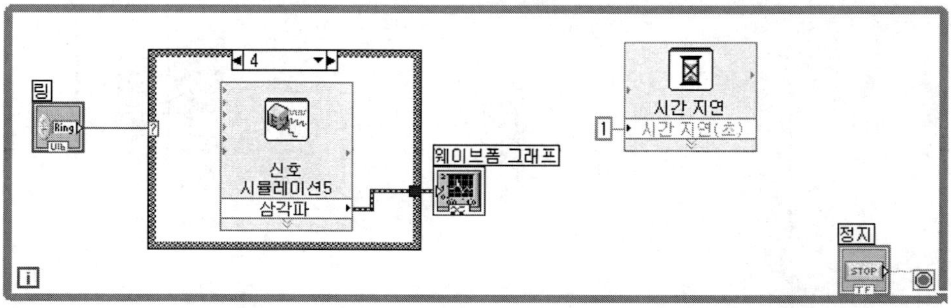

10. 프런트패널의 링 컨트롤에서 [톱니파]를 선택하고 실행합니다.

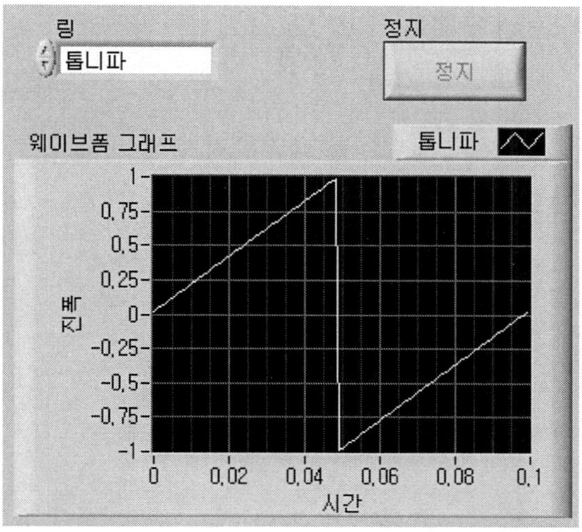

링
톱니파
정지
정지
웨이브폼 그래프
톱니파
1
0.75
0.5
0.25
0
-0.25
-0.5
-0.75
-1
진폭
0
0.02
0.04
0.06
0.08
0.1
시간

연습 3-9 끝

⌘ 문자열을 조건 문으로 사용하는 경우

프런트패널에 문자열 컨트롤을 위치시키고, 블록다이어그램에서 문자열 터미널을 케이스에 연결합니다. 케이스 선택자[?]가 분홍색으로 바뀌고 불리언 **참**이 문자 **"참"**으로 바뀜을 확인할 수 있습니다.

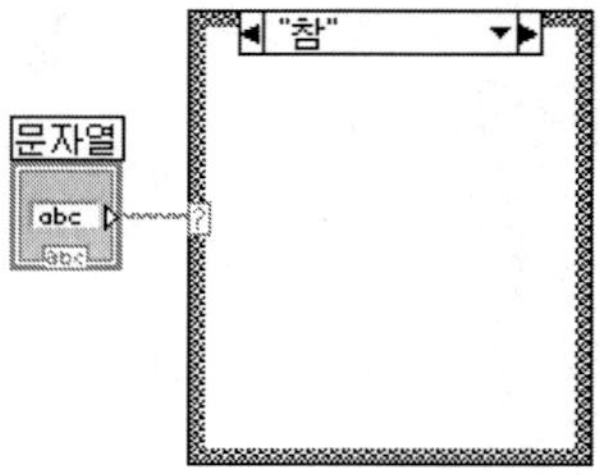

"참"나 "거짓"을 다른 문자열로 바꿀 수 있습니다. 그리고 단축메뉴에서 [다음 케이스 추가]를 선택하여 케이스를 추가할 수 있습니다. 아래는 "거짓"을 "A"로 "참"은 "B"로 바꾸고, C와 D를 추가한 예입니다. 케이스는 "A", "B", "C", "D"가 됩니다.

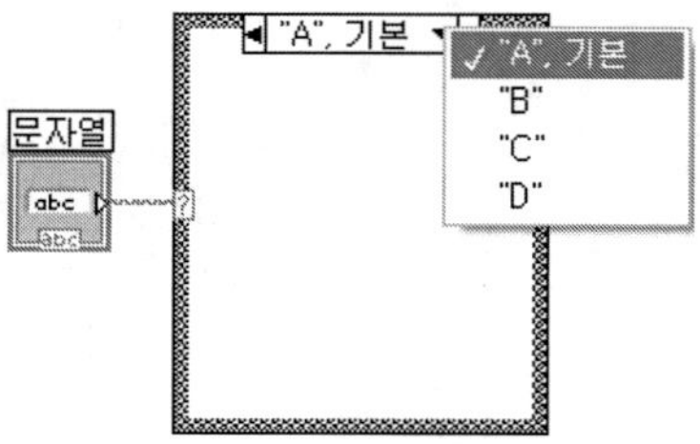

문자열은 소문자와 대문자를 구분하므로 케이스에서도 소문자와 대문자를 구분해야 됩니다.

⌘ 라디오 버튼을 조건 문으로 사용하는 경우

라디오 버튼을 연결하여 케이스를 선택할 수 있습니다. 라디오 버튼은 컨트롤 〉 일반 〉 불리언 팔레트에서 찾을 수 있습니다.

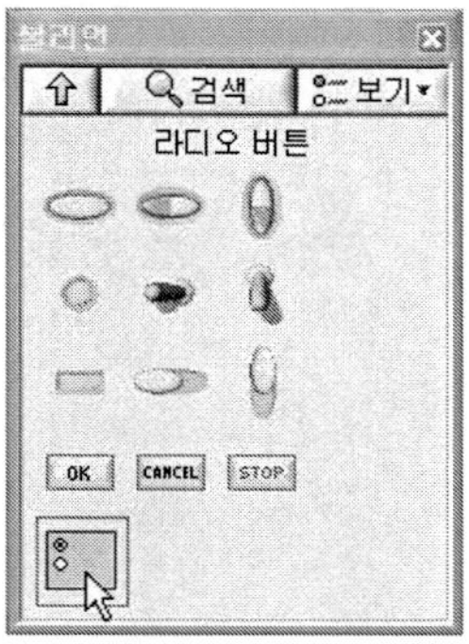

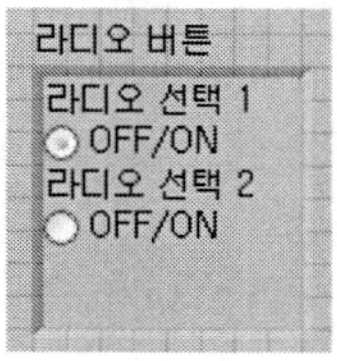

라디오 버튼은 동시에 두 개를 선택할 수 없고, 한번에 하나의 버튼만 선택할 수 있습니다.

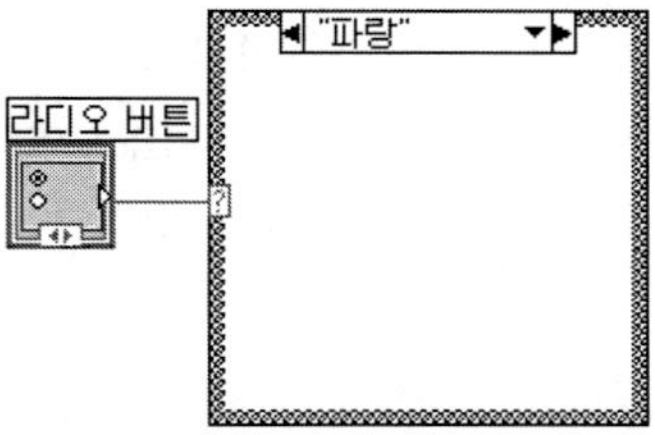

NI 예제 탐색기에서 "라디오"라는 검색어로 예제를 검색하면 라디오 버튼을 이용한 예제를 찾을 수 있습니다. Radio Buttons Controls.vi를 찾을 수 있습니다. 이 VI는 선택한 색에 따라서 프런트패널의 바탕색이 바뀌는 예제입니다. 프런트패널이 동시에 두 가지 색을 가질 수는 없으므로 한번에 한 가지 색만 선택할 수 있어야 됩니다. 다음 연습에서 이 VI를 동일하게 구현해봅니다.

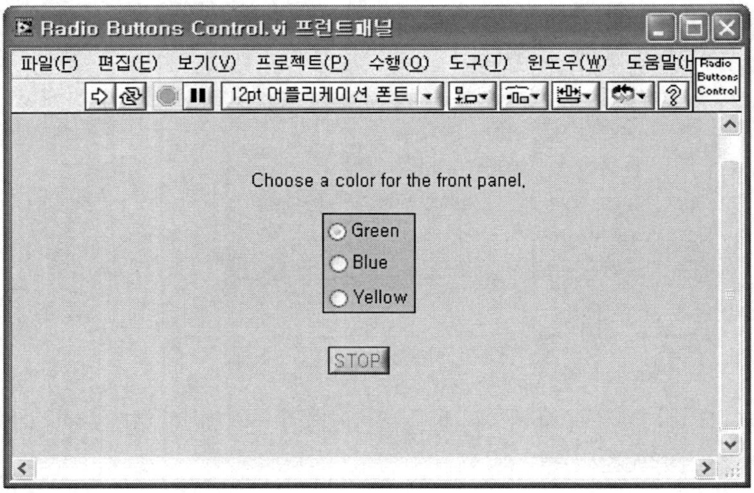

라디오 버튼은 클러스터와는 근본적으로 다릅니다. 아래와 같이 클러스터에 불리언을 두고 비슷한 모양으로 구현할 수는 있지만, 클러스터 속의 선택된 불리언은 수동으로 선택 해제해줘야만 되기 때문에 라디오 버튼처럼 한번에 하나만 선택할 수는 없습니다.

라디오 버튼이 없는 LabVIEW 버전에서는 케이스 구조와 프로퍼티 노드들로 여러 조건을 만들어줘야 될 것입니다.

연습 3-10. 라디오 버튼

라디오 버튼을 이용하여 케이스 구조를 제어해봅니다.

⌘ 프런트패널

1. 라디오 버튼을 프런트패널에 놓고, 다음과 같이 버튼 라벨을 '빨강'과 '파랑'으로 바꿉니다.

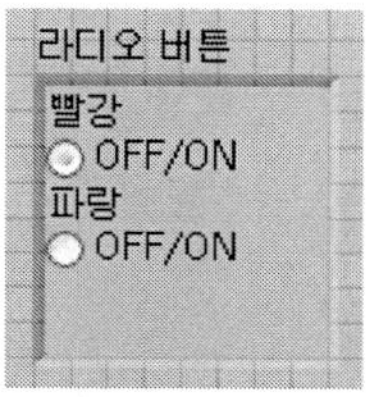

2. 컨트롤 〉 시스템 〉 불리언 팔레트에서 **시스템 라디오 버튼**을 찾아서 라디오 버튼 속에 추가시켜줍니다. 라벨을 '녹색'으로 바꿉니다.

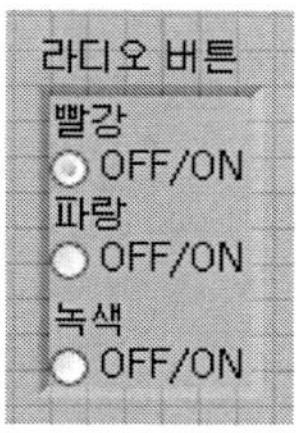

⌘ 블록다이어그램

3. 블록다이어그램에 케이스 구조를 놓고, 다음과 같이 케이스 선택자에 라디오 버튼을 연결합니다.

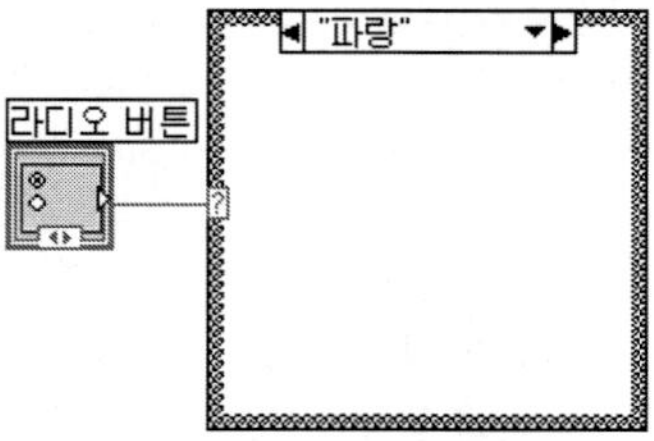

4. 선택자 라벨의 단축메뉴에서 **다음 케이스 추가**를 선택하여 '녹색'에 대한 케이스를 추가합니다. 빨강, 파랑, 녹색의 세 개의 케이스를 가집니다.

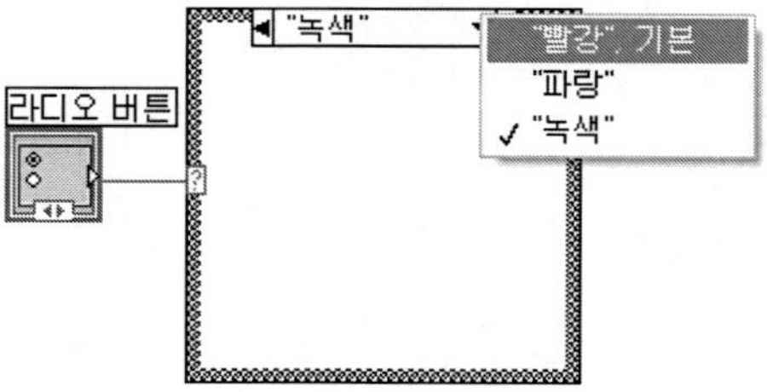

5. 함수 〉 프로그래밍 〉 어플리케이션 컨트롤 팔레트에서 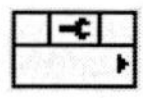 **프로퍼티 노드**를 케이스마다 세 개씩 위치시킵니다. 또한 함수 〉 프로그래밍 〉 배열 팔레트에서 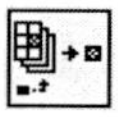 **배열 인덱스**를 찾아서 위치시킵니다.

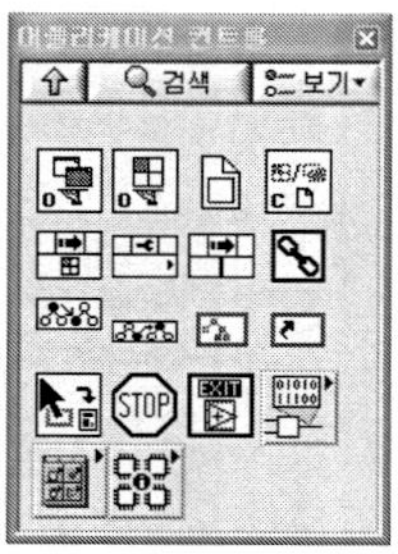

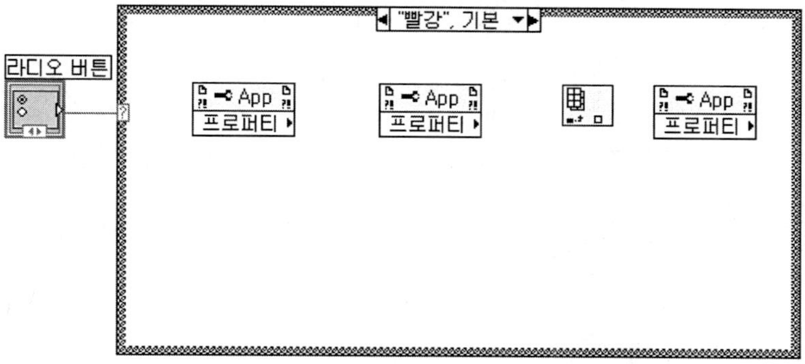

6. 첫 번째 프로퍼티 노드의 단축메뉴에서 클래스 선택 〉 VI 서버 〉 VI 〉 VI 를 선택합니다. 이때 프로퍼티 노드의 노란색 부분에서 단축메뉴를 만들어야 됩니다.

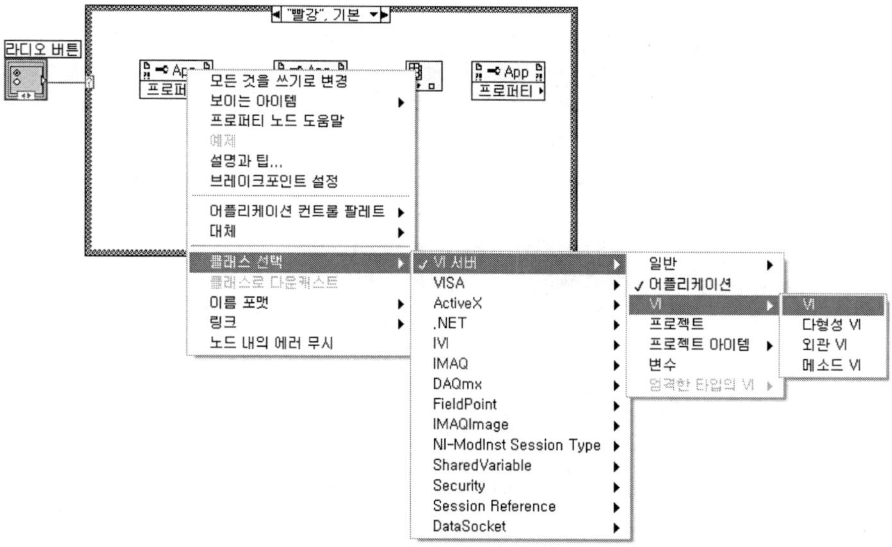

7. 프로퍼티 노드의 프로퍼티 칸을 마우스로 클릭하고 **프런트패널**을 선택해줍니다. 첫 번째 프로퍼티 노드는 다음과 같이 바뀝니다.

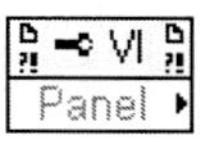

8. 다음과 같이 와이어를 연결합니다. Panel의 출력을 두 번째 프로퍼티 노드의 위쪽 [참조] 입력에 연결합니다.

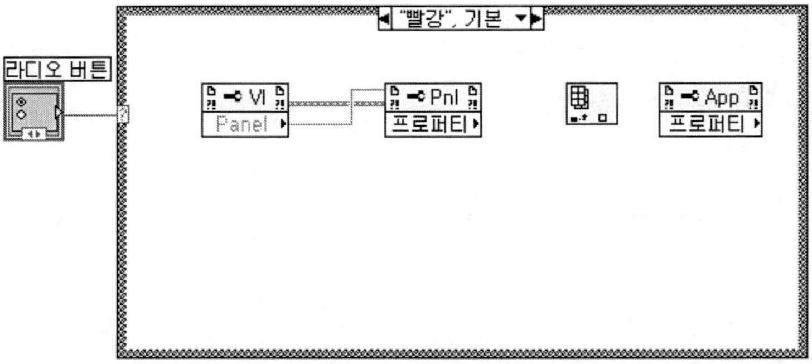

9. 두 번째 프로퍼티 노드의 프로퍼티 칸을 마우스로 클릭하고 **구획[]**을 선택합니다.
10. **Panes[]** 출력을 배열 인덱스에 연결하고, 배열 인덱스의 출력을 세 번째 프로퍼티의 [참조] 입력에 연결합니다.

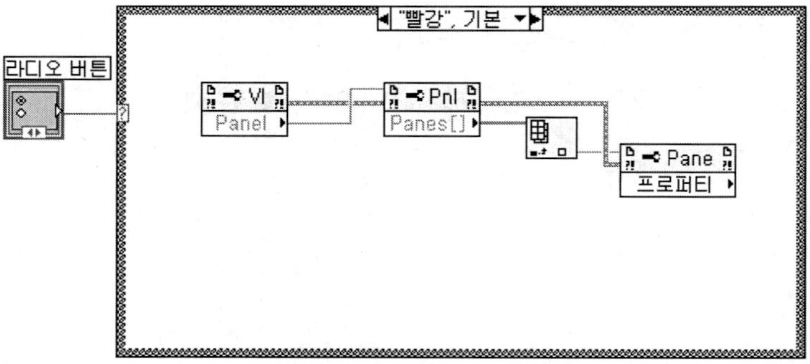

11. 세 번째 프로퍼티 노드의 프로퍼티 칸에서 단축메뉴로 **쓰기로 변경**을 선택합니다.
12. 다시 세 번째 프로퍼티 노드의 프로퍼티 칸을 클릭하고 **구획 색**을 선택합니다.
13. 함수 〉 프로그래밍 〉 그래픽 & 사운드 〉 그림 함수 팔레트에서  **색 상자 상수**를 찾아서 [Color] 입력에 붙여줍니다. 색 상자 상수를 빨강색으

로 바꿔줍니다. 이때 색 상자를 마우스로 클릭하면 색 변환 창이 나타납니다.

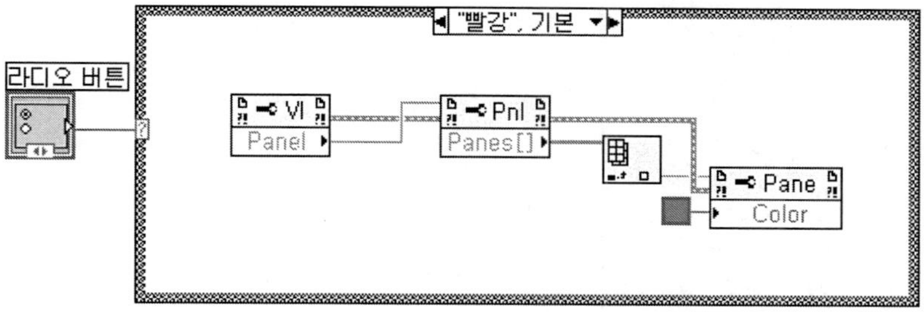

14. 같은 방법으로 파랑과 녹색 케이스도 블록다이어그램을 구성해줍니다.
15. 다음과 같이 While 루프로 둘러주고, 시간 지연을 0.2초로 설정해줍니다.

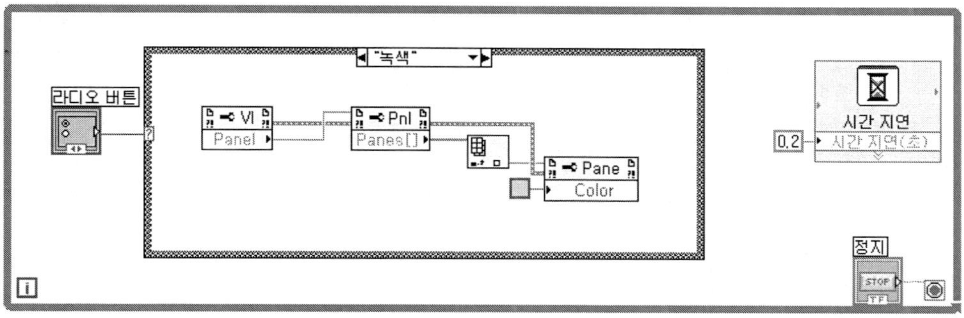

16. 라디오 버튼.vi로 저장하고 실행합니다. 프런트패널이 선택한 색상으로 바뀜을 확인할 수 있습니다.
17. NI 예제 탐색기에서 Radio Buttons Controls.vi를 찾아서 비교해봅니다.

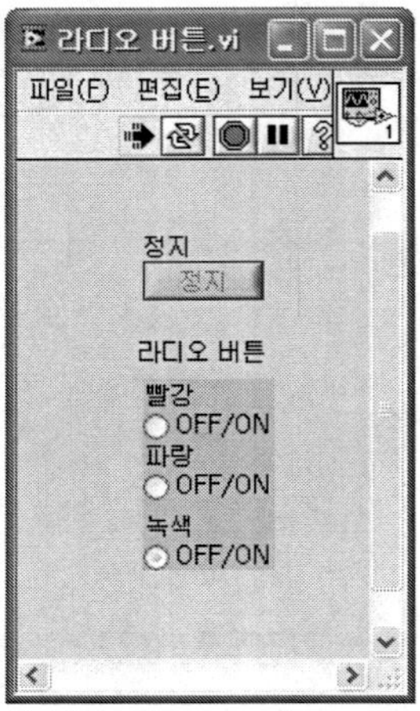

연습 3-10 끝

⌘ 케이스 구조의 출력 연결

케이스 구조에 입력을 연결할 때에는 아무런 제약이 없습니다. 케이스에 입력된 값은 모든 케이스에서 필요에 따라 사용할 수 있습니다. 그러나 출력을 연결할 때에는 꼭 지켜야 되는 규칙이 있습니다. 케이스의 출력은 무조건 모든 케이스에서 값을 연결해줘야 합니다. 만약 출력이 없다면 임의의 상수 값이라도 연결해줘야 됩니다.

다음 예제는 Case 0에서는 숫자형 값을, Case 1은 불리언 값을, Case 3은 문자열값을 출력하는 예입니다. 표시된 부분이 메워지지 않았기 때문에 이 예제는 에러를 발생합니다. 모든 출력부분에 데이터를 연결해주지 않았기 때문입니다. 이런 에러는 LabVIEW의 초보자들이 많이 접하는 에러입니다.

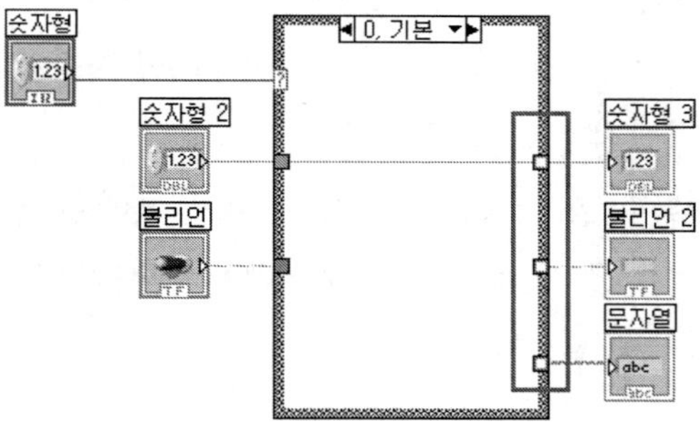

해결책은 이곳을 메워주는 것입니다. 다음과 같이 출력 터미널의 단축메뉴에서 **연결되지 않으면 기본값 사용**을 선택해줍니다. 즉, 출력을 연결하지 않았을 경우에는 그 데이터 타입의 기본 값을 사용하겠다는 의미입니다.
케이스 구조의 이런 출력 특징은 LabVIEW가 데이터 흐름 구조이기 때문에 나타나는 것입니다. 모든 경우에 대하여 인디케이터에는 데이터가 입력되어야 되는데, 만약 데이터 출력이 없는 케이스가 있다면 이 조건을 만족하지 못하기 때문에 에러를 발생시키는 것입니다. 그래서 어떤 값이던 케이스에서 출력 값이 있어야 되는 것입니다.

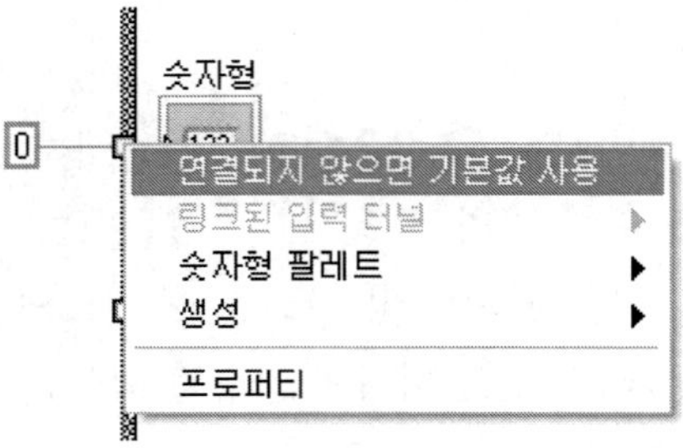

⌘ 로컬 변수 사용하기

와이어를 이용하여 케이스에서 값을 출력하는 경우에는 모든 케이스에서 값을 꼭 출력해줘야 됩니다. 그러나 참일 때는 출력 값을 내주고, 거짓일 때는 아무 값도 나오지 않게 해야 되는 경우가 있습니다. 이러한 경우에 사용하는 방법이 **로컬 변수**입니다. 로컬 변수는 LabVIEW에서 변수를 선언하는 방법 중의 하나입니다. 와이어를 이용한 연결이 아니라 변수를 선언해주고 이 변수를 통해서 데이터를 넘겨주는 방법입니다.

LOCAL **로컬 변수**는 함수 〉 프로그래밍 〉 구조 팔레트에서 찾을 수 있고, 또는 로컬 변수를 만들고 싶은 객체의 단축메뉴에서 생성시킬 수 있습니다. 단축메뉴의 생성 〉 로컬 변수를 이용합니다.

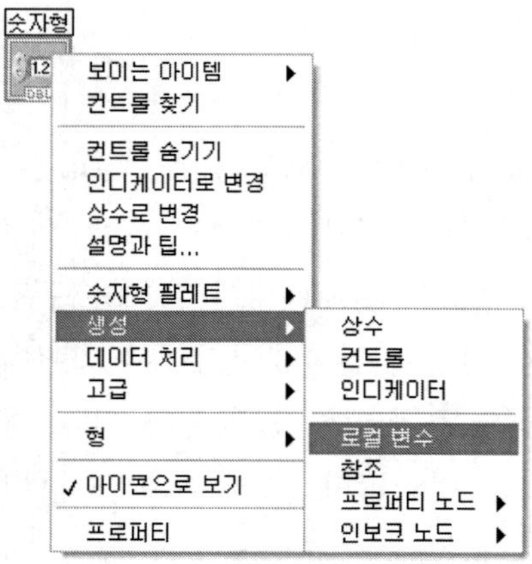

연습 3-11. 로컬 변수를 이용한 케이스 구조

로컬 변수를 이용하여 특정 케이스에서만 데이터를 빼내는 예제입니다.

⌘ 블록다이어그램

1. 새 VI를 만들고, 로컬 변수 케이스.vi라는 이름으로 저장합니다.
2. 프런트패널에 불리언 컨트롤 한 개와 숫자형 인디케이터 한 개를 위치시키고, 블록다이어그램에 케이스를 위치시킵니다.
3. 아래와 같이 블록다이어그램을 구성합니다. [거짓] 케이스는 비워둡니다.

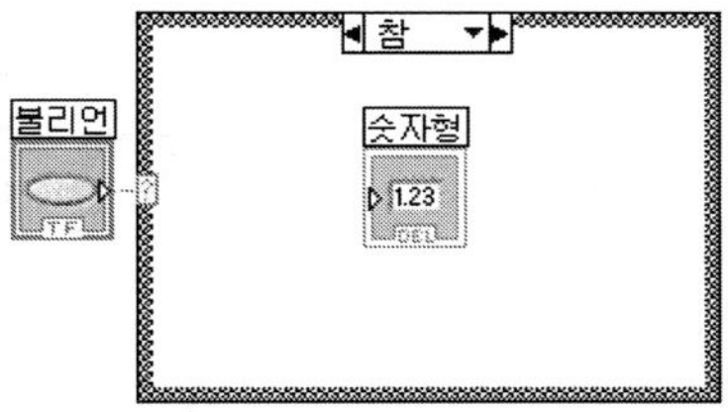

4. 숫자형의 단축메뉴에서 생성 〉 로컬 변수를 선택합니다.
5. 생성된 숫자형의 로컬 변수를 케이스 밖으로 뺍니다. 그리고 단축메뉴에서 **읽기로 변경**을 선택하여 컨트롤로 바꿉니다.

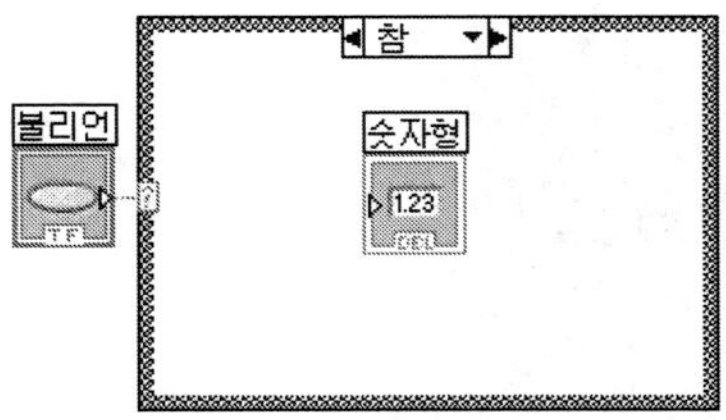

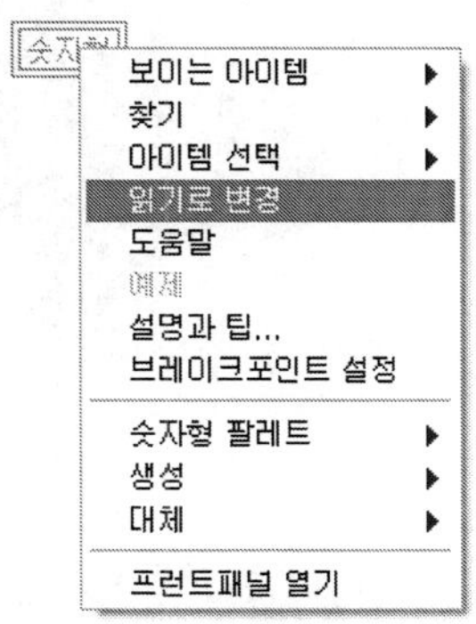

6. 아래와 같이 블록다이어그램을 구성합니다.

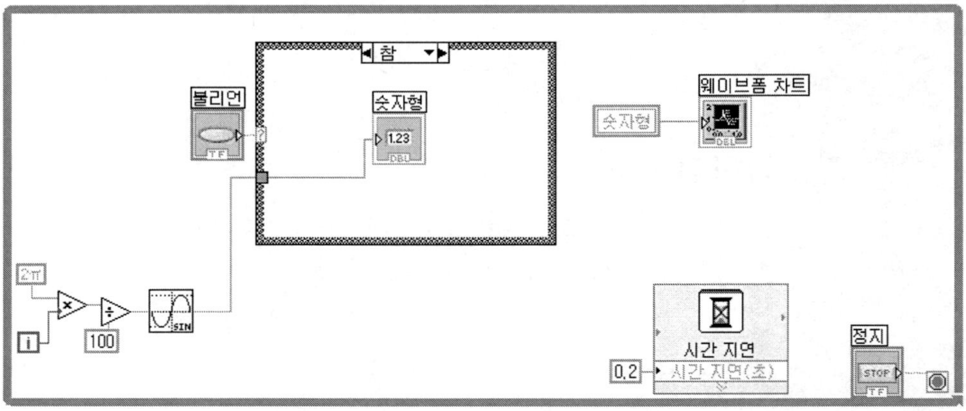

사인은 함수 〉 수학 〉 기본&특수 함수 〉 삼각함수 팔레트에서 찾을 수 있습니다.

⌘ 프런트패널

7. 실행하면 다음과 같이 불리언 컨트롤이 참인 경우에만 사인 그래프를 그리게 됩니다.

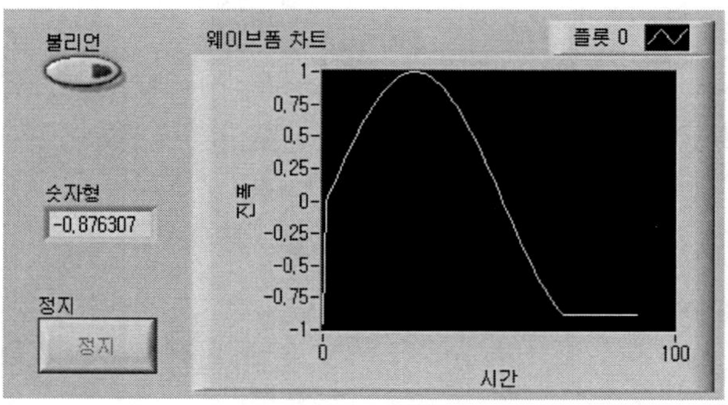

8. **피드백 노드**와 **선택**을 이용하여 다음과 같이 블록다이어그램을 구성할 수 있습니다. 결과는 위와 동일합니다. 함수 〉 프로그래밍 〉 구조 팔

레트에서 피드백 노드를 찾을 수 있습니다. 그리고 함수 〉 프로그래밍 〉 비교 팔레트에서 선택을 찾을 수 있습니다.

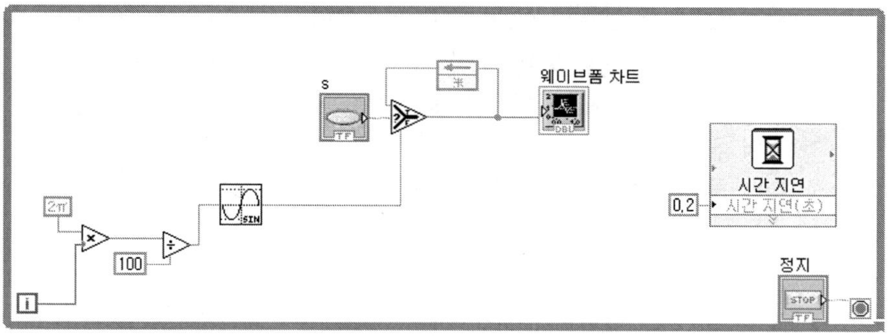

연습 3-11 끝

참고 로컬변수와 글로벌변수는 와이어에 의한 데이터 흐름 프로그래밍 패러다임에 적용되지 않습니다. 그래서 기존 Text 기반 프로그래밍 기술에 익숙한 엔지니어에게는 훨씬 익숙한 방식입니다. 그러나 그래픽 기반의 LabVIEW에서는 Race condition과 같은 논리적 오류를 만들 수 있기 때문에 사용을 최대한 자제해야 됩니다. 로컬변수나 글로벌변수를 사용하지 않은 VI가 잘 짜여진 VI입니다. Race Condition은 장치나 시스템이 두 개 이상의 동작을 동시에 수행하려고 시도했을 때 발생하는 바람직하지 않은 상태를 가리킵니다. 실행 순서가 명확하지 않기 때문에, 실행할 때마다 결과 값이 다르게 됩니다.

바. 복잡한 수식 연산

그래픽 프로그래밍의 단점은 아이콘이나 와이어가 많아지면 구성이 복잡해지고, 독해가 힘들어진다는 것입니다. 예들 들어, $y=(\sin x)^2 + x^7 + \log x - \tan x$를 숫자형 함수와 삼각함수 등으로 계산하려면 아이콘의 수가 너무 많아져서 구현하기 힘듭니다. 이런 어려움을 해결하기 위하여 LabVIEW에서는 여러 가지 수식 노드들을 이용하여 복잡한 수식 연산을 수행할 수 있도록 도와줍니다.
수식 노드, 식 노드, 수식 익스프레스 VI, MathScript 노드 등이 있습니다.

⌘ 수식 노드

수식 노드는 함수 〉 프로그래밍 〉 구조 팔레트에서 찾을 수 있습니다. 수식 노드는 스크립트 형식으로 수식을 입력할 수 있는 구조입니다.

C언어와 유사하게 수식은 세미콜론(;)으로 문장을 구분합니다.
그리고 스크립트를 사용하므로 사용하는 변수들은 변수 선언이 꼭 필요합니다. 변수는 두 가지 방법으로 선언이 가능합니다.

입출력 변수 선언

수식 노드의 테두리에서 단축메뉴의 **입력 추가**나 **출력 추가**로 선언합니다.
왼쪽에서 오른쪽으로 흐르는 데이터의 흐름을 생각하여 입력은 왼쪽 테두리에서, 그리고 출력은 오른쪽에서 선언해주는 것이 바람직합니다. 그리고 변수들에는 이름이 꼭 필요합니다.
X와 Y는 입력 변수로 a와 b는 출력 변수로 선언한 것입니다. 이때 입력 변수인 X와 Y에는 데이터를 반드시 연결해줘야 됩니다. 그러나 출력 변수는 연결하지 않아도 상관없습니다.

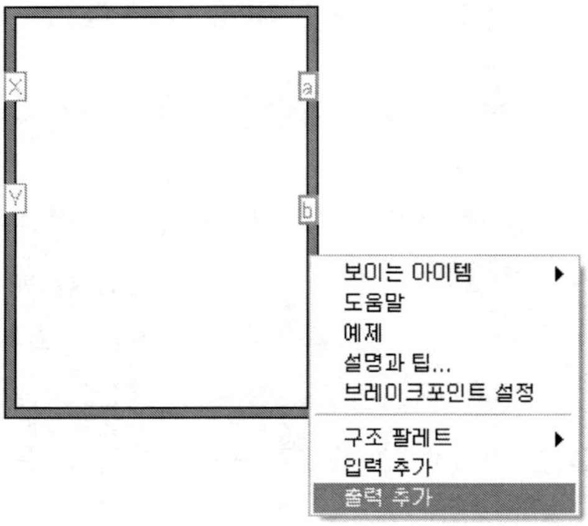

수식 노드 내부 변수 선언

수식 노드 내부에서만 사용할 변수를 선언할 수 있습니다. 이때 C언어와 유사한 방법으로 변수를 선언하지만, 정확한 문법은 LabVIEW 도움말에서 자세히 확인하기 바랍니다.

수식 노드 내부 함수 사용

C언어와 유사하게, If...else문이나, 연속 증가(++), 연속 감소(--), 그리고 다양한 수식 등을 수식 노드에서 사용할 수 있습니다. 그러나 print나 Input와 같은 콘솔 명령어는 사용할 수 없습니다.

수식 노드에서 사용할 수 있는 함수들은 다음과 같이 LabVIEW 도움말에서 수식노드를 검색하여 확인하시기 바랍니다. LabVIEW 도움말은 윈도우 시작 〉 프로그램(P) 〉 National Instruments 〉 LabVIEW에서 LabVIEW 도움말을 선택하거나, LabVIEW의 메뉴에서 도움말(H) 〉 LabVIEW 도움말 검색(S)...에서 선택할 수 있습니다.

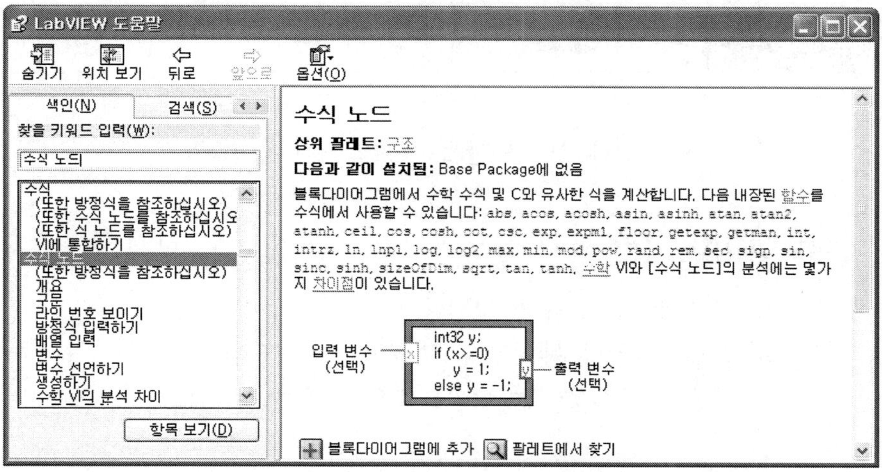
LabVIEW 도움말
숨기기 위치 보기 뒤로 앞으로 옵션(O)
색인(N) 검색(S)
찾을 키워드 입력(W):
수식 노드
수식
(또한 방정식을 참조하십시오)
VI에 통합하기
수식 노드
(또한 방정식을 참조하십시오)
개요
구문
라인 번호 보이기
방정식 입력하기
배열 입력
변수
변수 선언하기
생성하기
수학 VI의 분석 차이
항목 보기(D)
수식 노드
상위 팔레트: 구조
다음과 같이 설치됨: Base Package에 없음
블록다이어그램에서 수학 수식 및 C와 유사한 식을 계산합니다. 다음 내장된 함수를 수식에서 사용할 수 있습니다: abs, acos, acosh, asin, asinh, atan, atan2, atanh, ceil, cos, cosh, cot, csc, exp, expm1, floor, getexp, getman, int, intrz, ln, lnp1, log, log2, max, min, mod, pow, rand, rem, sec, sign, sin, sinc, sinh, sizeOfDim, sqrt, tan, tanh. 수학 VI와 [수식 노드]의 분석에는 몇가지 차이점이 있습니다.
입력 변수 (선택)
int32 y;
if (x>=0)
y = 1;
else y = -1;
출력 변수 (선택)
블록다이어그램에 추가
팔레트에서 찾기

연습 3-12. 수식 노드

수식 노드로 데이터를 만들어 그래프에 뿌려봅니다.

⌘ 블록다이어그램

1. 새 VI를 만들고, 수식노드.vi로 저장합니다.
2. 프런트패널에 웨이브폼 그래프를 위치시킵니다.
3. 다음과 같이 블록다이어그램을 구성합니다.

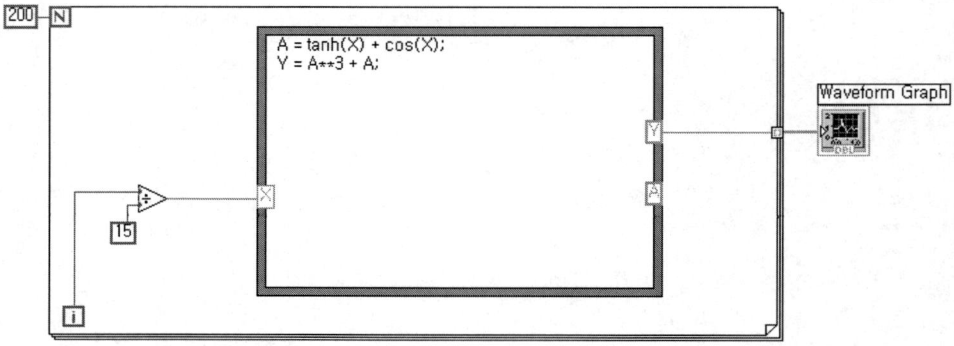

X는 입력 변수로 선언하고, Y와 A는 출력 변수로 선언합니다.
수식은 다음과 같습니다.

```
A = tanh(X) + cos(X);
Y = A**3 + A;
```

각 Line의 끝에는 세미콜론 ;을 꼭 붙여주어야 되며 소문자와 대문자를 구별해서 사용해야 됩니다.

4. VI를 실행합니다.

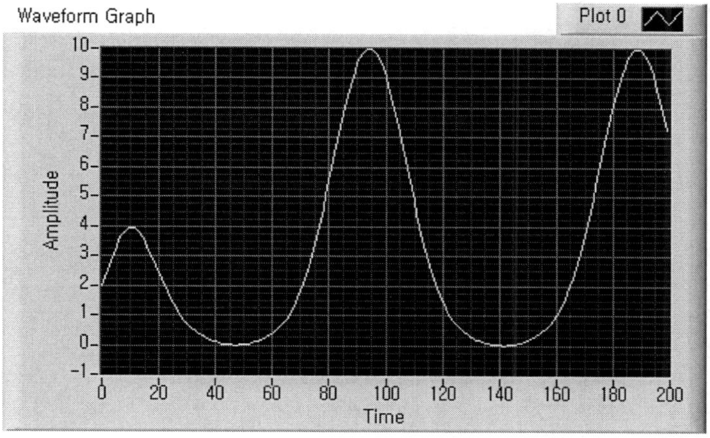
Waveform Graph
Plot 0
Amplitude
Time
10
9
8
7
6
5
4
3
2
1
0
-1
0
20
40
60
80
100
120
140
160
180
200

연습 3-12 끝

⌘ 식 노드

입력 변수가 하나인 경우에는 **식 노드**를 이용하여 **수식 노드**를 대체할 수 있습니다. 식 노드는 함수 〉 프로그래밍 〉 숫자형 팔레트에서 찾을 수 있습니다.

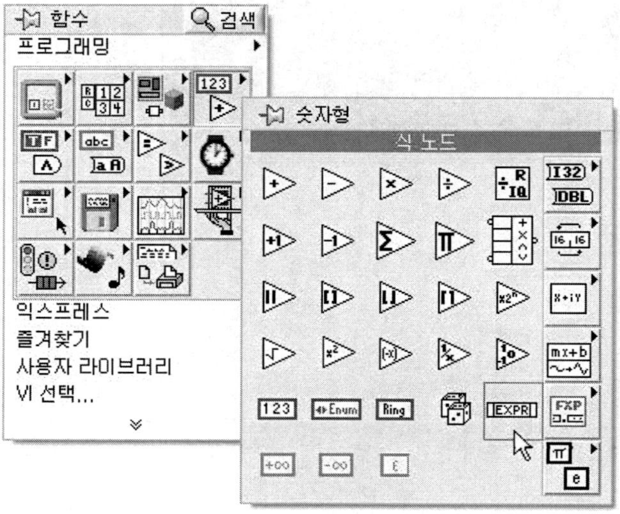

예를 들어, x*1000 + x**3 + 50을 계산하는 식 노드는 다음과 같습니다.

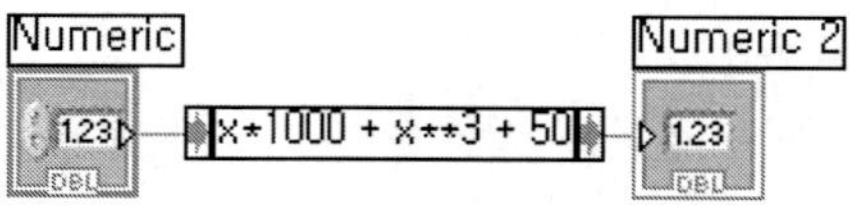

같은 방법으로 연습 3-11을 식 노드로 바꾸면 다음과 같습니다.
수식은 (tanh(x) + cos(x))**3 + tanh(x) + cos(x)입니다.

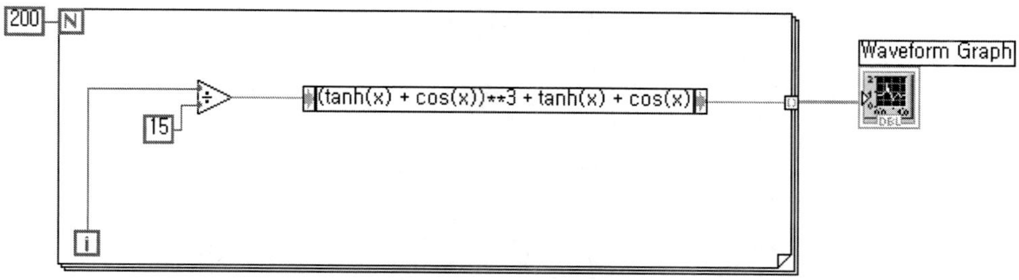

⌘ 수식 익스프레스 VI

수식 익스프레스 VI는 함수 〉 수학 〉 스크립트 & 수식 팔레트, 혹은 함수 〉 익스프레스 〉 연산 & 비교 팔레트에서 찾을 수 있습니다.

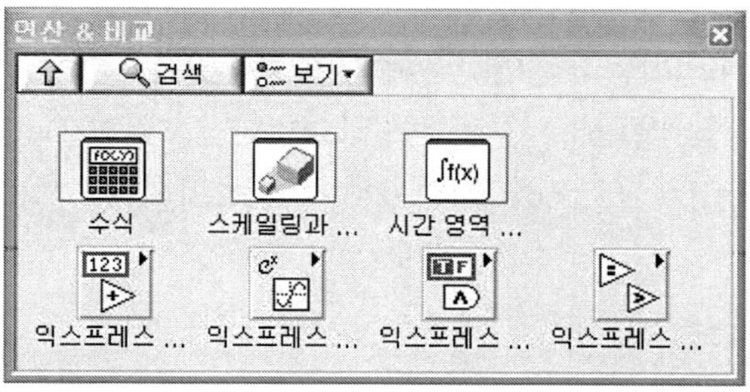

 수식을 블록다이어그램이 놓으면, **수식 설정** 창이 실행됩니다. 이 창에서 버튼들을 이용하여 필요한 수식을 만들 수 있습니다. 아래는 X1 + log(X1/X2) – X3을 수행하는 수식을 만든 것입니다.

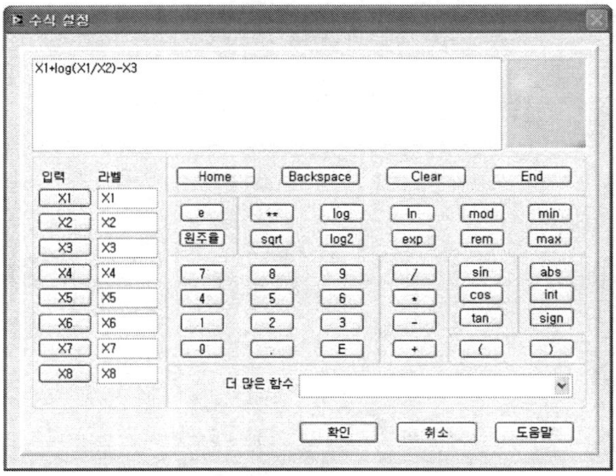

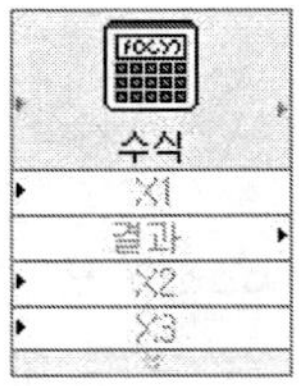

⌘ MathScript 노드

MathScript노드는 MathScript 연산을 수행할 수 있는 노드입니다. 함수 〉 프로그래밍 〉 구조 팔레트에서 찾을 수 있습니다. 그러나 LabVIEW 2009 버전부터는 MathScript RT 모듈을 설치해야만 설치되는 기능입니다.

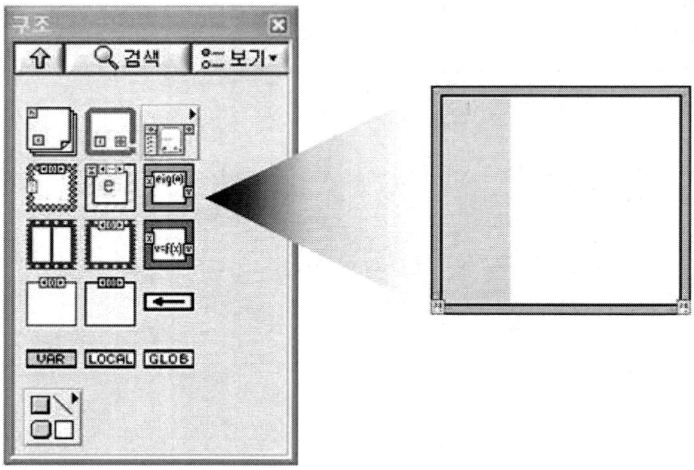

기본적으로 수식 노드와 사용법이 비슷합니다. 그러나 fft와 같은 고급 MathScript 연산을 수행할 수 있습니다. MathScript 구문은 MatlabTM 언어 구문과 비슷합니다.

연습 3-13. MathScript 노드 (옵션)

MathScript 노드를 이용하여 주파수를 분석하는 VI를 작성합니다.

⌘ 블록다이어그램

1. 새 VI를 만들고, fft연산.vi로 저장합니다.
2. 다음과 같이 블록다이어그램에 While 루프와 MathScript 노드를 위치시킵니다. While 루프 조건에서 불리언 컨트롤인 정지 버튼을 생성해줍니다.

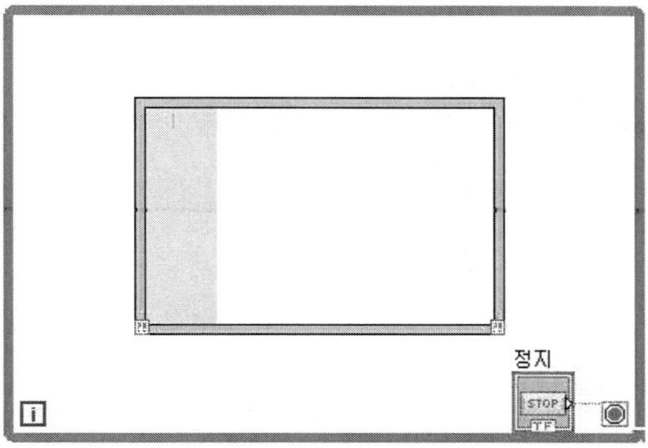

3. 프런트패널에 웨이브폼 그래프 두 개를 위치시킵니다. 컨트롤 〉 일반 〉 그래프 팔레트에서 웨이브폼 그래프를 찾을 수 있습니다.
4. 웨이브폼 그래프의 라벨을 '원래 신호'와 'FFT 신호'로 바꿔줍니다.
5. 블록다이어그램에서 웨이브폼 그래프의 터미널들을 다음과 같이 While 루프 속에 위치시킵니다.

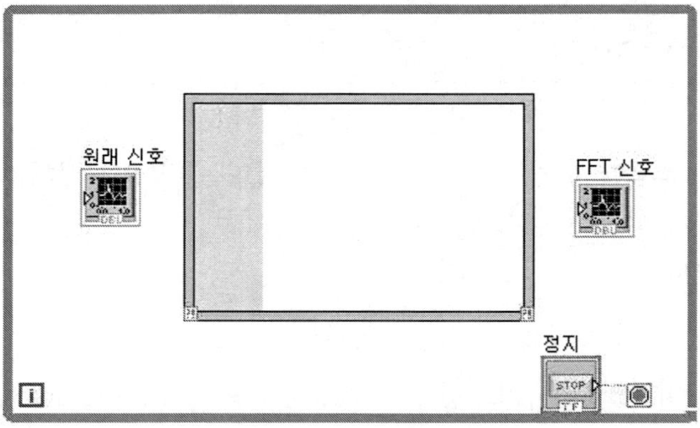

6.  **신호 시뮬레이션**을 While 루프 속에 위치시킵니다. 함수 〉 익스프레스 〉 입력 팔레트에서 찾을 수 있습니다.
7. 신호 시뮬레이션 익스프레스 VI를 블록다이어그램에 위치시키면 다음과 같이 **신호 시뮬레이션 설정** 창이 팝업됩니다.

- 신호 타입: 사각파
- 주파수: 50Hz
- 진폭: 1
- 노이즈 추가: 선택함
- 노이즈 타입: 균일한 화이트 노이즈
- 노이즈 진폭: 0.6
- 타이밍:
- 초당 샘플(Hz) = 10000
- 샘플 개수: **자동**으로 선택함

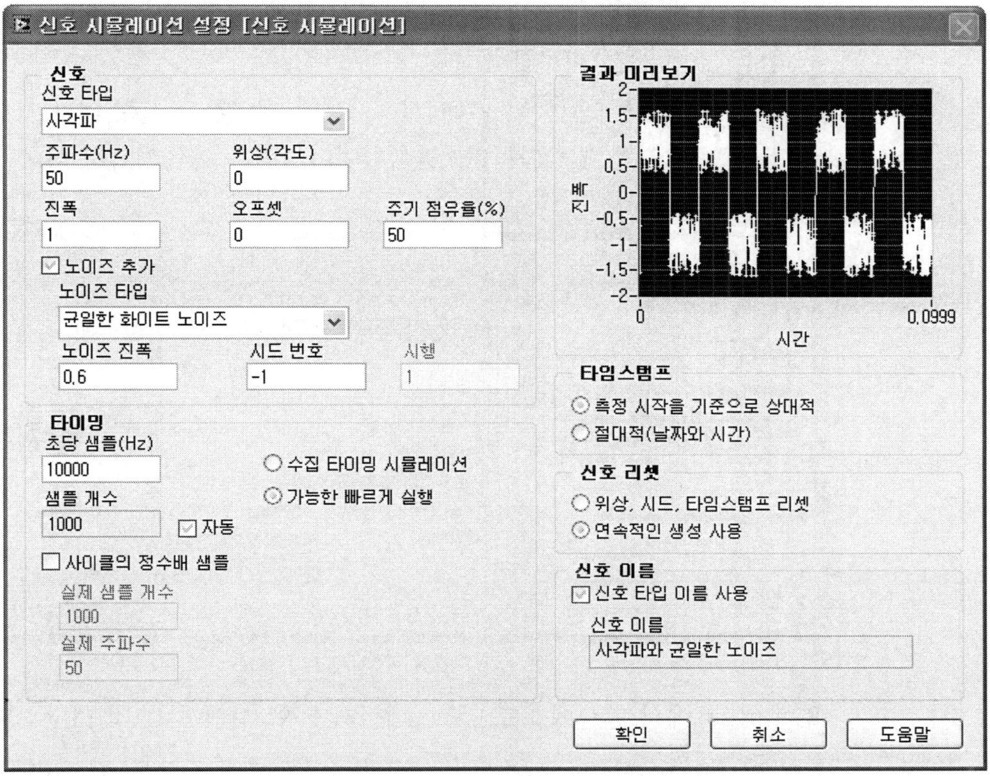

8. 확인 버튼을 클릭하여 설정을 적용합니다.
9. 다음과 같이 신호 시뮬레이션의 출력을 원래 신호에 연결합니다.

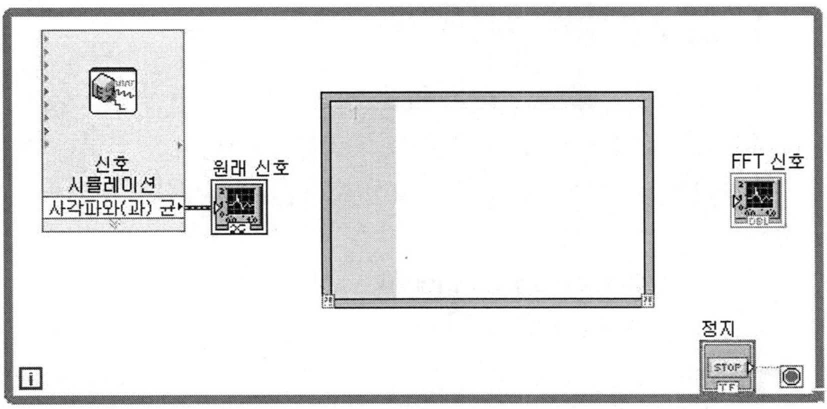

10. MathScript 노드의 왼쪽 경계에서 단축메뉴를 열고, **입력 추가**를 선택합니다. "Input"을 입력합니다.
11. 같은 방법으로 오른쪽 경계에서 단축메뉴를 열고, **출력 추가**를 선택합니다. "Output"을 입력합니다. 블록다이어그램은 다음과 같습니다.

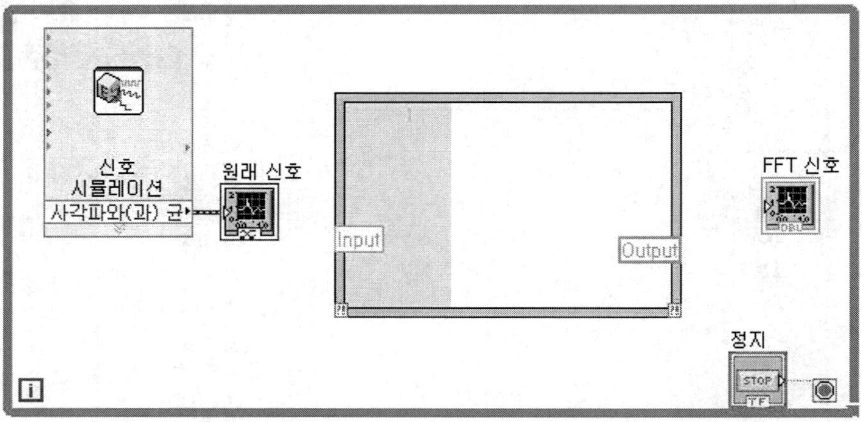

12. Output에서 단축메뉴를 열고, 데이터 타입 선택 > 1D 배열 > DBL 1D를 선택합니다.

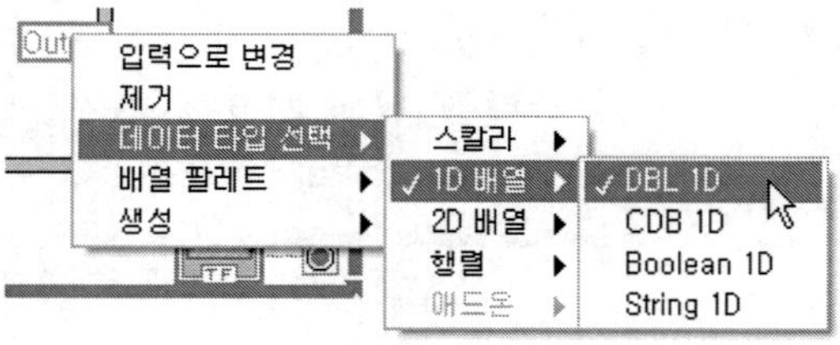

13. MathScript 노드 속에 다음과 같은 스크립트를 입력합니다. 각 라인의 끝에는 항상 세미콜론 ;을 넣어줍니다.

```
Output=abs(fft(Input));
Output=Output(1:end/2);
```

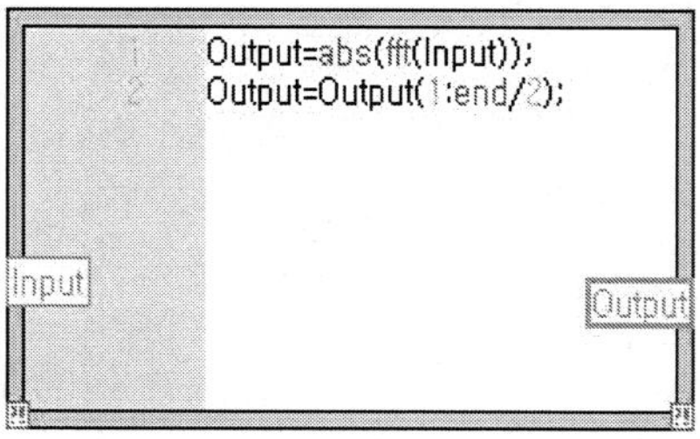

14. While 루프 속에 **다이나믹 데이터로부터 변환**을 위치시킵니다. 함수 〉 익스프레스 〉 신호 조작 팔레트에서 찾을 수 있습니다.
15. **다이나믹 데이터로부터 변환** 팝업창에서 결과로 나오는 데이터 타입으로 [스칼라의 1D배열 - 자동]을 선택합니다.

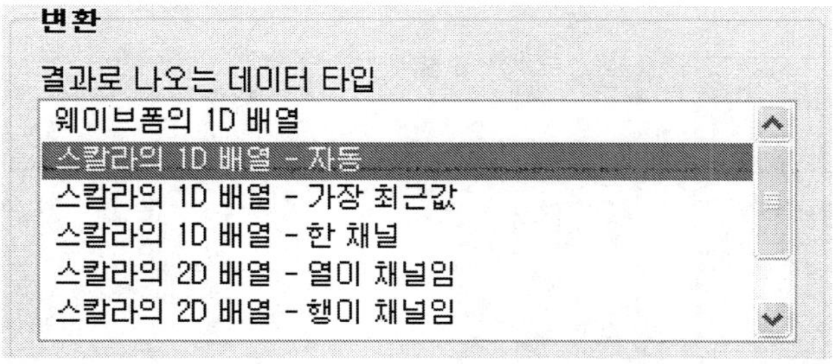

16. **신호 시뮬레이션**의 출력을 **다이나믹 데이터로부터 변환**에 연결하고, 다이나믹 데이터로부터 변환의 출력을 **Input**에 입력합니다. 또한 **Output**을 [FFT 신호]에 연결합니다.
17. 단축키 Ctrl + U를 이용하거나 **다이어그램 정리** 버튼을 이용하여 다음과 같이 블록다이어그램을 최적으로 정리합니다.

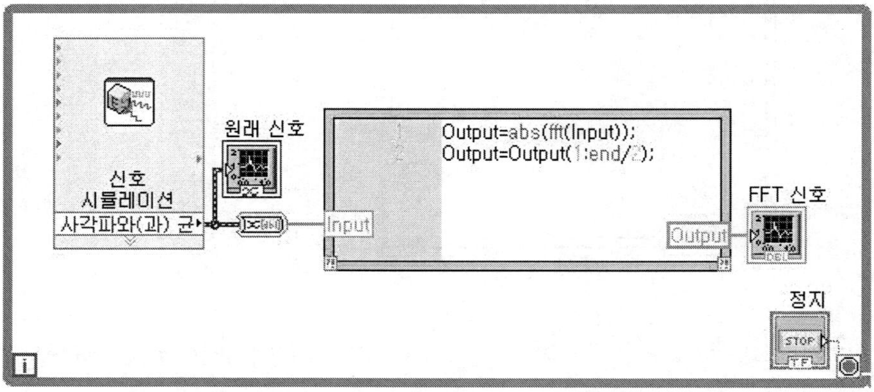

⌘ 프런트패널

18. 다음과 같이 프런트패널을 정리하고 VI를 실행합니다.

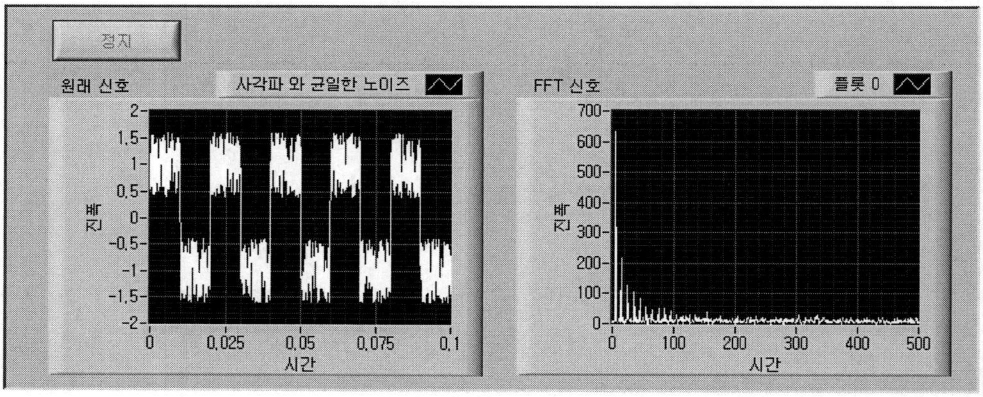

신호시뮬레이션 익스프레스 VI로 생성한 신호를 [원래 신호] 그래프에 출력하고, 이 신호를 FFT한 결과를 [FFT 신호] 그래프에 디스플레이합니다.

연습 3-13 끝

연습 3-14. 3D 그래프에 그리기

수학 연산 결과를 3차원 그래프로 디스플레이해봅니다.

⌘ 블록다이어그램

1. 새 VI를 만들고, 3D그래프.vi로 저장합니다.
2. For 루프 두 개를 이용하여 다음과 같이 블록다이어그램을 구성합니다.

   싱크(Sinc)는 함수 〉 수학 〉 기본&특수 함수 〉 삼각함수 팔레트에서 찾을 수 있습니다. 이때 X벡터는 안쪽 For 루프에 의하여 만들어진 1D 배열을 사용해야 되므로, 바깥쪽 For 루프에서는 [인덱싱 비활성화]를 선택해줘야 됩니다.

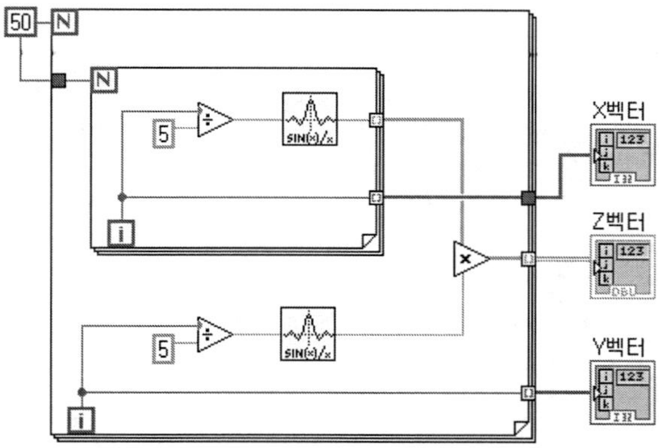

3. 프런트패널에 3차원 그래프인 **산포**를 위치시킵니다. 컨트롤 〉 일반 〉 그래프 〉 3D 그래프 팔레트에서 찾을 수 있습니다. 다음과 같이 블록다이어그램에 **플롯 보조** 함수와 함께 3D 산포의 터미널이 생김을 확인할 수 있습니다.

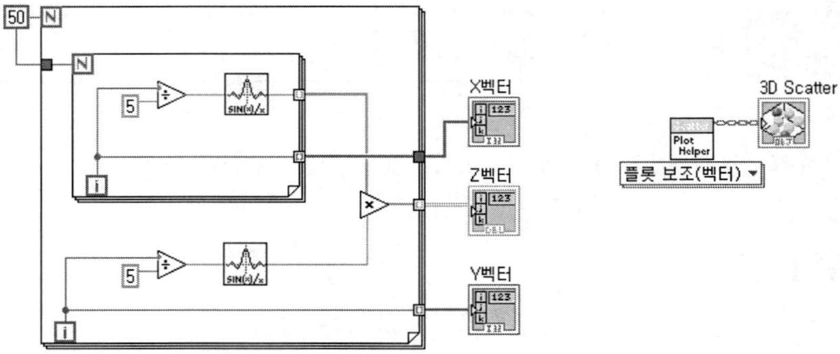

4. 다음과 같이 플롯 보조의 [X벡터],[Y벡터],[Z벡터] 입력에 각각 1D 배열인 X벡터, 1D 배열인 Y벡터, 2D 배열인 Z벡터를 입력하여 블록다이어그램을 완성합니다.

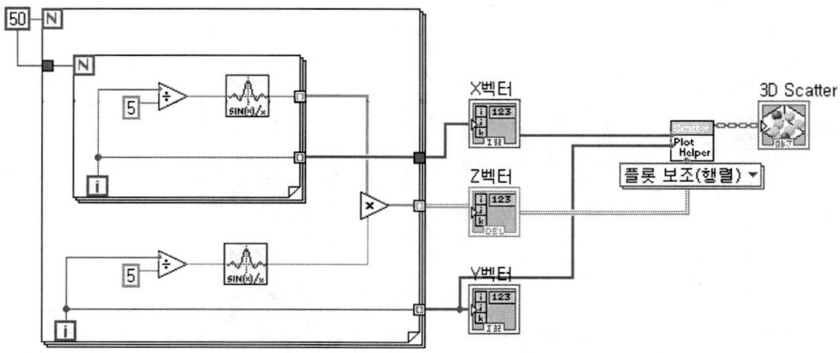

⌘ 프런트패널

5. 프런트패널을 정리하여 VI를 실행합니다. 마우스를 이용하여 3D 그래프를 회전시켜봅니다.

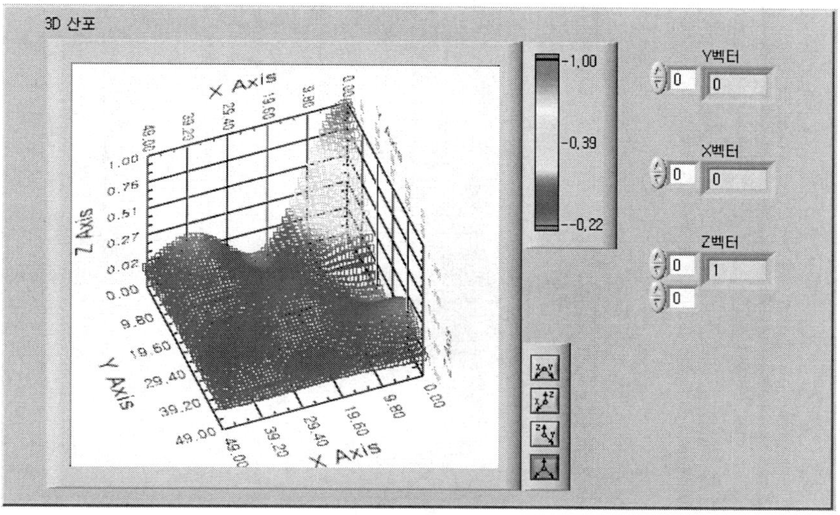

6. 3D 컨투어를 프런트패널에 위치시키고, X, Y, Z 벡터를 연결하여 다음과 같이 수정하고 실행합니다. 컨트롤 〉 일반 〉 그래프 〉 3D 그래프 팔레트에서 컨투어를 찾을 수 있습니다.

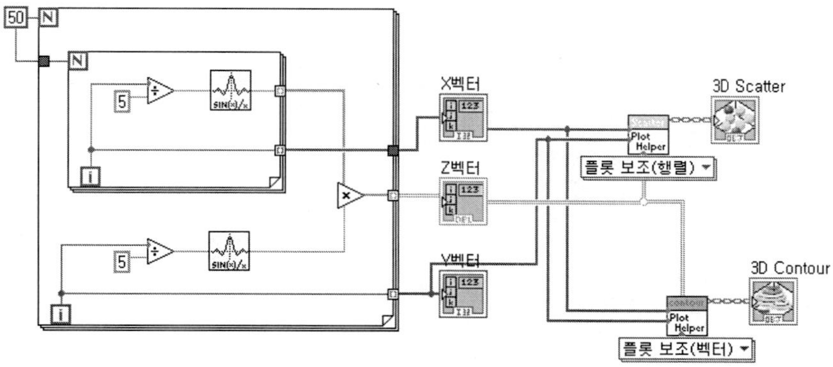

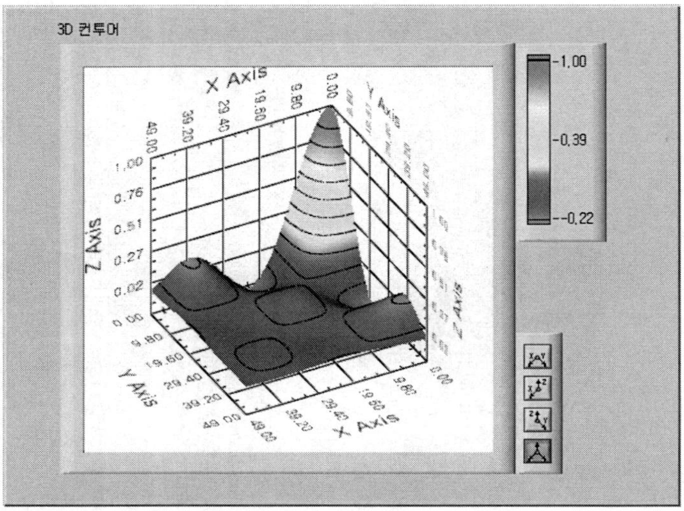

연습 3-14 끝

요약정리

가. While 루프를 이용하여 연속적인 실행 구조를 만들 수 있습니다.

나. While 루프는 시스템이 제공하는 가장 빠른 속도로 실행되기 때문에, 시간 지연 함수를 이용하여 필요한 만큼의 속도로 제어해줍니다.

다. For 루프를 이용하여 N 번 실행하는 구조를 만들 수 있습니다.

라. For 루프에서 반복 병렬 처리를 활성화할 수 있습니다.

마. 케이스 구조를 이용하여 조건에 따라서 실행이 바뀌도록 프로그래밍할 수 있습니다.

바. 케이스 조건으로 불리언이나 숫자형 컨트롤, 링, 문자열 등을 이용할 수 있습니다.

사. 수식 노드들을 이용하여 복잡한 수식 연산을 수행할 수 있습니다.

아. MathScript 노드를 이용하여 스크립트 연산을 수행할 수 있습니다.

Note

제 4 장

구조 및 파일 저장

이벤트 구조와 시퀀스 구조, 그리고 파일 저장 방법에 대하여 배워봅니다.

가. 이벤트 구조

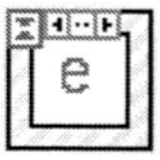

이벤트 구조는 사용자와 프런트패널의 직접적인 상호작용으로 블록 다이어그램 실행을 제어하는 구조입니다. 함수 〉 프로그래밍 〉 구조 팔레트에서 이벤트 구조를 찾을 수 있습니다. 프런트패널에서 마우스 클릭, 키보드 입력, 메뉴 선택, 그리고 윈도우 닫기 등의 사용자 조작에 의해서 이벤트가 발생할 수 있습니다. 이와 같은 사용자 인터페이스 이벤트가 발생하면 해당되는 이벤트 케이스가 실행됩니다.

이벤트 구조는 항상 While 루프와 함께 사용되며, While 루프 기능을 보조합니다. While 루프는 루프 조건에 따라 프로그램을 반복적으로 실행하게 하는 LabVIEW의 구조입니다. 기본적으로 While 루프는 일정한 타이밍에 맞추어 반복 실행하는 폴링(Polling) 방식을 사용합니다. 그러나 폴링 방식은 정작 필요한 사용자 이벤트가 발생했을 때, 바로 반응할 수 없거나 이벤트를 인식하지 못하는 경우가 있습니다. LabVIEW에서는 **이벤트 구조**를 이용하여 이벤트 프로그램을 구현합니다. 또는 뒤에서 배울 **상태 머신**을 이용하여 이벤트 프로그램을 구현할 수 있습니다.

아래와 같은 프런트패널을 가진 VI에서 이벤트 구조를 블록다이어그램에 놓은 다음, 단축메뉴에서 **이벤트 케이스 추가...**를 선택하면 [이벤트 편집] 창이 나타납니다.

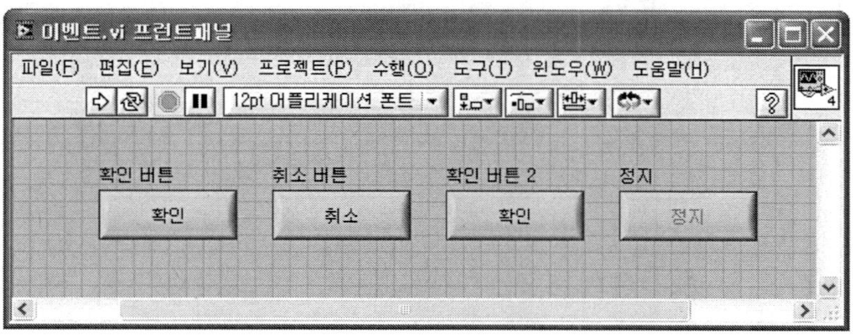

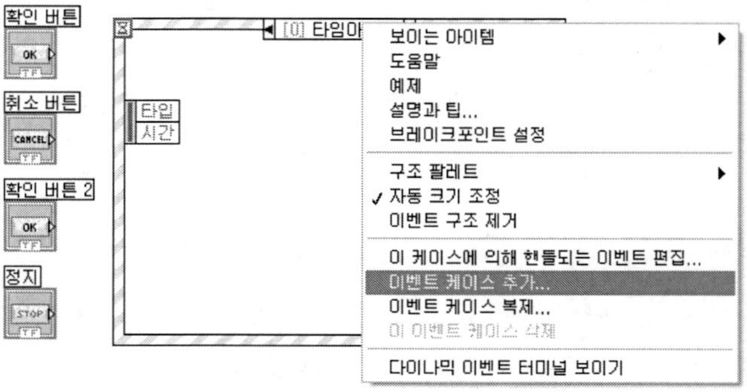

네 개의 불리언 버튼들에 '확인 버튼', '취소 버튼', '확인 버튼 2', 그리고 '정지'라는 라벨을 붙여주었습니다. **이벤트 편집** 창에서는 프런트패널에 있는 객체의 라벨을 이용하여 이벤트 구조를 만들어줍니다. 이때 프런트패널에 있는 모든 객체들이 **이벤트 소스**가 될 수 있습니다.

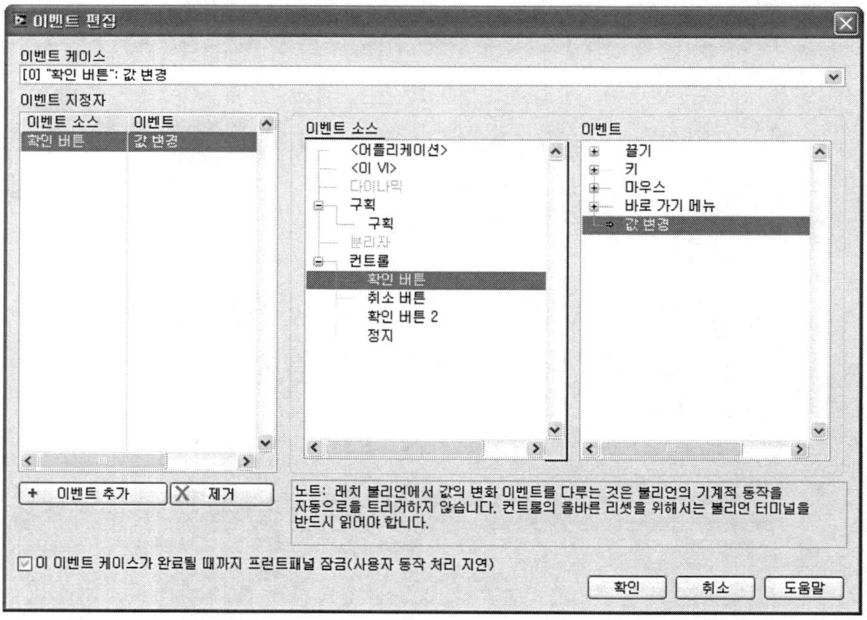

이벤트 편집은 [이벤트 지정자], [이벤트 소스], 그리고 [이벤트]로 구성됩니다. 가운데에 있는 이벤트 소스에서 객체를 선택하고, 그 객체에 대응되

는 이벤트를 오른쪽에서 선택해줍니다.
위 예제에서는 이벤트 소스로 '확인 버튼'이라는 라벨을 가진 불리언을 선택하였고, 대응되는 이벤트로 '값 변경'을 선택해주었습니다. 즉 확인 버튼의 값이 바뀌면 이벤트가 발생하도록 지정하였습니다.

다음 연습을 통하여 이벤트 구조를 만들고 사용하는 방법을 배워봅니다.

연습 4-1. 사용자 인터페이스 이벤트

사용자의 마우스나 키보드 조작에 의해 발생하는 이벤트를 받아서 처리하는 VI를 만들어봅니다.

⌘ 프런트패널

1. 새 VI를 열고, 다음과 같이 프런트패널을 구성합니다. 컨트롤 〉 일반 〉 불리언 팔레트에서 확인 버튼 두 개, 취소 버튼 한 개, 그리고 정지 버튼 한 개를 찾아서 프런트패널에 위치시킵니다.

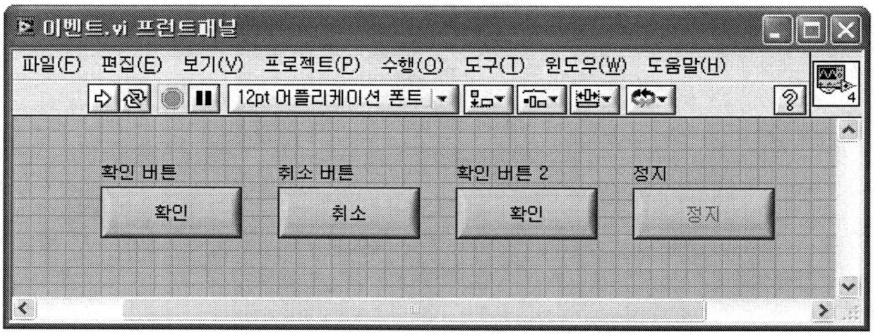

2. 단축메뉴에서 버튼들의 기계적 동작을 모두 '놓을 때 래치'로 선택해줍니다.

참고 불리언 버튼의 **기계적 동작**에는 스위치와 래치가 있습니다. **스위치**는 클릭하면 상태가 변하고, 변한 상태가 유지됩니다. 그러나 **래치**는 클릭하면 상태가 변했다가 다시 원래 상태로 돌아옵니다. 세부적인 동작 방식에 따라서 다시 여섯 가지로 나뉩니다. 차례로, 누를 때 스위치, 놓을 때 스위치, 놓을 때까지 스위치, 누를 때 래치, 놓을 때 래치, 놓을 때까지 래치입니다. 그러나 첫 번째에 있는 [누를 때 스위치]와 다섯 번째에 있는 [놓을 때 래치]를 주로 사용합니다.

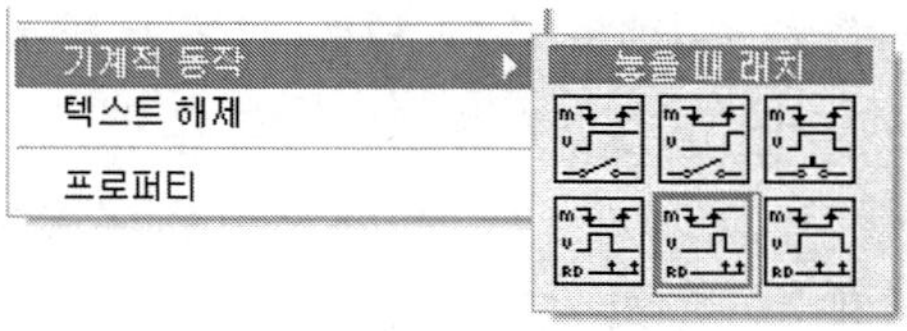

⌘ 블록다이어그램

3. 블록다이어그램에 While 루프와 이벤트 구조를 위치시킵니다. 함수 〉 프로그래밍 〉 구조 팔레트에서 이벤트 구조를 찾을 수 있습니다.

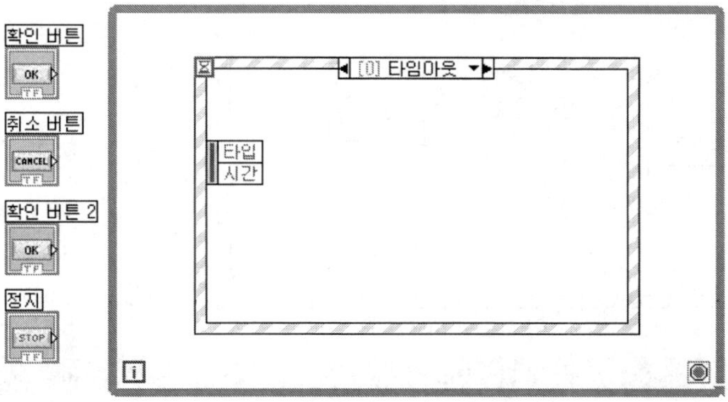

기본으로 지정되어 있는 이벤트는 **타임아웃**입니다. ⌛ **이벤트 타임아웃**에 밀리 초 단위의 시간을 입력합니다. 그 시간 안에 이벤트가 발생하지 않으면 타임아웃 이벤트를 한번 발생시킵니다.

참고 이벤트 구조는 항상 While 루프와 함께 사용합니다.

4. 다음같이 블록다이어그램을 구성합니다.
   a. 이벤트 구조의 단축메뉴에서 **이벤트 케이스 추가**를 선택합니다.
   b. **이벤트 편집** 창에서 이벤트 소스로 “확인 버튼”을 선택하고 이벤트로 “키 다운”을 선택합니다.
   c. 이벤트 편집 창을 닫습니다.

d. [확인 버튼]의 터미널을 이 이벤트 속에 넣습니다. 버튼을 이벤트 속에 넣어줘야만 기계적 동작인 ***놓을 때 래치***를 수행할 수 있습니다.

e. **단일 버튼 대화 상자**를 놓고, [메시지]에 "작업 1을 수행합니다."를 입력하고, [버튼 이름]에 "완료"를 입력합니다. 단일 버튼 대화 상자는 함수 〉 프로그래밍 〉 대화상자 & 사용자인터페이스 팔레트에서 찾을 수 있습니다.

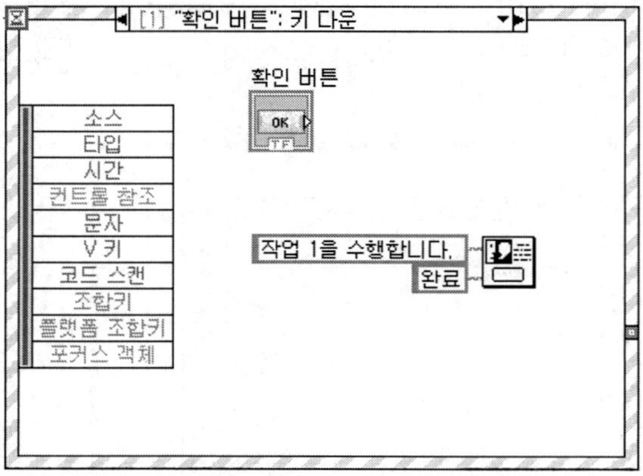

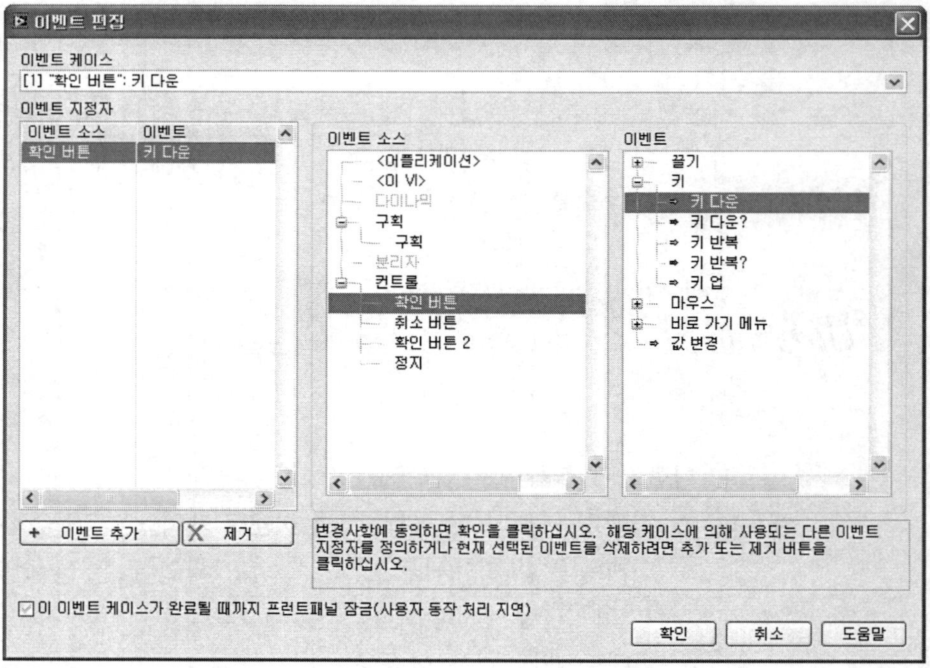

[1] "확인 버튼": 키 다운은 [1]번 이벤트의 이름은 "확인 버튼"이며 이벤트의 형태는 ***키 다운***이라는 의미입니다. 키보드의 〈Tab〉 키를 누를 때, 키 다운 이벤트가 발생합니다.

참고 이벤트 편집 창에서 이벤트 소스의 ***컨트롤*** 아래에는 프런트패널에 있는 모든 컨트롤과 인디케이터들이 나열됩니다. 만약 프런트패널에 새로운 컨트롤이나 인디케이터를 위치시키면 그 객체의 컨트롤이 추가될 것입니다.

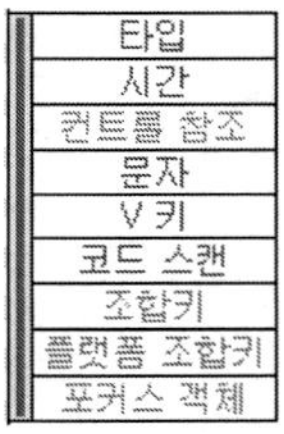

참고 오른쪽의 이벤트 옵션들은 키 다운에 대하여 사용자가 사용할 수 있는 이벤트 요소들입니다. 예를 들어, 시간은 이 이벤트가 발생한 순간의 시간을 반환합니다. 이것을 이용하면 이벤트와 다음 이벤트 발생까지의 시간을 측정할 수 있습니다.

---

f. 같은 방법으로 **[2] "취소 버튼" : 마우스 다운** 이벤트와 **[3] "확인 버튼2" : 마우스 커서 들어옴** 이벤트를 만들어줍니다.

[2] "취소 버튼" : 마우스 다운 이벤트는 버튼을 누를 때 이벤트가 발생합니다.

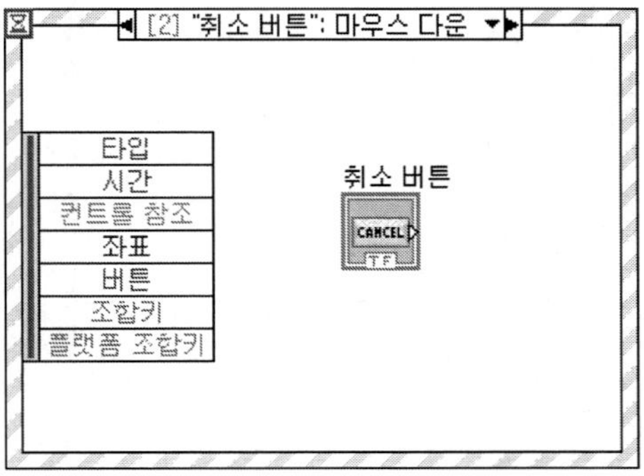

[3] "확인 버튼2" : 마우스 커서 들어옴 이벤트는 버튼 위로 마우스 커서가 들어갈 때 이벤트가 발생합니다. 즉, 마우스 커서의 움직임에 의해서 이벤트가 발생합니다.

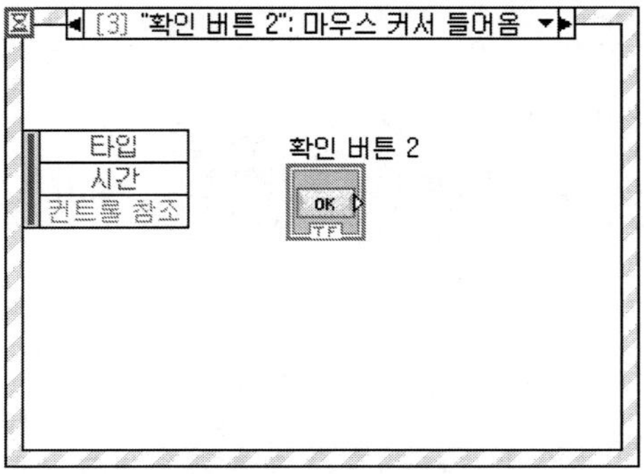

g. 정지 버튼에 대한 이벤트를 만들어줍니다. **[4] "정지" : 값 변경**을 지정해주고, 정지 버튼의 터미널을 이벤트 속에 넣습니다. [4] "정지" : 값 변경 이벤트는 정지 버튼의 값이 바뀌었을 때 이벤트가 발생합니다. 그리고 정지 버튼이 거짓에서 참으로 바뀌면 그 값은 와이어를 따라서 While 루프의 **루프 조건** ◉에 입력되어 루프가 종료됩니다.

h. 아래와 같이 블록다이어그램을 구성합니다. 루프 반복횟수 터미널에서 인디케이터를 생성하고 라벨을 '반복횟수'라고 입력합니다.

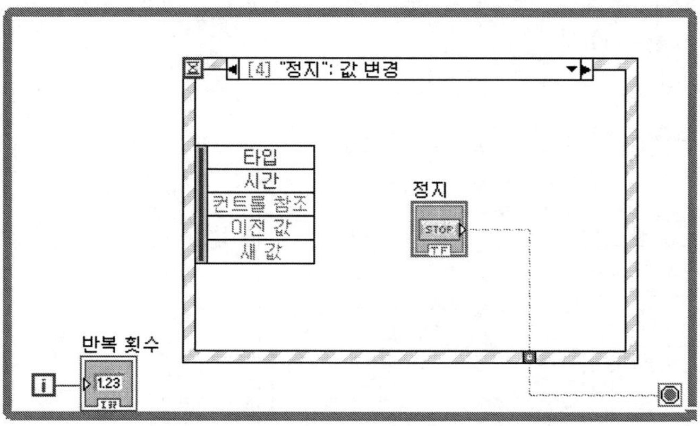

⌘ VI 실행

5. 프런트패널을 띄우고 VI를 실행합니다.

   a. Tab 키를 눌러서 버튼들을 옮겨 다닐 수 있습니다. '확인 버튼'이 선택되면 반복횟수가 1 증가하고, "작업 1을 수행합니다."라는 대화상자가 팝업됨을 확인할 수 있습니다. 완료 버튼을 클릭하여 대화상자를 닫습니다.

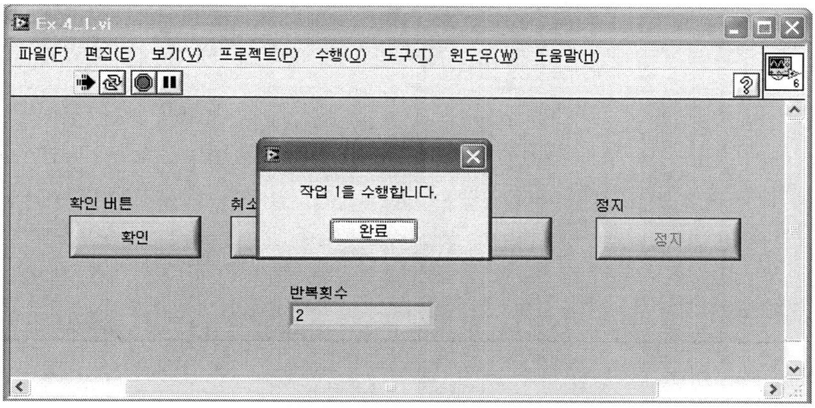

   b. 마우스를 '확인 버튼 2' 위로 옮겨 놓습니다. 마우스가 이 버튼의 위로 들어갈 때 반복횟수가 1 증가함을 확인할 수 있을 것입니다.
   c. 취소 버튼을 눌렀다가 놓아봅니다. 마우스를 누르는 순간 반복횟수가 1 증가함을 확인할 수 있습니다.
   d. 정지 버튼을 클릭합니다. 반복횟수가 1 증가하고 VI가 종료합니다.

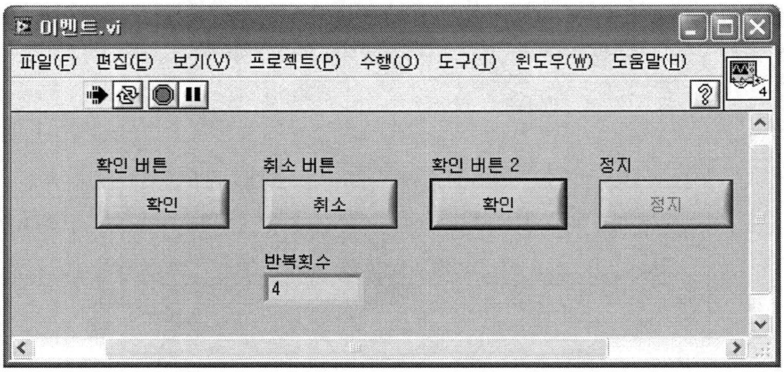

이벤트로 설정된 While 루프는 이벤트가 생길 때까지 대기하고 있습니다. 그래서 반복횟수가 변하지 않습니다. 즉, While 루프가 실행되지 않는다는 의미입니다. 그러나 이벤트가 발생하면 While 루프가 1회 실행되고, 반복횟수가 1 증가합니다. 같은 방법으로 반복횟수의 변화를 확인하여 이벤트가 발생했는지, 아닌지를 확인할 수 있습니다.

다음과 같이 시프트 레지스터를 이용하여 다음 이벤트가 발생할 때까지의 시간을 측정할 수 있습니다. 각 이벤트에서 [시간]을 출력 받아서 이전 시간을 빼주는 방식입니다.

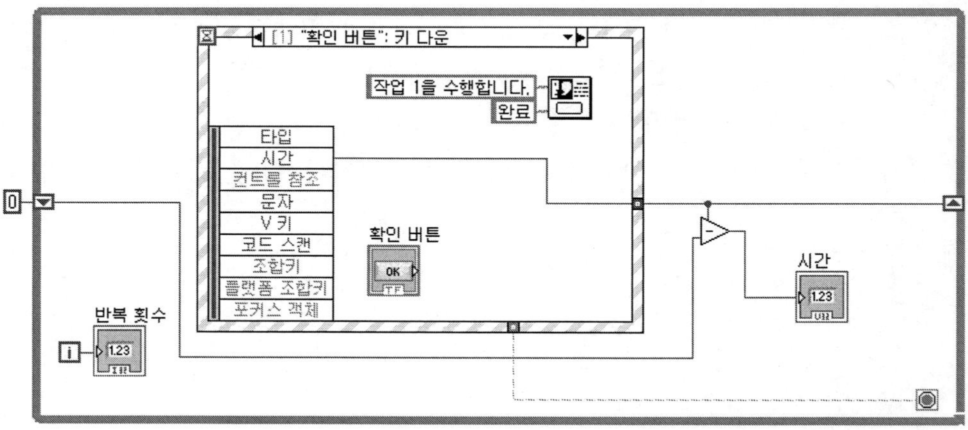

연습 4-1 끝

나. 시퀀스 구조

시퀀스 구조는 LabVIEW의 실행 순서를 명확히 정해줍니다. 함수 〉 프로그래밍 〉 구조 팔레트에서 찾을 수 있습니다.

LabVIEW는 근본적으로 와이어를 통한 데이터 흐름으로 프로그램의 실행 순서가 결정됩니다. 그러나 와이어를 연결하지 않고, 독립적인 작업을 여러 개 병렬 수행할 경우가 있습니다. 이때 작업들의 실행 순서를 명확히 지정해주고자 한다면 시퀀스 구조를 이용합니다.

다음은 파일 쓰기와 파일 읽기의 두 가지 작업이 단일 VI 속에 구현된 사례입니다. 각각 독립적으로 실행되고 멀티스레드 기능이 구현되어 각 작업은 동시에 병렬로 실행됩니다. 그러나 실행 순서를 강제로 지정하고자 할 경우에는 시퀀스 구조를 이용할 수 있습니다.

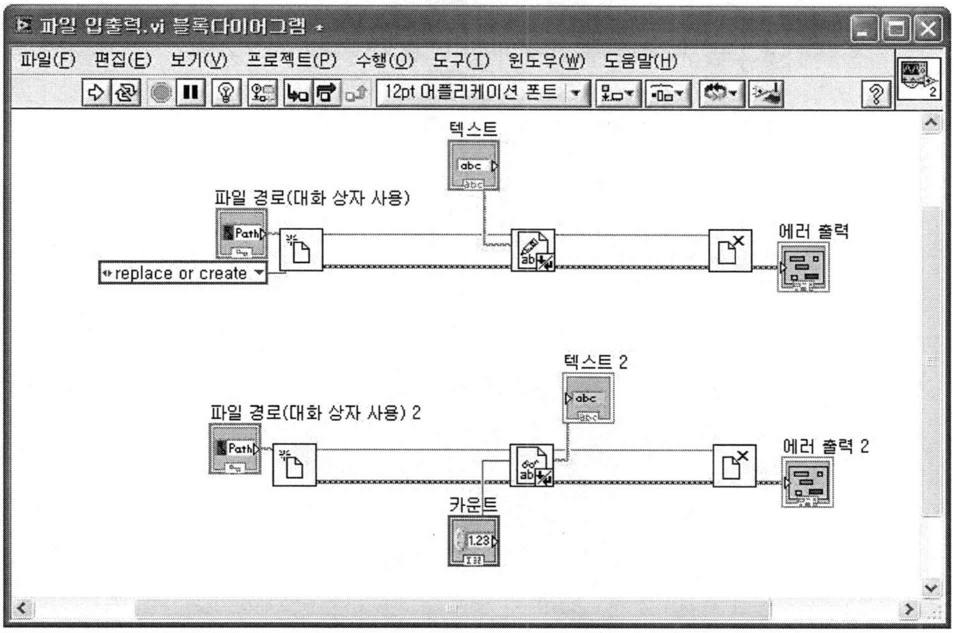

참고 **LabVIEW에서 멀티스레드 구현:** LabVIEW는 개별적인 작업을 모두 멀티스레드로 수행하기 때문에, 사용자가 별도로 멀티스레드 구현 프로그래밍을 할 필요는 없습니다. 두 개의 작업을 병렬 멀티스레드로 구현하고자 한다면, 위와 같이 독립적으로 작성해주면 됩니다.

시퀀스 구조에는 두 가지 형태가 있습니다. **다층 시퀀스 구조**와 **플랫 시퀀스 구조**입니다. 동일한 기능을 수행하지만, 형태와 사용법이 다르므로 각각에 대하여 배워봅니다.

⌘ 다층 시퀀스 구조

블록다이어그램에 다층 시퀀스 구조를 놓으면 영화 필름과 같은 아이콘이 생깁니다. 단축메뉴에서 **다음 프레임 추가**를 선택하여 프레임을 더 추가할 수 있습니다.

◀ 4 [0..4] ▾▶는 0에서 4까지의 프레임 중에서 4번 프레임임을 의미합니다.

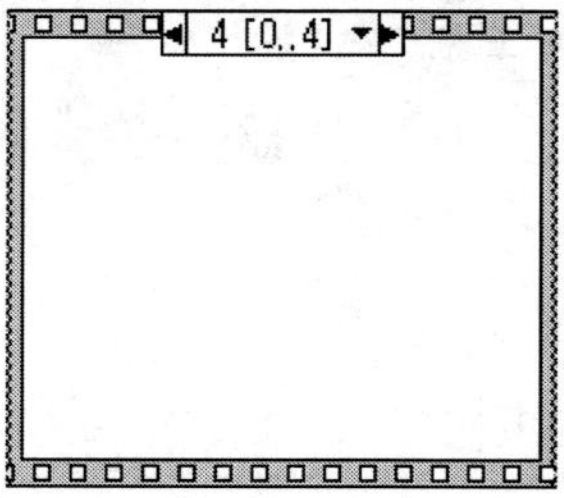

다층 시퀀스 구조는 여러 층으로 쌓을 수 있기 때문에 작은 블록다이어그램 화면에 순차적으로 실행하는 프로그램을 다층으로 쌓을 수 있습니다. 많은 프로그램을 층층으로 쌓아서 코드의 크기를 최적화할 수 있는 장점이 있지만 프로그램을 해독하기 힘들게 하는 단점이 있습니다.

다음 연습은 다층 시퀀스 구조를 이용하여 난수 발생 및 일치에 대한 작업과 수행되는데 걸린 시간을 측정하는 작업을 순차적으로 실행하는 VI를 만드는 것입니다.

연습 4-2. VI 실행 시간 측정

연습 3-2는 입력한 실수 값과 일치되는 난수가 생성될 때까지의 While 루프의 반복 횟수를 나타내주는 예제입니다. 이 예제에서 일치될 때까지 걸린 시간을 측정해봅니다.

⌘ 블록다이어그램

1. 연습 3-2. 난수 자동 일치.vi를 다층 시퀀스 구조로 두릅니다. 함수 〉 프로그래밍 〉 구조 팔레트에서 다층 시퀀스 구조를 찾을 수 있습니다.
2. 실행 시간 측정.vi라는 이름으로 저장합니다.

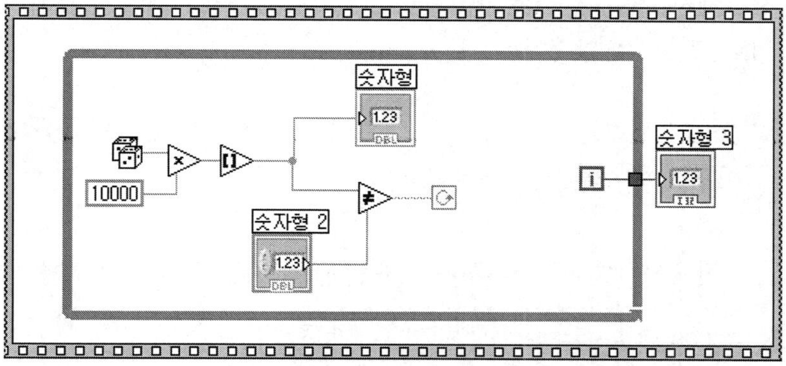

3. 단축메뉴의 **다음 프레임 추가**를 이용하여 다음 시퀀스를 만들어줍니다. 1번 시퀀스를 다음과 같이 구성합니다.

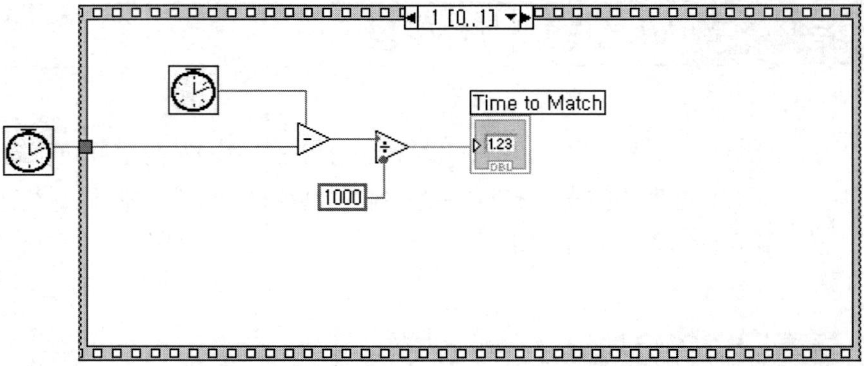

 **틱 카운터(ms)**는 함수 〉 프로그래밍 〉 타이밍 팔레트에서 찾을 수 있습니다. 현재 시각을 보여주는 함수인데 밀리 초 단위입니다. 그래서 현재 시각에서 처음 시각을 뺀 다음, 1000으로 나누어주면 소요된 시간을 초 단위로 구할 수 있습니다.

4. 0번 시퀀스를 확인해봅니다. 케이스 구조처럼 1 [0..1] **선택자 라벨**을 이용하여 다른 시퀀스로 옮길 수 있습니다.

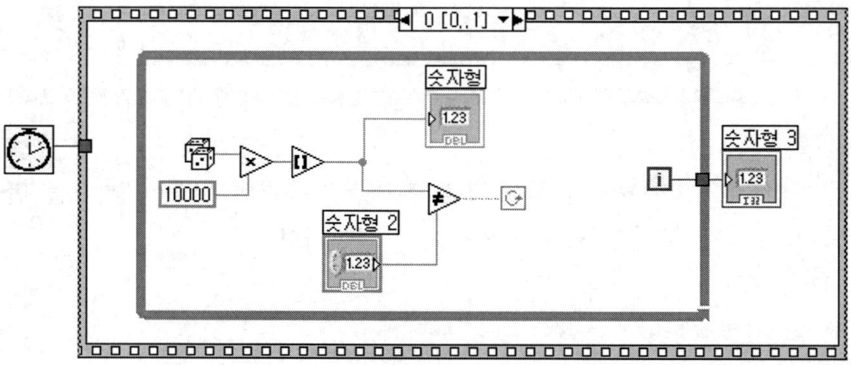

⌘ 프런트패널

5. 프런트패널의 아이콘들을 아래와 같이 정리하고 실행합니다.

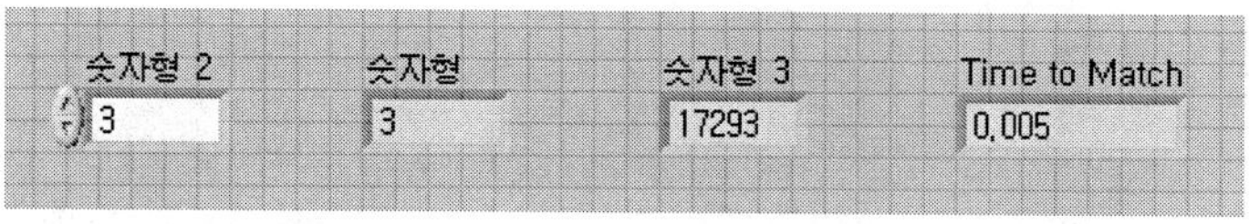

우선 시퀀스 구조 밖에 있는 틱 카운터가 실행되어 [시작 시각]이 출력되고, 다음은 시퀀스 0번의 **난수 자동 일치.vi**가 실행됩니다.

시퀀스 0번이 종료하면 시퀀스 1번의 틱 카운터가 실행되고 [끝나는 시각]을 측정하게 됩니다. 시작 시각에서 끝나는 시각을 뺀 것이 Time to Match에 표시됩니다.

연습 4-2 끝

⌘ 플랫 시퀀스 구조

플랫 시퀀스는 다층 시퀀스와 기능은 동일하고 형태만 다릅니다.
단축메뉴에서 **다음에 프레임 추가** 혹은 **이전에 프레임 추가** 등을 선택하여 아래와 같이 순차적인 시퀀스를 만들 수 있습니다. 왼쪽에서 오른쪽 프레임으로 순서가 정해집니다.

플랫 시퀀스는 다층 시퀀스를 이용하는 것보다 블록다이어그램을 이해하기 쉽습니다. 그러나 프레임을 옆으로 나열하기 때문에, 공간을 많이 차지하는 단점이 있습니다. 다음과 같이 플랫 시퀀스를 이용해서 연습 4-2와 동일한 기능을 수행하는 VI를 만들 수 있습니다.

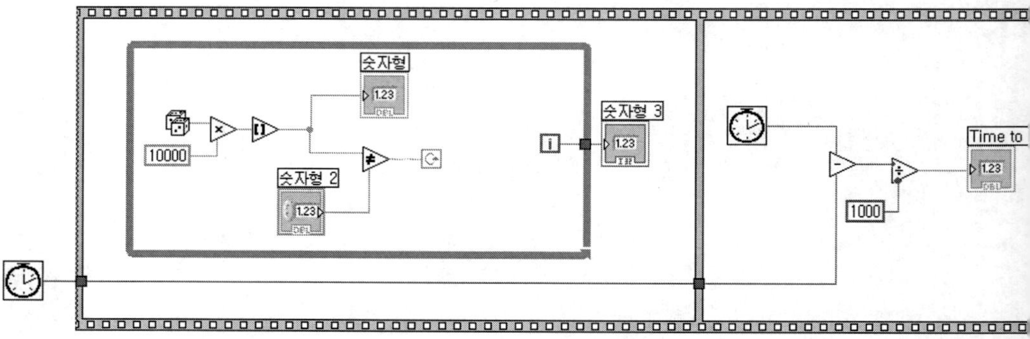

⌘ 시퀀스 로컬

플랫 시퀀스에서는 다른 프레임으로 와이어를 직접 연결하는 방법으로 데이터를 전달할 수 있습니다. 다음과 같이 [숫자형]은 와이어를 통하여 [숫자형 2]로 데이터를 전달하고 있습니다.

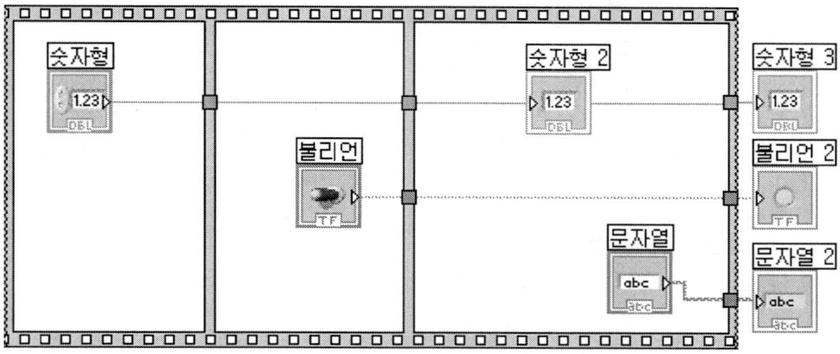

그러나 다층 시퀀스를 이용하여 위와 동일한 블록다이어그램을 만들기 위해서는 **시퀀스 로컬**을 이용해야 됩니다. 시퀀스 로컬은 프레임의 테두리에서 단축메뉴로 만들 수 있습니다. 아래와 같이 단축메뉴의 **시퀀스 로컬 추가**를 사용합니다.

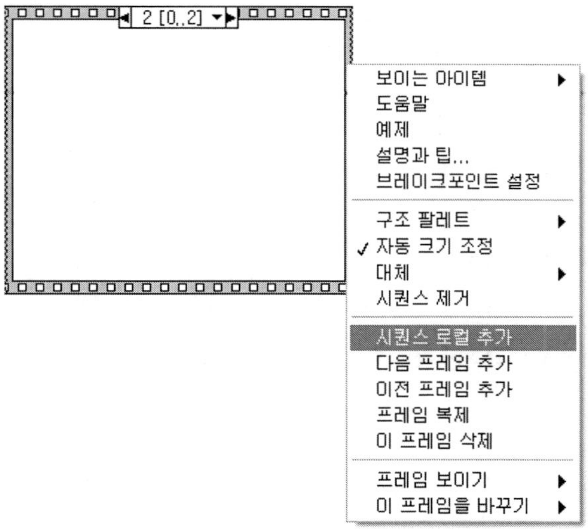

시퀀스 로컬은 와이어가 연결되지 않으면 노란색의 사각형만 있습니다. 여기에 출력을 연결하면 색깔이 바뀌고, 나가는 화살표가 생깁니다.

0번 프레임에서 시퀀스 로컬을 만들면, 1번 프레임과 2번 프레임에서 이 데이터를 받아볼 수 있고, 들어오는 화살표 모양의 시퀀스 로컬이 1번 프레임과 2번 프레임에 생깁니다.

다음은 다층 시퀀스에서 시퀀스 로컬을 이용하여 0번 프레임의 [숫자형]에서 1번 프레임의 [숫자형 3]으로 데이터를 전달하는 예입니다.

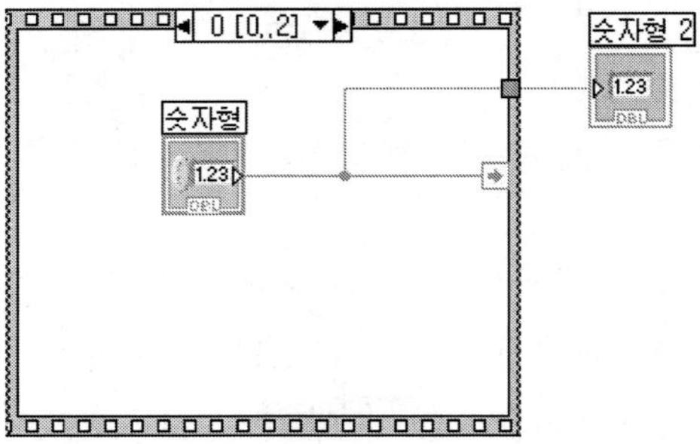

0번 프레임

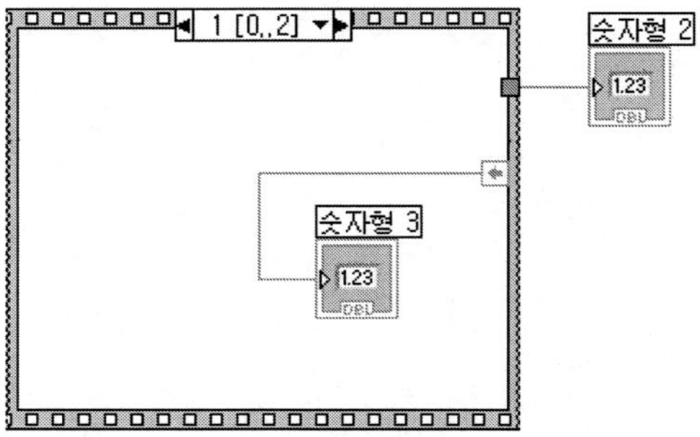

1번 프레임

시퀀스 구조에서 데이터는 앞쪽 프레임에서 뒤쪽 프레임으로만 전달 가능합니다. 반대로 뒤쪽 프레임에서 앞쪽 프레임으로는 데이터를 전달할 수 없습니다.

⌘ Timed 시퀀스

Timed 시퀀스 구조는 각 프레임을 정확한 타이밍으로 실행하게 해주는 시퀀스 구조입니다. 함수 〉 프로그래밍 〉 구조 〉 Timed 구조 팔레트에서 Timed 시퀀스를 찾을 수 있습니다.

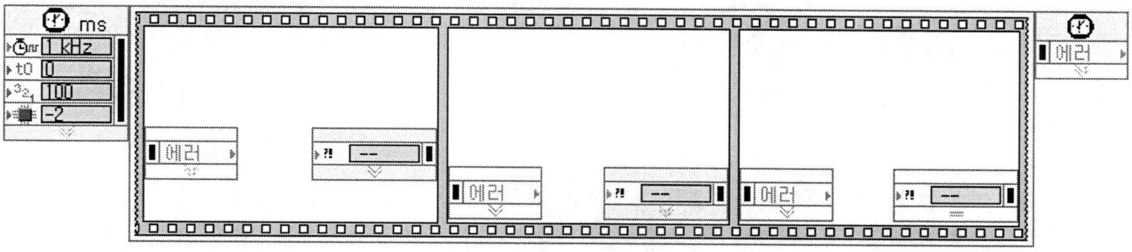
ms
1 kHz
t0
0
100
-2
에러
에러
에러
에러

다. 파일 입출력

획득한 데이터를 파일로 저장하고 저장된 데이터를 다시 읽어서 사용하는 방법을 설명합니다. 파일 입출력의 기본 형식은 파일을 열고, 새로운 데이터를 이 파일에 쓰거나 저장된 파일을 읽고, 파일을 닫는 과정으로 이루어 집니다.

파일 열기 ➜ 파일 쓰기/파일 읽기 ➜ 파일 닫기

파일 I/O 함수는 함수 〉 프로그래밍 〉 파일 I/O 팔레트에서 찾을 수 있습니다.

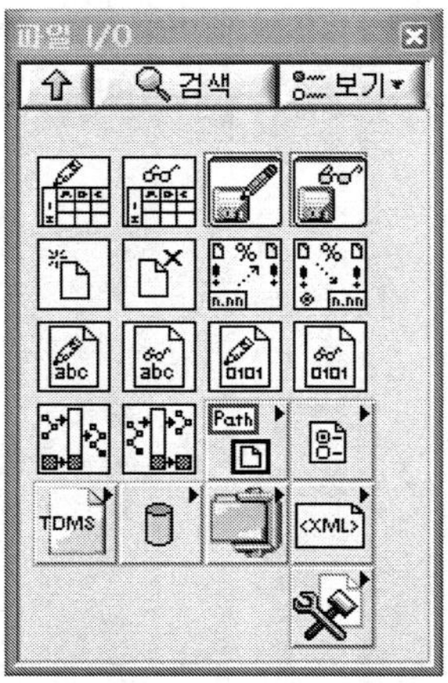

⌘ 파일 쓰기

파일을 저장하기 위해서는 먼저 파일을 열고, 데이터를 쓰고, 그리고 파일을 닫아야 합니다.

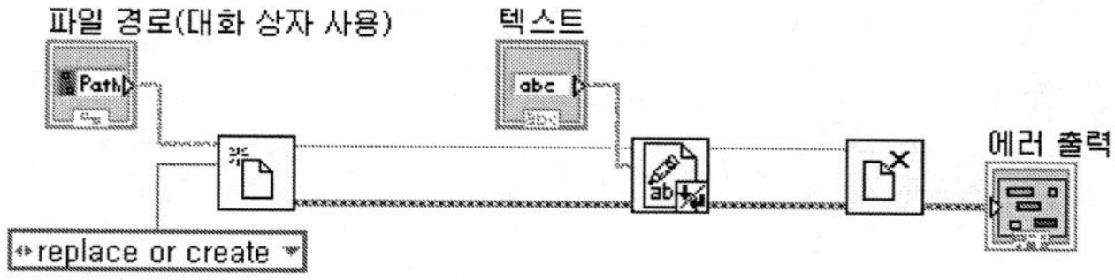

 **파일 열기/생성/대체**는 파일에 데이터를 쓰거나 읽기위하여 열어줍니다. 이때 파일 경로를 지정해줘야 됩니다. 그리고 파일을 쓰기 위해서 여는지, 읽기 위해서 여는 지, 또는 고치기 위해서 여는 지를 명확히 정해줍니다. 읽기위하여 열 경우에는 **open**으로 선택해줍니다. 그러나 파일 쓰기에서는 **replace or create**를 주로 선택합니다.

 **텍스트 파일에 쓰기**는 문자열 데이터를 저장할 때 사용합니다. 텍스트 파일로 저장되면 LabVIEW 이외의 방법, 예를 들어, Word나 흔글, 메모장, Excel 등에서 저장된 파일을 읽을 수 있습니다. ASCII 형식으로 파일을 저장하는 것이므로 다양한 프로그램에서 사용할 수 있다는 장점이 있지만, Binary 파일 형식보다 파일 크기가 커진다는 단점이 있습니다.

 **2진 파일에 쓰기**는 Binary 파일로 데이터를 저장할 때 사용합니다. 파일 크기를 최적화할 수 있기 때문에 고속으로 많은 데이터를 저장할 때 사용합니다. 그러나 이렇게 저장된 파일은 LabVIEW로만 읽을 수 있습니다.

 **파일 닫기**는 열었던 파일을 닫아주는 함수입니다.

참고 **연속적인 함수 사용 방법:** LabVIEW의 많은 부분은 C언어에서 시작합니다. C언어에서 간단한 함수는 단일 함수로 구현되지만, 대부분의 경우 연속적인 함수의 연결로 프로그래밍을 수행합니다. 예를 들어, 파일 입출력의 경우, Open, Write, Close의 함수를 차례로 설정해야만 프로그램을 완성할 수 있습니다. LabVIEW에서도 대부분의 함수가 연속적인 함수의 연결로 완성됩니다. 이때 함수들 간의 연결은 참조번호나 태스크(Task)를

공유하고 에러(error)를 공유합니다. 이러한 태스크의 공유나 에러의 공유는 함수의 실행 순서를 결정해주고, 설정값들을 공유하는 역할을 합니다.

참고 **에러 관리:** 앞쪽 함수에서 에러가 발생하면 뒤따르는 함수들은 실행하지 않고, 에러 정보만 통과 시킵니다. 이를 위하여 다음과 같은 Case 구조를 함수 SubVI에서 사용합니다. 에러 정보를 전달받아서, 에러가 있는 경우에는 에러만 전달하고, 에러가 없는 경우에는 함수의 기능을 수행하도록 만든 것입니다.

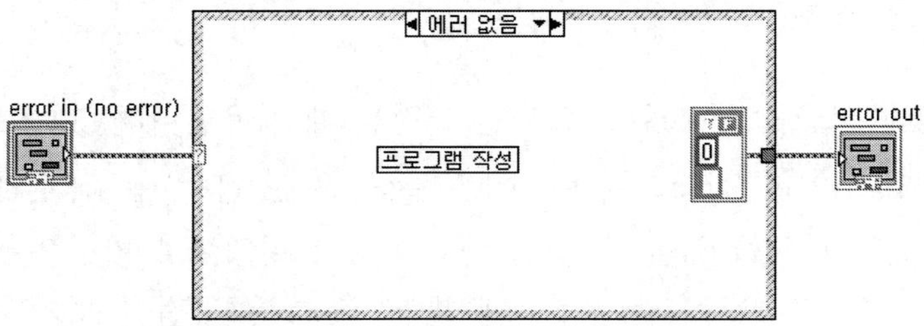

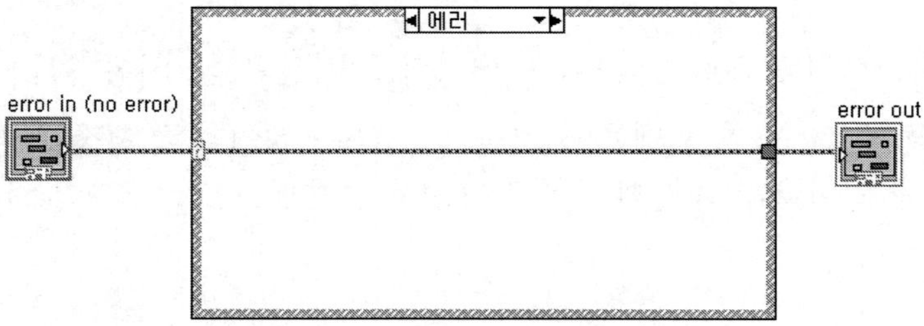

연습 4-3. 텍스트 파일에 저장하기

숫자형 데이터를 텍스트 파일에 저장해봅니다. 먼저 숫자형을 텍스트인 문자열로 타입 변환해야 될 것입니다.

⌘ 프런트패널

1. 새 VI를 만들고, 파일저장.vi로 저장합니다.
2. 다음과 같이 프런트패널을 구성합니다. 한 개의 파일 경로 컨트롤과 두 개의 문자열 컨트롤, 한 개의 숫자형 컨트롤을 놓습니다. 파일 경로 컨트롤은 컨트롤 〉 일반 〉 문자열&경로 팔레트에서 찾을 수 있습니다. 각각 라벨을'머릿글','전압','꼬릿글'로 바꿔줍니다.

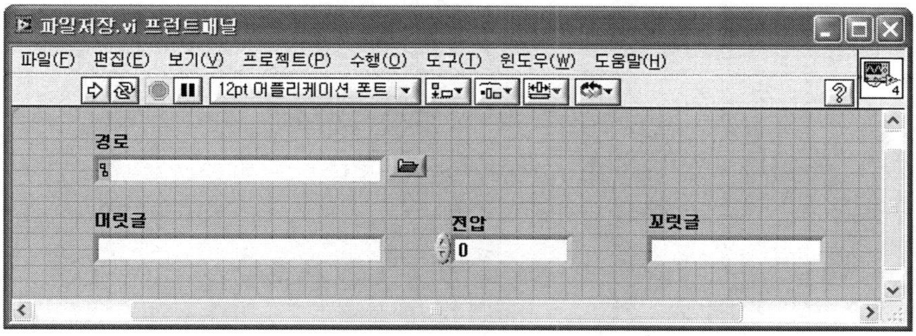

⌘ 블록다이어그램

3. 다음과 같이 블록다이어그램을 구성합니다.

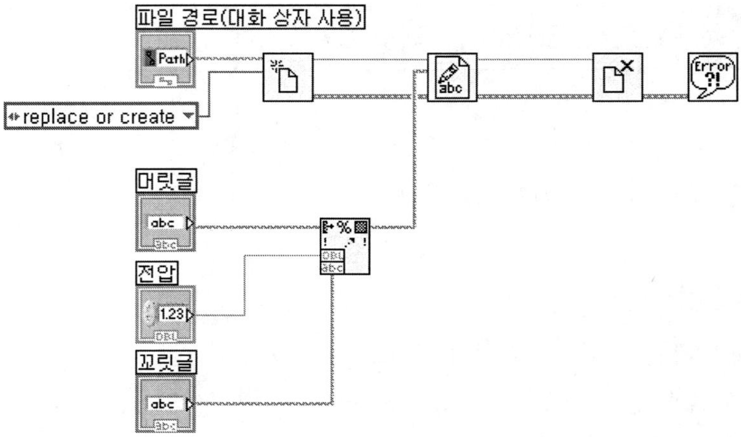

 **단순 에러 핸들러**는 함수 〉 프로그래밍 〉 대화 상자&사용자 인터페이스 팔레트에서 찾을 수 있습니다. 에러가 발생할 경우, 그 에러를 팝업창으로 보여주는 VI입니다.

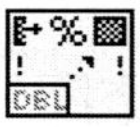 **문자열로 포맷**은 함수 〉 프로그래밍 〉 문자열 팔레트에서 찾을 수 있습니다. 숫자형 입력을 문자열로 타입 변환하는 함수입니다.

참고 파일 저장에는 문자열 데이터 타입을 사용하는 것이 유리합니다. 문자열 데이터 타입으로 저장할 경우, 메모장, Word, Excel, 그리고 혼글 등에서 저장된 파일을 읽을 수 있습니다. 즉, 데이터 공유가 쉽고, Open이 쉽습니다. 반면 다른 저장방식보다 파일의 용량이 커진다는 단점과 문자열로 변환하는 과정이 꼭 필요하다는 부담이 있습니다.

4. 파일 경로를 C:₩test.txt로 지정하고, 다음과 같이 값을 입력한 다음 실행합니다. 저장된 데이터는 메모장으로 확인합니다.

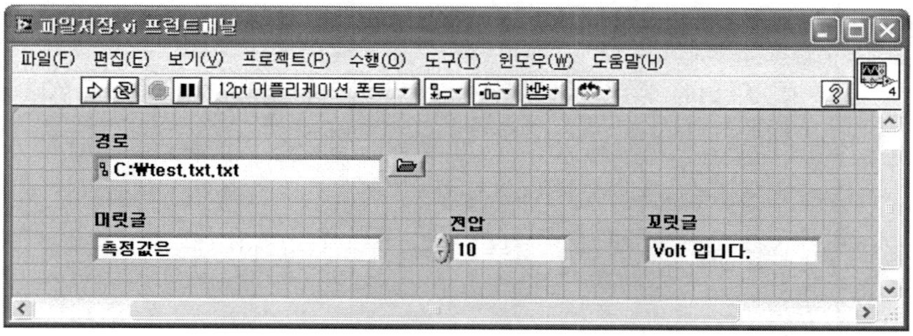

5.  **파일로 포맷**을 사용하여 다음과 같이 단순화시킬 수 있습니다. 파일로 포맷은 문자열로 포맷과 텍스트 파일로 쓰기를 합쳐놓은 함수입니다. 함수 〉 프로그래밍 〉 파일 I/O 팔레트에서 찾을 수 있습니다.

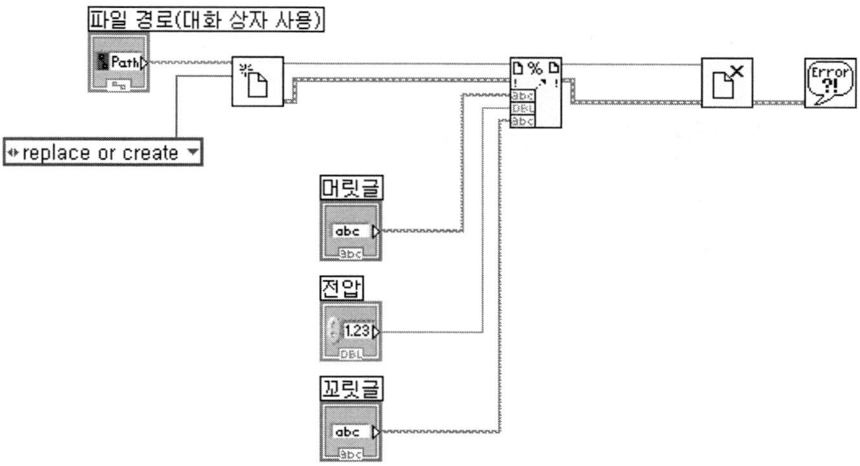

연습 4-3 끝

⌘ 파일 읽기

저장된 파일을 읽기 위해서는 먼저 파일을 열고, 데이터를 읽고, 파일을 닫아야합니다. 특히 데이터를 읽을 때, 읽은 데이터의 크기를 Byte 단위로 입력할 수 있습니다. 참고로 문자는 한 개가 1 Byte입니다.
파일 읽기 VI는 다음과 같이 구성할 수 있습니다.

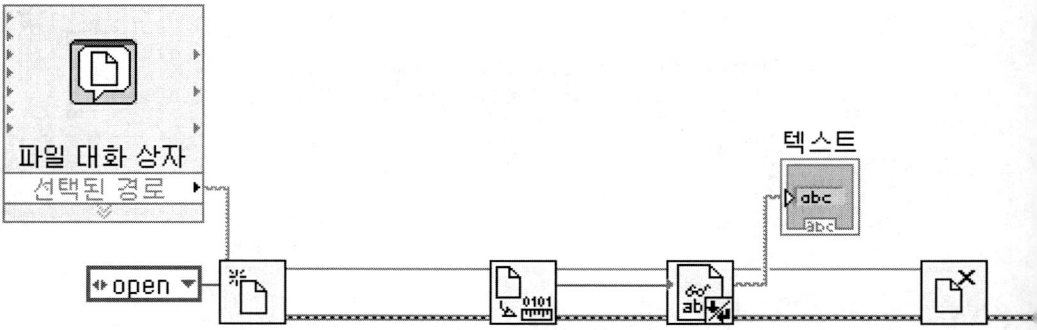

 **파일 대화 상자**는 함수 〉 프로그래밍 〉 파일 I/O 〉 고급 파일 기능 팔레트에서 찾을 수 있습니다. 파일 경로를 지정하는 대화 상자입니다. [파일 대화 상자 설정]에서 파일 경로를 찾는 옵션을 정해줄 수 있습니다.

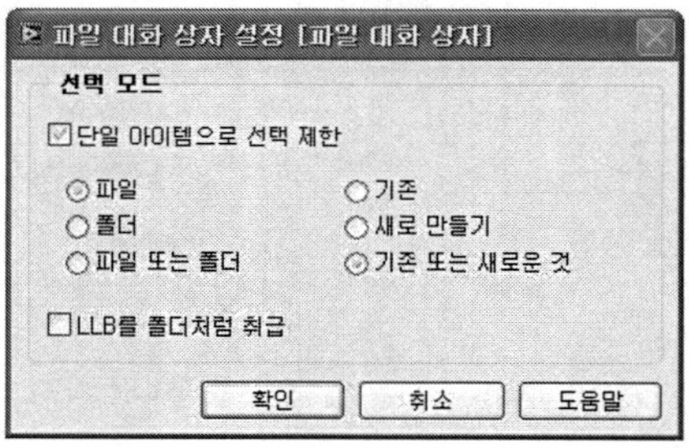

 **파일 크기 얻기**는 고급 파일 기능 팔레트에서 찾을 수 있습니다. 파일 크기를 Byte 단위로 출력합니다. 파일 크기를 텍스트 파일로부터 읽기의 [카운트] 입력에 넣어줍니다.

 텍스트 파일로부터 읽기는 함수 〉 프로그래밍 〉 파일 I/O 팔레트에서 찾을 수 있습니다. 텍스트 형식의 파일로부터 데이터를 읽어오는 함수입니다. 이때, 읽어올 데이터 크기를 [카운트]에 꼭 입력해줘야 됩니다.

연습 4-4. 문자열 타입으로 저장된 파일을 읽기

연습 4-3에서 저장한 파일을 읽어봅니다.

⌘ 블록다이어그램

1. 새 VI를 만들고 파일 읽기.vi로 저장합니다.
2. 다음과 같이 블록다이어그램을 구성합니다.

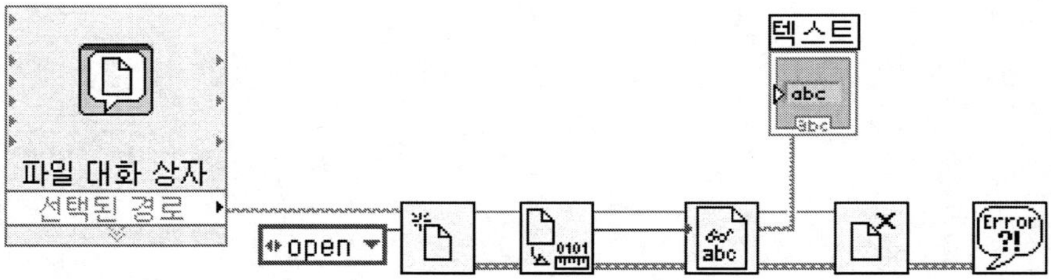

3. VI를 실행합니다. 연습 4-3에서 저장한 데이터를 읽어옵니다.

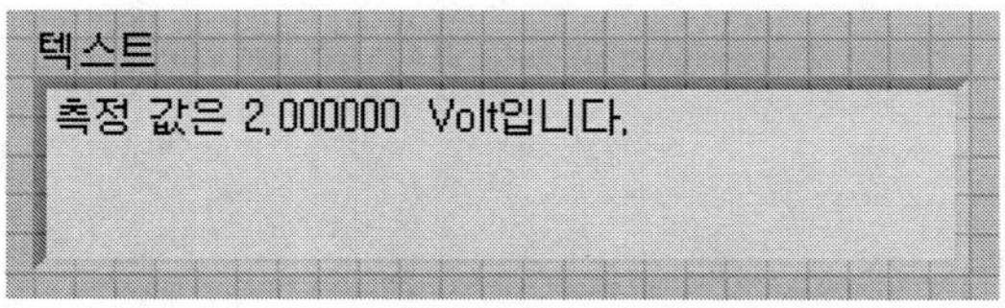

4. 위의 데이터에서 숫자형 값만 분리해봅니다.

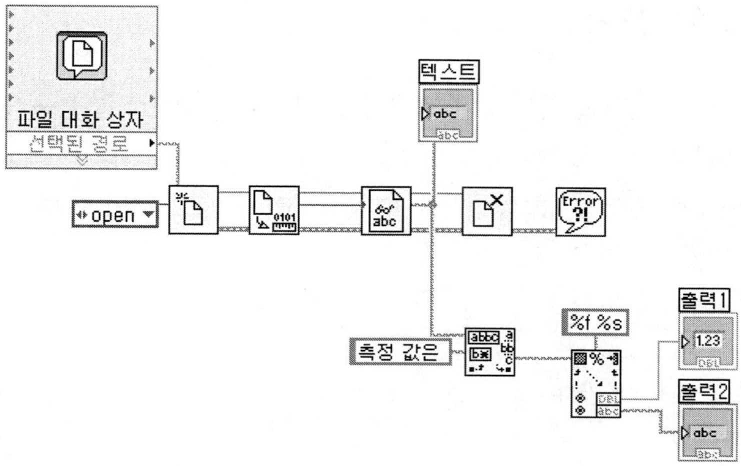

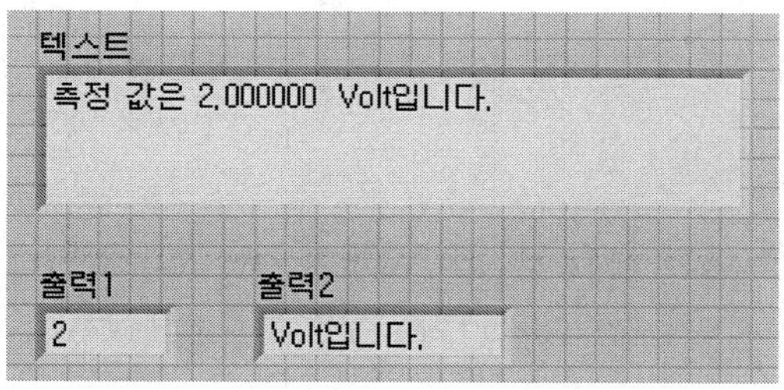

패턴 일치와 **문자열로부터 스캔**은 함수 〉 프로그래밍 〉 문자열 팔레트에서 찾을 수 있습니다.

연습 4-4 끝

⌘ 2진 파일에 쓰기

숫자형 데이터를 파일로 바로 저장할 때, **2진 파일에 쓰기**를 사용할 수 있습니다. 이 방법은 파일크기를 최적화할 수 있습니다. 그러나 Binary 파일이므로 메모장 등으로 읽을 수 없으며 LabVIEW로만 이렇게 저장한 파일을 읽을 수 있습니다.
2진 파일에 쓰기 VI는 다음과 같이 구성할 수 있습니다.

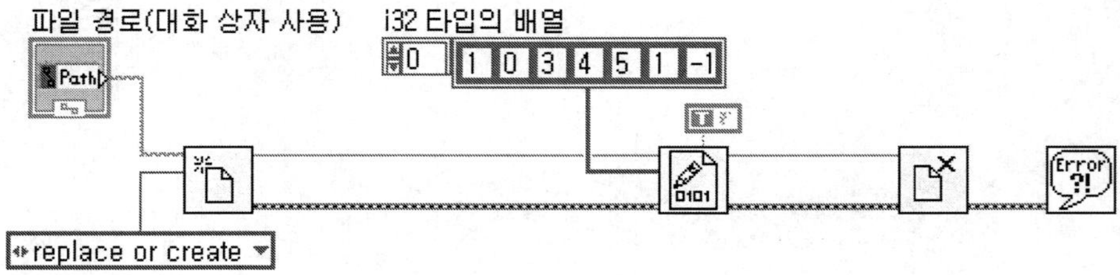

2진 파일에 쓰기의 **배열 또는 문자 크기를 앞에 추가? (참)**에 [참]을 입력하였습니다. Header를 추가한다는 의미입니다. 일반적으로 숫자형 배열 데이터를 저장할 경우에는 Header로 파일 크기가 저장됩니다.

2진 파일에 쓰기 VI에서 사용된 Header정보와 저장한 데이터의 형을 기록해두었다가 **2진 파일로부터 읽기 VI**에서 적용해야 됩니다. 위의 경우에는 I32 숫자형 배열을 저장하고 있습니다.
참고로 I32 롱은 4byte의 데이터입니다. 그리고 DBL 배정도는 8byte 데이터입니다.

⌘ 2진 파일로부터 읽기

2진 파일로 저장된 데이터를 읽어오는 VI를 다음과 같이 작성합니다.

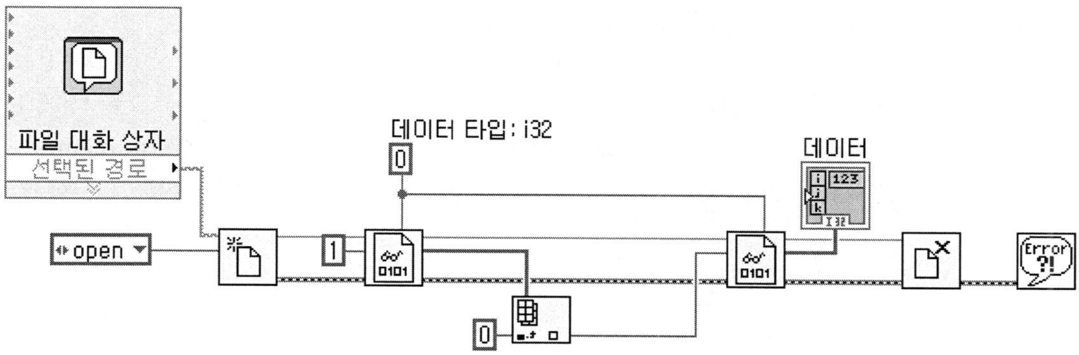

2진 파일로부터 읽기를 두 개 사용하였습니다. 먼저 Header의 정보를 읽고, 다음으로 Header에서 읽은 데이터의 크기를 뒤에 오는 2진 파일로부터 읽기의 카운터 입력에 연결하였습니다.
그리고 [데이터 타입]에 I32형 상수인 0을 동일하게 입력해주었습니다.
이때 2진 파일로부터 읽기에서 출력되는 값은 항상 1D 배열이므로, **배열 인덱스**를 이용하여 Header 정보를 단일 스칼라 값으로 바꿨습니다.

참고 Binary 파일을 이용한 파일 입출력은 파일 사이즈를 최적화할 수 있다는 장점을 가집니다. 그리고 Random Access Reading을 구현할 수 있습니다. Random Access Reading은 파일 전체에서 일부 부분을 Random으로 Access할 수 있다는 의미이고, 효율적인 파일 읽기의 방법입니다. Random Access Reading이 되지 않을 경우에는 전체 파일을 Open한 뒤에 필요한 정보를 발취해야 되므로 파일 사이즈가 클 경우에는 좋은 방법이 아닙니다.

⌘ 스프레드시트 파일 입출력

스프레드시트 파일은 Excel이나 메모장에서 숫자형 배열을 다룰 때 사용합니다.

스프레드시트 파일 입출력 함수에는 **스프레드시트 파일에 쓰기**와

스프레드시트 파일로부터 읽기가 있습니다.

다음은 2D 배열의 숫자형 데이터를 소수점 다섯 자리의 배정도 형(**%.5f**)으로 저장하고 있습니다. 메모장으로 읽으면 아래와 같이 저장됨을 확인할 수 있습니다. 구분 문자는 기본적으로 **텝(tab)**입니다. 구분 문자를 다른 것으로 바꿀 수도 있습니다.

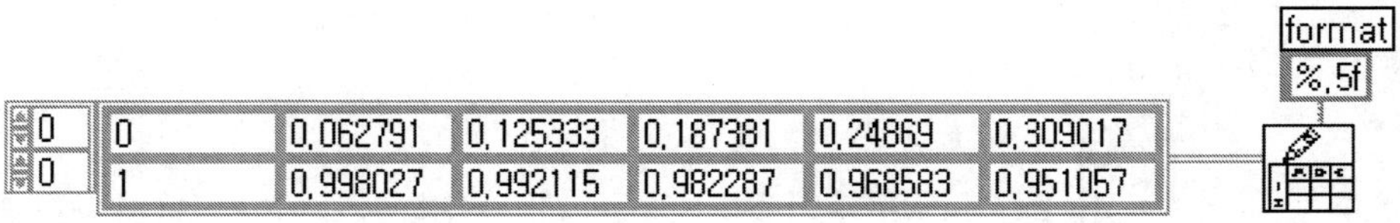

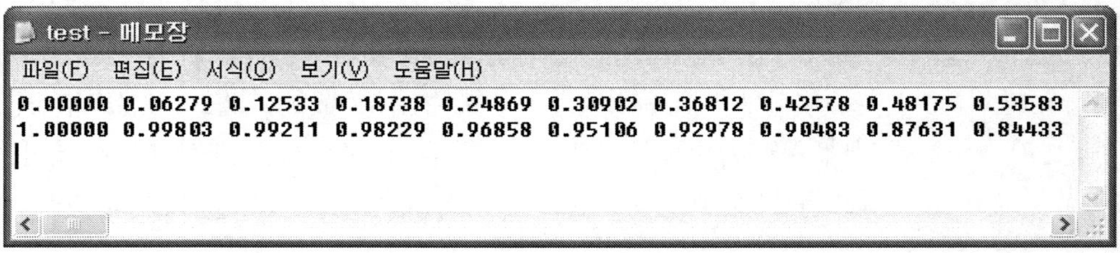

스프레드시트 파일로부터 읽기를 사용하여 읽을 수 있습니다. 다음은 포맷에 **%.3f**를 입력했으므로 소수점 세 자리의 배정도 형으로 출력합니다.

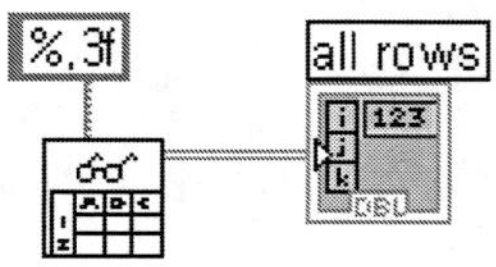

⌘ While 루프를 이용한 연속적인 파일 입출력

While 루프 속에 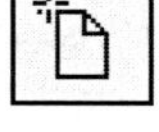 **파일 열기/생성/대체**와  **파일 닫기**를 넣으면, 루프가 한번 실행될 때 마다, 파일을 열고 닫을 것입니다. 이것은 시스템에 많은 부담을 주게 됩니다. 그래서 While 루프를 사용할 경우에는 다음과 같

이 파일 열기와 파일 닫기를 루프 밖으로 빼줍니다.

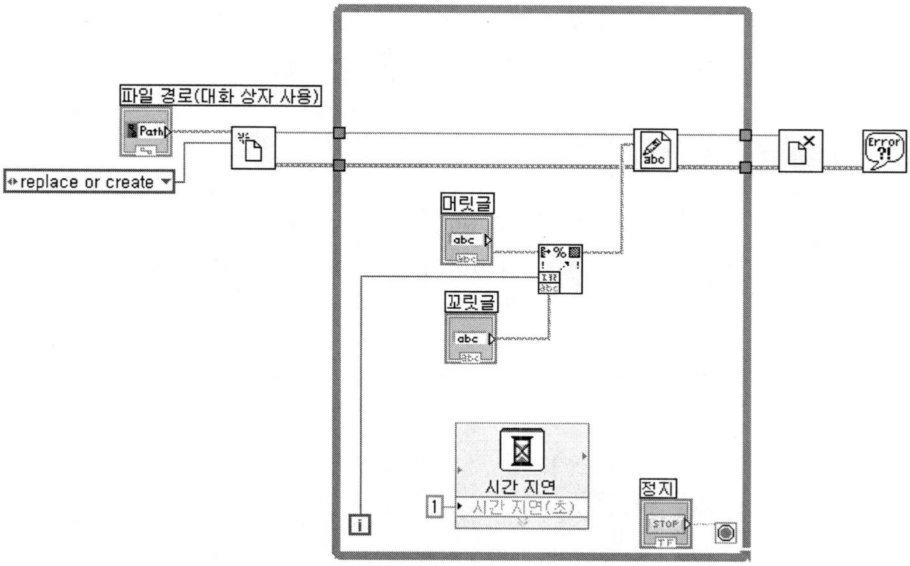

참고 **While 루프에서의 연속 함수 사용 방법:** 연속되는 함수 들은 설정, 수행, 설정 해제의 구조로 되어 있습니다. 그래서 작업 수행 부분만 루프 속에 넣어주고, 설정이나 설정 해제는 루프 밖에 위치시킵니다.

연습 4-5. While 루프와 파일 입출력

난수와 시간을 저장하는 VI를 만들어봅니다.

⌘ 블록다이어그램

1. 새 VI를 만들고, While 루프 & 파일 입력.vi로 저장합니다.
2. 다음과 같이 블록다이어그램을 구성합니다.

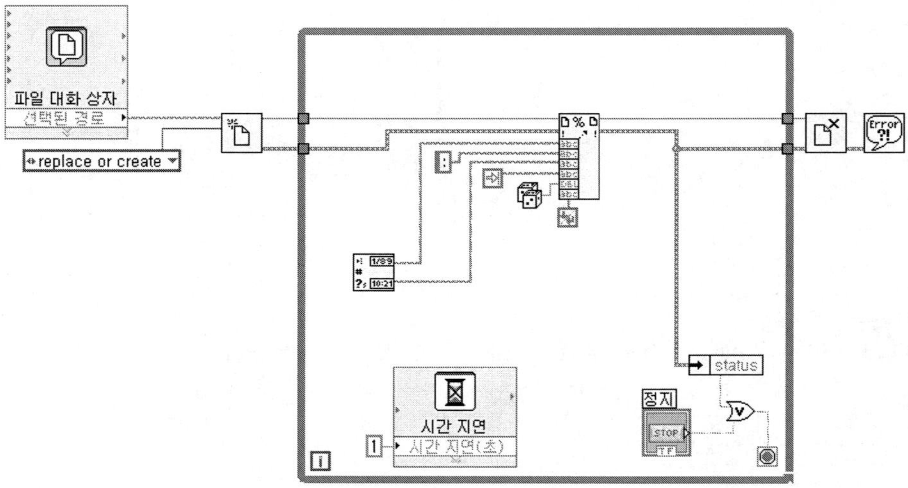

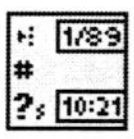 **날짜/시간을 문자열로 얻기**는 함수 〉 프로그래밍 〉 타이밍 팔레트에서 찾을 수 있습니다.

탭 상수와 **라인 끝 상수**, **문자열 상수**는 함수 〉 프로그래밍 〉 문자열 팔레트에서 찾을 수 있습니다.

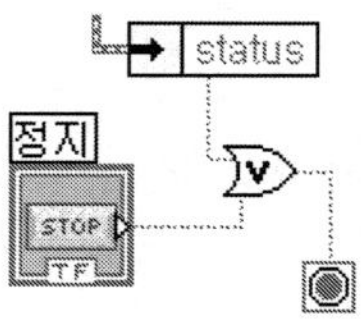

은 **이름으로 풀기**를 이용하여 Error status만 뽑아서 에러가

발생하면 루프를 멈추게 한 것입니다. 즉 에러가 생기거나 정지 버튼을 누르면 멈추는 것입니다.

이름으로 풀기는 함수 〉 프로그래밍 〉 클러스터, 클래스, & 배리언트 팔레트에서 찾을 수 있습니다.

3. 실행하고 a.txt로 데이터를 저장해봅니다. 날짜, 시간, 그리고 난수가 저장되었음을 확인할 수 있습니다.

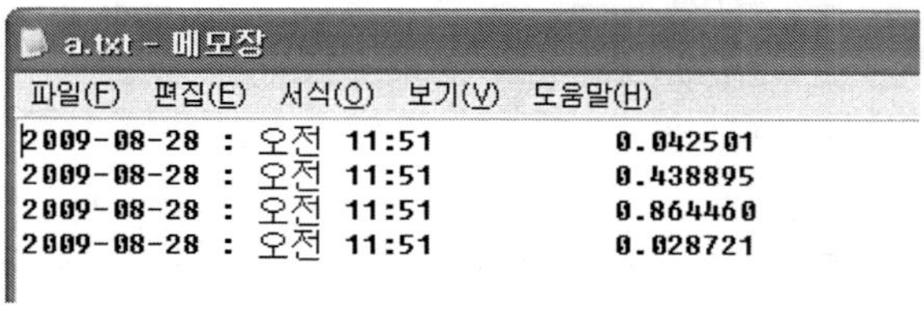
a.txt - 메모장
파일(F) 편집(E) 서식(O) 보기(V) 도움말(H)

```
2009-08-28 : 오전 11:51        0.042501
2009-08-28 : 오전 11:51        0.438895
2009-08-28 : 오전 11:51        0.864460
2009-08-28 : 오전 11:51        0.028721
```

연습 4-5 끝

⌘ 측정 파일에 쓰기와 측정 파일로부터 읽기

데이터 수집 보드로 획득한 데이터를 저장할 때에는 **측정 파일에 쓰기**로 저장하는 것이 간편합니다. 그리고 파일에서 데이터를 읽어 와서 아날로그 신호로 출력하고자 할 때에는 **측정 파일로부터 읽기**를 사용할 수 있습니다. 익스프레스 VI이므로 팝업창에서 여러 가지 설정을 쉽게 할 수 있습니다.

 **측정 파일에 쓰기**,  **측정 파일로부터 읽기**는 파일 I/O 팔레트에서 찾을 수 있습니다.

측정 파일에 쓰기를 블록다이어그램에 놓으면 다음과 같은 설정창이 나타납니다. 한 개의 익스프레스 VI로 측정 데이터를 저장할 수 있으며, While 루프 속에서도 사용할 수 있습니다.

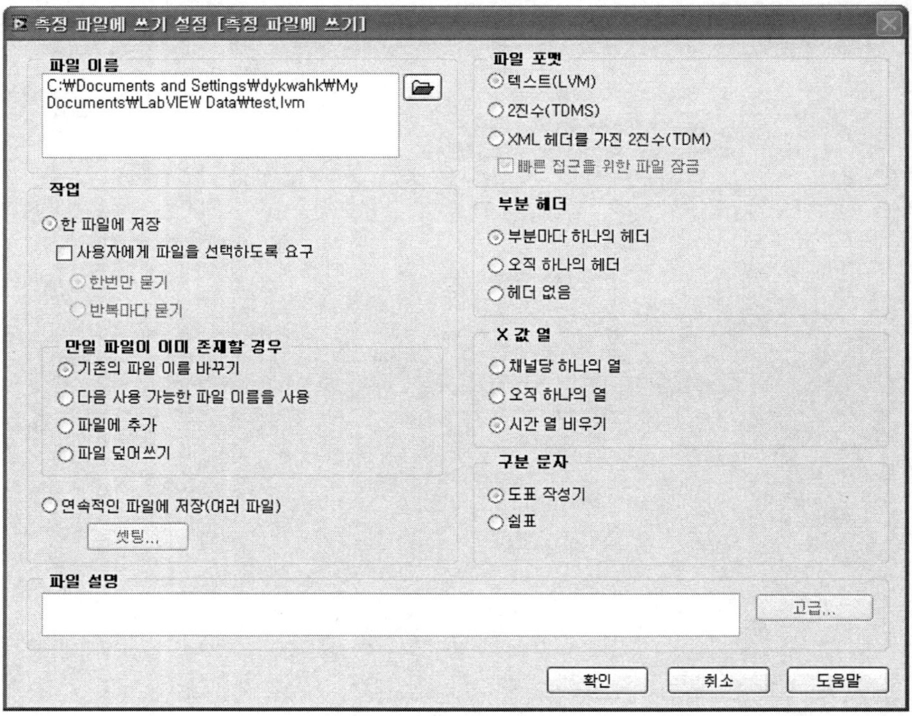

라. 상태머신

LabVIEW는 데이터 흐름 패러다임에 따라서 프로그래밍됩니다. 데이터 흐름에 따라서 순서대로 실행한다는 의미입니다. 다음과 같이 일련의 과정을 순서대로 실행하는 프로그램 구조가 LabVIEW 프로그래밍 구조의 대표적인 예입니다.

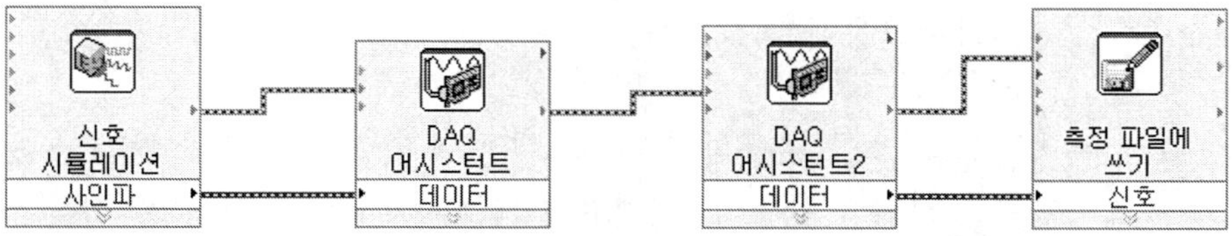

이와 같은 구조에서는 네 가지 Task가 한번씩만 실행되고, 왼쪽부터 순차적으로 실행하게 됩니다. 그러나 만약 두 번째 Task를 사용자가 원하는 만큼 여러 번 실행하고 싶고, 실행 순서를 사용자가 마음대로 선택하게 만들고 싶다면, 위와 같은 직렬 흐름 프로그래밍이 아니라 이벤트 구조로 프로그래밍해야 됩니다.

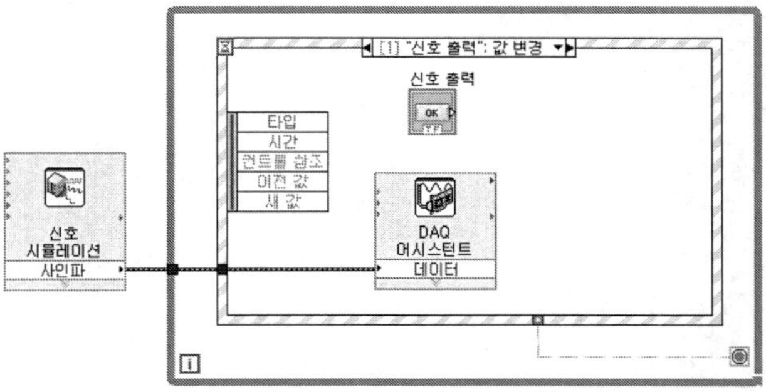

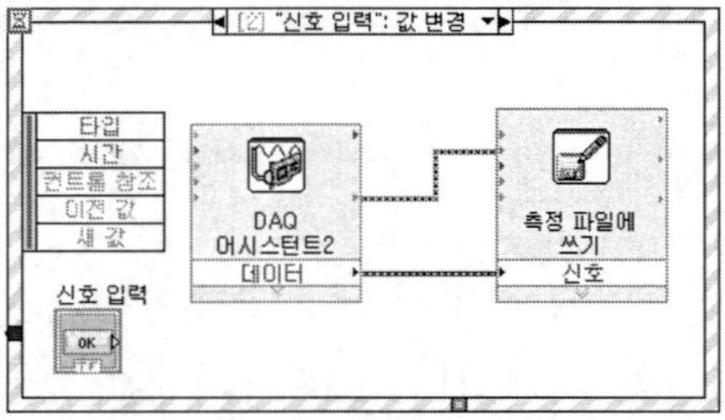

이벤트 구조 프로그래밍은 사용자가 원하는 Task를 선택하여 실행하게 할 수 있고, 사용자 입력 이벤트가 들어오기를 기다리고 있다가 입력이 들어오면 바로 반응하기 때문에, 효율적인 VI를 작성할 수 있습니다.

이벤트 구조를 사용하지 않고, 사용자 입력 이벤트에 따라 실행하는 프로그램을 만드는 방법이 **상태머신**입니다. 이벤트 구조가 없는 예전 버전의 LabVIEW에서는 유일한 이벤트 프로그래밍 방법이었고, 지금도 유용하게 사용되는 구조입니다.

상태머신을 만들기 위해서는 먼저 사용자 이벤트로 사용할 Task들을 클러스터로 묶어줘야 됩니다. 다음은 '작업 1', '작업 2', '정지'의 세 가지 Task를 선택할 수 있도록 불리언 버튼으로 클러스터를 만들어준 것입니다.

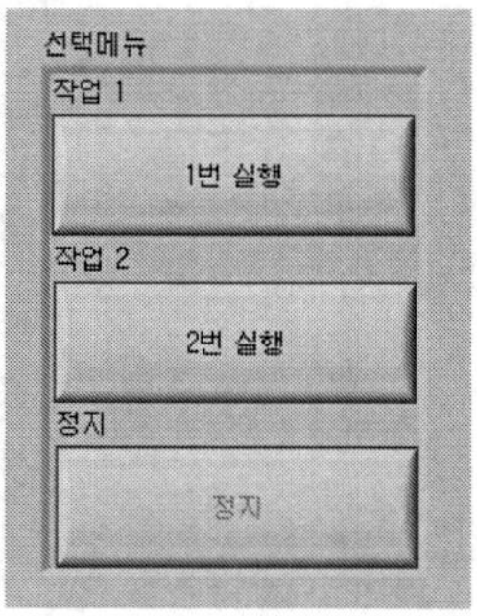

그리고 열거형에 아이템을 추가하여 열거형 상수를 만드는 작업이 필요합니다. 열거형은 컨트롤 〉 일반 〉 링 & 열거형 팔레트에서 찾을 수 있습니다. 이때, **Idle**을 추가해줘야 됩니다. Idle은 중립 상태를 나타낼 것입니다.

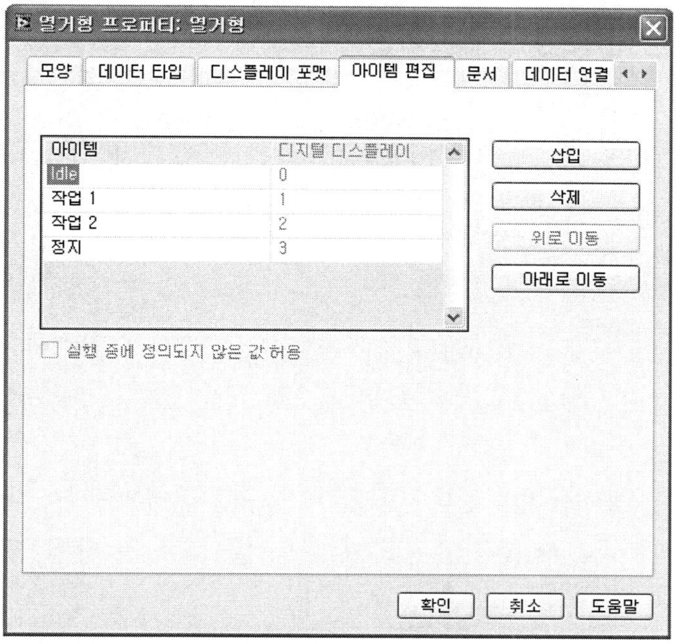

다음 연습을 통하여 상태머신 구조로 프로그래밍하는 방법에 대하여 배워봅니다.

참고로 상태머신은 프런트패널의 상태를 감지하여 해당 이벤트를 처리하는 이벤트 프로그래밍 방법이지만, 두 가지의 상태가 동시에 변하는 경우에는 첫 번째 상태의 변화만 처리하고 두 번째 상태 변화는 잃어버리는 단점이 있습니다.

연습 4-6. 상태머신

세 가지 상태 변화에 대한 이벤트를 처리하는 상태머신 구조를 만들어봅니다.

⌘ 프런트패널

1. 새 VI를 만들고, 상태머신.vi로 저장합니다.
2. 프런트패널에 클러스터를 두고, 불리언 버튼 세 개를 클러스터에 넣어줍니다.
3. 각 불리언 버튼의 라벨과 이름을 다음과 같이 바꿔줍니다. 불리언의 라벨은 '작업 1', '작업 2', '정지'입니다. 클러스터의 라벨은 '선택메뉴'로 바꿔줍니다.

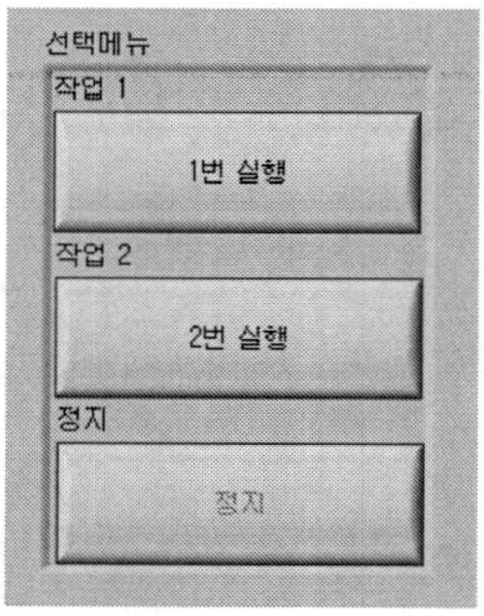

4. 클러스터의 테두리를 투명으로 바꿔줍니다. 마우스를 색 도구로 바꿔주고, 투명을 테두리 색으로 지정합니다. 색 창에서 오른 쪽 상단에 있는 T 버튼을 클릭하면 투명색이 됩니다. 이때 클러스터의 테두리는 배경색과 전경색으로 구성되기 때문에, 두 색 모두 투명으로 바꿔줘야 됩니다. 〈F〉 키를 클릭하면 T 투명한 에서 배경색과 전경색을 바꿔서 선택할 수 있습니다. 배경색을 선택하고 T 버튼을 클릭하고, 다시 전경색을 선택하고 T 버튼을 클릭하면 될 것입니다.

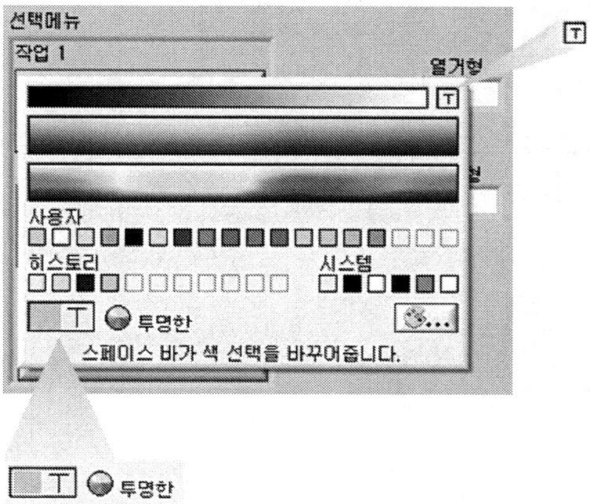

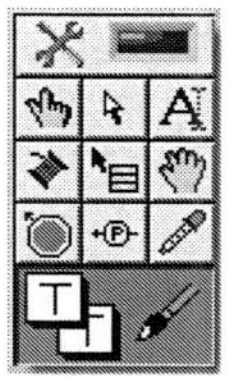

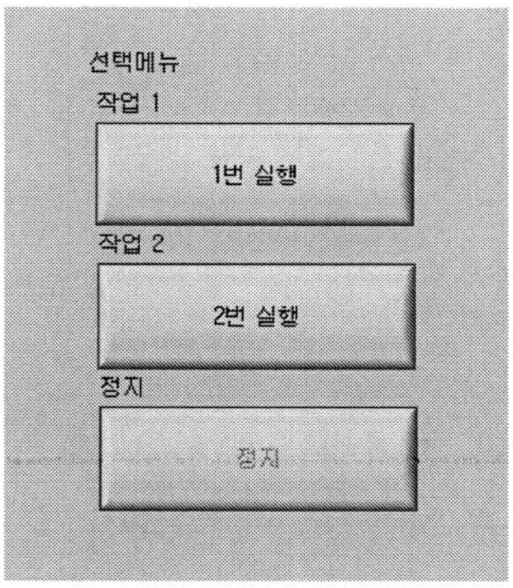

5. 열거형을 위치시키고 아이템을 편집합니다. 열거형은 컨트롤 〉 일반 〉 링 & 열거형 팔레트에서 찾을 수 있습니다. [Idle], [작업 1], [작업 2], [정지] 아이템을 차례로 삽입합니다. 각각 부호없는 워드 U16의 숫자형인 0, 1, 2, 3에 대응됩니다.

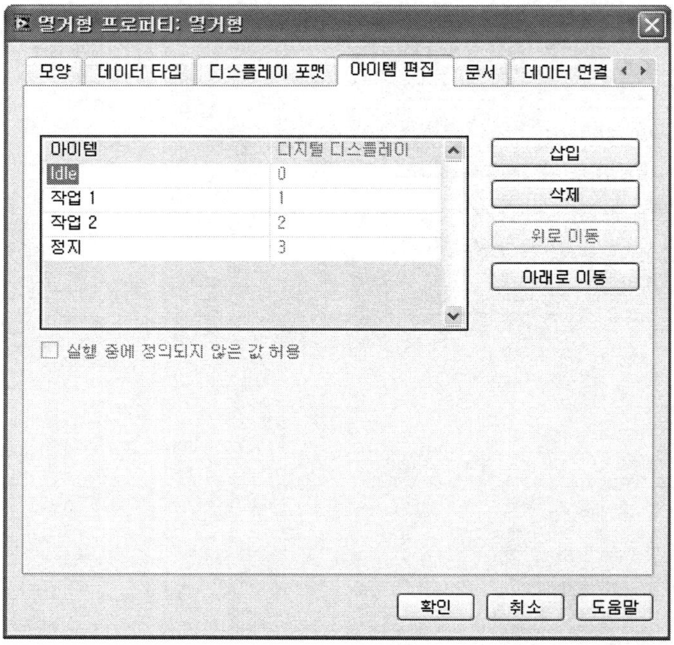

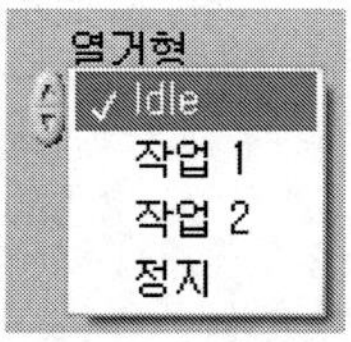

6. 열거형의 단축메뉴에서 고급 > 사용자 정의를 선택한 다음, [엄격한 타입 정의]로 선택해줍니다. 상태 열거형.ctl로 사용자 컨트롤을 저장합니다. 엄격한 타입 정의로 지정되면 아이템을 추가로 편집하는 것을 막을 수 있습니다.

⌘ 블록다이어그램

7. 다음과 같이 열거형의 터미널에서 단축메뉴로 [상수로 변경]을 선택하여 열거형 상수로 변경시킵니다.

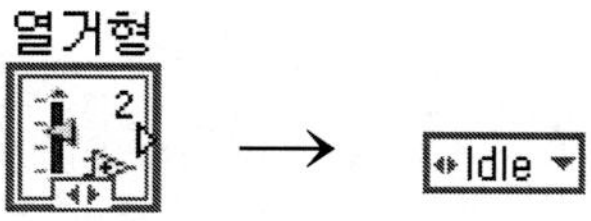

8. 다음과 같이 블록다이어그램을 구성합니다.

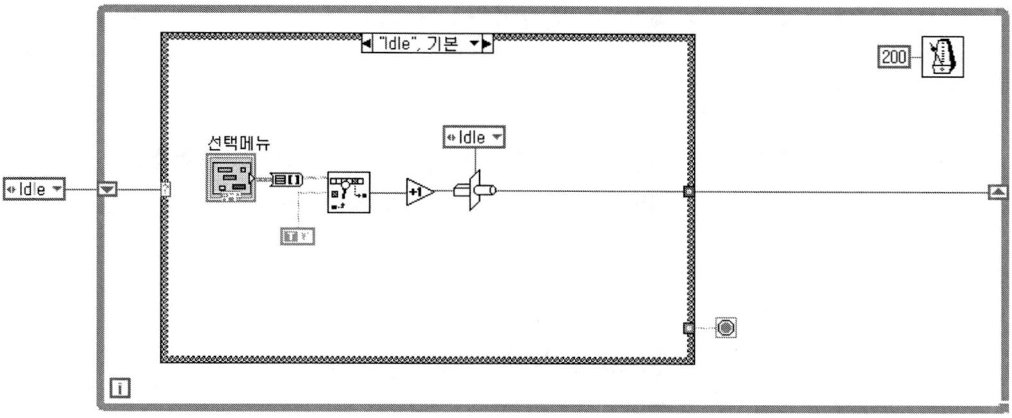

- While 루프와 Case 구조를 위치시킵니다.
- While 루프의 실행속도를 제어하기 위하여 [다음 ms 배수까지 기다림]을 위치시키고, 200을 입력합니다.
- 선택메뉴 클러스터의 터미널을 Case 구조 속에 위치시키고,  **클러스터를 배열로** 에 연결합니다. 함수 〉 프로그래밍 〉 클러스터, 클래스, & 배리언트 팔레트에서 찾을 수 있습니다.
-  **1D 배열 검색**을 이용하여 선택메뉴 클러스터의 상태 변화를 인지합니다. 선택메뉴 클러스터 내부의 불리언들의 초기 상태는 False입니다. 상태가 True로 바뀌면 몇 번째 불리언의 상태가 바뀌었는지를 [1D 배열 검색]에서 출력해줍니다. 그리고 상태 변화가 없으면 −1을 출력합니다. 이때 [1D 배열 검색]은 첫 번째 True의 위치만 알려주므로, 동시에 두 개 값이 True인 경우에는 첫 번째 위치만 의미가 있습니다.
- 1D 배열 검색의 출력에 +1을 더합니다. 열거형 상수는 0, 1, 2, 3에 대응되고, 상태 변화가 없을 때, Idle인 0에 대응되게 만드는 것입니다.
-  타입 캐스트는 입력 값을 지정된 타입으로 변환시키는 함수입니다. 여기에서는 입력된 I32 정수를 U16 정수로 변환시킵니다. 1D 배열 검색의 출력이 I32 정수이고, 열거형 상수가 U16 타입입니다.

열거형 상수를 복사하여 [타입]에 연결해줍니다. 타입 캐스트는 함수 〉 프로그래밍 〉 숫자형 〉 데이터 다루기 팔레트에서 찾을 수 있습니다.

- While 루프에 시프트 레지스터를 추가하고, 열거형 상수로 초기화시키고, 타입 캐스트의 출력 등을 연결하여 블록다이어그램을 완성합니다.
- Case 출력을 [연결되지 않으면 기본값 사용]으로 선택해줍니다.

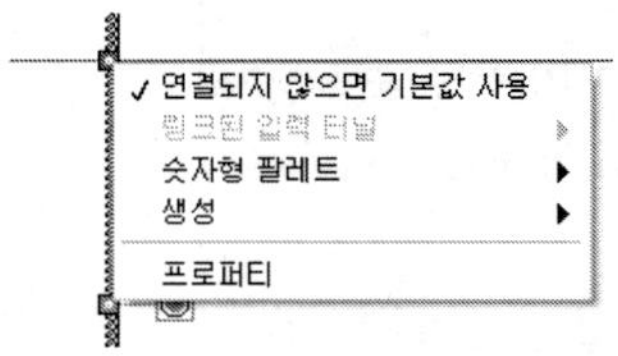

9. "작업 1"케이스를 선택하고  **단일 버튼 대화 상자**를 위치시킵니다. 메시지에 "작업 1을 수행합니다."를 입력해주고, 버튼 이름으로 "완료"를 입력해줍니다. 단일 버튼 대화 상자는 함수 〉 프로그래밍 〉 대화 상자 & 사용자 인터페이스 팔레트에서 찾을 수 있습니다.

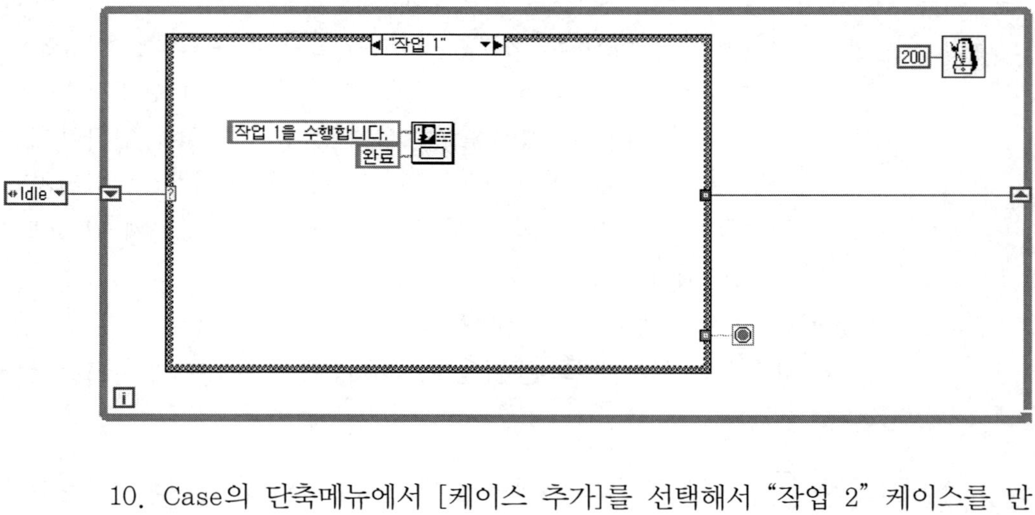

10. Case의 단축메뉴에서 [케이스 추가]를 선택해서 "작업 2" 케이스를 만들고, 다음과 같이 케이스를 구성합니다.

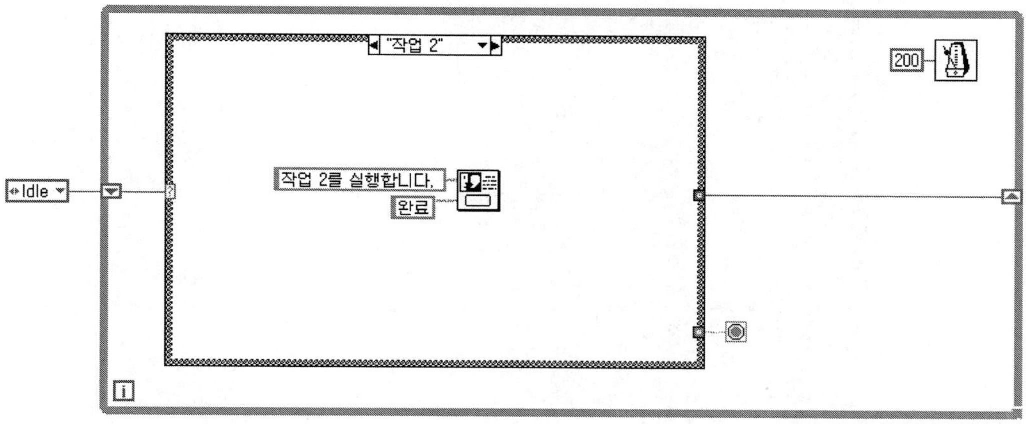

11. Case의 단축메뉴에서 [케이스 추가]를 선택해서 "정지" 케이스를 만들고, 다음과 같이 케이스를 구성합니다. **참 상수**를 연결하고, Case의 출력에서 [연결되지 않으면 기본값 사용]을 선택합니다. 불리언 변수의 기본 값은 **거짓**입니다. 열거형 상수를 복사하여 연결하고, "정지"로 선택해줍니다.

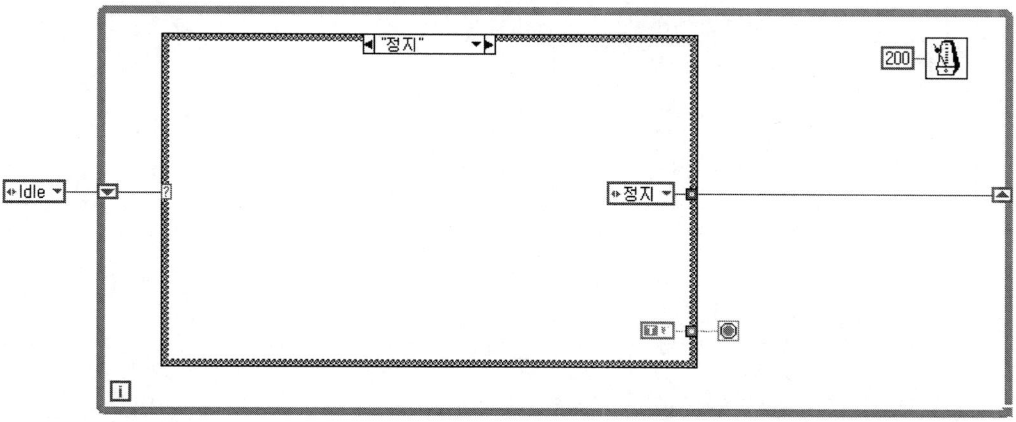

12. 프런트패널을 정리하고 VI를 실행합니다. [1번 실행] 버튼을 클릭하면 아래와 같은 대화 상자가 팝업됩니다. 완료 버튼을 클릭하면 대화 상자가 닫힙니다.

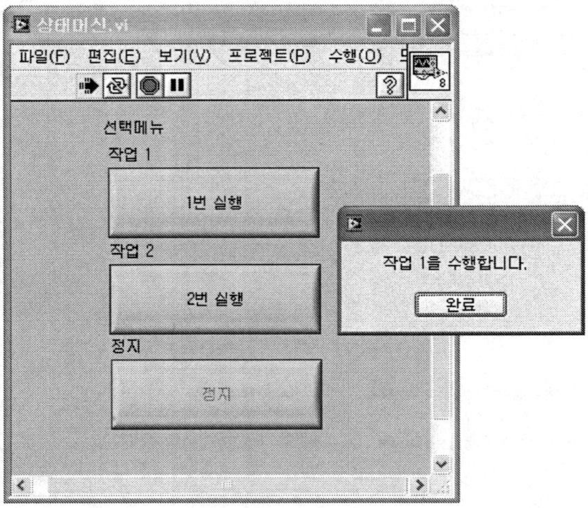
상태머신.vi
파일(F) 편집(E) 보기(V) 프로젝트(P) 수행(O)
선택메뉴
작업 1
1번 실행
작업 2
2번 실행
정지
정지
작업 1을 수행합니다.
완료

연습 4-6 끝

연습문제

1. 다음과 같은 프런트패널을 가진 Main VI에서 이벤트 구조를 이용하여 버튼 클릭으로 해당 SubVI를 호출하여 실행하는 VI를 만들어봅니다. 그리고 SubVI의 실행을 멈추면 다시 Main VI로 돌아오도록 만듭니다. 각 이벤트에 대한 SubVI는 연습 3-3, 연습 3-4, 연습 4-5에서 만든 VI를 이용합니다.

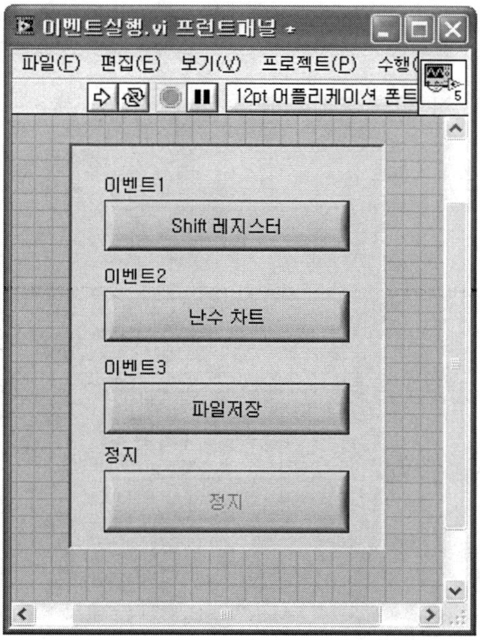

연습문제 답

문제 1. 연습 3-3, 연습 3-4, 연습 4-5에서 만든 VI들을 SubVI로 호출하는 Main VI를 만들어봅니다. 이벤트 구조를 이용하여 버튼을 클릭할 때, 해당 SubVI를 실행하고, SubVI의 실행을 멈추면 다시 Main VI로 돌아오도록 만듭니다.

⌘ SubVI 수정

1. 연습 3-3에서 만든 시프트 레지스터.vi를 엽니다.
2. Shift 아이콘 모양을 바꿔주고, 아이콘의 단축메뉴에서 VI 프로퍼티를 선택합니다.

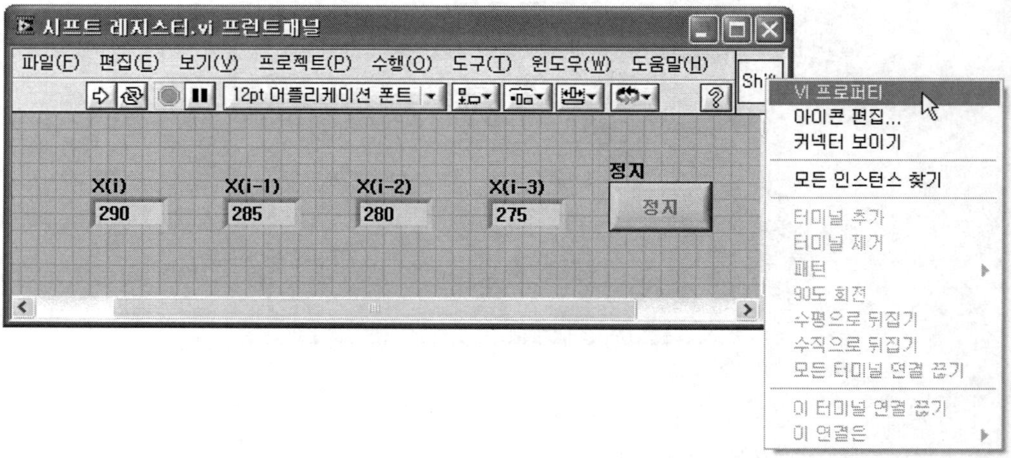

3. VI 프로퍼티의 항목에서 **윈도우 모양**을 선택합니다. 그리고 **사용자 정의...** 버튼을 클릭합니다.

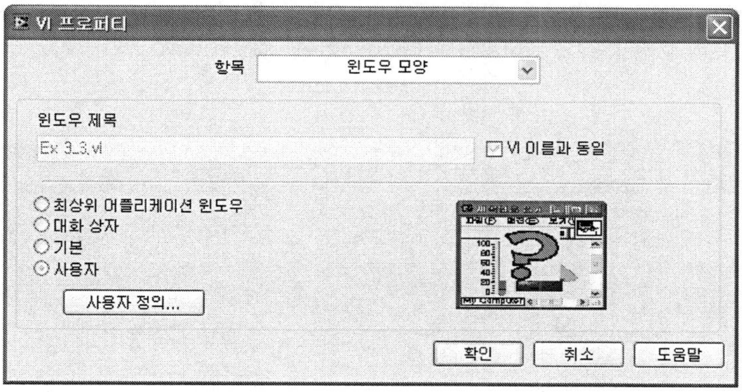

4. 윈도우 모양 사용자 정의 창에서 **호출될 때 프런트패널 보이기**와 **원래 닫혀 있으면 나중에 닫기**를 선택해줍니다. 확인 버튼을 클릭하여 설정을 적용합니다.

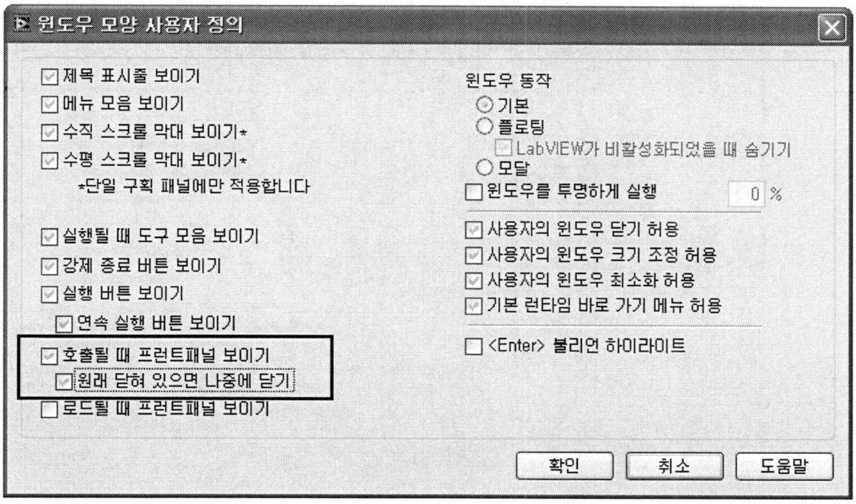

위와 같은 윈도우 모양 설정은 SubVI가 호출될 때, 호출된 SubVI를 Open 하고, SubVI를 멈추면 다시 닫아주기 위한 설정입니다.

5. 연습 4-4에서 만든 난수차트.vi를 열고, 같은 방법으로 아이콘 모양을 바꾸고 윈도우 모양 설정을 바꿔줍니다.

6. 연습 4-5에서 만든 While 루프 & 파일 입력.vi를 엽니다. 다음과 같이 파일 경로 컨트롤을 이용하여 VI를 일부 수정합니다.

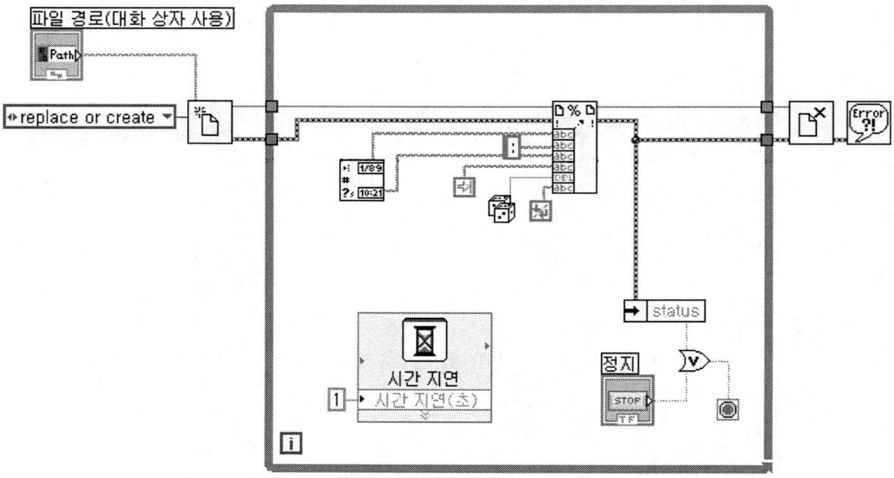

7. While 루프 & 파일 입력.vi의 아이콘모양을 바꾸고, 윈도우 모양 설정을 바꿔줍니다.

⌘ Main VI 만들기

8. 새 VI를 만들고, 이벤트실행.vi로 저장합니다.
9. 다음과 같이 프런트패널을 구성합니다. 확인 버튼 세 개와 정지 버튼 하나를 위치시키고, 라벨을 '이벤트1', '이벤트2', '이벤트3'으로 바꿔줍니다. 버튼의 내부 이름도 바꿔줍니다.

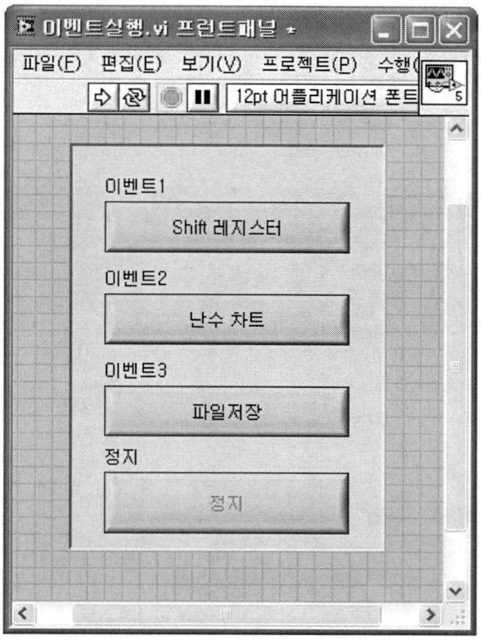

10. 블록다이어그램에 While 루프와 이벤트 구조를 위치시킵니다.

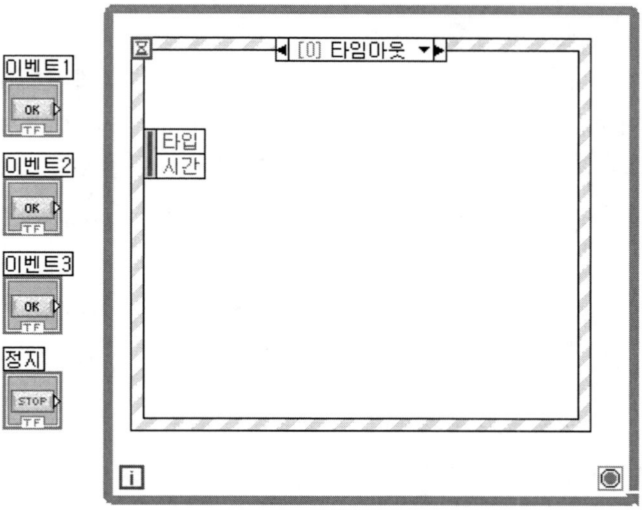

11. 이벤트 구조의 단축메뉴에서 [이 케이스에 의해 핸들되는 이벤트 편집...]을 선택하여 이벤트 편집 창을 실행합니다. 이벤트 소스로 **컨트롤 〉 정지**를 선택하고, 이벤트를 **값 변경**으로 선택합니다.

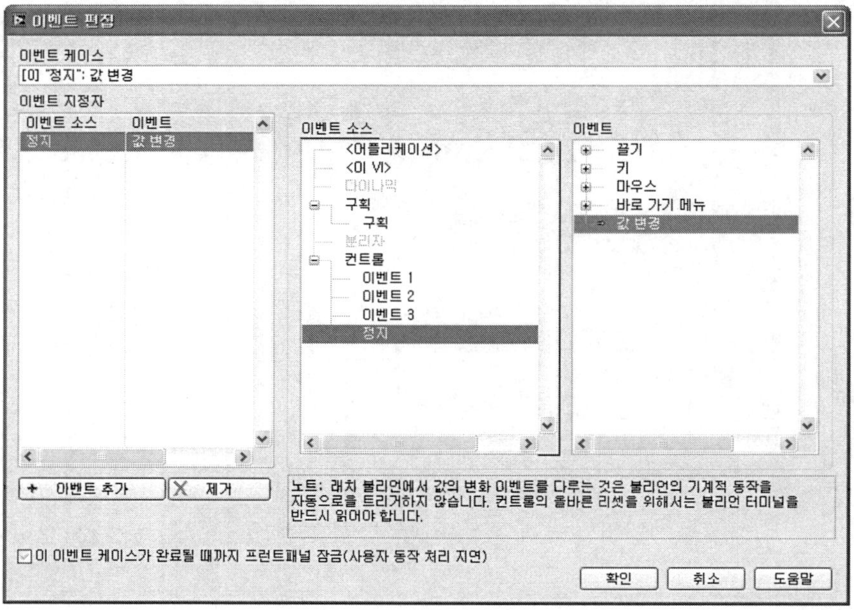

12. 다음과 같이 [0] "정지":값 변경 이벤트 케이스 속에 **정지** 버튼의 터미널을 넣어주고, While 루프의 조건입력에 연결합니다. 정지 버튼을 클릭하면 [0] "정지":값 변경 이벤트가 발생하고, 정지 버튼에 입력된 값이 While 루프의 조건입력에 전달되어 루프가 멈추게 됩니다.

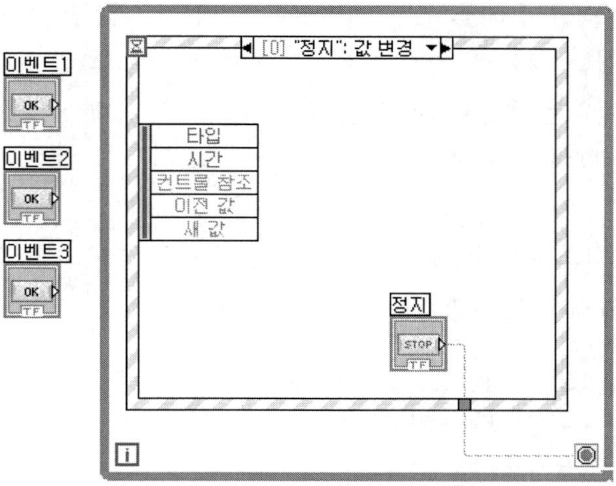

13. 이벤트 구조의 단축메뉴에서 [이벤트 케이스 추가...]를 선택하여 이벤트 편집 창을 실행합니다. 이벤트 소스로 **컨트롤 〉 이벤트1**을 선택하고, 이벤트로 **값 변경**을 선택합니다.
14. [1] "이벤트1": 값 변경 이벤트 케이스 속에 **이벤트1** 버튼의 터미널을 넣어줍니다. 그리고 함수 팔레트에서 **VI 선택...**를 선택하고, 시프트 레지스터.vi를 불러와서 이벤트 케이스 속에 넣습니다.

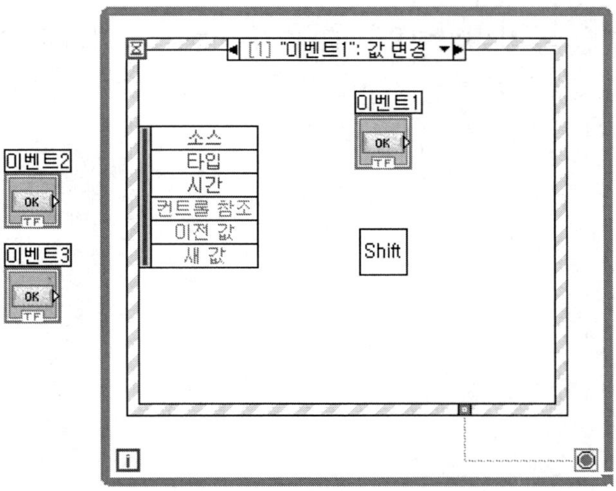

이벤트1 버튼을 클릭하면, [1] "이벤트1":값 변경 이벤트가 발생하고, 이 이벤트 속에 있는 시프트 레지스터.vi가 호출됩니다. 4번 단계에서 윈도우 모양 사용자 정의를 **호출될 때 프런트패널 보이기**로 선택했기 때문에 시프트 레지스터.vi가 Open되고 실행될 것입니다.

15. 같은 방법으로 [2] "이벤트2": 값 변경 이벤트 케이스를 만들고, 난수 차트.vi를 불러와서 이벤트 케이스 속에 넣습니다.

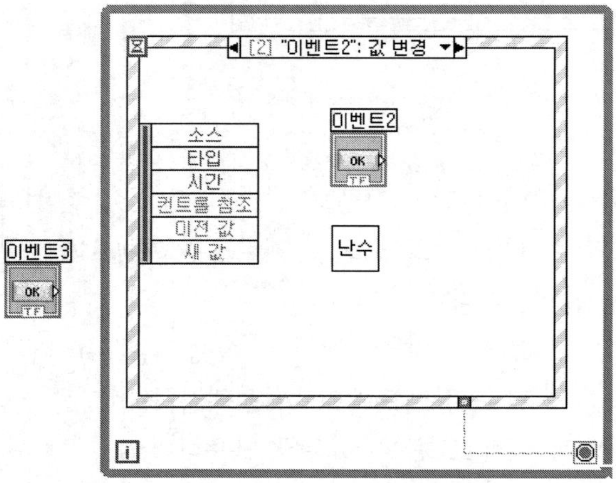

16. 같은 방법으로 [3] "이벤트3": 값 변경 이벤트 케이스를 만들고, While 루프 & 파일 입력.vi를 불러와서 이벤트 케이스 속에 넣습니다.

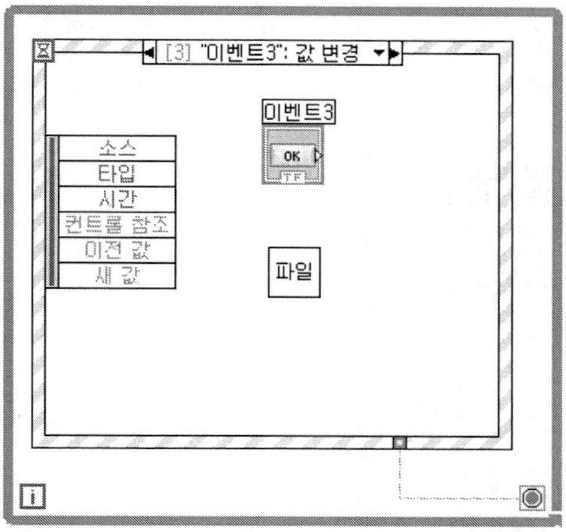

⌘ Main VI 실행하기

17. 프런트패널로 옮기고 VI를 실행합니다.
18. 이벤트1 버튼을 클릭하면 다음과 같이 시프트 레지스터.vi가 호출되어 실행됩니다.

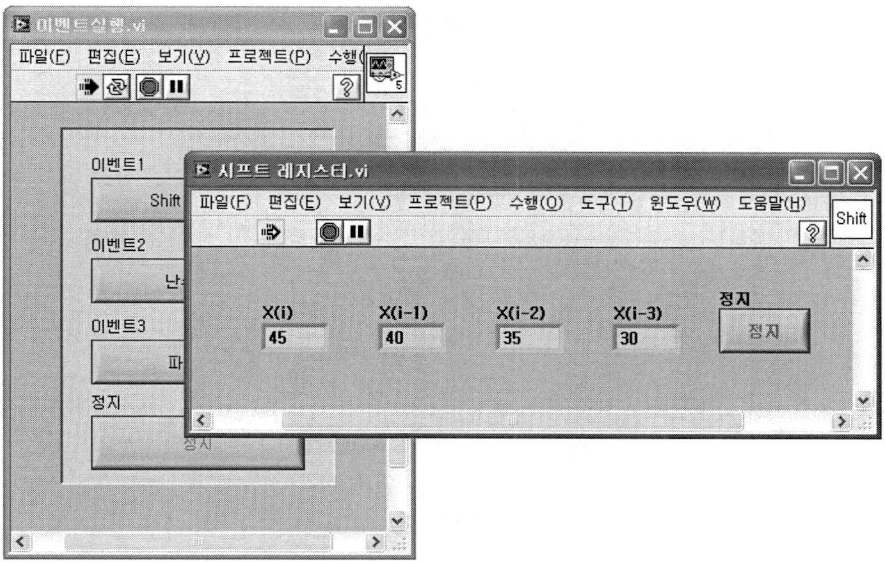

19. 시프트 레지스터.vi의 정지 버튼을 클릭하면 호출되었던 SubVI가 닫히고 Main VI로 돌아갑니다.

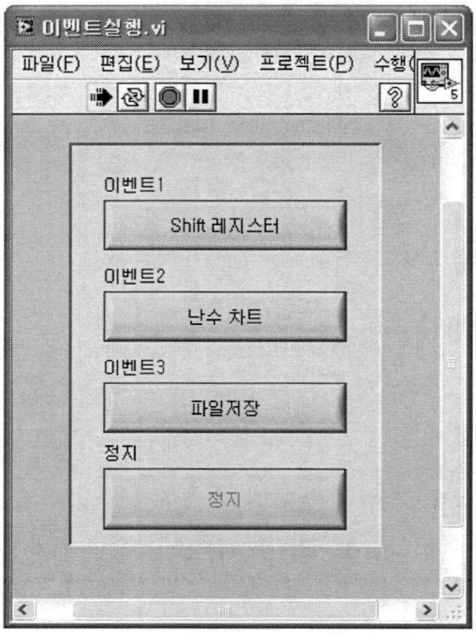

연습문제 끝

요약정리

가. 이벤트 구조와 While 루프를 이용하여 이벤트가 발생할 때만 VI가 실행하도록 프로그래밍할 수 있습니다.

나. 시퀀스 구조를 이용하여 VI의 실행 순서를 명확히 정해줍니다.

다. ASCII 파일이나 Binary 파일로 데이터를 저장하거나 읽어올 수 있습니다.

라. 파일 입출력 함수는 파일 열기, 파일 쓰기/읽기, 그리고 파일 닫기로 구성합니다.

마. 측정 파일에 쓰기와 측정 파일로부터 읽기를 이용하여 대화 식 익스프레스 VI에서 쉽게 파일 입출력을 구현할 수 있습니다.

바. While 루프와 Case 구조를 이용하여 상태머신 구조를 만들 수 있습니다.

사. 상태머신 구조는 이벤트 프로그래밍의 좋은 예입니다.

Note

제 5 장

데이터 수집 기초

이 장에서는 데이터 수집 보드를 이용하여 Data Acquisition하는 프로그램을 LabVIEW로 작성하는 방법에 대하여 배울 것입니다.

가. DAQ 시스템 구성

나. Measurement and Autom ation Explorer

다. 아날로그 입력

라. 아날로그 출력

가. DAQ 시스템 구성

DAQ는 Data Acquisition의 약자입니다. DAQ는 하드웨어를 이용한 아날로그 입력이나 아날로그 출력, 디지털 입출력과 카운터/타이머 측정을 총칭하여 말합니다.

⌘ DAQ 시스템의 구성

데이터 수집 시스템은 다음 그림과 같이 구성됩니다.

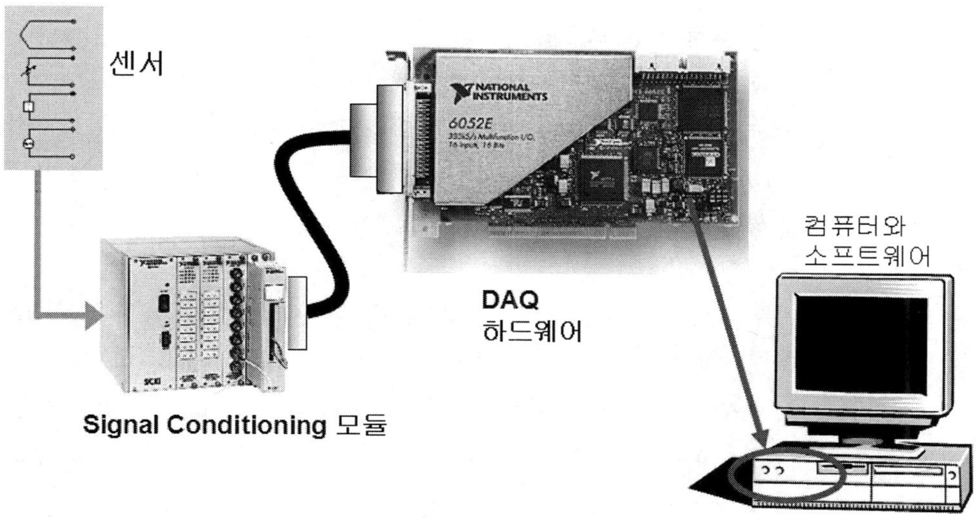

센서

센서(Sensor 또는 Transducer)는 온도나 압력, 진동과 같은 물리적인 신호를 측정 가능한 **전기적인 신호**, 즉 전압과 전류로 바꿔주는 하드웨어입니다.

시그널컨디셔닝 (Signal Conditioning)

일반적으로 DAQ 하드웨어는 ±10 V 내외의 전압 값을 입력으로 받습니다. 그러나 센서의 출력은 미세한 전류 값이거나 노이즈가 많은 전압 값입니다. 수십 V의 전압 출력인 경우도 있습니다. 이렇게 임의의 센서 출력을 DAQ 하드웨어가 측정할 수 있는 범위의 값으로 바꿔주거나 센서에 전원을 공급하고, 브릿지 회로를 구성해주는 것을 시그널컨디셔닝이라고 합니다. 증폭, 감쇄, 필터링, 절연, 센서 전원 공급, 브릿지 회로 구성 등이 구현됩니다.

DAQ 하드웨어

DAQ 보드는 센서나 시그널컨디셔닝 모듈을 통하여 출력되는 전압 값을 컴퓨터가 인식할 수 있는 **디지털 신호**로 변환시켜주는 하드웨어입니다. 아날로그 입력, 아날로그 출력, 디지털 입력, 디지털 출력, 카운터 그리고 타이머 하드웨어 등이 있습니다. 아날로그 입력은 ADC(Analog to Digital Convertor)라고도 합니다.

컴퓨터와 소프트웨어

Windows, Linux, 그리고 VxWorks 등의 다양한 OS가 설치된 데스크톱 PC, 노트북, PXI, 그리고 PAC 등의 컴퓨터가 DAQ에 사용될 수 있습니다. 또한 DAQ 하드웨어를 구동하는 하드웨어 드라이버와 데이터 수집 프로그램을 작성할 수 있는 LabVIEW가 필요합니다.

National Instruments의 DAQ 하드웨어 드라이브를 **NI-DAQmx**라고 부릅니다. 이 장의 내용을 수행하기 위해서는 컴퓨터에 NI-DAQmx 드라이브가 설치되어 있어야 됩니다. NI-DAQmx 드라이브를 설치하면 LabVIEW에 DAQmx 함수와 예제가 추가됩니다. 또한 하드웨어 설정 및 태스크 생성을 위한 MAX라는 프로그램이 설치됩니다. MAX에 대해서는 다시 설명할 것입니다.

DAQmx 함수는 함수 〉 측정 I/O 〉 DAQmx - 데이터 수집 팔레트에서 찾을 수 있습니다.

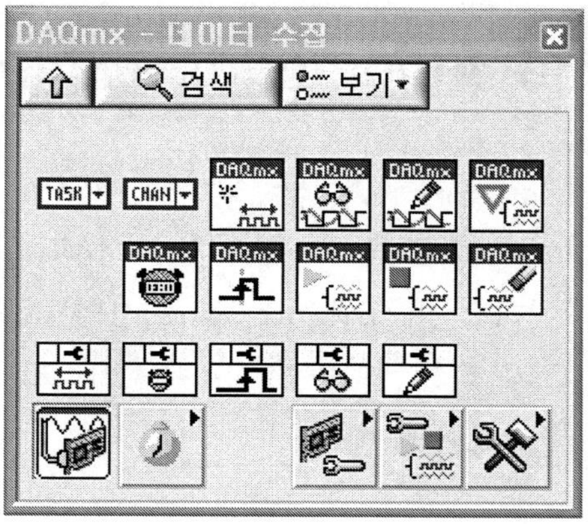
DAQmx - 데이터 수집
검색
보기
TASK
CHAN

나. Measurement and Automation Explorer

Measurement and Automation Explorer를 약자로 MAX라고 부릅니다. DAQ 하드웨어 드라이브를 설치하면 NI-DAQmx 드라이브와 함께 MAX가 설치됩니다. MAX를 이용하여 DAQ 하드웨어를 설정하고, 태스크 (Task)와 채널 (Channel) 등을 만들 수 있습니다.

⌘ 디바이스와 인터페이스

디바이스와 인터페이스는 지원하는 모든 하드웨어의 상태 확인, 설정, 리셋 (Reset), 그리고 테스트 패널 등을 할 수 있게 합니다.

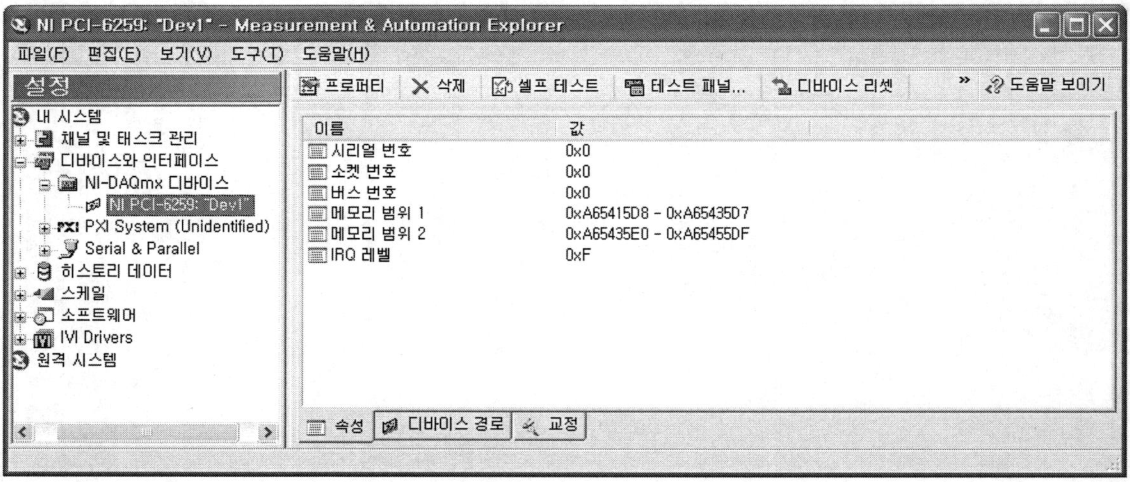

NI PCI-6259: "Dev1"을 선택하면 하드웨어 정보를 오른쪽 창에서 확인할 수 있습니다. 그리고 상단 메뉴에서 셀프 테스트와 테스트 패널과 같은 옵션을 선택할 수 있습니다. 여기에서 "Dev1"은 이 하드웨어의 이름입니다.

실제 DAQ 하드웨어가 없을 경우에는 시뮬레이션으로 DAQmx 하드웨어를 만들어 LabVIEW에서 사용할 수 있습니다.

⌘ 채널 및 태스크 관리

채널 및 태스크 관리는 Channel과 Task를 만들 때 사용됩니다. 단축메뉴에서 **새로 생성...**를 선택하면, NI-DAQmx 태스크와 글로벌 버추얼 채널 등을 만들 수 있는 대화상자가 나타납니다. 이 대화상자는 단계별로 태스크나 채널을 만들 수 있게 도와줍니다.

참고 DAQ 하드웨어를 사용하기 위해서는 하드웨어와 센서 등에 대한 기본적인 지식이 필요합니다. 또한 VI를 작성할 때나 MAX에서 태스크를 생성할 때, 이러한 지식을 기반으로 여러 가지 옵션을 설정해줘야 됩니다. LabVIEW 및 MAX에서는 복잡할 수 있는 이런 설정을 직관적인 대화 상자를 이용하여 사용자가 쉽고 정확하게 구현할 수 있게 돕고 있습니다. 특히 함수 〉 익스프레스 팔레트에는 다양한 어시스턴트 VI들이 제공됩니다.

연습 5-1. 시뮬레이션 디바이스 만들기

NI-DAQmx 시뮬레이션 디바이스 기능을 이용하여 PCI-6221을 시뮬레이션으로 만들어 사용해봅니다.

⌘ MAX

1. 디바이스와 인터페이스 아래에 있는 NI-DAQmx 디바이스의 단축메뉴에서 새 NI-DAQmx 디바이스 생성... 〉 **NI-DAQmx 시뮬레이션 디바이스**를 선택합니다.

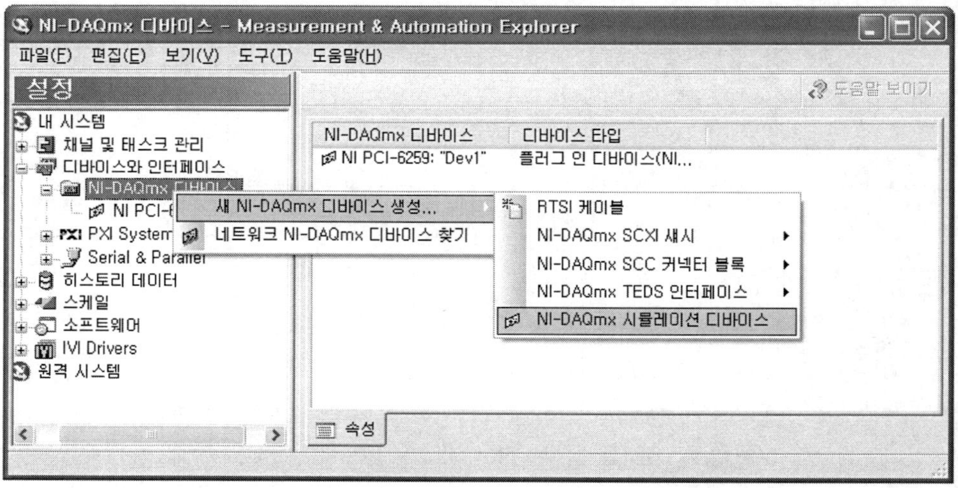

2. 디바이스 선택 팝업창에서 M 시리즈 DAQ 〉 PCI-6221을 선택합니다.

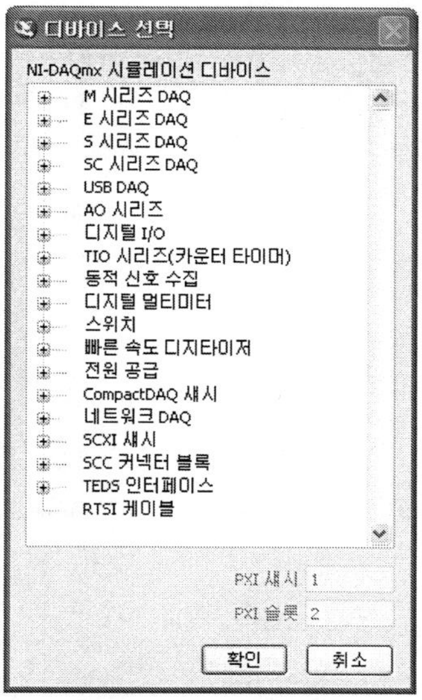

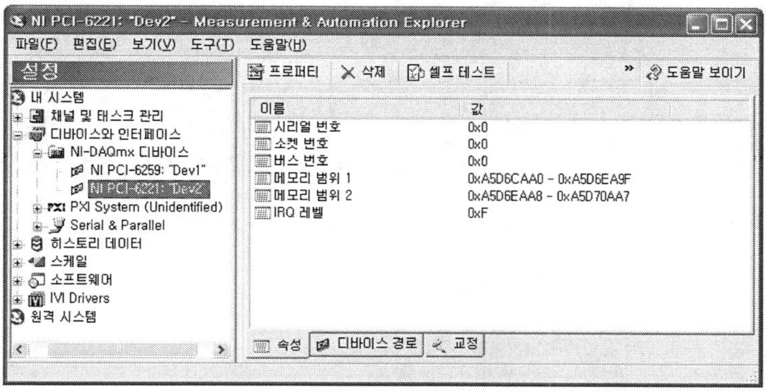

NI-DAQmx 디바이스 아래에 노란색 아이콘으로 PCI-6221: "Dev2"가 생성되었음을 확인할 수 있습니다. PCI-6221은 16 채널 아날로그 입력이 가능한 기본 모델이며 상세한 하드웨어 정보는 www.ni.com에서 확인할 수 있습니다.

⌘ NI-DAQmx 태스크 만들기

3. **채널 및 태스크 관리**의 단축메뉴에서 **새로 생성...**를 선택하여 [새로 생성...] 팝업창을 띄웁니다.
4. NI-DAQmx 태스크를 선택하고, 다음 버튼을 클릭합니다.

5. [NI-DAQmx 태스크 새로 생성...] 창에서 신호수집 〉 아날로그 입력 〉 전압을 선택합니다.

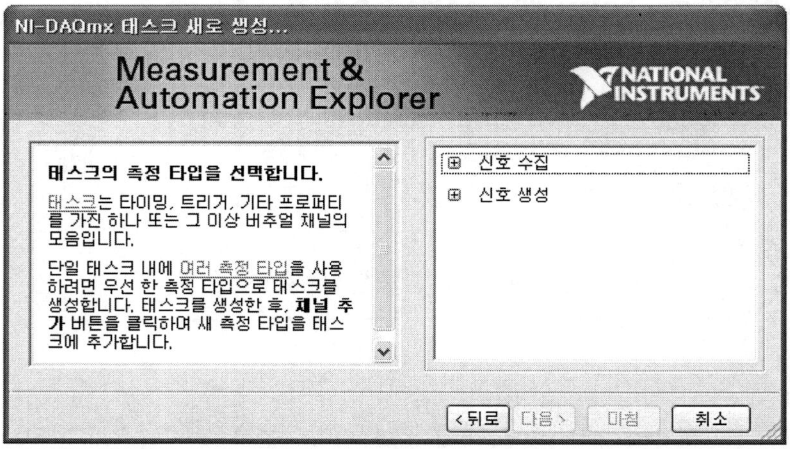

6. 지원되는 물리적인 채널에서 Dev2 (PCI-6221) 〉 ai0을 선택하고 다음 버튼을 클릭합니다. 아날로그 입력 0번 채널을 의미합니다. 여러 채널을 선택하고자 할 경우에는 〈Shift〉 키나 〈Ctrl〉키를 누른 상태에서 선택합니다.

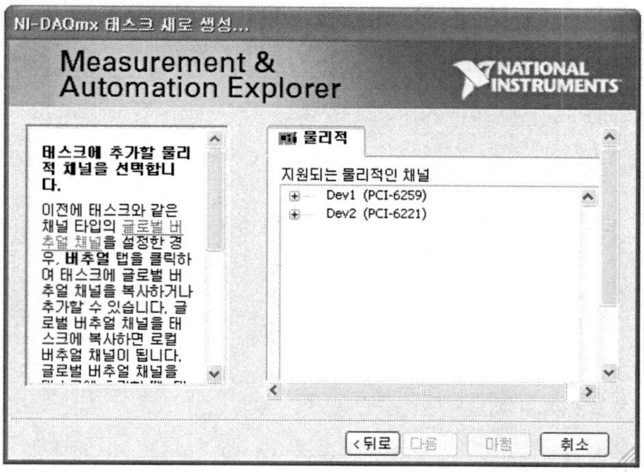

7. 이름은 기본값인 “내 전압 태스크”로 두고 마침 버튼을 클릭합니다.

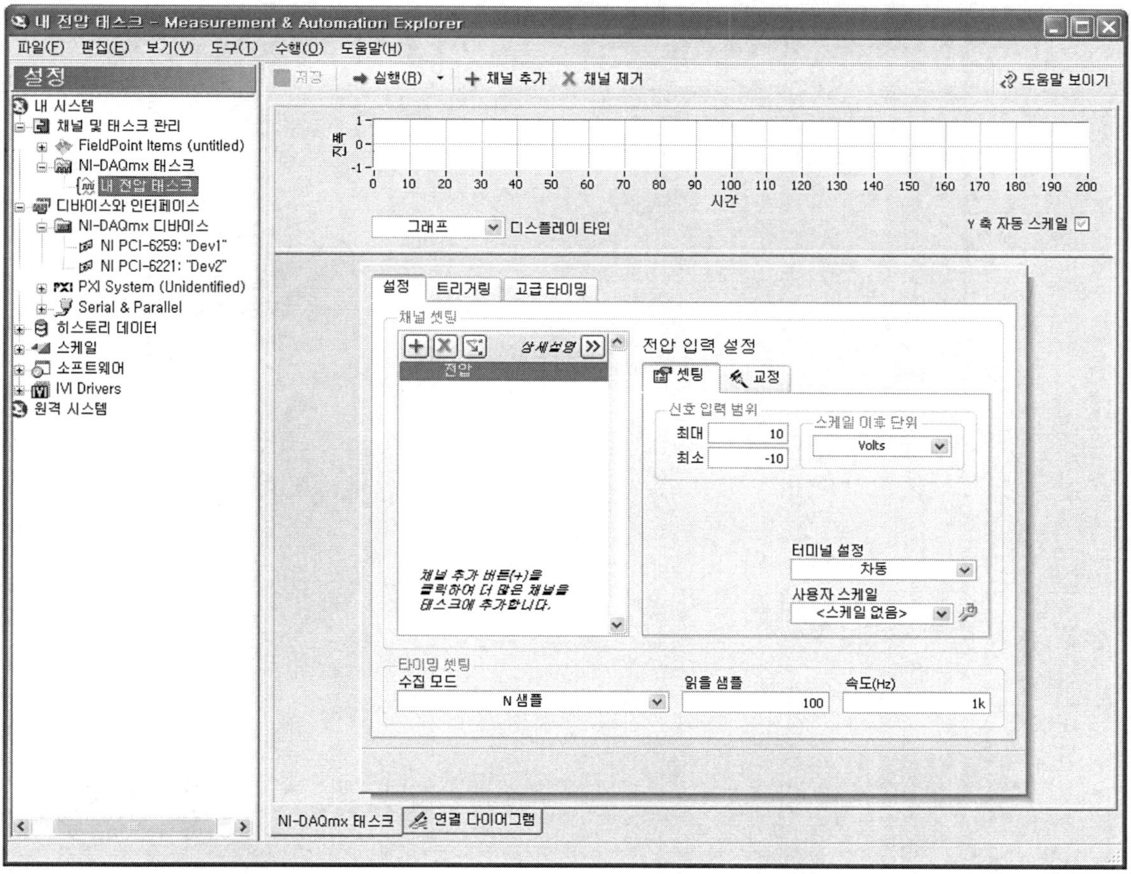

위와 같이 새로 생성한 [내 전압 태스크]에서 신호 입력 범위, 스케일 단위, 터미널 설정 등의 설정과 측정 실행, 연결 다이어그램 등을 확인할 수 있습니다.

연습 5-1 끝

다. 아날로그 입력

DAQ 하드웨어를 이용한 데이터 수집 VI를 작성하기 위하여, 함수 〉 측정 I/O 〉 DAQmx - 데이터 수집 팔레트의 함수를 사용합니다.

이 장에서는  **DAQ 어시스턴트**를 이용한 아날로그 입력에 대하여 설명합니다.

⌘ 익스프레스 태스크 새로 설정

DAQ 어시스턴트는 대화형 익스프레스 VI로써 간단한 설정만으로 DAQ 하드웨어를 이용한 데이터 수집 프로그래밍이 가능합니다. DAQ 어시스턴트를 블록다이어그램에 놓으면 다음과 같은 대화창이 나타납니다. 지시에 따라 단계별로 설정하면 원하는 프로그램을 작성할 수 있습니다.

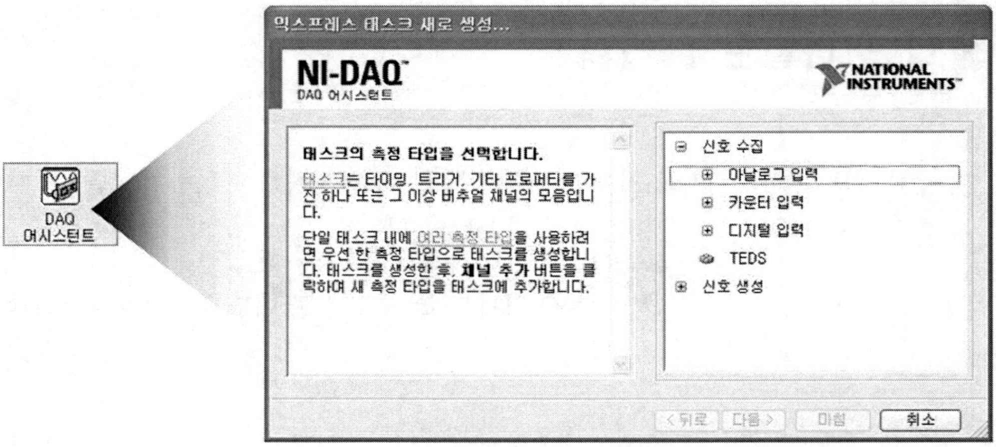

아날로그, 카운트, 디지털에 대하여 신호 수집과 신호 생성 옵션이 있습니다. 전압 측정을 원할 경우, 신호 수집 〉 아날로그 입력 〉 전압을 선택합니다.

참고 TEDS는 Transducer Electronic Data Sheet의 약자입니다. 센서의 스케일링 정보 등을 메모리 칩으로 내장한 센서를 의미합니다. 일반적으로 센서를 구매하여 사용할 경우, 사용자는 센서의 여러 스케일링 정보를 수동으로 프로그램에 입력해줘야 되지만, TEDS 센서는 자동으로 스케일링이 수행됩니다. 그러므로 전문가가 아니라도 쉽게 센서를 교체하거나 사용할 수 있는 장점이 있습니다. IEEE 1451.2-1997을 참조하시기 바랍니다.

지원되는 물리적 채널 단계에서 사용할 DAQ 채널을 지정합니다. 두 개 이상의 채널을 사용하는 경우에는 〈Shift〉 키나 〈Ctrl〉 키를 누른 상태에서 여러 채널을 선택하면 됩니다. 채널 선택이 끝나고 마침 버튼을 클릭하면 DAQ 어시스턴트 대화창이 나타납니다.

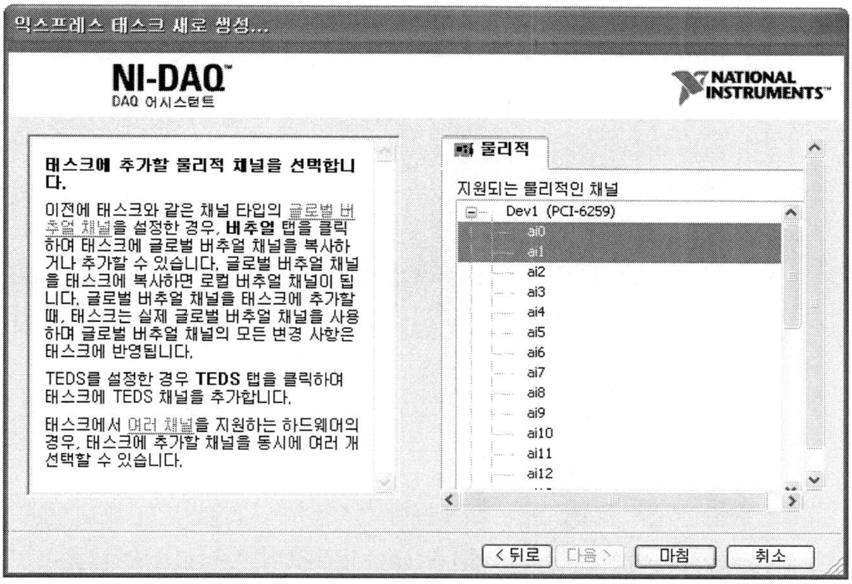

⌘ DAQ 어시스턴트

DAQ 어시스턴트는 익스프레스 태스크와 연결 다이어그램으로 두 개 탭으로 구성됩니다.
[연결 다이어그램]은 각 채널에 신호를 연결하는 방법을 다이어그램으로 알려줍니다. [익스프레스 태스크]에는 측정값을 디스플레이하는 그래프와 채널을 설정하는 부분이 있습니다.

- **설정**: 채널 셋팅과 타이밍 셋팅으로 구성됩니다.
- **트리거링**: 트리거링 방식을 설정합니다.
- **고급 타이밍**: 사용할 클럭을 지정합니다. 여기에서 내부 클럭은 DAQ 하드웨어에 내장된 클럭을 의미하고, 외부 클럭은 외부의 클럭 소스에서 기준 클럭을 받아올 경우에 설정합니다.

설정 탭은 채널 셋팅과 타이밍 셋팅 부분으로 구성되어 있습니다.

- **채널 셋팅**: DAQmx 드라이브와 연동되어 실제 하드웨어 채널의 속성을 설정하고, 교정을 수행합니다. 선택한 채널의 신호 입력 범위, 스케일 이후

의 단위, 터미널 설정(차동, RSE, NRSE, 유사 차동) 등을 설정합니다.

- **타이밍 셋팅**: 샘플링 모드와 속도를 설정합니다.

타이밍 셋팅은 수집 모드, 읽을 샘플, 속도(Hz)로 구성되어 있습니다.

- **수집 모드**: 데이터 측정 방법을 지정합니다. 1 샘플(요청할 때), 1 샘플(HW 타이밍), N 샘플, 그리고 연속을 선택할 수 있습니다. 주로 N 샘플을 사용합니다.
- **속도(Hz)**: 샘플링 속도를 설정합니다. 주로 측정하고자 하는 신호의 주파수의 50배를 입력합니다.
- **읽을 샘플**: DAQ 어시스턴트가 한번 수행될 때마다, DAQ 하드웨어에서 읽어올 데이터 샘플의 개수입니다. 주로 속도 (Hz)의 1/10을 입력합니다.

참고 **수집 모드**는 측정하고자 하는 것이 무엇이냐에 따라서 가장 적합한 모드를 선택해줘야 됩니다. 예를 들어, 온도나 변형률과 같이 10 Hz 미만의 신호를 측정할 경우에는 1 샘플(요청할 때)로 설정하고, 10 Hz 이상의 신호를 측정할 때에는 N 샘플이나 연속으로 설정합니다. 연속 모드는 데이터의 Loss 없이 연속적으로 측정하고자 할 경우에 선택합니다. 연속 모드는 항상 While 루프와 함께 사용됩니다. 1 샘플(HW 타이밍)은 Real Time 제어에서 많이 사용됩니다.

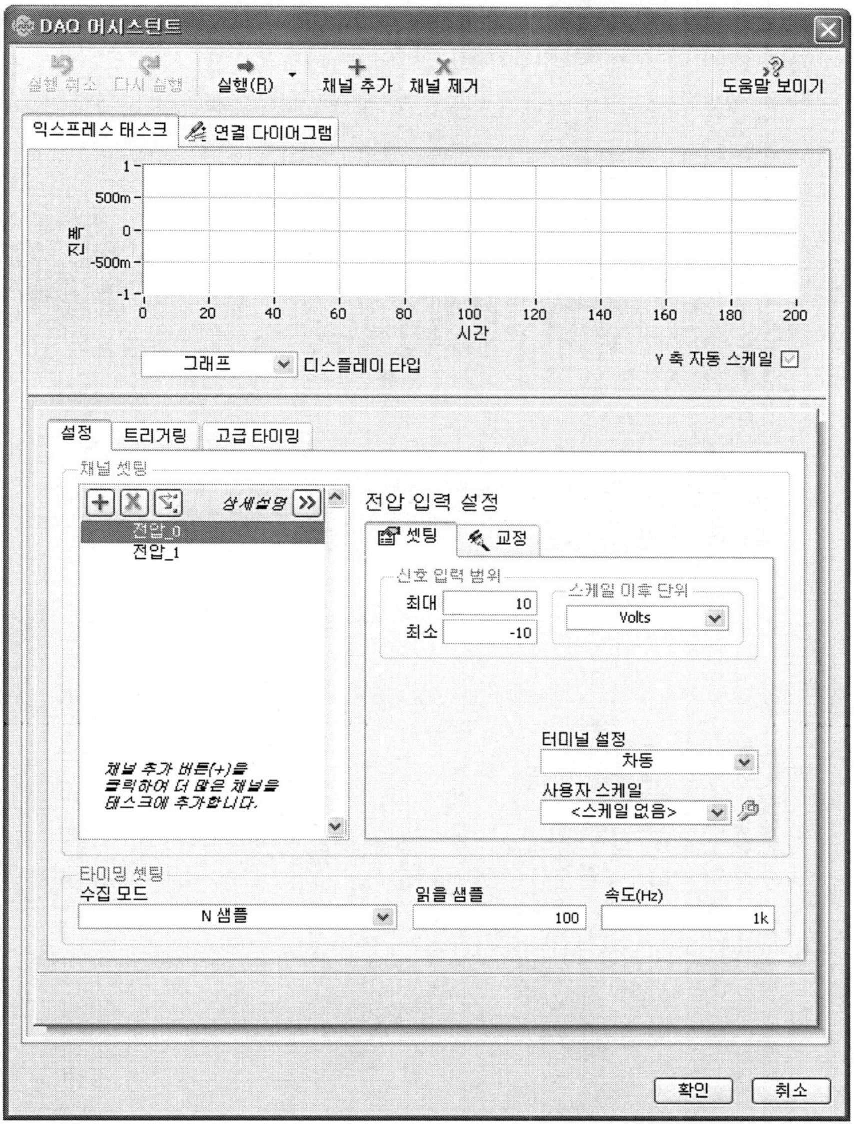

⌘ 다이나믹 데이터

DAQ 어시스턴트의 데이터 출력은 **다이나믹 데이터**입니다. 다이나믹 데이터는 DAQ 어시스턴트의 설정에 따라서 변하는 데이터 타입입니다.

DAQ 어시스턴트는 한 개 DAQ 보드의 여러 채널을 통하여 다양한 데이터를 획득할 수 있습니다. 이러한 다양한 데이터를 처리할 수 있는 데이터 타입이

다이나믹 데이터 타입입니다.
이렇게 생성된 다이나믹 데이터는 웨이브폼 그래프나 차트로 입력받아서 디스플레이할 수 있습니다. 그리고 측정 파일에 쓰기와 같은 익스프레스 VI들도 다이나믹 데이터를 바로 입력받아서 처리할 수 있습니다.

익스프레스 VI와 같이 다이나믹 데이터를 직접 입력받아서 처리할 수 있는 VI가 아닐 경우, 즉 일반 VI나 노드들은 다이나믹 데이터를 입력받아서 처리할 수 없으므로 웨이브폼 데이터나 숫자형 데이터로 바꿔줘야 됩니다.

다이나믹 데이터를 웨이브폼 데이터나 숫자형 데이터로 바꿔주는 함수는 **다이나믹 데이터로부터 변환**입니다. 함수 〉 익스프레스 〉 신호 조작 팔레트에서 찾을 수 있습니다.

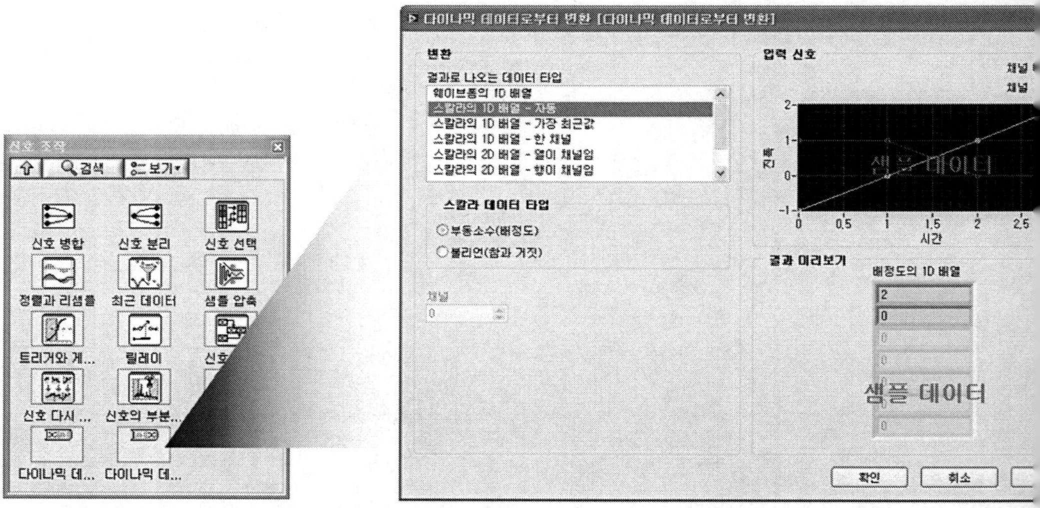

다이나믹 데이터로부터 변환은 웨이브폼의 1D 배열, 스칼라의 1D 배열 - 자동, 스칼라의 1D 배열 - 가장 최근값 등의 데이터 타입으로 다이나믹 데이터를 변환할 수 있습니다. 사용자는 다이나믹 데이터의 내용을 확인하여 가장 적합한 데이터 타입으로 변환시켜야 될 것입니다.
예를 들어, 두 채널로 웨이브폼을 입력받았을 경우에는 웨이브폼의 1D 배열

이나 스칼라의 2D 배열로 변환해야 됩니다. 웨이브폼은 **스칼라의 1D 배열과 dt, t0**으로 구성된 데이터 타입입니다. 그러므로 웨이브폼의 1D 배열은 스칼라의 2D 배열과 같은 차원이 됩니다.

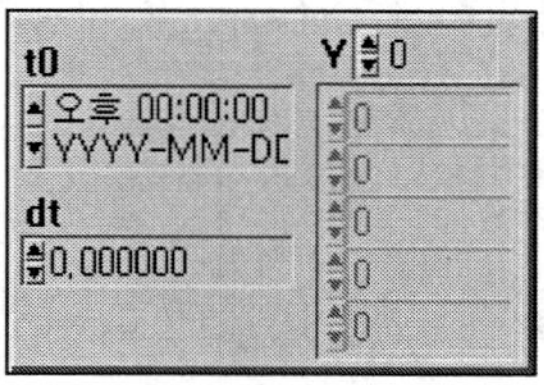

웨이브폼,

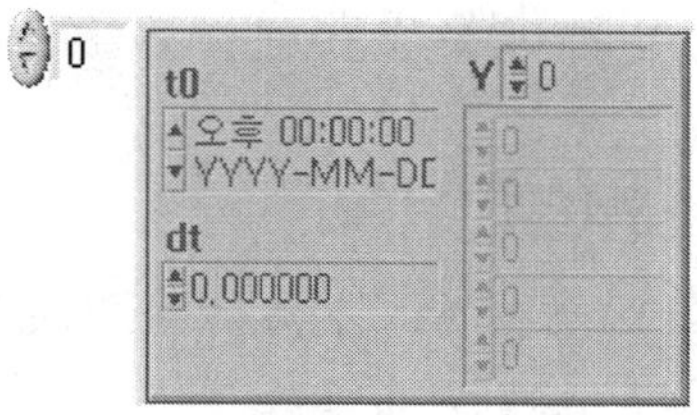

웨이브폼의 1D 배열

연습 5-2. 전압 측정

DAQ 어시스턴트를 이용하여 전압 두 채널을 측정하는 VI를 만들어봅니다. 하드웨어가 없는 경우에는 연습 5-1에서 시뮬레이션한 NI-6221을 사용합니다.

⌘ DAQ 어시스턴트

1. 함수 〉 측정 I/O 〉 DAQmx - 데이터 수집 팔레트에서  **DAQ 어시스턴트**를 찾아서 블록다이어그램에 위치시킵니다.
2. DAQ 어시스턴트 설정 창에서 **아날로그 입력 〉 전압**을 선택합니다.
3. 물리적인 채널에서 ai0, ai1의 두 채널을 선택합니다.
4. 타이밍 셋팅에서 수집모드로 **1샘플(요청할 때)**로 선택해줍니다.

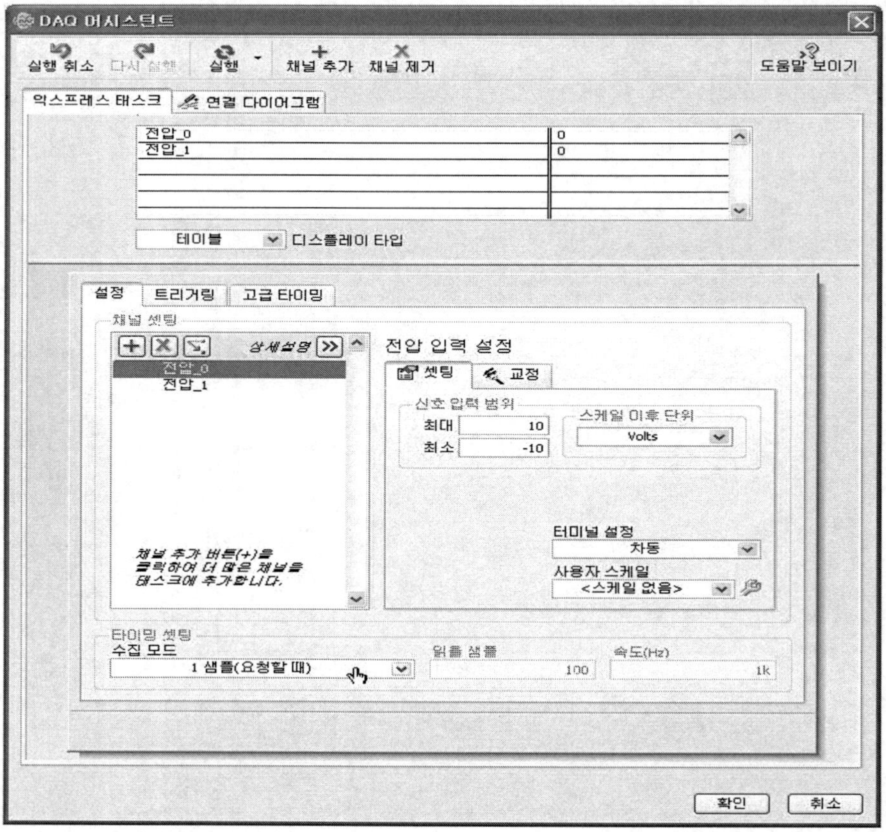

5. 확인 버튼을 클릭하여 설정을 적용합니다.

⌘ 블록다이어그램

6. **다이나믹 데이터로부터 변환** [icon] 을 이용하여 다음과 같이 블록다이어그램을 완성합니다. 함수 〉 익스프레스 〉 신호 조작 팔레트에서 찾을 수 있습니다.
7. 다이나믹 데이터로부터 변환의 출력에 DBL 1D 배열을 연결해줍니다.

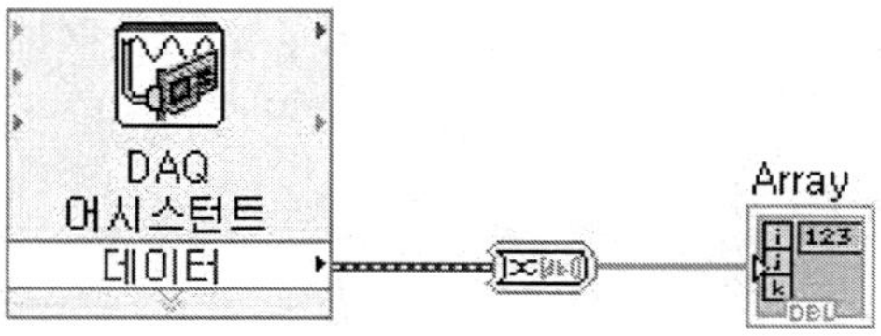

8. 프런트패널을 다음과 같이 정리하고 실행합니다.

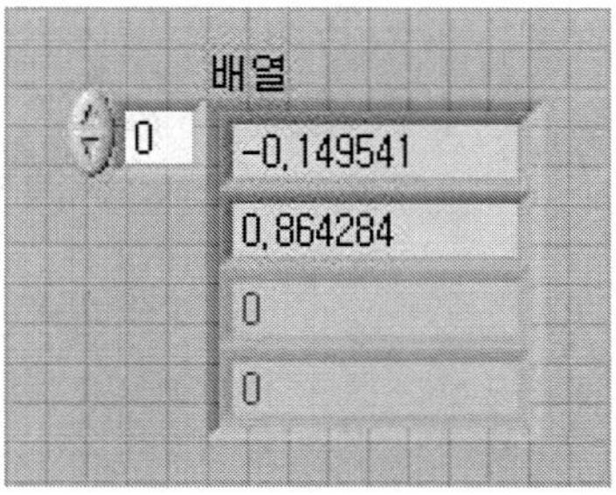

연습 5-2 끝

연습 5-3. 웨이브폼 측정

DAQ 어시스턴트를 이용하여 웨이브폼을 측정하는 VI를 만들어봅니다. 하드웨어가 없는 경우에는 연습 5-1에서 시뮬레이션한 NI-6221을 사용합니다.

⌘ DAQ 어시스턴트

1. 함수 〉 측정 I/O 〉 DAQmx - 데이터 수집 팔레트에서  **DAQ 어시스턴트**를 찾아서 블록다이어그램에 위치시킵니다.
2. DAQ 어시스턴트 설정 창에서 **아날로그 입력 〉 전압**을 선택합니다.
3. 지원되는 물리적 채널로 PCI-6221의 ai0을 선택합니다. 실제 DAQ하드웨어를 가지고 있는 경우에는 그 하드웨어를 선택합니다.
4. 다음과 같이 DAQ 어시스턴트를 설정합니다.

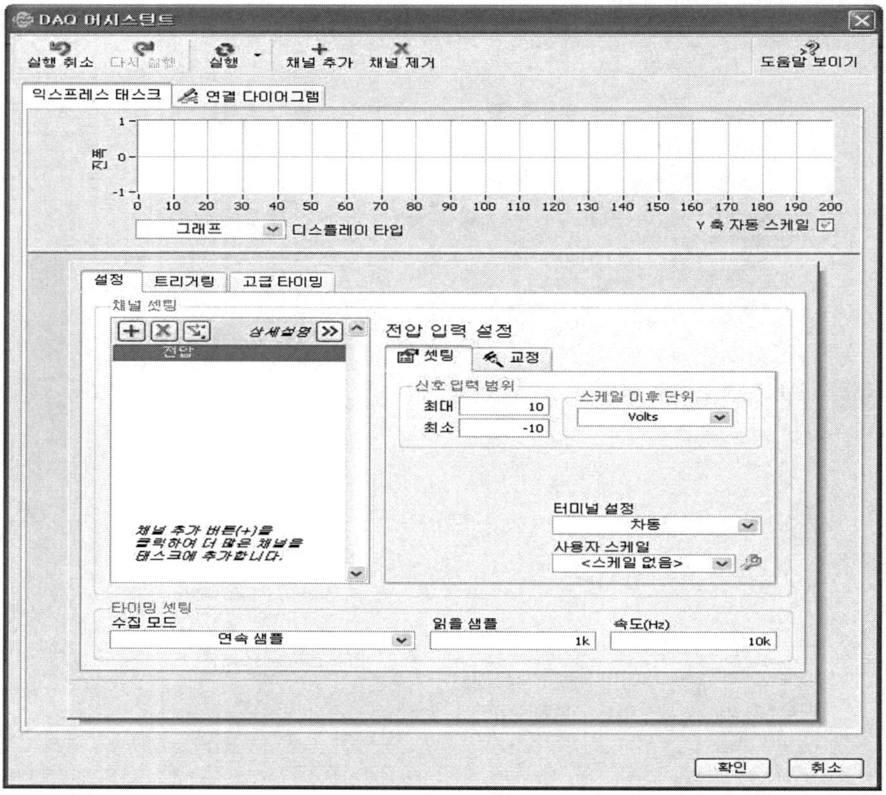

- 터미널 설정: 차동
- 수집 모드: 연속샘플
- 읽을 샘플: 1k
- 속도(Hz): 10k

⌘ 블록다이어그램

5. 확인 버튼을 클릭하여 DAQ 어시스턴트 설정을 적용합니다. 태스크 타이밍에서 수집 모드를 **연속샘플**로 선택했을 경우, 다음과 같이 While 루프를 자동으로 생성하겠느냐는 창이 뜹니다. 예(Y)를 선택하면 While 루프와 정지 버튼이 자동으로 생성됩니다.

6. DAQ 어시스턴트의 데이터 출력단에서 생성 〉 그래프 인디케이터를 선택해서 웨이브폼 그래프를 생성합니다.

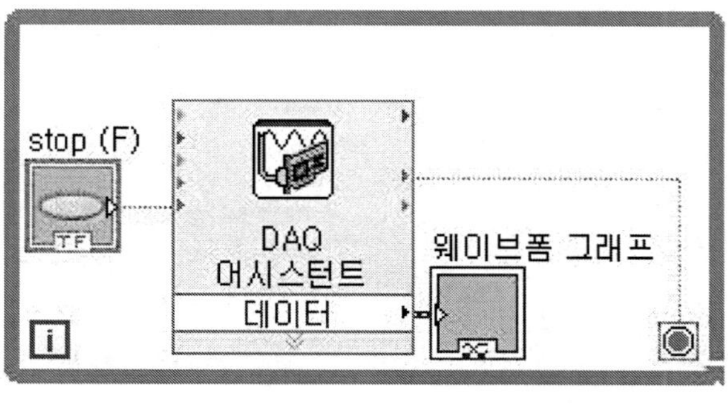

⌘ 프런트패널

7. 다음과 같이 프런트패널을 정리하고 실행합니다. 참고로 시뮬레이션된 DAQ 하드웨어를 사용할 경우에는 항상 사인파만 측정됩니다.

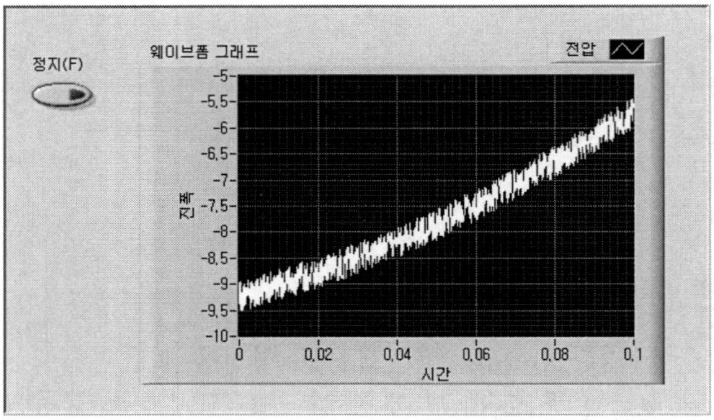

연습 5-3 끝

라. 아날로그 출력

아날로그 출력은 근본적으로 전압 출력을 의미합니다. 전류나 파워를 출력하기 위해서는 관련 시그널컨디셔닝 모듈을 사용하거나 파워 증폭기를 사용해야 됩니다.
그리고 아날로그 출력은 **DC 신호 출력**과 **웨이브폼 출력**으로 구분할 수 있습니다.

 **DAQ 어시스턴트**를 이용하여 아날로그 출력 VI를 쉽게 작성할 수 있습니다. 다음과 같이 아날로그 출력을 선택하면 전압 출력과 전류 출력을 선택할 수 있습니다.

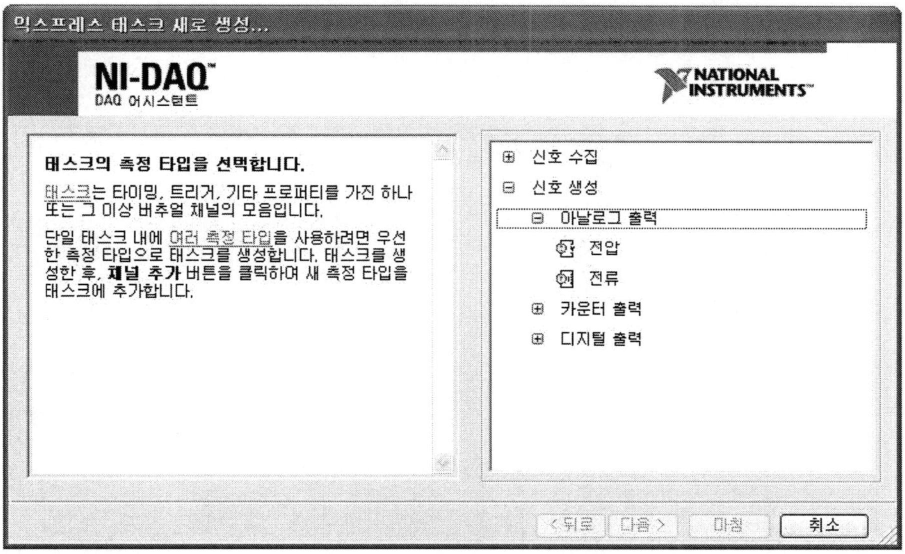

⌘ 웨이브폼 출력

아날로그 출력으로 웨이브폼을 출력하기 위해서는 먼저 출력하고자 하는 웨이브폼을 프로그램적으로 시뮬레이션해줘야 됩니다. 함수 〉 신호 처리 〉 웨이브폼 생성 팔레트에서 필요한 함수들을 찾을 수 있습니다.

특히  **신호 시뮬레이션**을 이용하면 쉽게 원하는 웨이브폼을 생성할 수 있습니다. 신호 시뮬레이션의 출력을 DAQ 어시스턴트의 데이터 입력단에 연결해줍니다.

연습 5-4. 웨이브폼 출력

DAQ 어시스턴트와 신호 시뮬레이션을 이용하여 웨이브폼을 출력하는 VI를 만들어봅니다. 사용가능한 하드웨어: E 시리즈 혹은 M 시리즈 DAQ 보드와 터미널 블록입니다. 하드웨어가 없는 경우에는 연습 5-1에서 시뮬레이션한 NI-6221을 사용합니다.

⌘ 블록다이어그램

1. 새 VI를 만들고, 웨이브폼출력.vi로 저장합니다.
2. 함수 〉 신호 처리 〉 웨이브폼 생성 팔레트에서  **신호 시뮬레이션**을 찾아서 위치시킵니다.

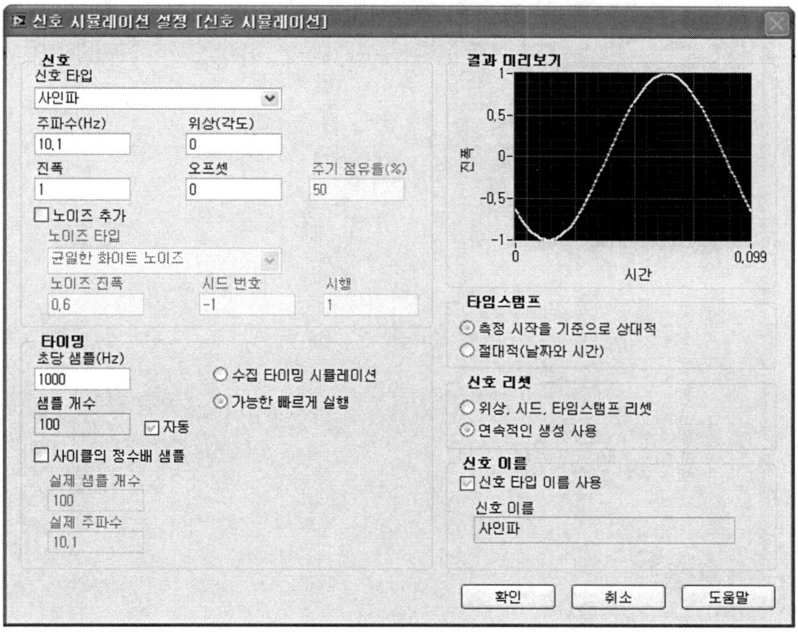

- 신호 타입 : 사인파
- 주파수(Hz) : 10.1

- 진폭 : 1
- 초당 샘플(Hz) : 1000
- 샘플 개수 : 자동

3. 함수 〉 측정 I/O 〉 DAQmx - 데이터 수집 팔레트에서  DAQ 어시스턴트를 찾아서 블록다이어그램에 위치시킵니다.
4. 신호 생성 〉 아날로그 출력 〉 전압을 선택해줍니다. 지원되는 물리적 채널로 ao0을 선택해줍니다. (사용가능한 DAQ 하드웨어나 시뮬레이션 DAQ를 이용합니다.)

5. 설정의 타이밍 셋팅 〉 생성모드에서 **연속샘플**을 선택해줍니다. 그리고  에 체크해줍니다. 웨이브폼 데이터로부터 타이밍 정보를 받아서 사용한다는 의미입니다.

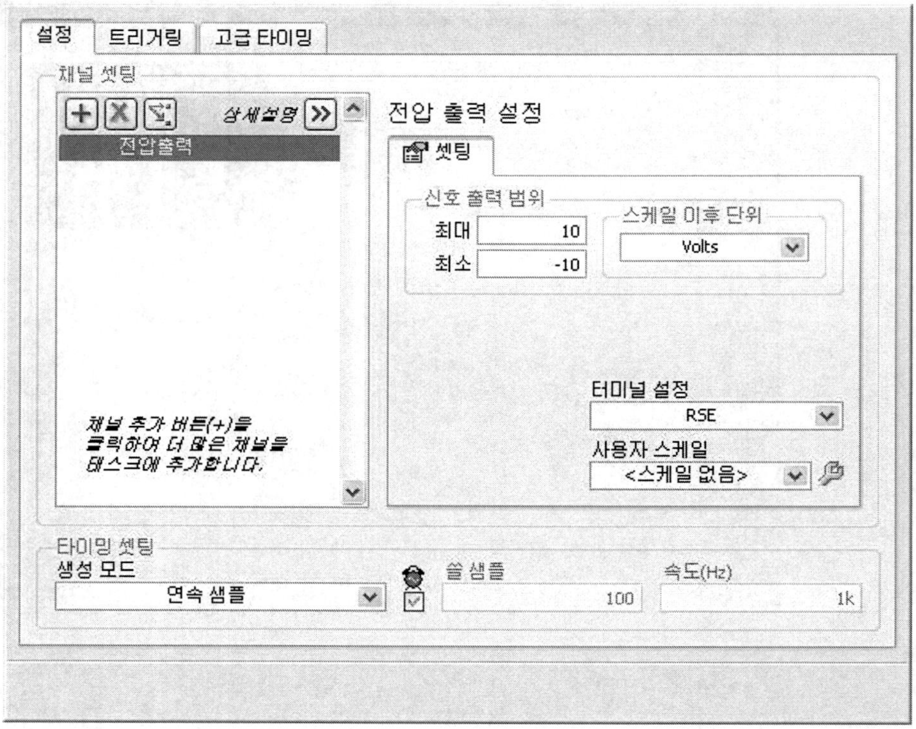

6. 확인 버튼을 클릭하여 설정을 적용합니다. 연속샘플 모드로 선택했으므로, While 루프가 꼭 필요하며, 자동으로 While를 생성할 것인지를 묻는 창이 뜹니다. 예(Y)를 선택합니다.
7. 프런트패널에 웨이브폼 그래프를 두고, 다음과 같이 블록다이어그램을 완성합니다. 신호 시뮬레이션의 출력을 DAQ 어시스턴트의 데이터 입력과 웨이브폼 그래프 터미널에 연결합니다.

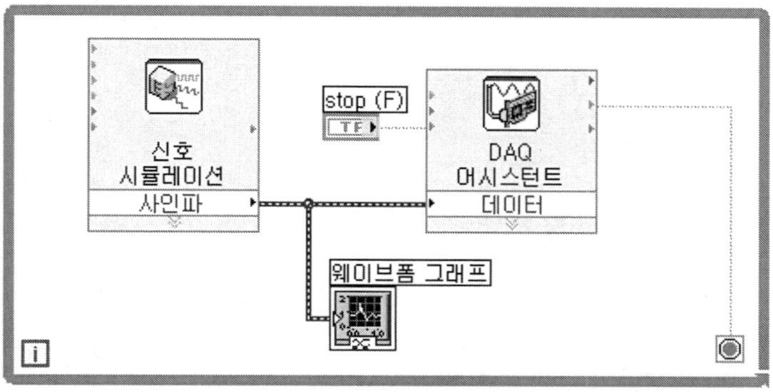

⌘ 프런트패널

8. 다음과 같이 프런트패널을 정리하고 VI를 실행합니다.

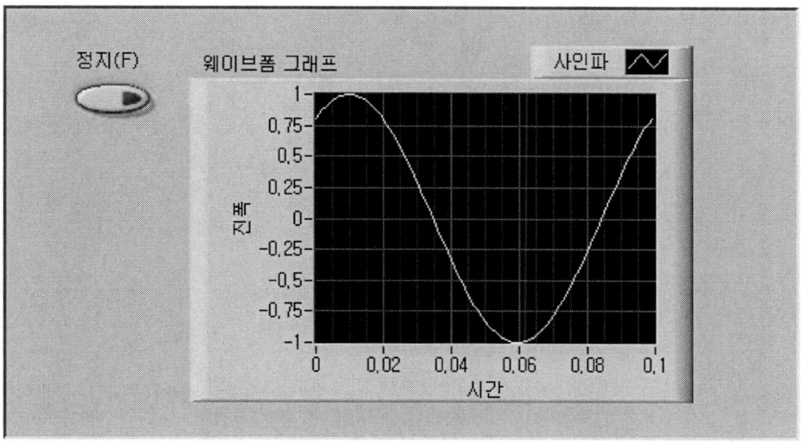

9. 실제 출력 값을 확인하기 위하여 DAQ 보드의 아날로그 입력 채널로 연결

하여 측정해봅니다. 혹은 박스형 오실로스코프로 출력신호를 측정해봅니다.

연습 5-3 끝

⌘ DC 신호 출력

다음과 같이 DAQ 어시스턴트의 타이밍 셋팅 〉 생성모드에서 **1 샘플(요청할 때)**을 선택해줍니다.

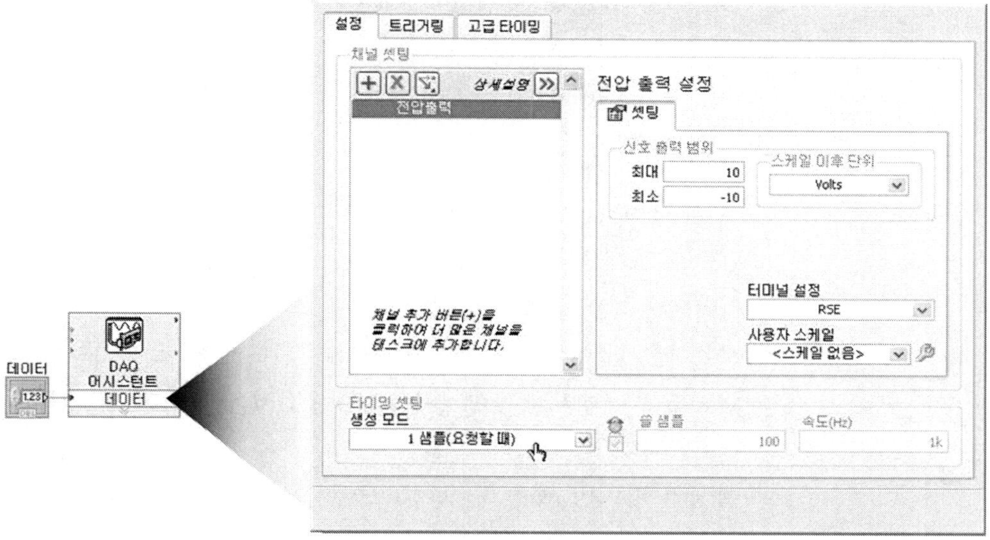

이 VI를 실행하면, 원하는 DC 전압을 출력할 수 있습니다.

참고로 DAQ 하드웨어에서 아날로그 출력을 하면 마지막 값이 계속 유지됩니다. 예를 들어, DC 출력의 마지막 데이터로 3V를 입력하고 실행하면 아날로그 출력으로 3 V가 계속 출력됩니다. 이때 프로그램이 종료되어도 3V값은 계속 유지됩니다.
그래서 프로그램이 종료 후에 아날로그 출력단이 0V이기를 원한다면, 아날로그 출력 VI의 마지막 부분에 0V 출력을 프로그램적으로 작성해줘야 됩니다.

연습 5-5. DC 전압 출력

DAQ 어시스턴트와 For 루프를 이용하여 1초 단위로 출력 전압이 변하는 VI를 만들어봅니다. 출력 전압은 차례로, 0V, 1V, ... 10V, 0V가 되도록 프로그래밍합니다.

⌘ 블록다이어그램

1. 새 VI를 만들고, DC전압출력.vi로 저장합니다.
2. 함수 〉 측정 I/O 〉 DAQmx - 데이터 수집 팔레트에서  DAQ 어시스턴트를 찾아서 블록다이어그램에 위치시킵니다.
3. 신호 생성 〉 아날로그 출력 〉 전압을 선택해줍니다. 지원되는 물리적 채널로 ao0을 선택해줍니다. (사용가능한 DAQ 하드웨어나 시뮬레이션 DAQ를 이용합니다.)
4. 설정의 타이밍 셋팅 〉 생성모드에서 **1샘플(요청할 때)**을 선택해줍니다.

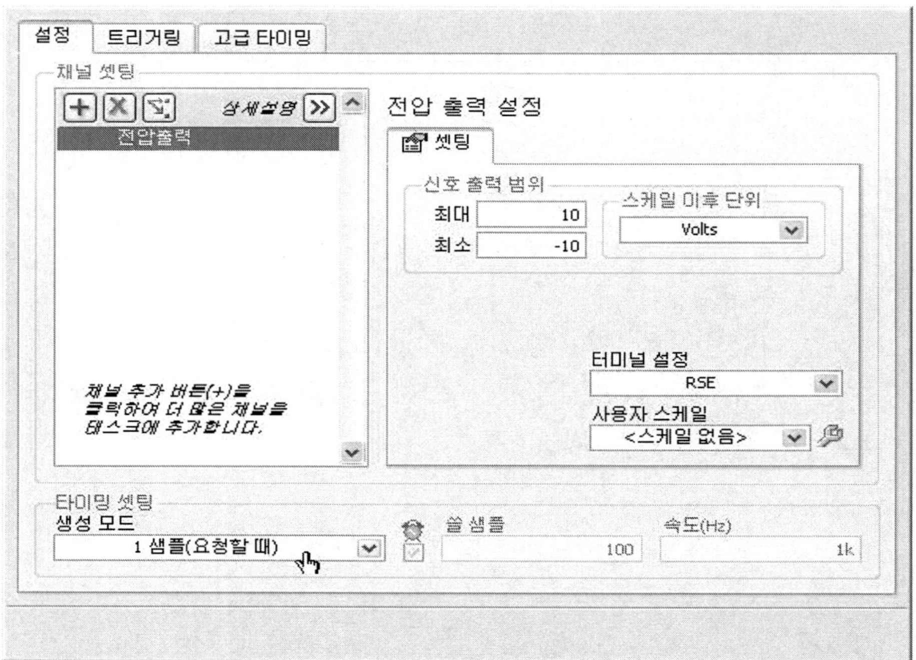

5. DAQ 어시스턴트를 For 루프로 두르고, N에 11을 입력합니다.
6. 다음과 같이 블록다이어그램을 완성합니다.

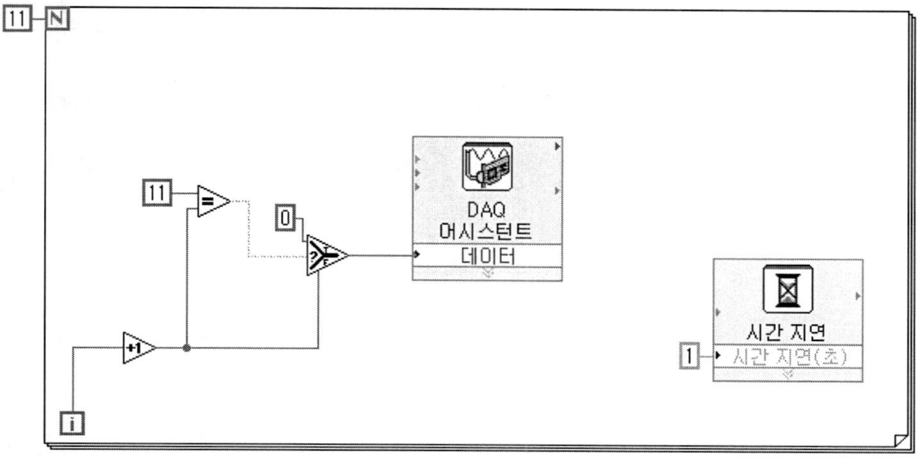

i은 0부터 시작하여 1씩 증가하는 값입니다. +1을 하였으므로 1부터 11까지 값이 바뀔 것입니다. 그리고 아날로그 출력은 마지막 값을 유지하므로 마지막 출력 값을 0 V로 바꾸어주기 위하여 11이면 0을 입력하도록 프로그래밍 하였습니다.

선택은 참이 입력되면 T 값을, 그리고 거짓이 입력되면 F 값을 출력하는 함수입니다. 프로그래밍 〉 비교 팔레트에서 찾을 수 있습니다.

7. VI를 저장하고 실행합니다.
8. 실제 출력 값을 확인하기 위하여 DAQ 보드의 아날로그 입력 채널로 연결하여 측정해봅니다. 혹은 박스형 오실로스코프로 출력신호를 측정해봅니다.

연습 5-5 끝

연습문제

1. 한 개 채널에서 10,000 S/s의 속도로 1000개의 데이터를 측정하는 VI를 DAQmx함수로 작성합니다.

2. 한 개 채널에서 10,000 S/s의 속도로 연속적으로 웨이브폼을 측정하여 저장하는 VI를 작성해봅니다.

연습문제 답

> **연습 1.** 한 개 채널에서 10,000 S/s의 속도로 1,000개의 데이터를 측정하는 VI를 DAQmx함수로 작성합니다.

⌘ 블록다이어그램

1. 함수 〉 측정 I/O 〉 DAQmx - 데이터 수집 팔레트에서 DAQmx 함수들을 찾아 다음과 같이 블록다이어그램을 구성합니다.
   - DAQmx 버추얼 채널 생성의 [물리적 채널]에서 단축메뉴의 생성 〉 컨트롤로 컨트롤을 생성합니다.
   - DAQmx 타이밍의 샘플 모드에서 상수를 생성하고, 채널당 샘플에서 컨트롤을 생성하고, 속도에서 컨트롤을 생성합니다.
   - 프런트 패널에 웨이브폼 그래프 위치시키고, 터미널을 DAQmx 읽기의 데이터 출력에 연결합니다.

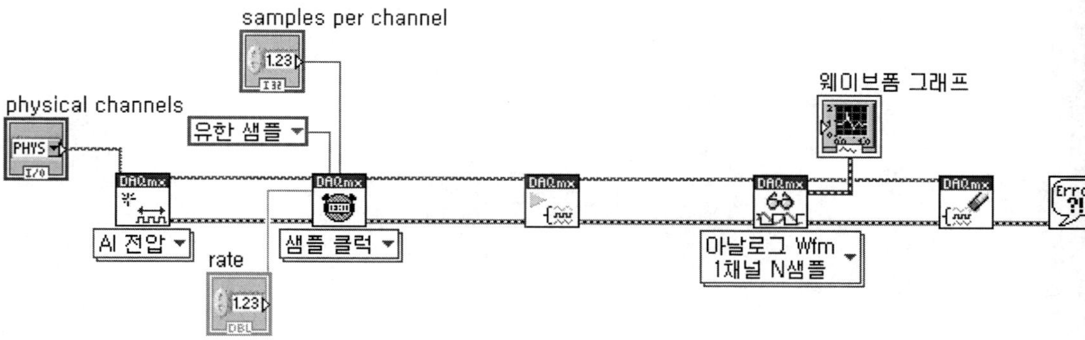

프런트패널

2. 프런트패널을 다음과 같이 정리하고, 물리적 채널을 설정합니다. 속도에 10,000을 입력하고 채널당 샘플은 1,000을 입력합니다.
3. 웨이브폼측정.vi로 저장하고 실행합니다.

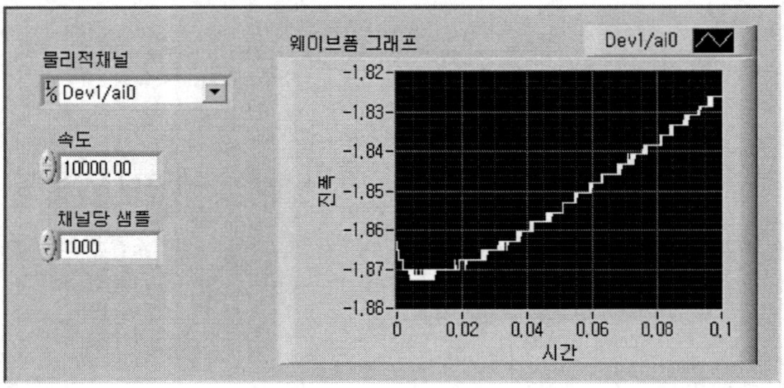
물리적채널
Dev1/ai0
속도
10000.00
채널당 샘플
1000
웨이브폼 그래프
Dev1/ai0
-1.82
-1.83
-1.84
-1.85
-1.86
-1.87
-1.88
진폭
0
0.02
0.04
0.06
0.08
0.1
시간

연습 1 끝

연습 2. 한 개 채널에서 10,000 S/s의 속도로 연속적으로 웨이브폼을 측정하여 저장하는 VI를 작성해봅니다.

⌘ 블록다이어그램

1. 연습 1에서 작성한 VI를 다음과 같이 수정합니다. DAQmx 타이밍에서 샘플 모드로 [연속 샘플]을 선택해주고, 채널당 샘플에 입력되었던 컨트롤은 삭제합니다. 또한 DAQmx 읽기의 [채널당 샘플 개수]에서 상수를 생성하고 1,000을 입력합니다.

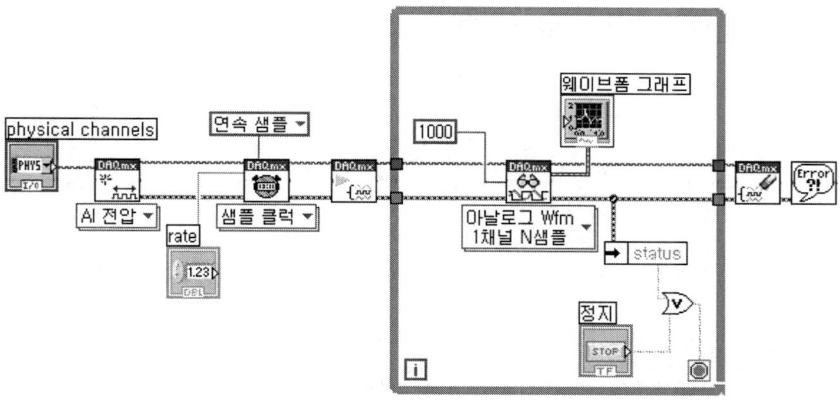

프런트패널

2. 프런트패널을 다음과 같이 정리하고 VI를 실행합니다. 정지 버튼을 누르기 전까지 계속 측정합니다. 10,000 S/s로 샘플링하고, 1000개씩의 데이터를 읽어 와서 웨이브폼 그래프에 플롯합니다.

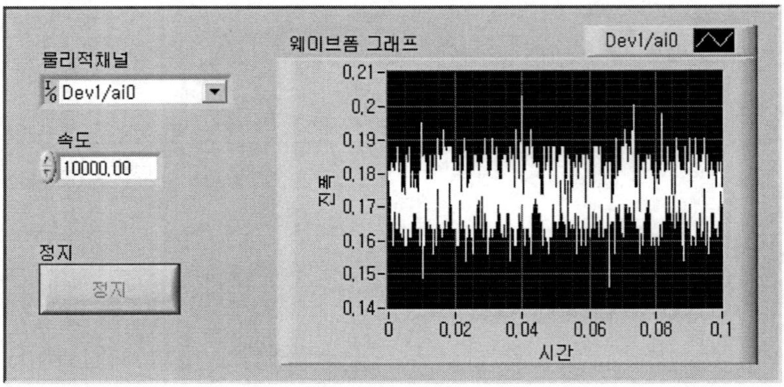

3. 블록다이어그램에 **측정 파일에 쓰기**를 위치시키고 데이터를 **신호**에 입력합니다. 활성화 버튼을 클릭할 때만 파일을 저장하도록 **측정 파일에 쓰기**에 **활성화** 버튼을 만들어줬습니다.

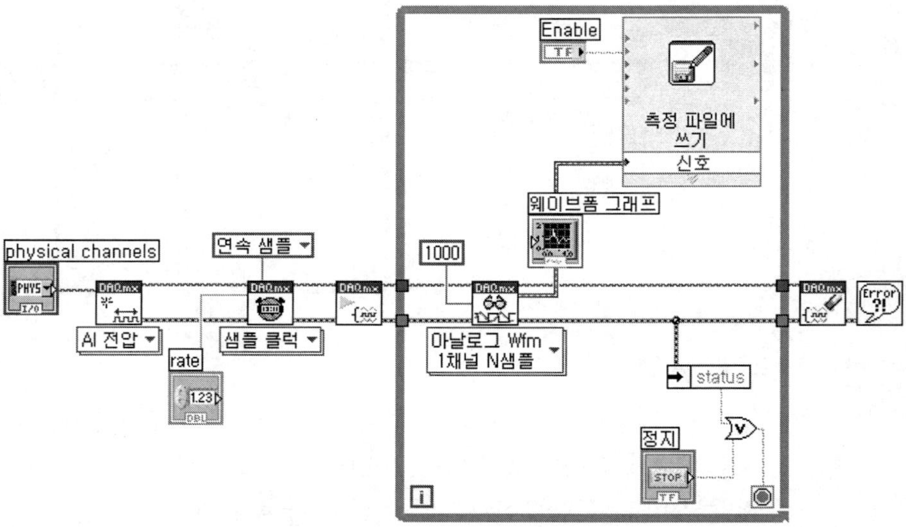

**측정 파일에 쓰기**는 함수 〉 프로그래밍 〉 파일 I/O 팔레트에서 찾을 수 있습니다. 먼저 파일 이름을 지정해주고, 다음과 같이 **부분 헤더 없음**과 **오직 하나의 열**을 선택해주었습니다. 일반적으로 txt 파일이나 Excel 파일로 저장합니다. Excel 파일로 저장할 때는 파일 이름의 확장자를 *.xls로 입력

합니다.

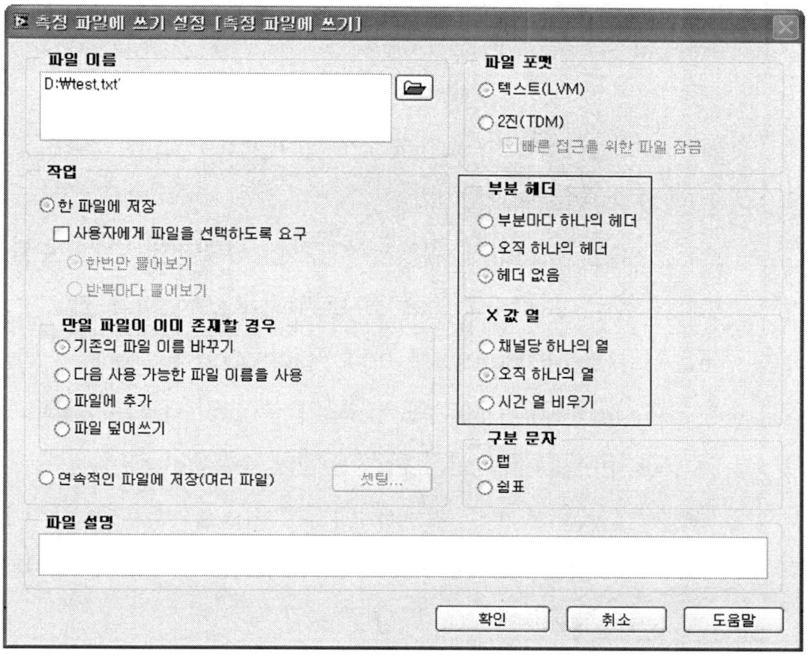
측정 파일에 쓰기 설정 [측정 파일에 쓰기]
파일 이름
D:₩test.txt'
파일 포맷
텍스트(LVM)
2진(TDM)
빠른 접근을 위한 파일 잠금
작업
한 파일에 저장
사용자에게 파일을 선택하도록 요구
한번만 물어보기
반복마다 물어보기
만일 파일이 이미 존재할 경우
기존의 파일 이름 바꾸기
다음 사용 가능한 파일 이름을 사용
파일에 추가
파일 덮어쓰기
연속적인 파일에 저장(여러 파일)
셋팅...
부분 헤더
부분마다 하나의 헤더
오직 하나의 헤더
헤더 없음
X 값 열
채널당 하나의 열
오직 하나의 열
시간 열 비우기
구분 문자
탭
쉼표
파일 설명
확인
취소
도움말

연습 2 끝

요약정리

가. DAQ는 Data Acquisition의 약자입니다. 특히 컴퓨터를 이용한 제어와 계측을 의미합니다.

나. DAQ를 구현하기 위해서는 센서, 시그널컨디셔닝 모듈, DAQ 보드, 컴퓨터, DAQ 드라이브 소프트웨어, LabVIEW가 필요합니다.

다. MAX는 Measurement and Automation Explorer의 약자입니다. DAQ 하드웨어와 DAQ 드라이브의 설정 및 테스트, 그리고 태스크 생성과 버추얼 채널 설정 등을 수행할 수 있습니다.

라. MAX를 이용하여 시뮬레이션 디바이스를 만들 수 있습니다.

마. DAQ 어시스턴트를 이용하여 직관적인 방법으로 데이터수집 프로그램을 작성할 수 있습니다.

바. DAQ 어시스턴트를 이용하여 신호 입력 VI와 출력 VI를 작성할 수 있습니다.

사. 아날로그 출력에는 DC출력과 웨이브폼 출력 방법이 있습니다.

Note

제 6 장

인스트루먼트 컨트롤

GPIB나 시리얼 통신을 이용하여 인스트루먼트를 컨트롤합니다.

가. GPIB 통신이란 무엇인가?

GPIB는 General Purpose Interface Bus의 약자입니다. GPIB는 컴퓨터 대 장비, 혹은 장비 대 장비의 통신에 사용됩니다.
1965년 HP에서 HP의 장비들과 컴퓨터 사이의 통신을 위하여 HPIB를 처음 만들었습니다. 그리고 1975년 IEEE 488로 이 통신 방법이 표준화되었으며, 이것을 업그레이드하여 1987년 내쇼날인스트루먼트에서 IEEE-488.2를 규정하고 GPIB 통신 또는 488.2 통신이라고 부릅니다.

컴퓨터와 장비를 GPIB를 이용하여 통신하기 위해서는 먼저 컴퓨터와 장비에 각각 GPIB 포트가 있어야 됩니다. 그래서 장비 구매 시에 GPIB 포트가 있는지 확인해야 될 것입니다. 그리고 컴퓨터의 경우에는 GPIB 카드를 구매하여 설치해야 될 것입니다. 또한 GPIB 케이블을 이용하여 컴퓨터와 장비를 연결해야 됩니다.
GPIB 케이블은 총 24개 라인으로 구성되어 있으며 8개의 데이터 라인을 이용하여 8 비트 통신을 수행합니다. 나머지 라인들은 통신관리와 Ground입니다.

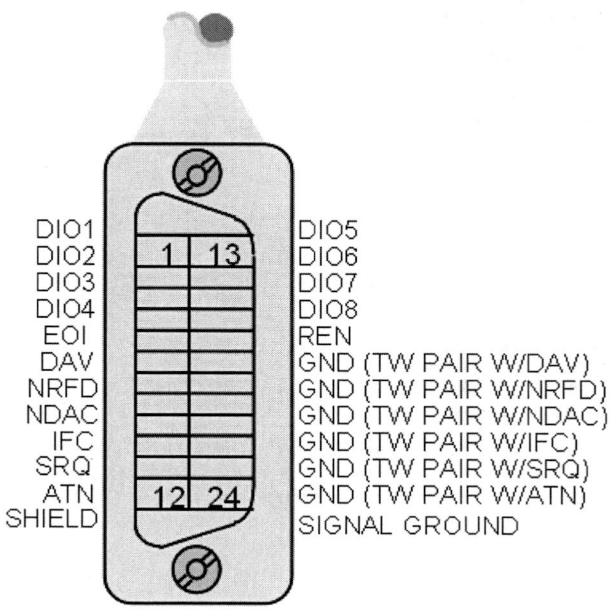

나. GPIB 카드 설치 및 통신 점검

GPIB 카드를 설치하기 전에 드라이브 소프트웨어인 NI-488.2를 먼저 인스톨 해줍니다. PCI 타입의 GPIB 카드는 Plug and Play로 바로 인식됩니다. PC의 전원을 끄고 GPIB카드를 PCI 슬롯이 설치하고 PC를 다시 켜면 하드웨어를 자동으로 인식합니다.

⌘ NI-488.2 문제 해결 유틸리티

GPIB 하드웨어가 설치되면 다음과 같이 [NI-488.2 문제 해결 유틸리티]가 실행됩니다. 또는 시작 〉 프로그램(P) 〉 National Instruments 〉 NI-488.2에서 문제 해결 유틸리티를 찾을 수 있습니다.

문제 해결 유틸리티는 GPIB 하드웨어와 소프트웨어에 문제가 없는지 테스트하고 관련 정보를 보여주는 유틸리티입니다. 그래서 특별한 이유 없이 GPIB 프로그램에서 에러가 발생할 경우에 **문제 해결 유틸리티**를 실행해서 GPIB 하드웨어나 소프트웨어를 점검해 볼 수 있습니다.

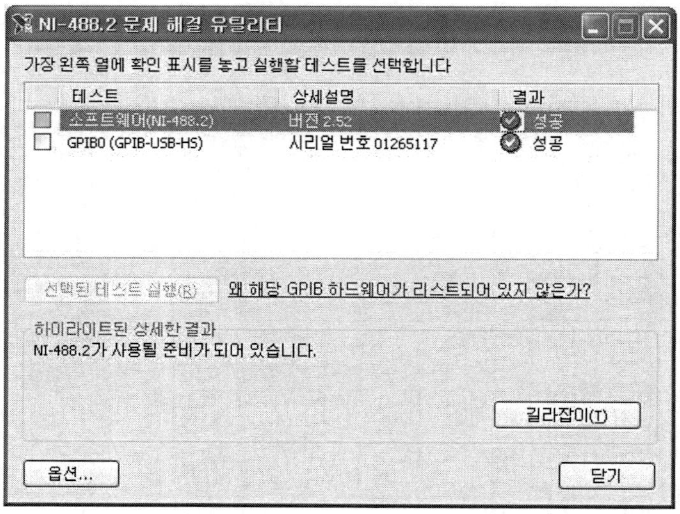

⌘ MAX 설정

GPIB 카드가 컴퓨터에 설치되면 다음과 같이 디바이스와 인터페이스에 GPIB0가 나타납니다. 오른쪽 창에서 모델 정보와 시리얼 번호 등의 하드웨어 정보를 확인할 수 있습니다. GPIB에 대한 시뮬레이션 디바이스는 제공되지 않으므로, 실제 하드웨어가 있어야만 확인할 수 있습니다.

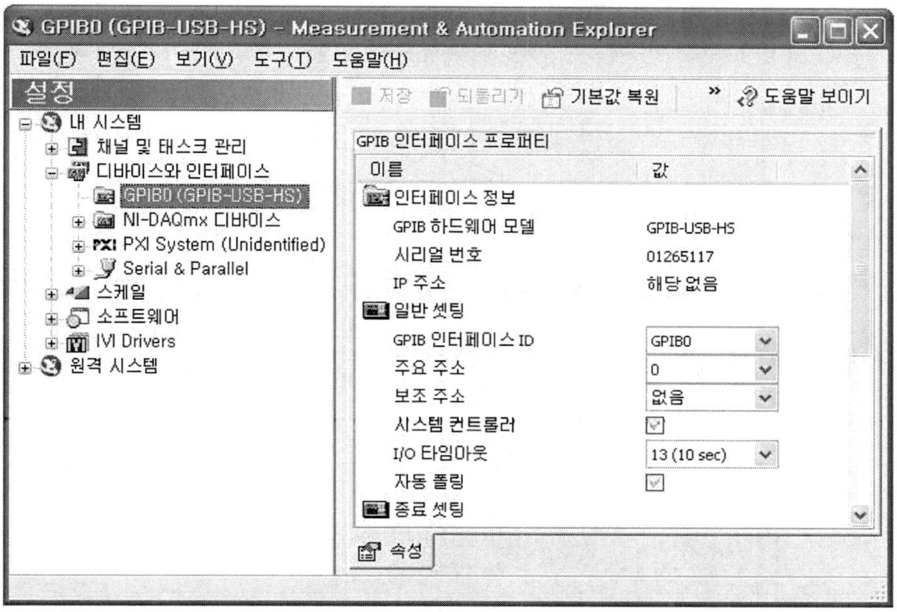

상단 메뉴에는 다음과 같이 장비 검색, 대화식 컨트롤, NI Spy등의 메뉴가 있습니다.

다음 연습을 통하여 각 메뉴의 사용법을 익혀봅니다.

연습 6-1. MAX에서 GPIB 통신하기

MAX의 여러 가지 메뉴를 이용하여 GPIB 통신 및 진단을 수행합니다. 이 연습은 실제 GPIB 하드웨어와 연결된 장비가 있어야만 수행이 가능합니다.

⌘ 장비 검색

1. GPIB에 연결된 장비를 검색합니다. GPIB 카드 한 개에 15개까지 장비를 연결할 수 있습니다. MAX에서 **장비 검색(C)**을 실행하면, 연결된 모든 장비를 검색합니다. 단축메뉴에서 선택하거나 상단 메뉴에서 장비 검색을 선택합니다.

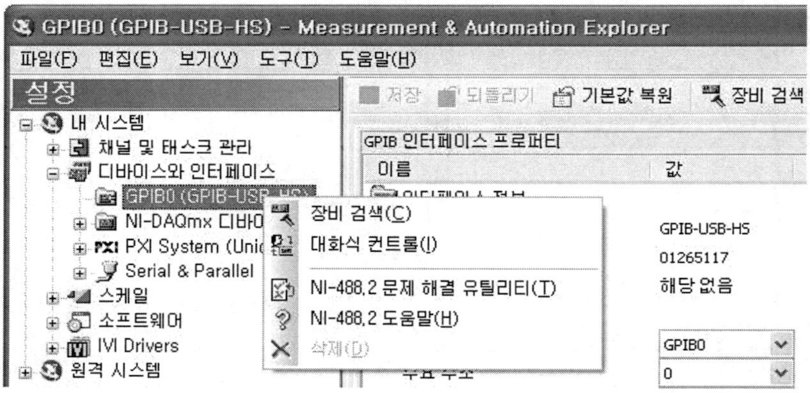

다음과 같이 Tektronix TDS 210 오실로스코프 한 개가 연결되어 있는 경우에 인스트루먼트 0으로 검색됩니다. 장비가 여러 개 연결 되어있는 경우에는 검색되는 순서에 따라서 인스트루먼트 0, 인스트루먼트 1 등으로 이름이 붙입니다. 장비를 선택하면 오른쪽 화면에 장비에 대한 설명이 나타납니다. 주요 주소, 보조 주소, 장비 정보, GPIB 인터페이스 번호 등이 디스플레이됩니다.

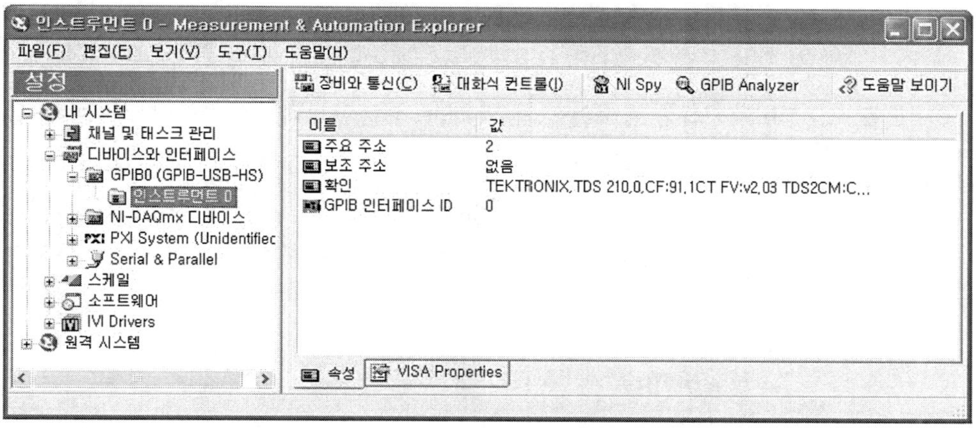

⌘ 장비와 통신

2. 인스트루먼트 0을 선택하고 상단 메뉴나 단축 메뉴에서 **장비와 통신(C)**을 선택합니다. NI-488.2 통신 창이 나타납니다.
3. [NI-488.2 통신]의 문자열 보내기에 ***IDN?**을 입력하고 쿼리(Q)를 실행합니다.

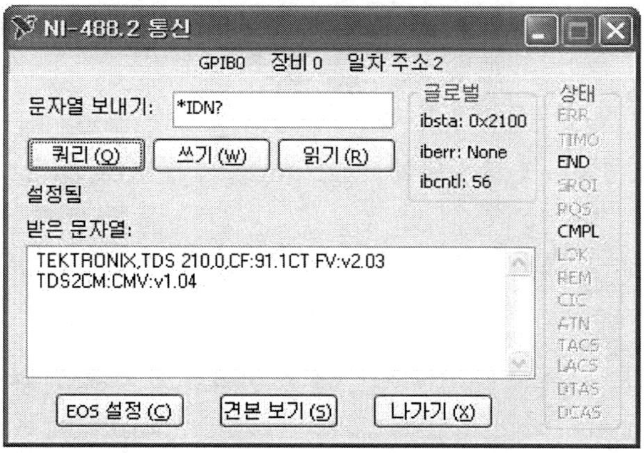

NI-488.2 통신은 **문자열 보내기** 부분과 **명령어 버튼**, 그리고 **받은 문자열**로 구성됩니다.

- **문자열 보내기**

모든 GPIB통신은 ASCII 코드인 **문자열**로 이루어집니다. 문자열 보내기는 장비에 보낼 명령어를 입력하는 부분입니다. 장비와 통신할 수 있는 명령어는 장비마다 다르므로 장비의 통신 매뉴얼을 참조하시기 바랍니다. 그러나 대부분의 장비들은 *IDN? 명령어에 공통으로 반응합니다. *IDN?는 장비 정보를 요청하는 **쿼리**입니다. 여기에서 쿼리는 쓰기와 읽기를 순차적으로 실행하는 것을 의미합니다.

- **명령어 버튼**

쿼리 (Q), 쓰기 (W), 읽기 (R)로 세 개의 명령어 버튼이 있습니다.
쓰기는 문자열 보내기에 입력한 문자열을 장비로 보내는 버튼입니다.
읽기는 장비에서 보내오는 정보를 읽기 위한 버튼입니다.
쿼리는 쓰기 버튼과 읽기 버튼을 순차적으로 클릭하는 것과 동일한 역할입니다.

- **받은 문자열**

장비에서 보내온 정보를 읽고 디스플레이하는 부분입니다.

⌘ NI Spy

4. GPIB의 상단 메뉴나 단축메뉴에서 NI Spy를 선택하여 NI Spy 실행창을 띄웁니다.
5. ⇨ 시작 버튼을 클릭하여 GPIB와 장비 사이에서 주고받는 정보들을 모니터링합니다.
6. NI-488.2 통신 창에서 쿼리로 *IDN?를 입력하여 실행한 정보를 NI Spy로 모니터링해봅니다.

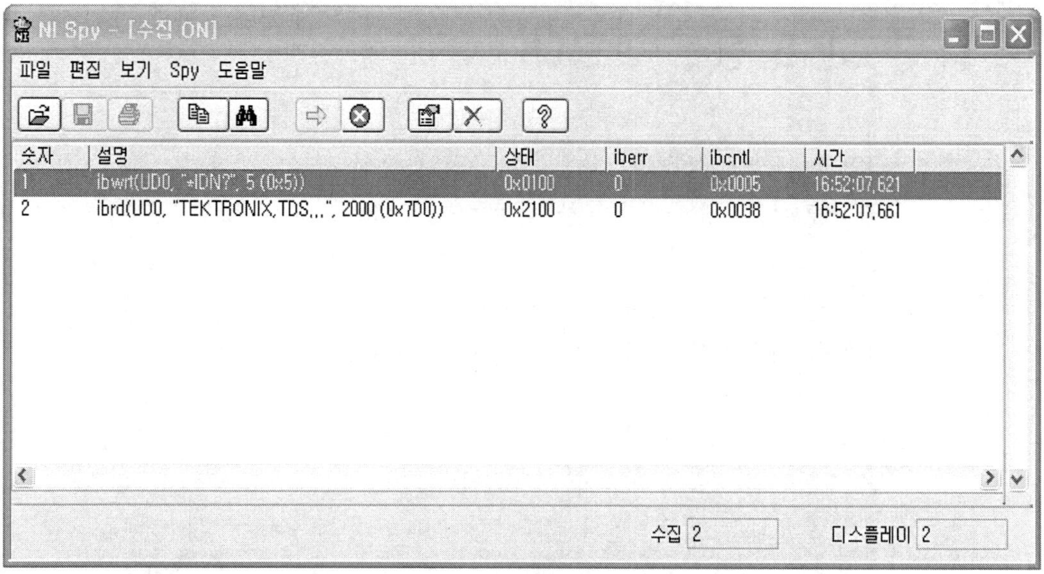

ibwrt 함수와 ibrd 함수가 순차적으로 실행되었음을 확인 할 수 있습니다.

ibwrt(UD0, "*IDN?", 5 (0x5))
ibrd(UD0, "TEKRONIX, TDS...", 2000 (0x7D0))

연습 6-1 끝

다. GPIB 통신 명령어

GPIB는 IEEE 488.1과 488.2로 규정된 통신 규약입니다.
GPIB통신은 통신 대상들을 **컨트롤러, Talker, Listener**로 구분합니다. 또한 GPIB 통신상에 여러 대의 컴퓨터와 여러 대의 장비가 연결되어 통신이 구성될 수 있습니다. 이때 컨트롤러는 한 개만 지정됩니다. Talker, Listener는 역할을 바꾸면서 여러 장비가 지정될 수 있습니다.

GPIB 통신 과정에서 누가 Talker가 될 것인지, 누가 Listener가 될 것인지 매번 지정하면서 프로그램이 수행됩니다. 예를 들어, *IDN? 쿼리를 컴퓨터에서 장비로 보내는 겨우, 먼저 컴퓨터를 Talker로 지정하고 장비를 Listener로 지정한 다음, *IDN? 명령을 장비로 보냅니다. 다시 장비가 답변을 하기 위하여 장비를 Talker로 지정하고, 컴퓨터를 Listener로 지정하고 정보를 읽어옵니다. 이 모든 과정에서 컴퓨터가 컨트롤러 역할을 수행합니다.

프로그래밍 과정에서도 이와 같이 누가 Talker가 될 것인지, 누가 Listener가 될 것인지 매번 지정하면서 프로그래밍할 수 있습니다. 보드 레벨에서 세세한 것까지 모두 설정하면서 프로그래밍하는 함수를 **보드 레벨(Board Level)** 함수라고 부릅니다.
그리고 세부적인 부분은 자동으로 설정되고, 디바이스 레벨에서 프로그래밍하는 함수를 **디바이스 레벨(Device Level)** 함수라고 부릅니다. LabVIEW에서는 VISA 함수를 이용하여 디바이스 레벨로 프로그래밍할 수 있습니다.

함수들에 대한 추가적인 정보는 NI-488.2 도움말을 이용하면 확인할 수 있습니다. 시작 〉 프로그램(P) 〉 National Instruments 〉 NI-488.2 〉 NI-488.2 도움말을 선택할 수 있습니다.
목차(C)에서 Function Reference 〉 Traditional NI-488.2 Calls를 선택하면 제공되는 모든 함수들을 확인할 수 있습니다. 크게 Board-Level 함수와 Device-Level 함수로 구분되며, 세부적인 함수 설명을 찾을 수 있습니다.

GPIB 함수는 ib로 시작하고 실제 영문 의미를 요약한 형태로 함수명이 구성됩니다. 예를 들어, ibwrt는 **write** 함수이고, ibrd는 **read** 함수입니다. 참고로 ibwrt나 ibrd와 같은 명령어는 Board-Level과 Device-Level에서 모두 찾을 수 있는 함수입니다.

⌘ VISA 함수

디바이스 레벨 함수나 보드 레벨 함수를 직접 사용하여 GPIB 프로그램을 작성하는 것은 쉬운 일이 아닙니다. 특히 GPIB는 통신의 한 종류이므로 RS-232 통신이나 USB 통신과 구분하여 프로그래밍을 하는 것은 비효율적입니다.

LabVIEW에서는 다양한 통신 프로토콜을 동일한 VISA 함수로 구현할 수 있게 제공하고 있습니다. 다음과 같이 함수 〉 인스트루먼트 I/O에서 **VISA** 팔레트를 찾을 수 있습니다. VISA는 Virtual Instrument Software Architecture의 약자입니다.

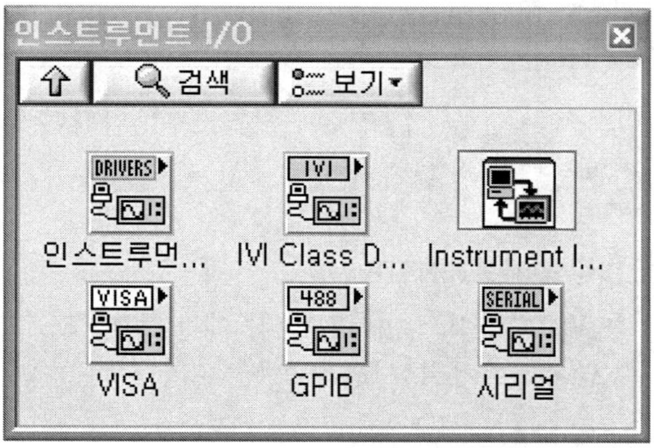

라. VISA 함수를 이용한 GPIB 통신

VISA는 장비 제어를 위한 여러 통신 방법을 통합한 드라이브입니다. VISA 함수를 이용하면 GPIB 통신은 물론이고, 시리얼 통신과 VXI 통신, USB 통신 등을 수행할 수 있습니다. 함수 > 인스트루먼트 I/O에서 VISA 팔레트를 찾을 수 있습니다.

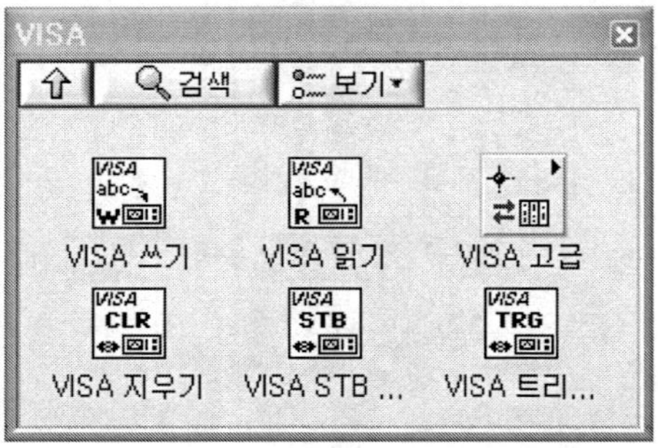

⌘ VISA 리소스 이름

VISA함수는 VISA리소스 이름을 기반으로 통신을 수행합니다. VISA 리소스 이름을 기입하는 원칙은 다음과 같습니다.

GPIB[디바이스 번호]::주요 주소::INSTR

GPIB통신에 사용되는 VISA 리소스 이름입니다. 예를 들어, GPIB0::2::INSTR는 GPIB 0으로 2번 Address 장비와 통신하겠다는 의미입니다.

ASRL[디바이스 번호]::INSTR

비동기식 시리얼 통신에 사용되는 VISA 리소스 이름입니다. 그러나 간단하게 **COM[디바이스 번호]**로 사용할 수도 있습니다. 예를 들어, COM1은 시리얼 포트 1번에 연결된 장비의 VISA 리소스 이름입니다.

VISA 리소스 이름의 오른쪽에 위치한 화살표 버튼을 클릭하여 현재 지원되는 VISA 리소스를 확인하고 사용할 리소스를 선택할 수 있습니다.

COM1
COM4
GPIB0::2::INSTR
LPT1

연습 6-2. VISA함수를 이용한 GPIB 통신

VISA함수를 이용하여 연습 6-1에서 설정된 장비와 통신을 수행하는 VI를 작성합니다. 연습 6-1의 NI-488.2 통신의 쿼리와 동일한 기능을 수행하는 VI입니다.

⌘ 블록다이어그램

1. 새 VI를 만들고 VISA통신(GPIB).vi로 저장합니다.
2. 다음과 같이 블록다이어그램을 구성합니다. 함수 〉 인스트루먼트 I/O 〉 VISA 팔레트에서 VISA 쓰기와 VISA 읽기 함수를 찾을 수 있습니다.

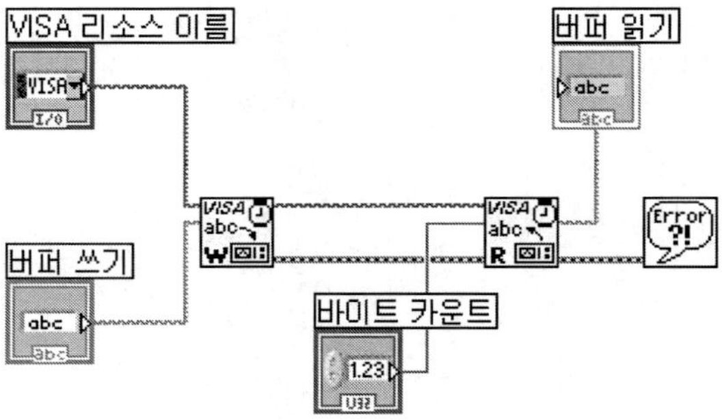

 **VISA 쓰기**: 지정한 VISA 리소스 이름의 장비로 명령어를 보내는 함수입니다.

 **VISA읽기**: 장비로부터 바이트 카운트만큼의 값을 읽어오는 함수입니다.

이때, 문자열로 명령어를 보내고 문자열 데이터를 받아옵니다.

⌘ 프런트패널

3. 다음과 같이 프런트패널을 구성합니다.
4. **버퍼 쓰기**에 *IDN?를 입력하고 **바이트 카운터**에 읽어올 문자열의 개수를

입력합니다. 개수를 정확히 모를 경우에는 예상되는 문자열 개수보다 많은 값을 입력합니다. 읽어오게 될 문자열의 끝에서는 메지시의 끝임을 알려주는 문자가 따라오므로, 문자열의 끝임을 확인하고 읽기를 종료합니다.

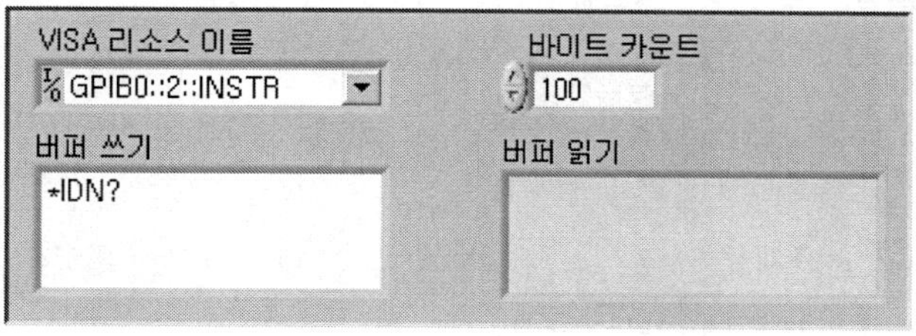

연습 6-2 끝

마. 인스트루먼트 I/O 어시스턴트를 이용한 GPIB 통신

 **인스트루먼트 I/O 어시스턴트**를 사용하여 직관적인 방법으로 GPIB 프로그램을 작성할 수 있습니다. 함수 〉 인스트루먼트 I/O 팔레트에서 찾을 수 있습니다.

인스트루먼트 I/O 어시스턴트는 다음과 같이 단계 추가를 통하여, 쿼리 및 분석, 쓰기, 읽기 및 분석이 가능합니다.

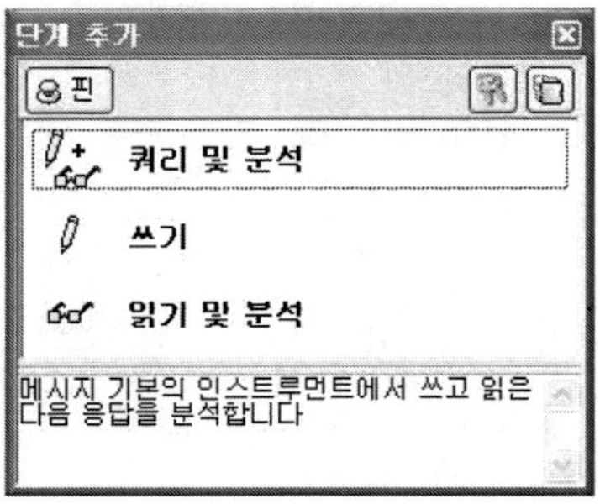

또한 자동 분석(Auto Parse) 기능을 이용하여 입력된 Binary 데이터나 ASCII 데이터에서 의미 있는 정보를 분석할 수 있습니다.

인스트루먼트 I/O 어시스턴트의 장점은 단계별로 명령어를 보내고 통신할 수 있고, 받아진 데이터를 분석하여 확인할 수 있다는 것입니다. 그래서 새로운 GPIB 통신 프로그램을 쉽고 빠르게 작성할 수 있습니다.

연습 6-3. 인스트루먼트 I/O 어시스턴트

인스트루먼트 I/O 어시스턴트를 이용하여 NI Instrument Simulator를 제어하는 VI를 작성해봅니다. NI Instrument Simulator는 Function Generator와 오실로스코프를 시뮬레이션하는 장비입니다.

⌘ MAX 장비 검색

1. MAX를 실행하고, 내 시스템 > 디바이스와 인터페이스 > GPIB에서 **장비 검색**을 선택합니다. 다음과 같이, 일차 주소 = 1의 NI Instrument Simulator가 검색되었습니다. **인스트루먼트 0**으로 명명되었습니다.

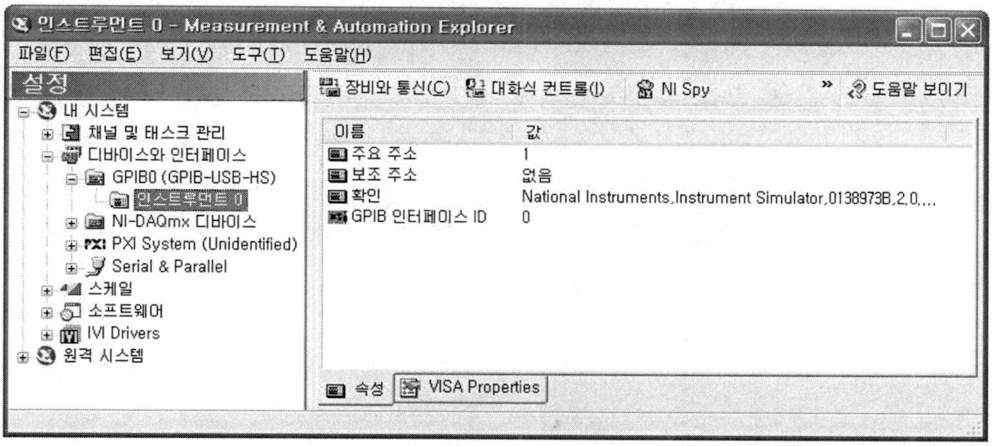

2. **인스트루먼트 0**에서 **장비와 통신**을 선택하여 **NI-488.2 통신**을 실행합니다.
3. 문자열 보내기에 "*IDN?"를 입력하고, 쿼리(Q) 버튼을 클릭합니다. 다음과 같이, 받아진 문자열에서 장비 0에 대한 정보를 읽을 수 있습니다.

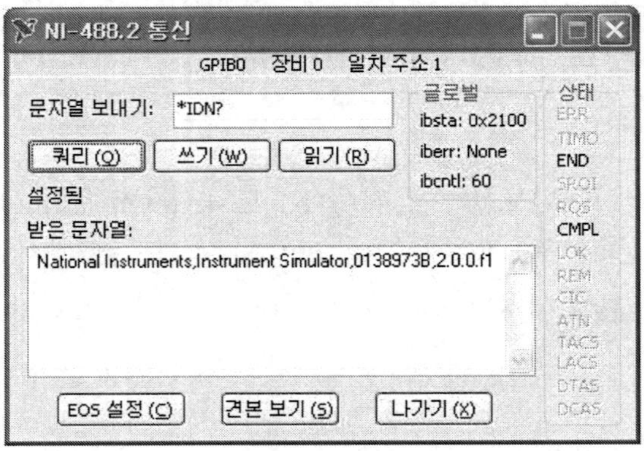

⌘ 인스트루먼트 I/O 어시스턴트

4. 블록다이어그램에  **인스트루먼트 I/O 어시스턴트**를 위치시킵니다. 함수 〉 인스트루먼트 I/O 팔레트에서 찾을 수 있습니다.

- **인스트루먼트 선택**에서 **GPIB0::1::INSTR**을 선택합니다. GPIB0에 연결된 1번 주소의 장비와 통신하겠다는 의미입니다. **콜론(:)**을 두 개씩 사용한 것을 확인할 수 있습니다.
- **타임아웃**에 3000을 입력합니다. 3000msec 안에 통신이 되지 않으면 타임아웃 에러를 발생합니다.
- **종료 문자**에는 〈없음〉을 선택합니다.

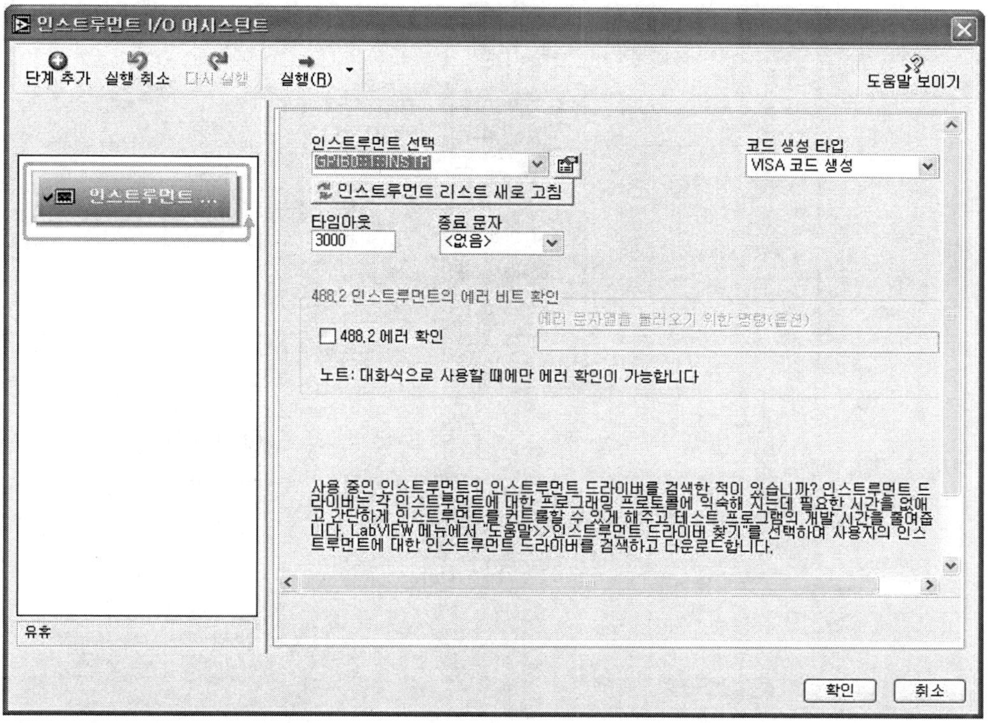

5. 왼쪽 상단의 **단계 추가**를 클릭합니다. 다음과 같이 단계 추가 창에서 **쿼리 및 분석**을 선택합니다.
6. **명령 입력**에 NI Instrument Simulator의 명령어를 입력합니다. MEASURE?를 입력합니다.
7. ➔ **이번 단계 실행** 버튼을 클릭하여 쿼리를 실행합니다. 받아진 데이터는 바이트 인덱스, 2진 형, ASCII 형 등으로 표현됩니다.

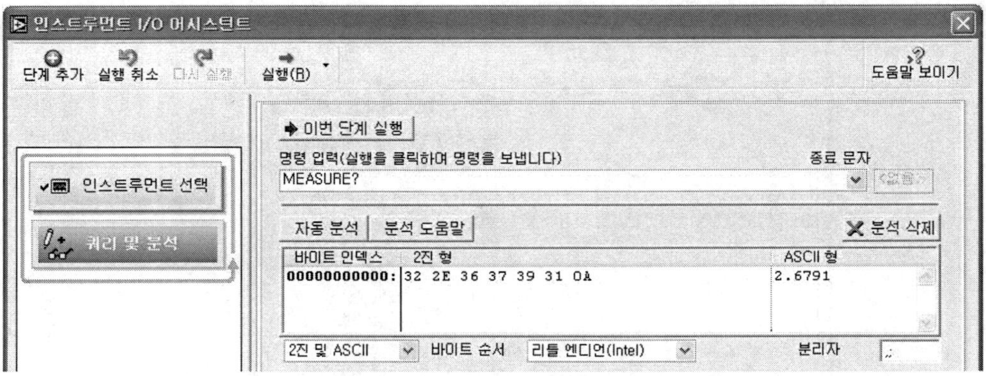

8. **자동 분석** 버튼을 클릭합니다. 자동 분석은 받아진 데이터에서 의미 있는 데이터를 자동으로 분석하는 도구입니다. **선택된 토큰 설정**의 값에 데이터가 디스플레이됩니다.
9. **토큰 이름**을'DC 출력'으로 바꿔줍니다.

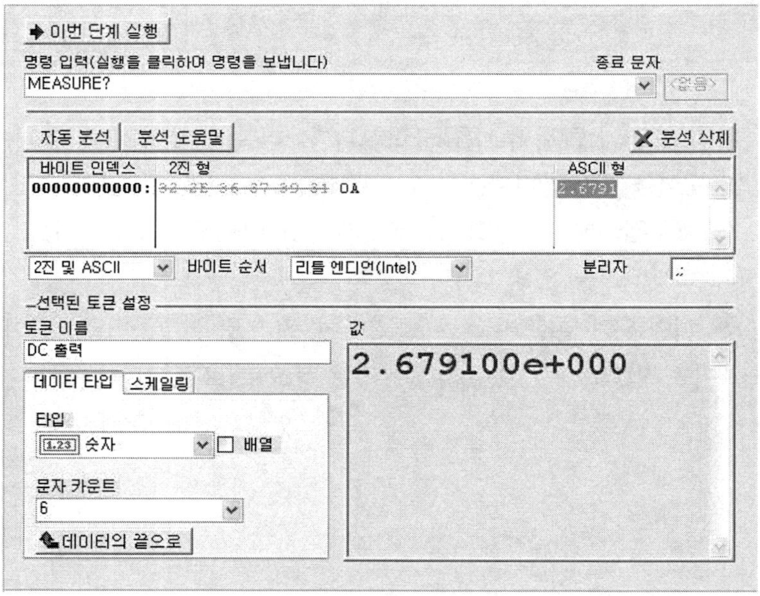

10. **쿼리 및 분석**을 하나 더 추가합니다. 명령 입력에 waveform:data?를 입력하고, ➡ **이번 단계 실행** 버튼을 클릭하여 명령어를 실행합니다.
11. **자동 분석**을 클릭하여 받아진 데이터를 분석합니다. token을 '사인파'

로 이름을 바꿉니다.

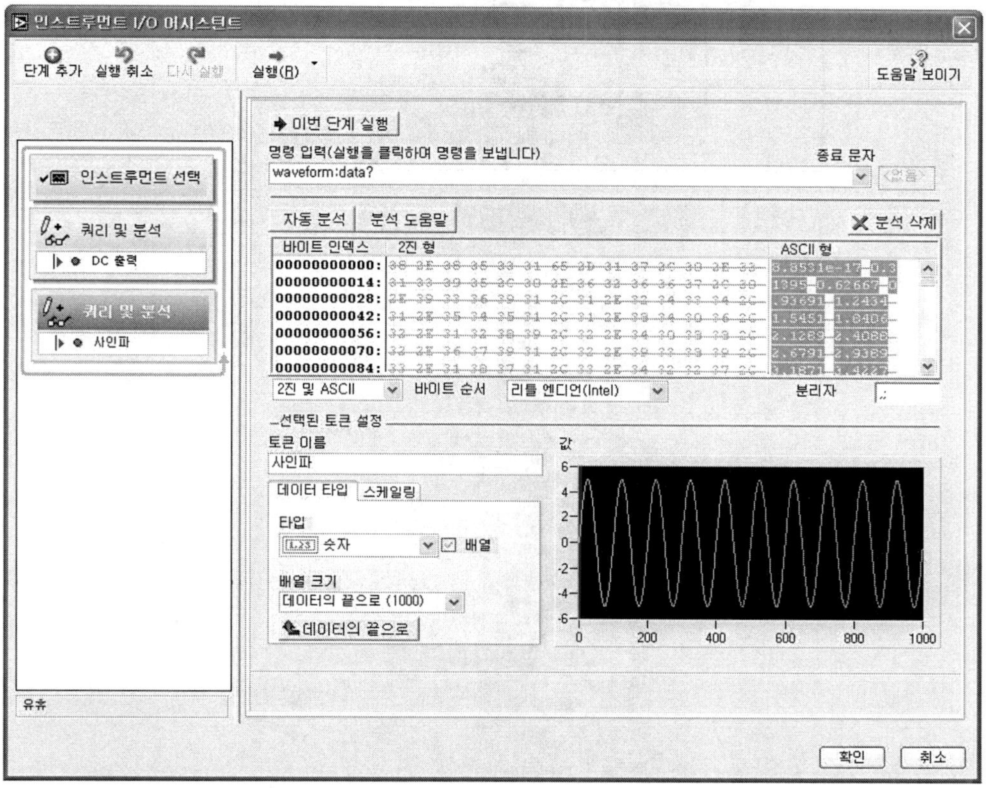

12. 확인 버튼을 클릭하여 인스트루먼트 I/O 어시스턴트의 설정을 적용합니다.

⌘ 블록다이어그램과 프런트패널

13. 다음과 같이 웨이브폼과 DC 출력단에서 단축메뉴를 이용하여 인디케이터를 생성해줍니다.

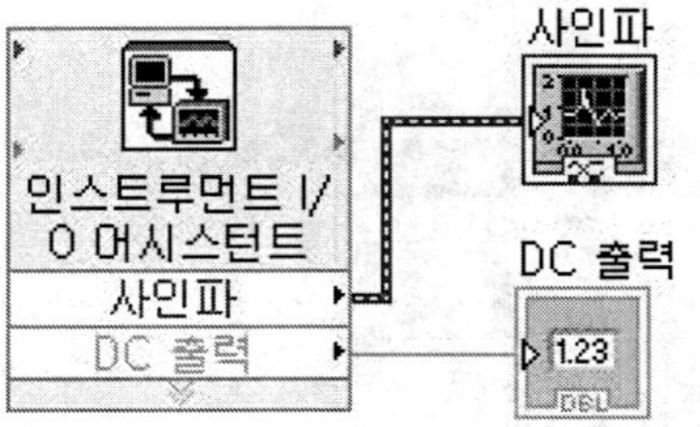

14. 프런트패널을 정리하고 VI를 실행합니다.

연습 6-3 끝

연습 6-3에서 **코드 생성 타입**으로 **VISA 코드 생성**을 선택했으므로 인스트루먼트 I/O 어시스턴트는 VISA 함수를 이용한 SubVI와 동일합니다.
인스트루먼트 I/O 어시스턴트의 단축메뉴에서 프런트패널 열기를 선택하면, 다음과 같이 VISA 함수로 구성된 SubVI를 열 수 있습니다.

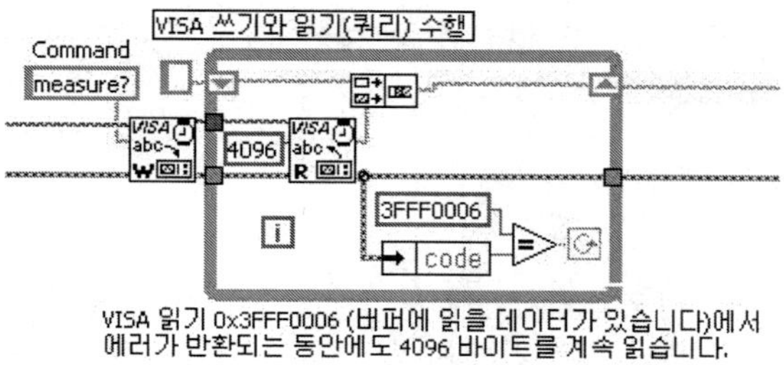

익스프레스 VI의 프런트패널을 Open하는 경우에는 다음과 같은 메시지가 나타납니다. 변환 버튼을 클릭하면, 일반 VI로 변환됩니다.

다음과 같이 VISA 함수를 이용하여 연습 6-3과 동일한 VI를 만들 수 있습니다.

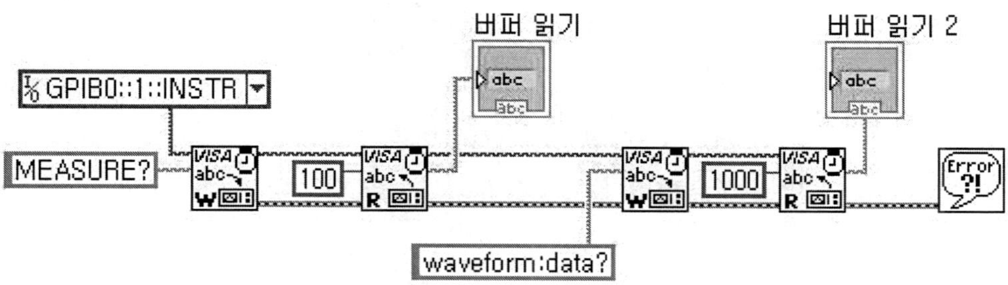

바. 인스트루먼트 드라이브

일반적으로 Tektronix나 Agilent와 같은 대형 계측기 회사에서는 자사 제품에 대한 GPIB용 LabVIEW 드라이브를 제공합니다. 이런 드라이브를 총칭하여 **인스트루먼트 드라이브**라고 부릅니다. 그러므로 제공되는 기본 기능으로도 충분한 경우나, GPIB 프로그래밍을 배우는 경우에는 인스트루먼트 드라이브를 이용하는 것이 도움이 됩니다.

www.ni.com/idnet에서 제공되는 모든 인스트루먼트 드라이브를 찾을 수 있습니다. 혹시 원하는 장비 모델의 인스트루먼트 드라이브가 없을 경우에는 비슷한 모델의 인스트루먼트 드라이브를 사용하면 될 것입니다.
다운로드 받은 인스트루먼트 드라이브는 C:₩Program Files₩National Instruments₩LabVIEW₩instr.lib 폴더에 넣어줍니다.

다음과 같이 상단 메뉴의 도구(T) 〉 인스트루먼트(I) 〉 인스트루먼트 드라이브 찾기(I)를 선택하면, **인스트루먼트 드라이브 찾기 – 검색 설정** 팝업창이 나타나서 더 쉽게 인스트루먼트 드라이브를 검색할 수 있습니다. 이때 컴퓨터에 연결된 GPIB 장비가 있다면, **연결된 인스트루먼트**에 표시될 것입니다.

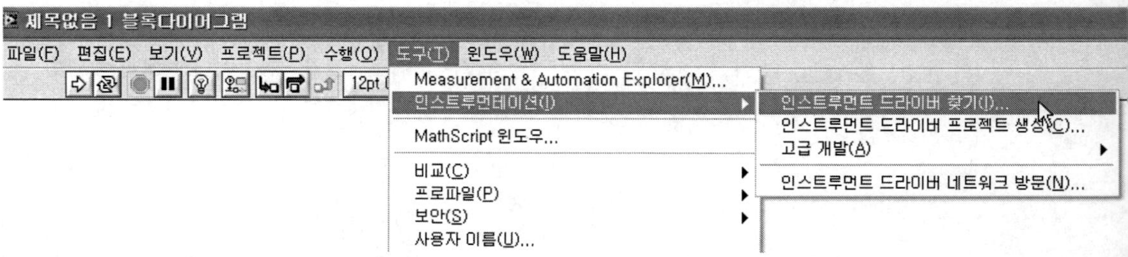

다음 연습을 통하여 인스트루먼트 드라이브를 검색하고 다운받아서 사용하는 방법을 익힙니다.

연습 6-4. 인스트루먼트 드라이브

Tektronix 사의 TDS 210에 대한 인스트루먼트 드라이브를 검색하여 설치하고, 블록다이어그램을 일부 수정하는 방법에 대하여 배웁니다.

⌘ 인스트루먼트 드라이브 찾기

1. 메뉴에서 도구 〉 인스트루먼트(I) 〉 인스트루먼트 드라이브 찾기(I)를 선택합니다.

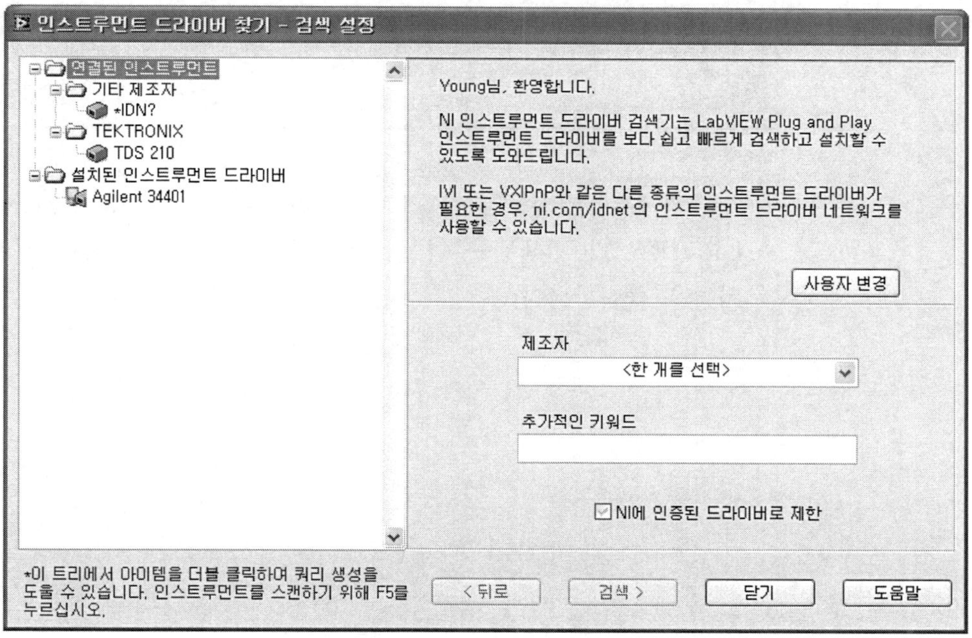

2. 검색할 장비를 선택하고, **제조자** 및 **추가적인 키워드**를 선택하고 기입합니다. 여기에서는 TDS 210을 선택하고, 제조자 = Tektronix, 추가적인 키워드=TDS 210을 기입하였습니다.
3. 검색 버튼을 클릭하여 ni.com/idnet에서 인스트루먼트 드라이브를 검색합니다.

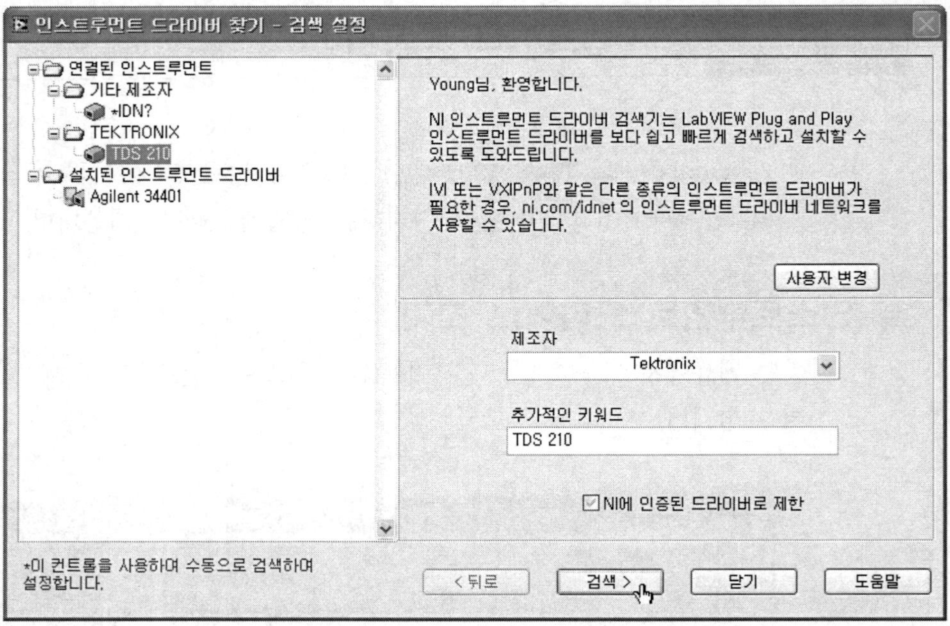

4. 다음과 같이 인스트루먼트 드라이브로 tktds2xx Instrument Driver for LabVIEW 가 검색됨을 확인할 수 있습니다. 드라이브를 선택하고, **설치** 버튼을 클릭합니다.

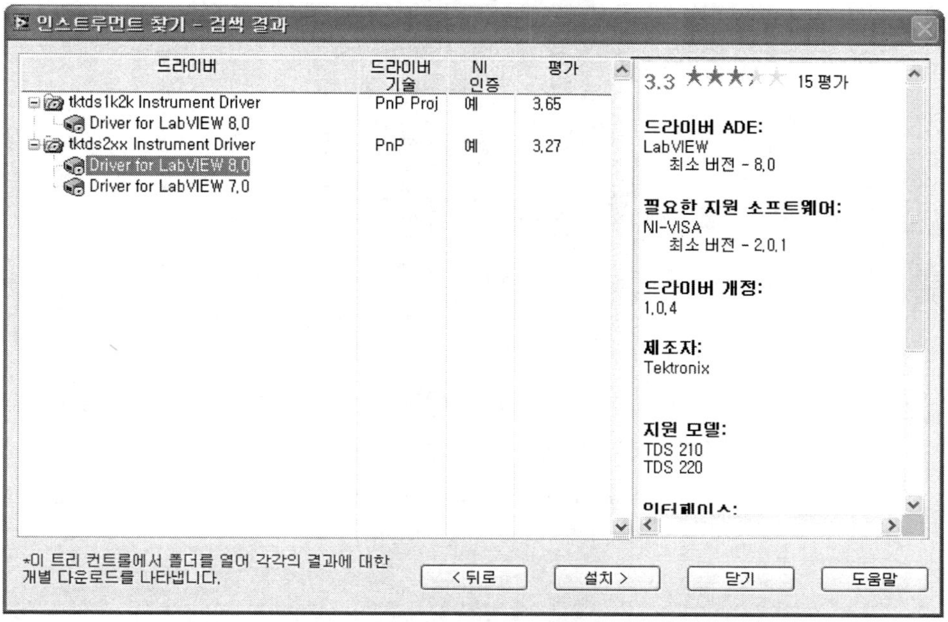

설치가 완료되었다는 메시지와 인스트루먼트 드라이브가 설치된 디렉터리를 확인할 수 있습니다.

⌘ 인스트루먼트 드라이브 사용하기

5. 함수 〉 인스트루먼트 I/O 〉 인스트루먼트 드라이브 팔레트에 TKTDS2xx 팔레트가 생성되었음을 확인할 수 있습니다. 다음과 같이 TKTDS2xx 팔레트에서 Tektronix 사의 TDS 210 오실로스코프를 LabVIEW로 컨트롤할 수 있는 여러 가지 VI들을 찾을 수 있습니다. 특히 Application Examples 팔레트에서 관련 예제를 찾을 수 있습니다.

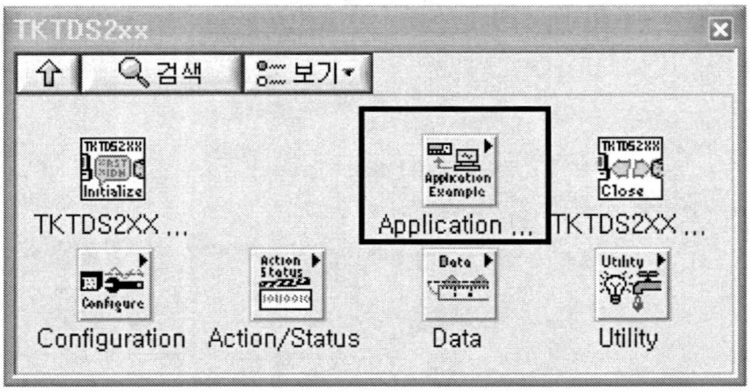

6. Application Examples 팔레트에서 TKTDS2xx Example2.vi를 선택하여 블록다이어그램에 위치시키고, 이 VI를 Open합니다.
7. TDS 210 오실로스코프의 Channel 1에 삼각파를 입력하고, Timebase 등을 설정한 다음, VI를 실행합니다.

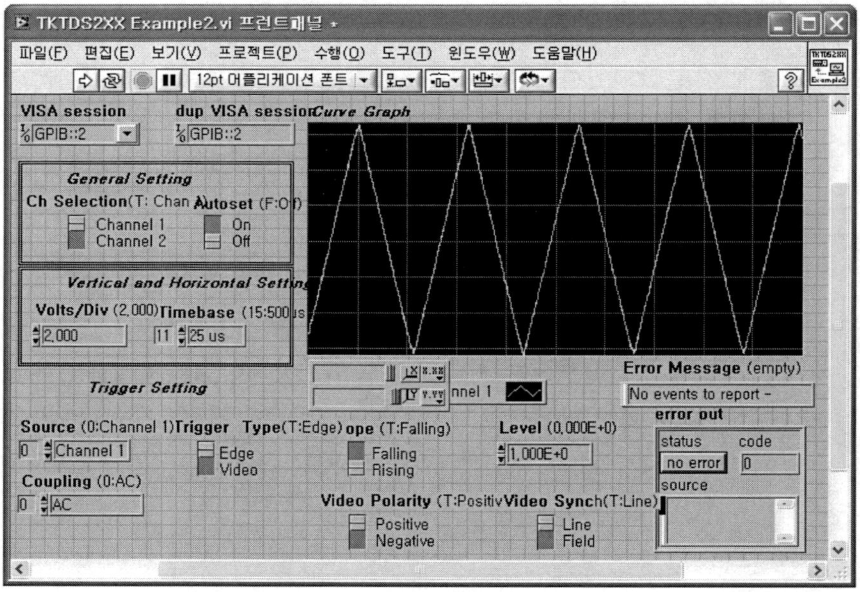

8. 다음과 같이 블록다이어그램에서 Data 출력에  **스프레드시트 파일에 쓰기**를 연결하여 1D 배열의 출력을 스프레드시트 파일로 저장합니다. 함수 > 프로그래밍 > 파일 I/O 팔레트에서 찾을 수 있습니다.

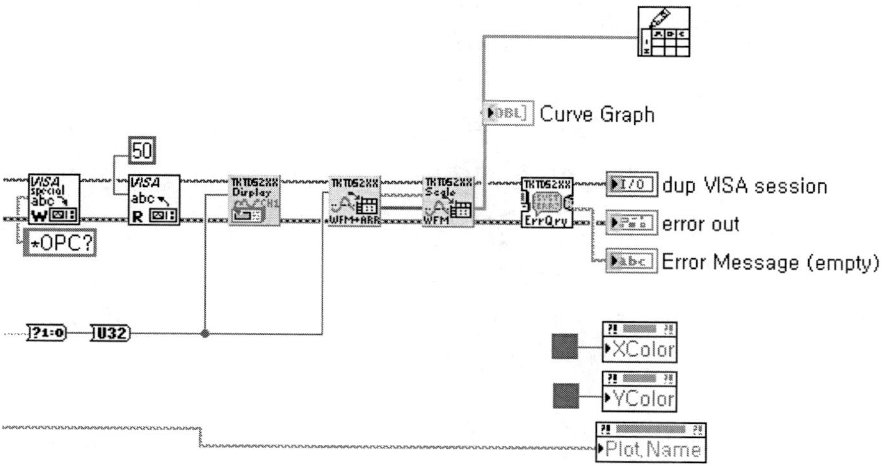
Curve Graph
50
VISA
*OPC?
TKTDS2XX Display
TKTDS2XX
WFM+ARR
TKTDS2XX Scale
WFM
TKTDS2XX
ErrQry
I/O
dup VISA session
error out
Error Message (empty)
U32
XColor
YColor
Plot.Name

연습 6-4 끝

사. 시리얼 통신

시리얼 통신은 RS-232 통신, RS-485 통신, 그리고 RS-422 통신 등을 의미합니다. 시리얼 통신은 TxD와 RxD의 두 데이터 라인을 이용하여 시리얼로 통신하는 방식입니다. 실제로 대부분의 컴퓨터에는 RS-232 포트가 있으므로 저렴한 방법으로 장비와 통신을 수행할 수 있습니다. 특히 RS-485를 이용하는 경우에는 수 Km까지 통신이 가능합니다. 참고로, RS-232 통신은 **1 대 1** 통신이고, RS-485, RS-422 통신은 **1 대 다** 통신입니다.

GPIB 통신은 IEEE 488.2로 표준화된 통신이지만, 시리얼 통신은 표준 규약이 없는 통신 방법입니다. 그러므로 경우에 따라서 적합한 통신 규정을 설정해야 되므로 LabVIEW로 프로그래밍할 때에도 몇 가지 사항을 필수적으로 설정해줘야 됩니다.

- **보 전송속도(Baud Rate):** 시리얼 통신 속도입니다. Talker와 Listener가 같은 Baud Rate를 가지고 있어야만 통신이 가능합니다. Standard 타입의 Baud Rate는 9600, 14400, 19200, ... , 128000, 230400 등입니다.
- **데이터 비트(Data Bits):** 한 개의 프레임에 들어 있는 데이터의 크기입니다. 데이터 비트의 값은 5에서 8 사이이며, 기본 값은 8입니다.
- **패리티(Parity):** None, Odd, Even, Mark, Space 등의 패리티가 있습니다.
- **정지 비트(Stop Bits):** 프레임의 끝을 가리키기 위해 사용되는 정지 비트의 숫자를 지정합니다. 1, 1.5, 2를 선택할 수 있습니다.
- **흐름 제어(Flow Control):** 양방향 통신을 수행하기 위하여 흐름 제어의 방식을 설정합니다. None, Xon/Xoff, RTS/CTS, DTR/DSR 등이 있습니다.

이러한 설정은 컴퓨터의 시리얼 포트와 장비의 시리얼 포트, 그리고 MAX의 Port Setting까지 동일하게 설정해줘야 됩니다.

컴퓨터의 시리얼 포트 설정은 시스템 등록 정보에서 하드웨어 〉 장치관리자(D)를 선택하고, **장치관리자**에서 포트의 속성을 선택하여 설정할 수 있습니다.

다음과 같이 통신 포트(COM1) 등록 정보에서 비트/초(B)는 Baud Rate를 의미하고, 데이터 비트, 패리티, 정지 비트, 흐름 제어 등을 설정할 수 있습니다.

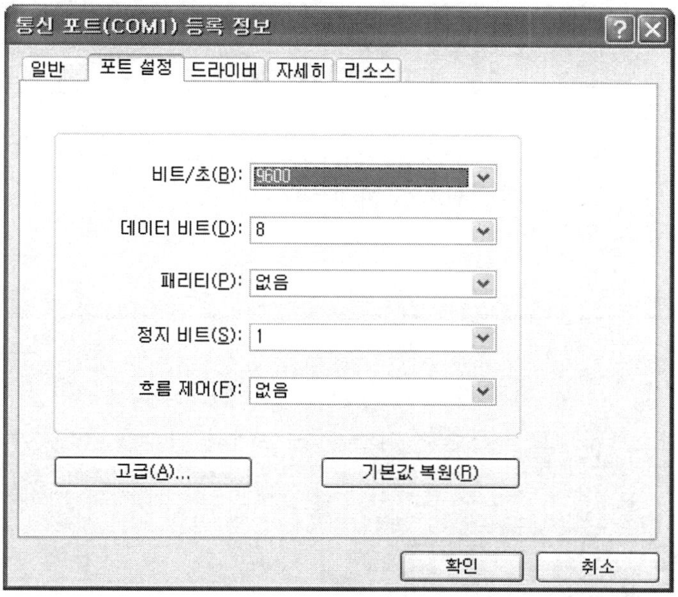

MAX에서도 디바이스와 인터페이스 〉 Serial & Parallel에서 COM1을 선택하고, **Port Settings** 텝을 선택하여 설정을 바꿀 수 있습니다.

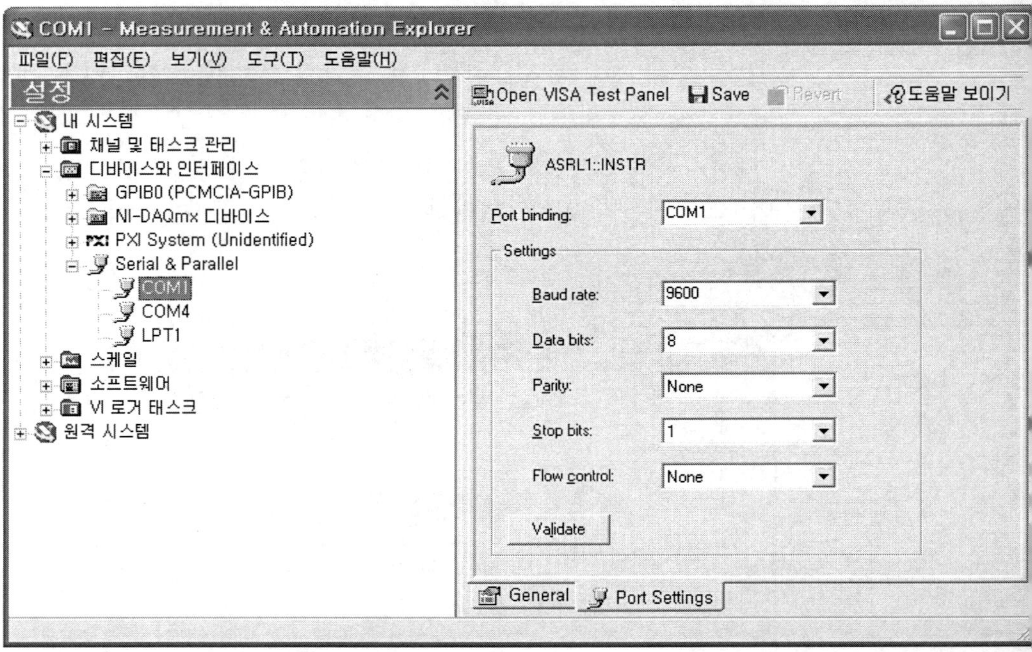

LabVIEW에서는 VISA 함수를 이용하여 시리얼 통신을 구현할 수 있습니다. 함수 〉 인스트루먼트 I/O 〉 시리얼 팔레트에서 함수를 찾을 수 있습니다.

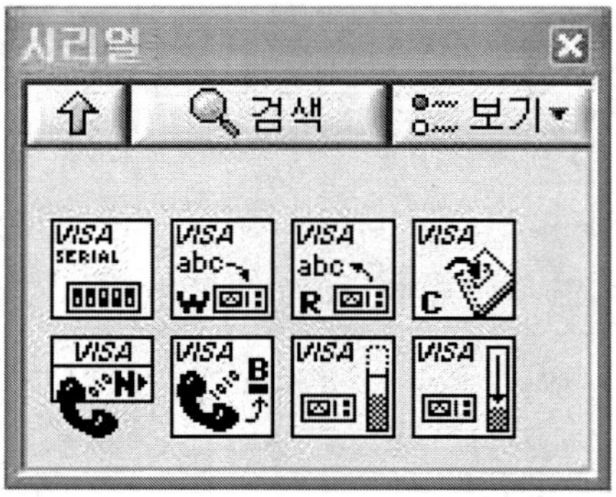

VISA 쓰기와 VISA 읽기 함수는 GPIB의 VISA 함수와 동일한 함수입니다. 그러나 시리얼 통신에서는 **VISA 시리얼 포트 설정** 함수가 추가적으로 필요합니다.

VISA 시리얼 포트 설정은 Baud Rate, 데이터 비트, 패리티, 정지 비트, 그리고 흐름 제어 등의 시리얼 포트 설정을 위한 함수입니다.

근본적으로 시리얼 통신 VI는 VISA 함수를 이용하여 GPIB 통신 VI와 유사한 방법으로 프로그래밍합니다. VISA함수를 이용한 시리얼 통신 VI는 다음과 같은 형태로 프로그래밍합니다.

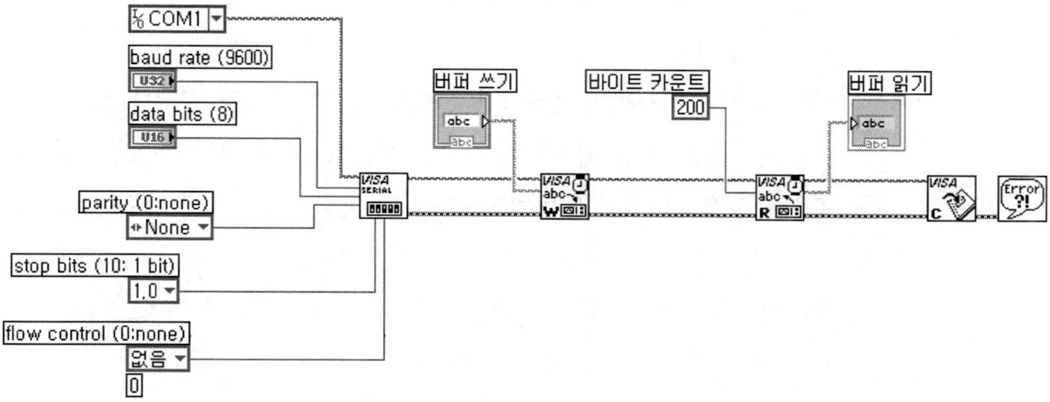

또한 인스트루먼트 I/O 어시스턴트를 이용해서 시리얼 통신 VI를 작성할 수 있고, www.ni.com/idnet에서 시리얼 통신용 인스트루먼트 드라이브를 다운받을 수 있습니다.

요약정리

가. GPIB는 IEEE 488.1과 488.2로 규정된 통신 규약입니다.

나. GPIB 통신을 수행하기 위해서는 컴퓨터와 장비에 GPIB 포트가 있어야 됩니다.

다. NI 488.2 드라이브를 이용하여 GPIB 통신을 쉽고 빠르게 구현할 수 있습니다.

라. MAX를 이용하여 컴퓨터의 GPIB 포트에 연결된 장비를 찾고, NI-488.2 통신 창을 이용하여 간단한 통신을 테스트할 수 있습니다.

마. NI VISA 함수를 이용하여 GPIB 통신을 LabVIEW에서 구현합니다. VISA 쓰기와 VISA 읽기 함수를 사용합니다.

바. 인스트루먼트 I/O 어시스턴트를 이용하여 대화식 익스프레스 함수로 GPIB 통신 프로그램을 작성할 수 있습니다.

사. www.ni.com/idnet에 접속하여 인스트루먼트 드라이브를 다운받을 수 있습니다.

아. VISA 함수를 이용하여 시리얼 통신도 구현할 수 있습니다.

Note

제 7 장

LabVIEW 프로젝트 및 데이터 전송

LabVIEW 프로젝트 및 여러 가지 데이터 전송 방식에 대하여 배워봅니다.

가. LabVIEW 프로젝트

개발하는 어플리케이션의 규모가 커지게 되면, 한 개의 VI로 프로젝트를 완성하기는 힘들어집니다. 여러 개의 VI와 변수들, 관련 파일과 문서들이 구성되어야만 어플리케이션을 완성할 수 있습니다.

LabVIEW 프로젝트는 큰 규모의 어플리케이션을 구현할 수 있도록, 프로젝트 기반의 프로그래밍 환경을 제공해줍니다.

특히 LabVIEW 프로젝트는 단일 프로세스에서 구현되는 프로젝트뿐만 아니라 여러 프로세스(여러 컴퓨터)에서 구현되는 프로젝트를 만들 수 있도록 도와줍니다. 그러므로 LabVIEW 프로젝트를 이용하여 컴퓨터들 간의 데이터 통신을 쉽게 구현할 수 있고, LabVIEW Real Time이나 LabVIEW FPGA 등의 프로그래밍을 구현할 수 있게 합니다. 그리고 PXI나 cFP, cRIO 등의 다양한 Target에서 LabVIEW를 임베디드시킬 수 있도록 도와줍니다.

LabVIEW 프로젝트는 **시작하기**에서 **새 프로젝트**를 선택하여 만들 수 있습니다.

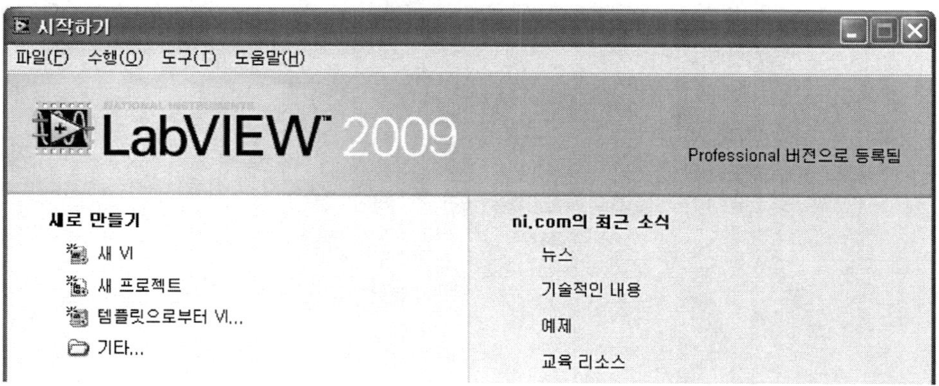

다음과 같이 프로젝트 탐색기가 실행됩니다. 저장 버튼을 클릭하여 저장합니다. 확장자는 *.lvproj입니다.

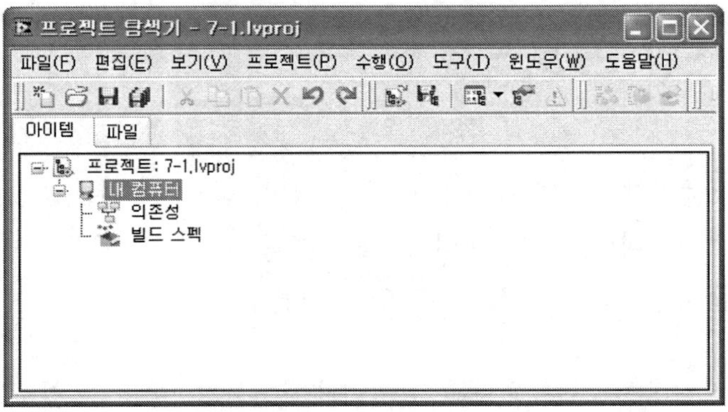

- **프로젝트 루트**: 프로젝트의 파일 이름을 가지고 있고, 모든 파일들이 프로젝트 루트 아래에 포함됩니다. 위 그림에서는 프로젝트: 7-1.lvproj가 프로젝트 루트입니다.
- **내 컴퓨터**: Target이 되는 컴퓨터를 지칭합니다. [내 컴퓨터]는 프로젝트를 프로그래밍하는 로컬 컴퓨터를 의미합니다.
- **의존성**: Target에 필요한 VI 관련 파일들이 포함됩니다.
- **빌드 스펙**: 실행파일이나 배포용 프로그램 등을 만드는 기능입니다.

⌘ 프로젝트에 VI 추가하기

내 컴퓨터의 단축메뉴에서 **새로 만들기**를 선택하여 VI나 폴더, 컨트롤, 라이브러리, 변수 등을 추가할 수 있습니다. 새로 만들기 〉 VI를 선택하면 새 VI가 생성됩니다.

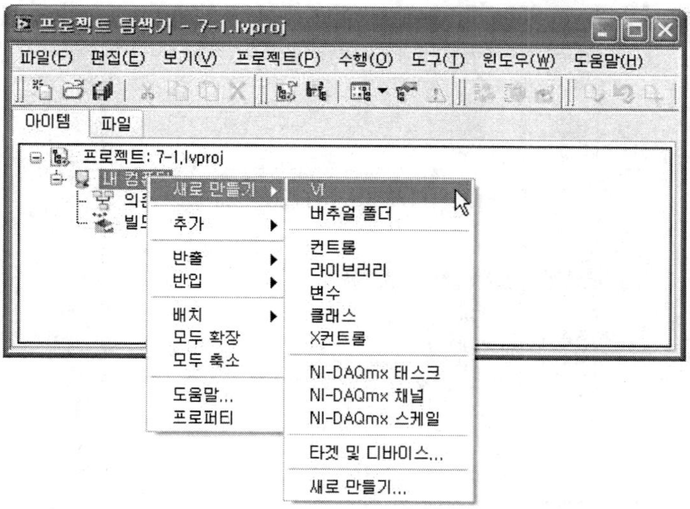

새 VI를 저장하면 다음과 같이 내 컴퓨터 아래에 VI가 추가됩니다.

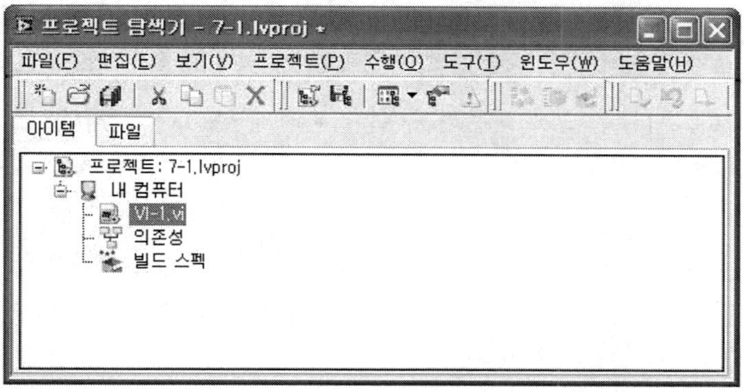

그리고 기존에 만들어진 VI를 프로젝트에 추가하기 위해서는 [내 컴퓨터]의 단축메뉴에서 추가 〉 파일을 선택하여 기존 VI를 프로젝트에 추가할 수 있습니다.

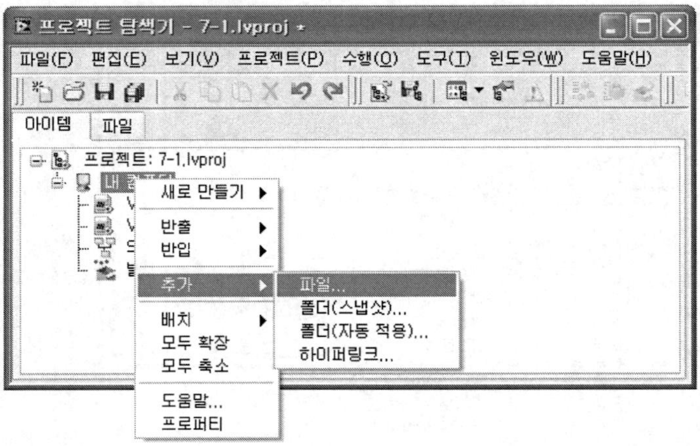

⌘ 공유 변수 추가하기

VI뿐만 아니라 사용자 정의 컨트롤이나 라이브러리, 변수, 클래스, X 컨트롤 등을 프로젝트에 추가할 수 있습니다.
클래스는 객체지향 프로그래밍을 구현할 수 있게 제공하는 기능입니다. 그리고 X 컨트롤은 SubVI나 클래스 기능을 가진 컨트롤을 만들어 사용할 수 있는 기능입니다. 이들은 프로젝트를 구현할 때, 개발 효율을 극대화할 수 있는 기능들입니다.

변수는 프로젝트 내에서 데이터를 서로 공유할 수 있게 하는 기능입니다. 다음과 같이 새로 만들기 〉 변수를 선택하여 변수를 만들 수 있습니다.

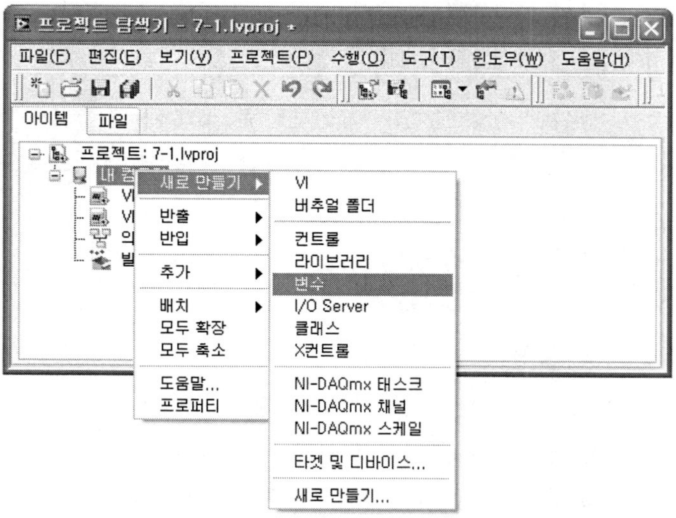

[공유 변수 프로퍼티] 창에서 변수의 기본 설정, 설명, 네트워크, 스케일링 등을 설정할 수 있습니다.

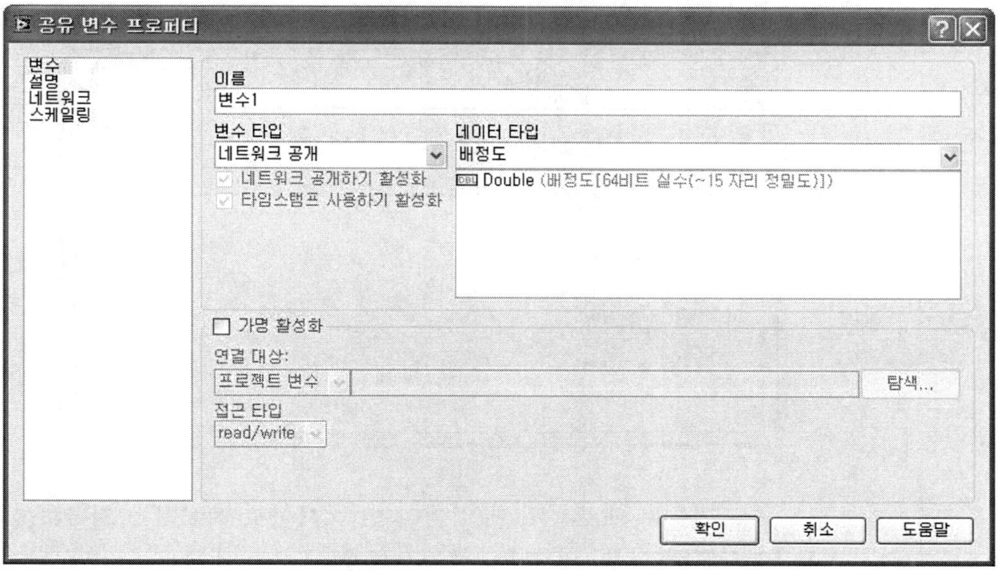

변수 설정

이름, 변수 타입, 데이터 타입 등을 설정합니다.

- **이름**: 변수의 이름을 설정합니다.
- **변수 타입**: 네트워크 공개, 단일 프로세스 등을 선택할 수 있습니다. 단일 프로세스 내에서만 사용할 변수라면 [단일 프로세스]를 선택하고, 네트워크를 통하여 다른 PC나 프로세스로 공유할 변수라면 [네트워크 공개]를 선택합니다.
- **데이터 타입**: 배정도, 단정도, 문자열 등의 데이터 타입을 선택합니다.

설명, 네트워크 설정

변수 타입으로 네트워크 공개를 선택했을 때, 설정할 수 있는 항목입니다. 타 프로세스에서 이 변수를 검색하여 사용할 때 필요한 변수의 설명과 버퍼 설정 같은 네트워크 설정입니다. 여기에서 타 프로세스는 Windows 기반의 컴퓨터나 VxWorks와 같은 Realtime OS 기반의 컴퓨터 등을 의미합니다.

설정을 적용하면 다음과 같이 임의의 라이브러리 아래에 변수가 추가됩니다. 상단 도구바의 저장 버튼을 클릭하여 라이브러리를 저장합니다.

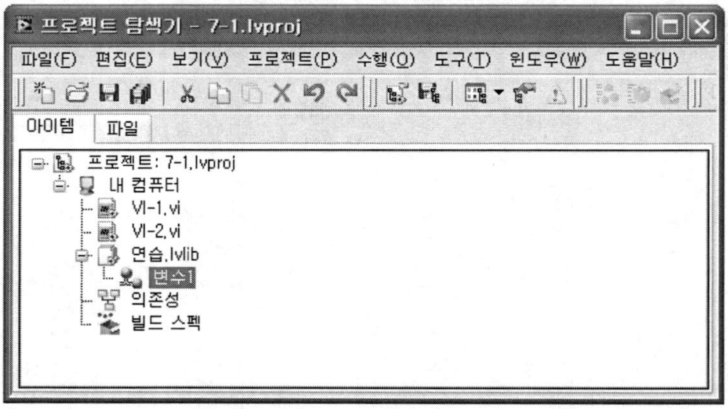

공유 변수는 프로젝트 상의 여러 VI들 사이로 데이터를 전달하기 위하여 사용합니다. 프로젝트는 여러 프로세스로 구성될 수 있습니다. 이때 공유 변수를 이용하여 단일 프로세스 상의 여러 VI들 사이에서 데이터를 전달할 수도 있고, 여러 프로세스 상에서 데이터를 전달할 수도 있습니다. 또한 한 개의 VI 속에서 서로 다른 루프들 사이로 데이터를 전달할 수도 있습니다.

다음 연습을 통하여 공유 변수를 만들고, VI들 사이로 데이터를 전달하는 방법을 익힙니다.

연습 7-1. 공유 변수

공유 변수를 이용하여 두 개의 VI들 사이에서 데이터를 주고받는 프로그램을 작성합니다.

⌘ 프로젝트

1. **새 프로젝트**를 만들고, 연습.lvproj로 저장합니다.
2. 내 컴퓨터의 단축메뉴에서 새로 만들기 〉 라이브러리를 선택하여, **새 라이브러리**를 만듭니다. **저장** 버튼을 클릭하여 라이브러리를 저장합니다. 공유변수 라이브러리.lvlib로 저장합니다.
3. 라이브러리의 단축메뉴에서 새로 만들기 〉 변수를 선택하여, 공유 변수를 만듭니다. 이름='난수 전달', 데이터 타입=배정도, 변수 타입=단일 프로세스로 선택합니다.
4. 내 컴퓨터의 단축메뉴에서 새로 만들기 〉 VI를 선택하여 **새 VI**를 만듭니다. 난수발생.vi로 저장합니다.

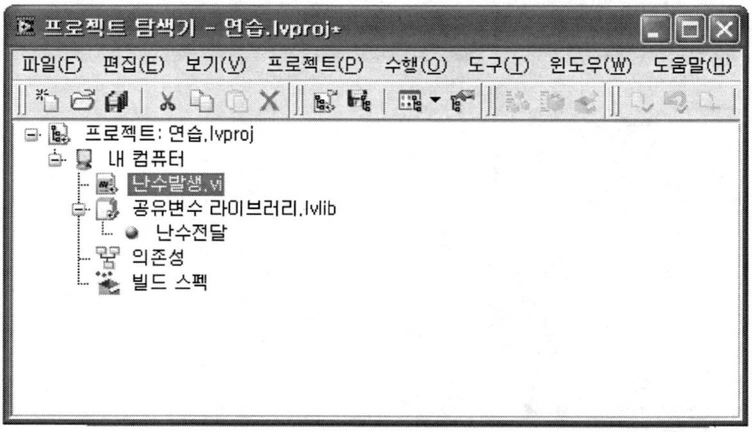

⌘ 블록다이어그램 1

5. 난수발생.vi의 블록다이어그램에 While 루프를 놓고, 루프 속에 VAR 공

유 변수를 놓습니다. 함수 〉 프로그래밍 〉 구조 팔레트에서 공유 변수를 찾을 수 있습니다.

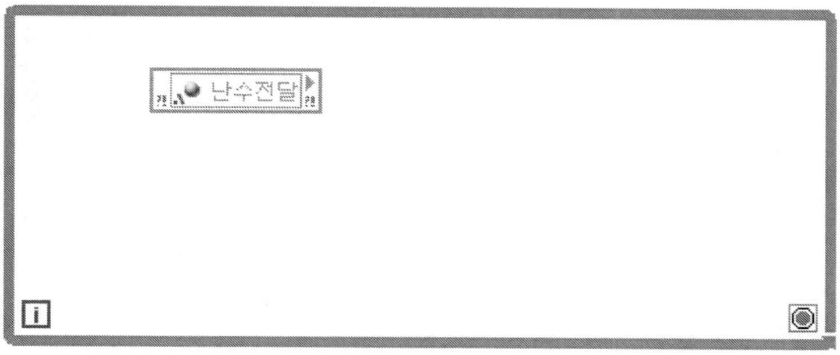

6.  공유 변수 터미널을 클릭하면, 다음과 같이 변수 선택 〉 내 컴퓨터 〉 공유변수 라이브러리.lvlib 〉 난수전달을 찾을 수 있습니다.

참고 [프로젝트 탐색기]에서 공유변수를 선택하고 마우스로 끌어서 블록다이어그램에 붙일 수 있습니다.

7. 다음과 같이 블록다이어그램을 완성합니다. 난수전달 공유변수의 단축메뉴에서 **쓰기로 변경**을 선택하여 인디케이터로 바꾸어주고, **난수(0-1)**를 연결해줍니다. 난수(0-1)는 함수 〉 프로그래밍 〉 숫자형 팔레트에서 찾을 수 있습니다.

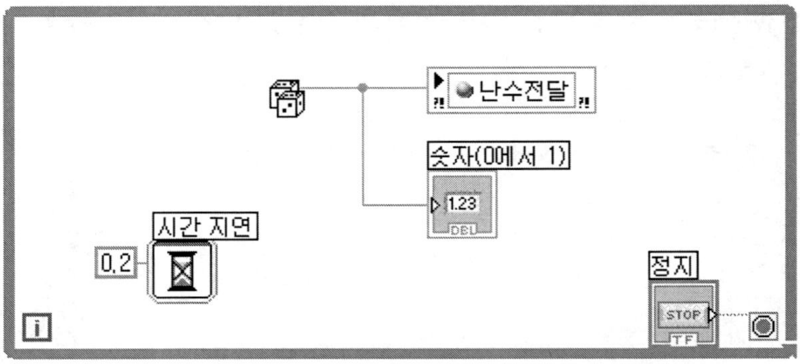

⌘ 블록다이어그램 2

8. 내 컴퓨터의 단축메뉴에서 새로 만들기 〉 VI를 선택하여, 새 VI를 추가합니다. 디스플레이.vi로 저장합니다.

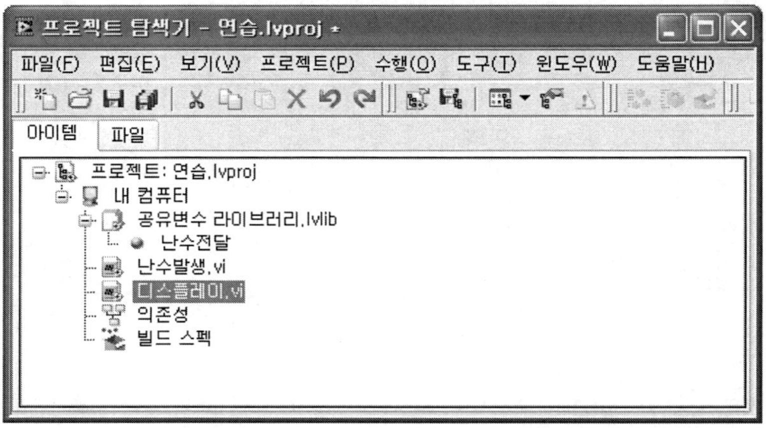

9. 프로젝트 탐색기에서 공유변수인 ● **난수전달**을 마우스로 선택한 다음, 디스플레이.vi의 블록다이어그램에 끌어놓습니다.
10. 다음과 같이 블록다이어그램을 완성합니다.

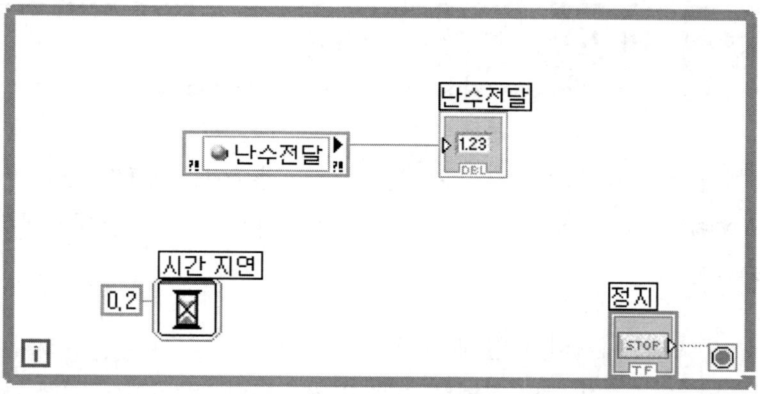

11. 난수발생.vi와 디스플레이.vi의 프런트패널을 정리하고 실행합니다. 난수발생.vi에서 생성된 난수가 디스플레이.vi로 전달되어 디스플레이됨을 확인할 수 있습니다.

연습 7-1 끝

나. 로컬 변수와 글로벌 변수

앞에서 배운 공유 변수와 유사한 기능의 변수에는 **로컬(Local) 변수**와 **글로벌(Global) 변수**가 있습니다. 함수 〉 프로그래밍 〉 구조 팔레트에서 찾을 수 있습니다.

LabVIEW는 데이터 흐름에 따라 프로그램이 수행됩니다. 그러나 로컬 변수와 글로벌 변수는 이 패러다임을 따르지 않습니다. 와이어에 의한 데이터 흐름이 아니라 변수 선언과 변수를 이용한 데이터 입출력으로 데이터를 전달할 수 있습니다.

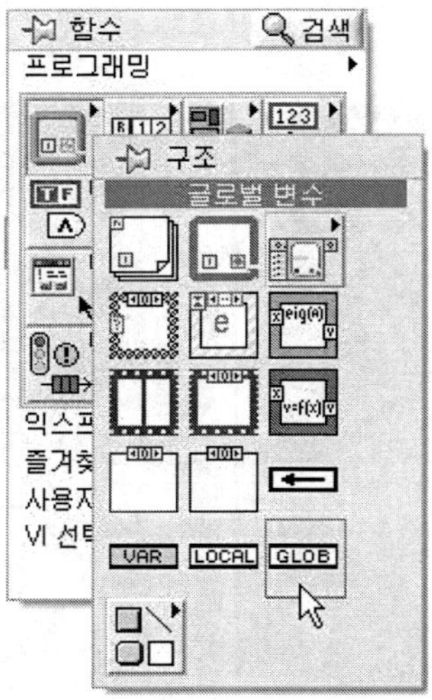

- **로컬 변수**는 단일 VI 내에서 서로 다른 루프들 사이로 데이터를 전송할 때 사용합니다.
- **글로벌 변수**는 여러 VI들이나 SubVI, 루프들 사이로 데이터를 전송할 때 사용합니다.
- **공유 변수**는 로컬 변수와 글로벌 변수를 대체하여 사용할 수 있을 뿐 아니라, LabVIEW Real Time 임베디드 프로그램과 LabVIEW DSC 멀티 Target 프로그램에서 VI들이나 Target들 사이로 데이터를 전송할 때 사

용할 수 있습니다. 그리고 프로젝트 기반으로 사용합니다.

⌘ 로컬 변수

로컬 변수를 선언하는 방법에는 두 가지가 있습니다. 함수 〉 프로그래밍 〉 구조 팔레트에서 LOCAL **로컬 변수**를 가져와서 사용하는 방법과 블록다이어그램에 있는 임의의 컨트롤 터미널이나 인디케이터 터미널의 단축메뉴에서 생성 〉 로컬 변수를 선택하여 생성하는 방법이 있습니다.

로컬 변수에는 항상 원래 객체가 있어야 됩니다. 아래 예에서는 '숫자형'이 원래 객체입니다. 그리고 대상 객체에는 라벨이 꼭 필요합니다. 로컬 변수는 이 라벨을 이용하여 변수를 생성하고 지정합니다.

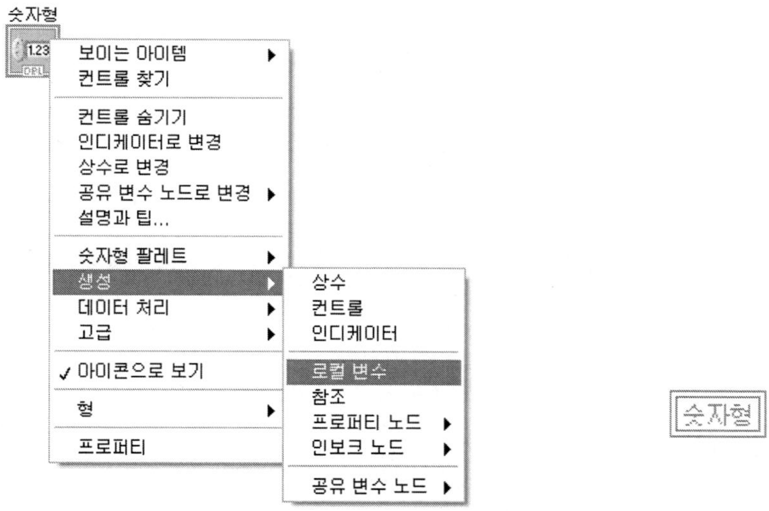

그리고 로컬 변수를 마우스로 클릭하여 대응되는 객체를 새로 선택할 수 있습니다. 다음과 같이 블록다이어그램에 네 개의 객체가 있다면, 로컬 변수에서는 네 개 객체의 리스트를 확인하고 선택할 수 있습니다. 즉, 블록다이어그램에 있는 모든 객체를 로컬 변수가 지정할 수 있습니다. 그리고 객체의 라벨을 바꾸면 이 리스트도 자동으로 업데이트됩니다.

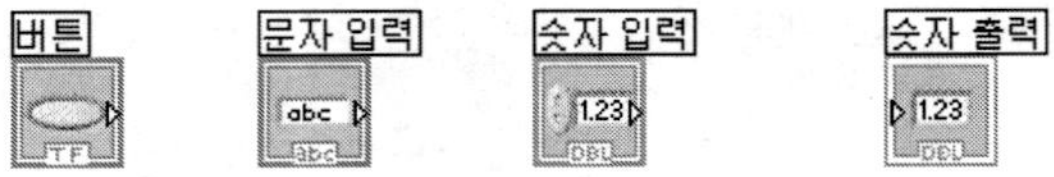

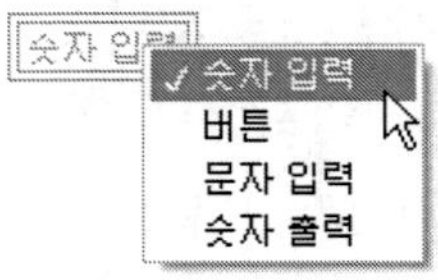

로컬 변수에도 **컨트롤**과 **인디케이터**가 있습니다. 초기 상태는 항상 인디케이터입니다. 단축메뉴에서 **읽기로 변경**이나 **쓰기로 변경**을 선택하여 컨트롤이나 인디케이터로 바꿀 수 있습니다.
다음 연습을 통하여 로컬 변수를 생성하고 사용하는 방법을 익혀봅니다.

연습 7-2. 로컬 변수

로컬 변수를 이용하여 두 개의 While 루프 사이로 데이터를 전달하는 VI를 만들어봅니다.

⌘ 블록다이어그램

1. 새 VI를 만들고, 로컬변수.vi로 저장합니다.
2. 난수(0-1)를 이용하여 다음과 같이 블록다이어그램을 구성합니다. 함수 〉 프로그래밍 〉 숫자형 팔레트에서 찾을 수 있습니다. While 루프와 시간 지연을 이용하여 다음을 완성합니다.

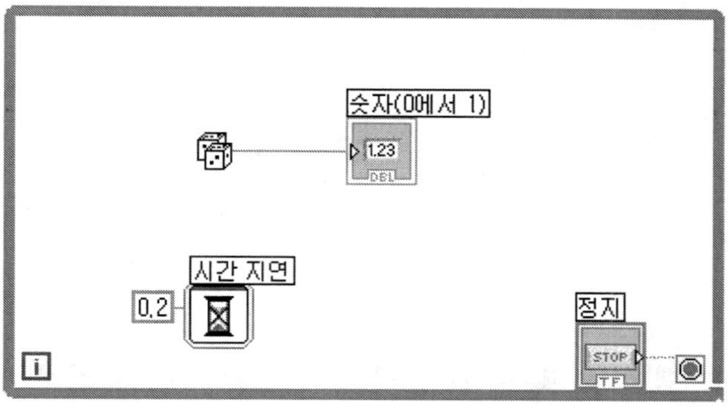

3. 숫자(0에서 1) 터미널과 정지 터미널의 단축메뉴에서 생성 〉 로컬 변수를 선택하여 **로컬 변수**들을 생성합니다. 그리고 불리언 변수 중에서 기계적 동작이 래치인 경우에는 로컬 변수를 만들 수 없으므로 기계적 동작을 [놓을 때까지 스위치]로 바꿔줍니다.

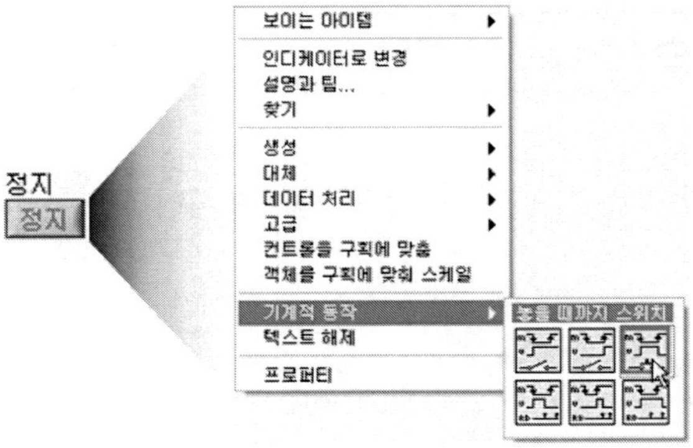

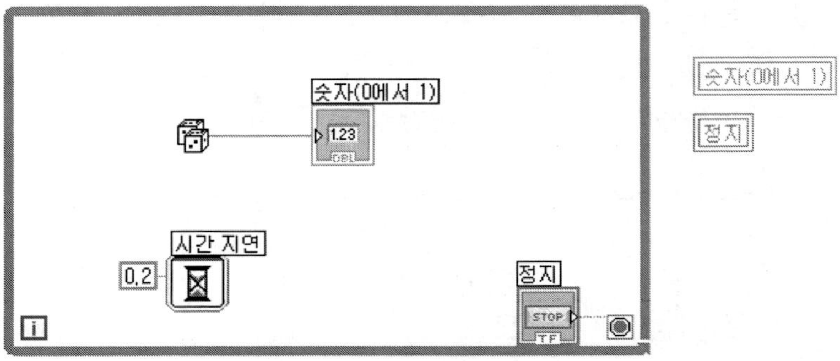

4. 로컬 변수들을 단축메뉴에서 **읽기로 변경**을 선택하여 컨트롤로 바꿔줍니다.
5. 블록다이어그램에 While 루프를 하나 더 추가하고, 로컬변수들을 이용하여 다음을 완성합니다.

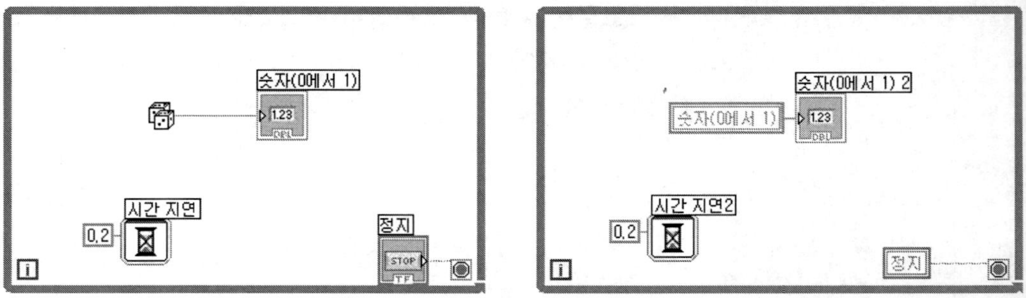

⌘ 프런트패널

6. 프런트패널을 정리하고 실행합니다. 첫 번째 While 루프에서 생성된 난수 값이 로컬 변수를 통하여 두 번째 While 루프로 전달됨을 확인할 수 있습니다.

연습 7-2 끝

⌘ 글로벌 변수

글로벌 변수는 단일 VI에서 데이터를 공유하는 로컬변수와 달리, 여러 다른 VI들 사이에서 데이터를 공유하는 목적으로 사용됩니다. 참고로 글로벌 변수는 SubVI의 일종입니다. 그러나 글로벌 변수에는 프런트패널만 있고 블록다이어그램은 없습니다.

함수 〉 프로그래밍 〉 구조 팔레트에서 GLOB **글로벌 변수**를 찾아서 블록다이어그램에 위치시키면 다음과 같은 아이콘이 생깁니다.

이것은 아무것도 없는 글로벌 변수라는 SubVI입니다. 글로벌 변수로 사용하기 위해서는 이 SubVI에 아이템을 넣어줘야 됩니다. 더블클릭하면 글로벌 변수의 프런트패널을 열 수 있습니다. 저장하여 이름을 지정합니다.

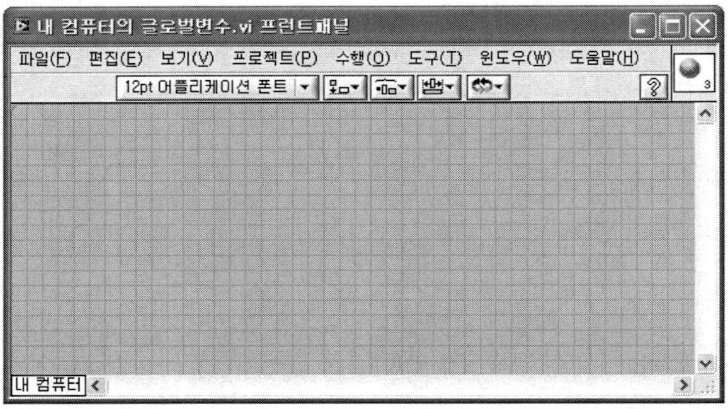

글로벌 변수를 사용하기 위해서는 미리 사용할 모든 변수들은 글로벌 변수 프런트패널에 넣어줘야 됩니다. 이때 라벨을 꼭 입력해야 됩니다.
글로벌 변수 패널에서는 컨트롤과 인디케이터의 구분은 없고, 변수의 데이터 타입에 대한 구분만 있습니다.

한 개의 글로벌 변수에 넣을 수 있는 변수의 개수에는 제한이 없습니다. 그러나 이 글로벌 변수를 호출할 때마다 포함된 모든 변수들이 함께 호출되기 때문에 변수들의 크기가 너무 클 경우에는 전체 VI의 메모리 사용량이 증가하게 됩니다. 그러므로 변수의 크기를 고려하여 여러 개의 글로벌 변수로 나눠서 사용하는 것이 더 효율적입니다.

다음과 같이 글로벌 변수 패널을 구성했을 경우, 블록다이어그램에서 글로벌 변수를 선택하여 변수들의 리스트를 확인할 수 있습니다.

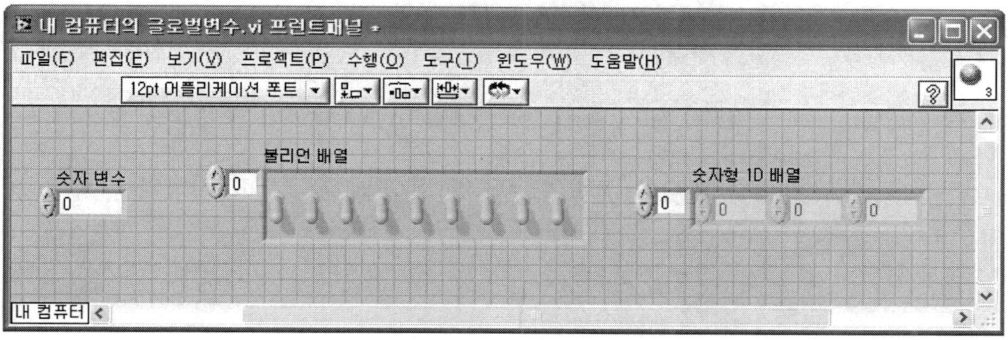

함수 〉 프로그래밍 〉 구조 팔레트의 GLOB **글로벌 변수**는 글로벌 변수를 생성하는 용도입니다. 만들어져 있는 글로벌 변수를 사용하기 위해서는 함수 팔레트의 **VI 선택**을 이용하여 SubVI를 가져오는 것과 동일한 방법으로 글로벌 변수를 가져옵니다.

참고 VI 프로퍼티 〉 실행 항목에서 [재호출 실행]을 선택해주면, 일반 SubVI도 글로벌 변수처럼 사용할 수 있습니다.

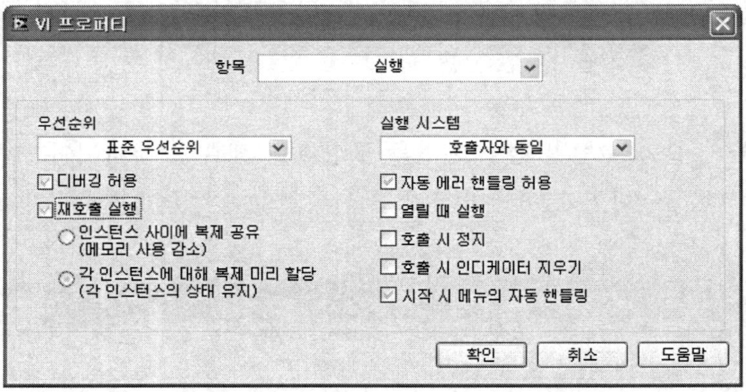

다음 연습을 통하여 글로벌 변수를 생성하고, 사용하는 방법을 익힙니다.

연습 7-3. 글로벌 변수

글로벌 변수를 이용하여 두 개의 VI들 사이로 데이터를 전달하는 방법을 배웁니다.

⌘ 글로벌 변수 만들기

1. 새 VI를 만들고, 난수발생.vi로 저장합니다.
2. 함수 〉 프로그래밍 〉 구조 팔레트에서 GLOB **글로벌 변수**를 찾아서 블록다이어그램에 위치시킵니다.
3. 글로벌 변수를 더블클릭하여 프런트패널을 엽니다. 글로벌 변수를 난수글로벌.vi로 저장합니다.
4. 글로벌 변수의 프런트패널에 숫자형 컨트롤을 한 개 놓습니다. 라벨을 '난수'로 바꿔줍니다.

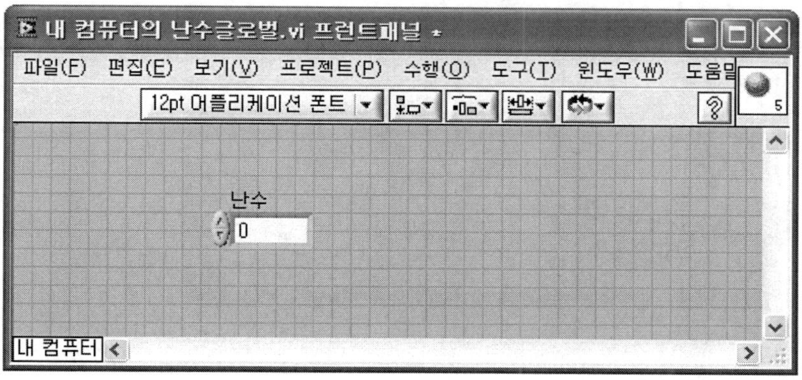

5. 난수발생.vi의 블록다이어그램을 다음과 같이 구성합니다. 글로벌 변수를 '난수'로 선택해줬습니다. 글로벌 변수를 불러올 때는 함수 팔레트의 **VI 선택**을 이용합니다.

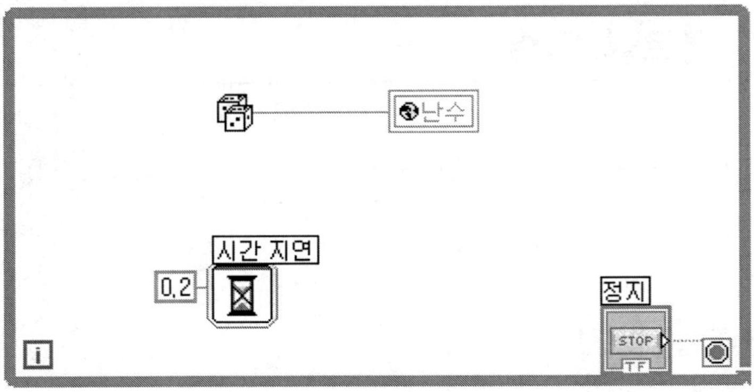

⌘ 두 번째 VI 만들기

6. 새 VI를 만들고, 난수디스플레이.vi로 저장합니다.
7. 블록다이어그램에서 함수 〉 VI 선택을 이용하여 난수글로벌.vi를 불러옵니다. 단축메뉴에서 **읽기로 변경**을 선택하여 컨트롤로 바꿔줍니다.
8. 다음과 같이 블록다이어그램을 구성합니다.

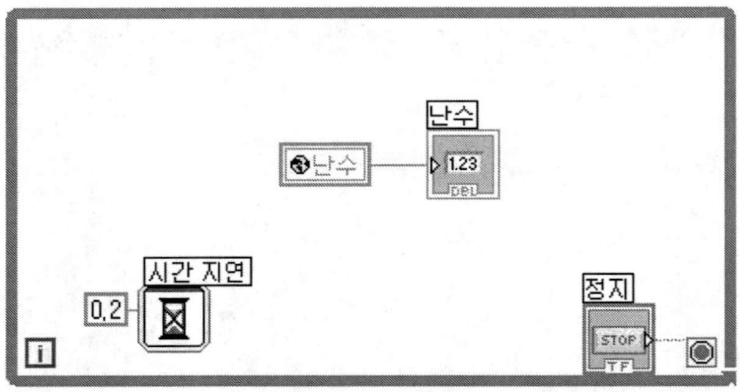

9. 난수발생.vi와 난수디스플레이.vi를 실행하여 글로벌 변수를 이용한 데이터 전송을 확인합니다.

난수발생.vi
파일(F) 편집(E) 보기(V) 프로젝트(P) 수행
정지
정지
<W> 서버: localhost

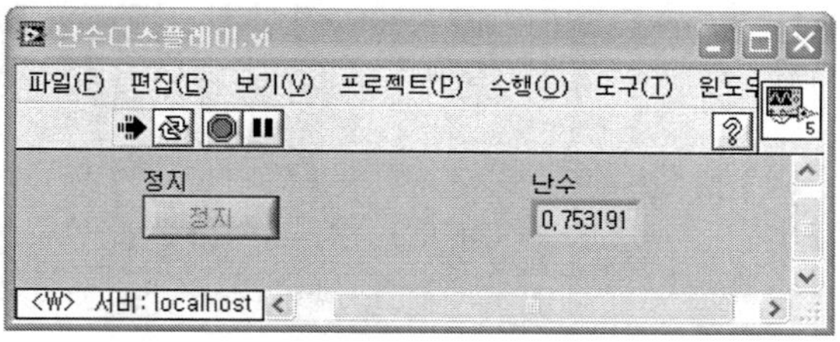
난수디스플레이.vi
파일(F) 편집(E) 보기(V) 프로젝트(P) 수행(O) 도구(T) 윈도우
정지
정지
난수
0.753191
<W> 서버: localhost

연습 7-3 끝

LabVIEW는 와이어를 이용한 **데이터 흐름 방식**으로 프로그래밍합니다. 그리고 VI나 루프들 사이로 데이터를 와이어 없이 전송하기 위하여 글로벌 변수나 로컬 변수, 공유 변수를 사용합니다.
Text 기반의 프로그래밍에 익숙한 사용자들은 이러한 변수 사용이 더 익숙하겠지만 이들 변수의 사용을 최대한 자제할 필요가 있습니다. 왜냐하면 LabVIEW는 상대적으로 변수의 정의와 사용이 쉽고 그래픽 기반이기 때문에, 이런 변수들을 남용할 수 있고, 조금만 실수하여도 디버깅이 힘들어지며, 메모리 사용량을 관리하는 것이 힘들기 때문입니다. 또한 Race Condition과 같은 논리적인 오류를 발생시킬 수 있습니다.

여러분들께서 작성한 VI나 LabVIEW 프로젝트가 메모리를 많이 차지하거나, 실행 속도가 너무 느리거나, 논리적으로 틀린 값을 출력할 경우에는 가장 먼저 의심해볼 것이 글로벌 변수나 로컬 변수, 공유 변수 등을 지나치게 사용했거나 잘못 사용하지 않았는가? 입니다. 그래서 디버깅 시에 가장 먼저 고려할 사항이 변수의 남용이나 오용입니다.

다. 데이터 통신

LabVIEW 프로젝트와 공유변수를 이용하여 네트워크 상의 다른 프로세스들 사이로 데이터를 주고받을 수 있습니다. 그러나 네트워크 상에서 데이터를 공유하기 위해서는 다음과 같은 네트워크 환경 설정이 필요합니다. LabVIEW 시작하기 상단 메뉴의 도구(T)에서 **옵션**을 선택하여 [옵션] 창을 띄울 수 있습니다.

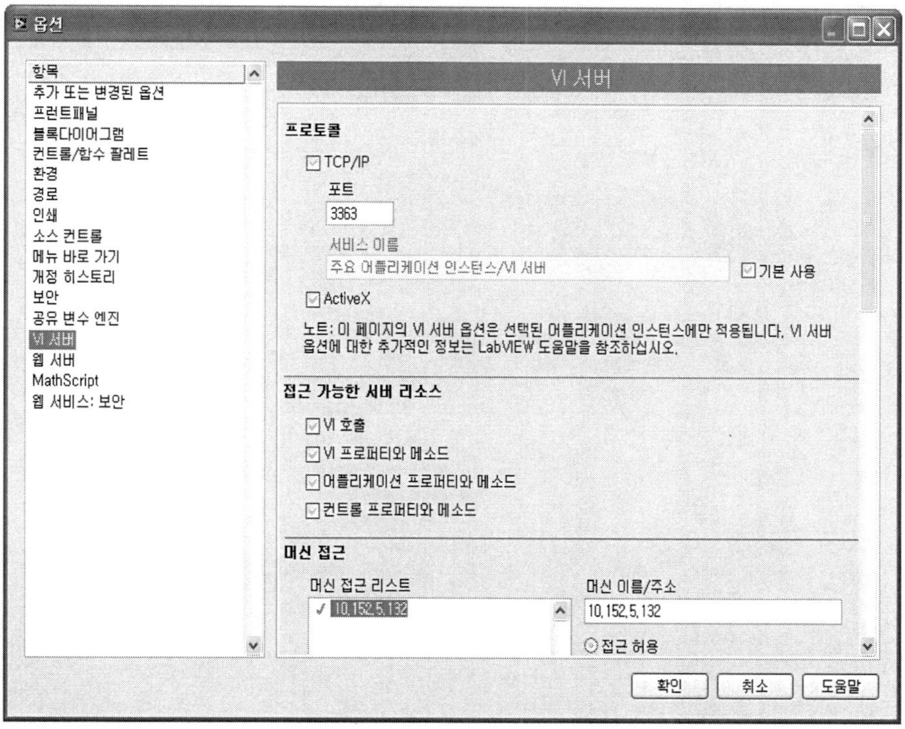

- **VI 서버**에서 TCP/IP를 체크해줍니다.
- **웹 서버**에서 웹 서버 활성화를 체크해줍니다.

나머지 네트워크 환경 설정은 Default로 두면 됩니다.
특별한 IP만 접근할 수 있게 한다거나, 좀더 복잡한 네트워크 보안 설정을 원할 경우에는 VI 서버: 머신 접근, VI 반출 리스트, 사용자 접근, 웹 서버: VI 보이기, 브라우저 접근 등에서 특정 IP를 설정해주는 방법으로 지정할 수 있습니다.

네트워크 데이터 통신을 위하여 앞에서 배운 공유변수를 사용할 수 있습니다. 이때 공유변수의 변수 타입을 [네트워크 공개]로 선정해줍니다. 그리고 전통적인 네트워크 데이터 통신 방법인 TCP/IP 통신을 이용하여 LabVIEW에서 통신 VI를 작성할 수 있습니다. 더불어 DataSocket 통신 방식이 LabVIEW에서 제공됩니다.

라. DataSocket 통신

DataSocket 통신은 TCP/IP를 기반으로 만들어진 내쇼날인스트루먼트(사)의 통신프로토콜입니다.
일반적으로 컴퓨터 간의 통신을 구현하기 위해서는 서버(Server)와 클라이언트(Client)가 필요합니다. 서버에는 클라이언트들의 접속과 데이터 전송, 접속 종료 및 리소스 배분, 보안 설정 등의 기본 기능이 필요합니다. 그리고 클라이언트는 서버에 접속하여 클라이언트들 사이의 통신을 수행하는 개별 단위입니다. 클라이언트에는 데이터를 서버에 올리는 Publish 클라이언트가 있고, 서버에 올라온 데이터를 받아가는 Subscribe 클라이언트가 있습니다.

네트워크 통신을 프로그래밍하기 위해서는 서버와 클라이언트를 모두 만들어줘야 됩니다. LabVIEW에서도 서버 VI와 클라이언트 VI를 각각 만들어줘서 네트워크 통신을 구현해야 됩니다.

DataSocket 통신은 이미 제공되는 **DataSocket Server**를 이용하여 데이터 통신을 구현하는 방법입니다. 서버가 제공되기 때문에, 클라이언트만 만들어주면 통신 VI를 완성할 수 있습니다.

⌘ DataSocket Server

DataSocket Server는 시작 〉 모든 프로그램(P) 〉 National Instruments 〉 DataSocket에서 찾아서 실행할 수 있습니다.

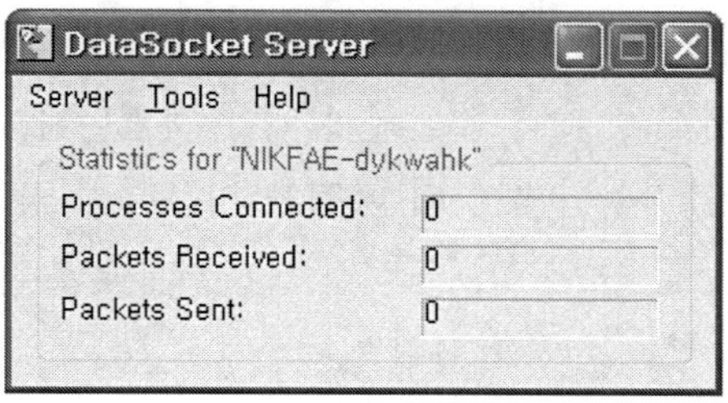

그리고 DataSocket Server를 종료하기 위해서는 메뉴에서 **Server 〉 Shutdown DataSocket Server**를 선택하여 종료해야 됩니다. 여기에서 윈도우 종료 버튼 ☒ 은 DataSocket Server를 숨기는 기능입니다. 숨긴 경우에는 윈도우 배후에서 계속 서버가 작동합니다. 다음과 같이 작업 표시 줄에서 DataSocket Server가 작동 중임을 확인할 수 있습니다.

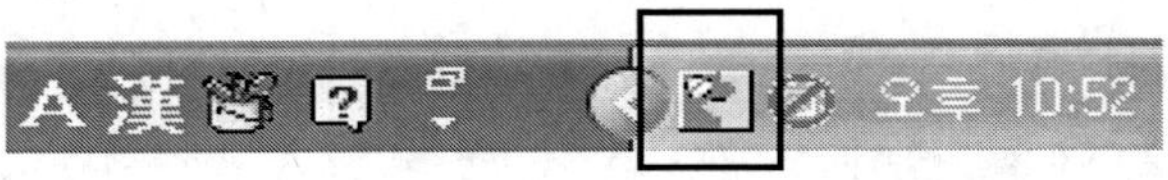

⌘ DataSocket 클라이언트 만들기

DataSocket Server에 데이터를 올려주는 VI와 서버에 올라온 데이터를 받아가는 VI를 만들어줘야 됩니다. 이들은 Publish 클라이언트와 Subscribe 클라이언트로 부릅니다.

DataSocket 관련 함수는 함수 〉 데이터 통신 〉 DataSocket 팔레트에서 찾을 수 있습니다. DataSocket 읽기, 쓰기, 열기, 닫기 등의 함수들이 있습니다.

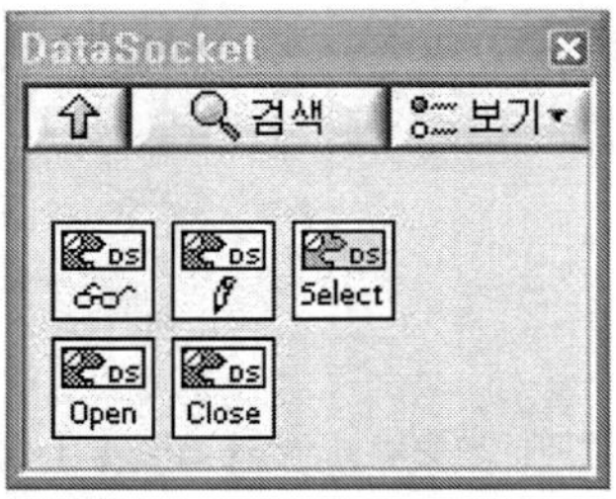

데이터 통신이 보내는 쪽과 받는 쪽으로 구성되어 정보를 주고받는 것이므로, 데이터 타입에 대한 명확한 정의가 필요합니다. 어떤 데이터 타입으로 전송할 것인지 상호간에 명확히 하지 않는다면 통신에 실패할 것입니다. 그러므로 다이나믹 데이터 타입과 같은 불명확한 데이터 타입을 사용하지 않고, 웨이브폼이나 웨이브폼 1D 배열, 문자열, 숫자형, 불리언, 문자열 배열, 숫자형 배열, 불리언 배열 등의 데이터 타입을 사용합니다.

DataSocket의 연결 입력 (URL)은 다음과 같은 형식입니다.

dstp://[DataSocket Server의 주소]/[데이터 이름]

항상 dstp://로 시작하며, 연결할 서버의 주소를 다음에 입력합니다. 그리고 이 서버를 통하여 전달되는 데이터가 여러 개 있을 수 있으므로 데이터 이름을 정하여 입력해줍니다.

⌘ DataSocket Server Manager

DataSocket의 여러 가지 통신 설정은 DataSocket Server Manager를 이용합니다. 시작 〉 모든 프로그램(P) 〉 National Instruments 〉 DataSocket에서 찾을 수 있습니다.

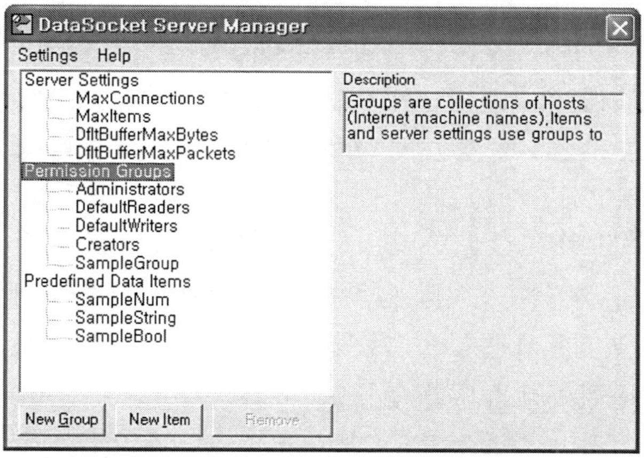

- **Server Settings**의 MaxConnections에서 최대 연결 가능한 클라이언트 수를 설정할 수 있습니다.
- **Permission Groups**에서 특정 IP를 Reader나 Writer로 설정할 수 있습니다.

다음 연습을 통하여 DataSocket을 이용한 데이터 통신에 대하여 익혀봅니다.

연습 7-4. DataSocket을 이용한 데이터 통신

DataSocket을 이용하여 데이터를 전송하는 VI를 만들어봅니다.

⌘ Publish 클라이언트 만들기

1. 시작 〉 모든 프로그램(P) 〉 National Instruments 〉 DataSocket에서 DataSocket Server를 선택하여 실행합니다.
2. 새 VI를 만들고, DataSocket Publish.vi로 저장합니다.
3. 프런트패널에 웨이브폼 그래프를 하나 위치시킵니다.
4. 블록다이어그램에 While 루프를 놓고, 신호 시뮬레이션을 While 루프 속에 위치시킵니다. 신호 시뮬레이션은 사인파를 시뮬레이션하도록 설정합니다.
5. DataSocket 쓰기에 입력되는 데이터의 타입을 명확히 하기 위하여  **다이나믹 데이터로부터 변환**을 이용하여 **단일 웨이브폼**으로 변환시켰습니다. 함수 〉 익스프레스 〉 신호 조작 팔레트에서 찾을 수 있습니다.
6.  **DataSocket 쓰기**를 While 루프 속에 위치시키고, 다이나믹 데이터로부터 변환의 출력을 데이터 입력에 연결합니다. 함수 〉 데이터 통신 〉 DataSocket 팔레트에서 찾을 수 있습니다.
7. [연결] 입력에 문자열 상수를 만들고, dstp://서버 주소/sine을 입력합니다. 여기에서 [서버 주소]는 DataSocket Server가 있는 컴퓨터의 IP입니다. sine는 전달할 데이터의 이름입니다.

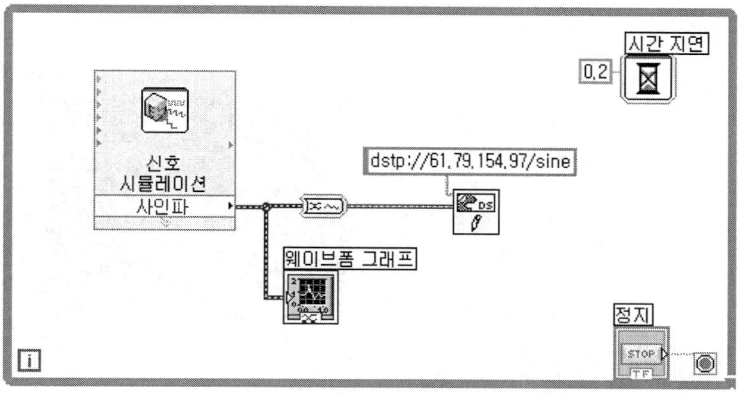

8. 다음과 같이 프런트패널을 정리합니다.

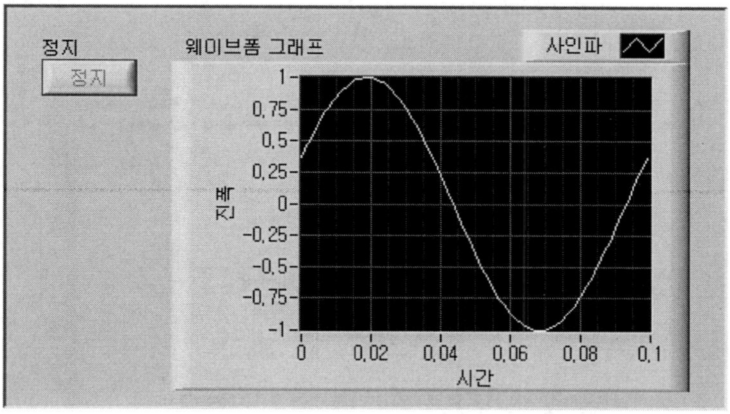

⌘ Subscribe 클라이언트 만들기

9. 새 VI를 만들고, DataSocket Subscribe.vi로 저장합니다.

10. 다음과 같이 프런트패널을 구성합니다. 컨트롤 〉 I/O 팔레트에서 웨이브폼을 찾을 수 있습니다.

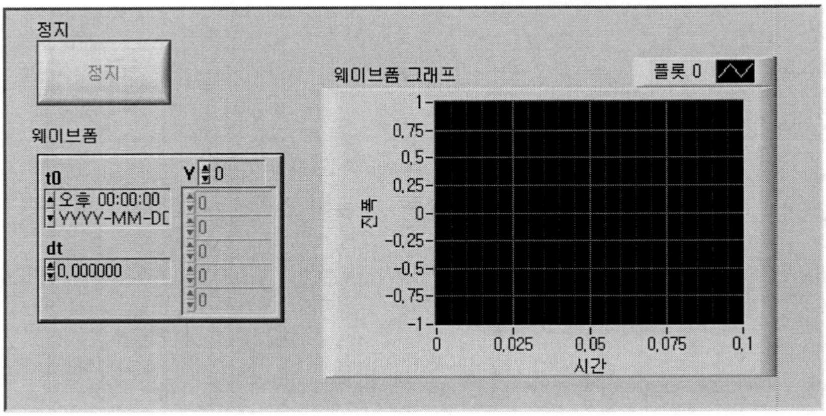

11. 다음과 같이 블록다이어그램을 구성합니다. 웨이브폼의 터미널을 DataSocket 읽기의 **타입(배리언트)** 입력에 연결합니다. **DataSocket 읽기**는 함수 〉 데이터 통신 〉 DataSocket 팔레트에서 찾을 수 있습니다.

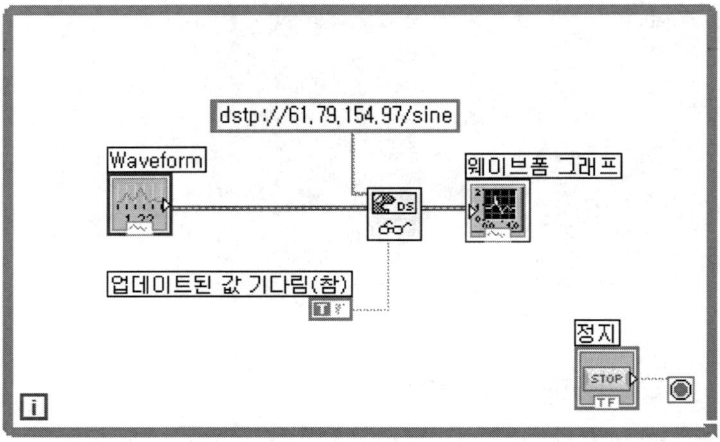

업데이트된 값 기다림(참)에 [T] **참**을 입력하였습니다. 이것은 DataSocket Server에 올라온 값이 새롭게 바뀔 때만 DataSocket 읽기를 실행하라는 의미입니다. 일종의 이벤트 문입니다.

12. VI를 저장하고 실행합니다. Publish VI를 먼저 실행하고, Subscribe VI를 뒤이어 실행합니다. 그리고 멈출 때는 Subscribe VI를 먼저 멈추어줍

니다. 만약 Publish VI를 먼저 멈추면 업데이트된 값 이벤트가 더 이상 발생하지 않으므로 Subscribe VI를 멈출 수 없습니다.

연습 7-4 끝

마. TCP 통신

TCP는 가장 일반적인 네트워크 방법입니다. DataSocket도 근본적으로 TCP를 이용한 통신 방법입니다. 특히 TCP는 통신의 에러나 데이터 Loss, 반복 전송 같은 문제점을 방지할 수 있는 안정적인 통신 프로토콜입니다.

TCP 통신도 서버와 클라이언트로 구성되고, 클라이언트는 다시 Publish와 Subscribe로 나눌 수 있습니다.
DataSocket에서는 DataSocket Server라는 응용 프로그램이 있으므로 이것을 서버로 사용합니다. 그러나 TCP에는 DataSocket Server같은 응용 프로그램이 없으므로 서버용 VI도 만들어줘야 됩니다. 그러므로 TCP로 통신을 구현하기 위해서는 다음과 같이 세 가지가 필요합니다.

1. 서버
2. Publish 클라이언트
3. Subscribe 클라이언트

그러나 일반적으로 1번과 2번을 묶거나, 1번과 3번을 묶어서 한 개의 VI로 만듭니다. 그러므로 Publish 서버나 Subscribe 서버를 만들 수 있습니다. 그래서 다음과 같은 조합이 가능합니다.

a. Publish 서버 VI + Subscribe 클라이언트 VI
b. Subscribe 서버 VI + Publish 클라이언트 VI

참고 통신에서 서버는 한 개이고, 클라이언트는 여러 개가 될 수 있습니다. 그리고 서버 VI를 만들 때에는 클라이언트들의 접속과 접속 종료, 데이터 전송, 리소스 배분 등을 관리할 수 있도록 프로그래밍해야 됩니다.

함수 〉 데이터 통신 〉 프로토콜 〉 TCP 팔레트에서 TCP 통신 함수들을 찾을 수 있습니다.

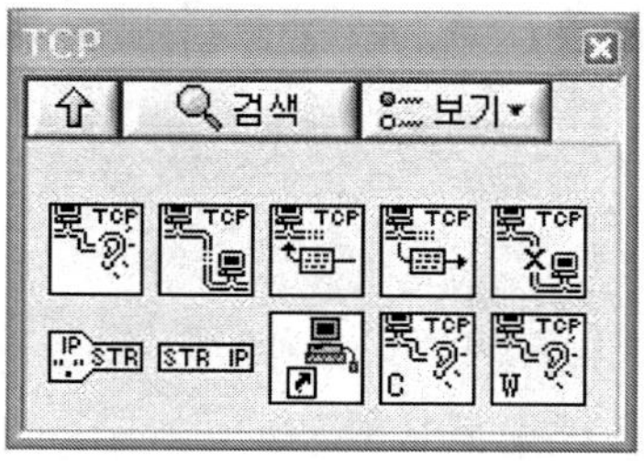

연습 7-5. TCP를 이용한 통신

TCP를 이용하여 시간 정보를 전달하는 VI를 만들어봅니다.

⌘ Publish 서버 만들기

1. 새 VI를 만들고, TCP 서버.vi로 저장합니다.
2. 다음과 같이 블록다이어그램을 구성합니다.

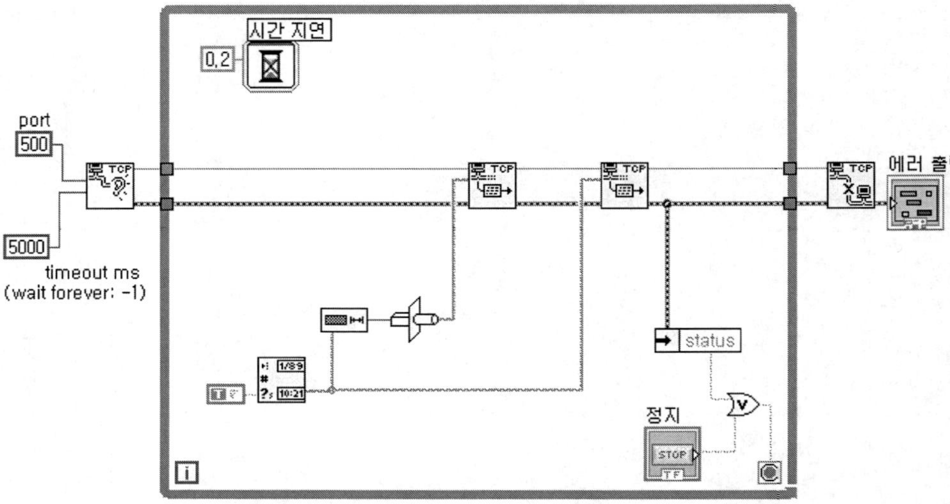

 **TCP 리슨**은 함수 〉 데이터 통신 〉 프로토콜 〉 TCP 팔레트에서 찾을 수 있습니다. TCP 서버를 만들고, 클라이언트가 접속하기를 기다리는 함수입니다. 클라이언트는 여기에서 지정한 [port] 번호로 접속해야 됩니다.

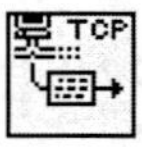 **TCP 쓰기**는 문자열 타입의 데이터를 서버에 올려주는 함수입니다. 두 개의 TCP 쓰기를 사용하였는데, 첫 번째는 Header를 만들어주고, 두 번째는 데이터를 올려주는 것입니다. 여기에서 Header는 데이터의 크기입니다.

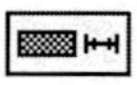 **문자열 길이**는 함수 〉 프로그래밍 〉 문자열 팔레트에서 찾을 수 있습니

다. 문자열의 길이를 I32 숫자형으로 출력합니다.

타입 캐스트는 함수 〉 프로그래밍 〉 숫자형 〉 데이터 다루기 팔레트에서 찾을 수 있습니다. 데이터의 타입을 바꾸는 함수입니다. 아래와 같이 타입 부분에 임의의 타입을 입력해주면, 그 타입으로 바꾸어줍니다. Default는 문자열 타입입니다. 타입에는 문자열 상수나, 숫자형 상수, 불리언 상수, 또는 배열 상수 등을 연결해주면 될 것입니다.

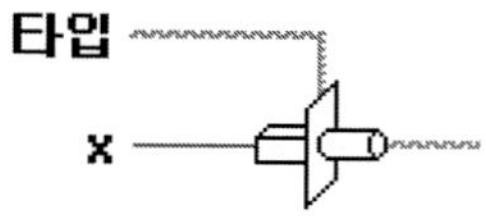

TCP 연결 닫기는 통신 연결을 끊는 함수입니다.

날짜/시간을 문자열로 얻기는 함수 〉 프로그래밍 〉 타이밍 팔레트에서 찾을 수 있습니다. 현재 날짜와 시간을 문자열 타입으로 출력하는 함수입니다.

⌘ Subscribe 클라이언트 만들기

3. 새 VI를 만들고, TCP 클라이언트.vi로 저장합니다.
4. 다음과 같이 블록다이어그램을 구성합니다.

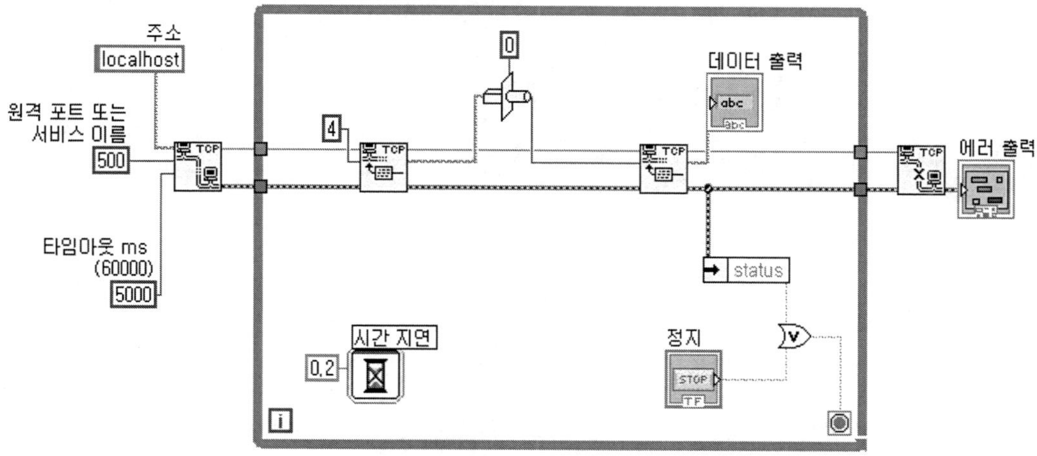

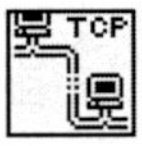
TCP 연결 열기는 클라이언트를 서버에 연결하는 함수입니다. 입력한 주소(Address)와 포트(Port)로 연결할 서버를 찾습니다. 이때 서버의 IP 주소를 입력합니다. 여기에서는 “localhost”를 입력하였습니다.

TCP 읽기는 데이터를 읽어오는 함수입니다. 두 개의 TCP 읽기를 사용했는데, 첫 번째는 Header를 읽어오고, 두 번째는 데이터를 읽어오는 것입니다. 읽은 Header를 숫자형으로 바꾼 다음, 두 번째 TCP 읽기의 읽을 바이트에 입력해줍니다.

5. 프런트패널을 다음과 같이 정리합니다.

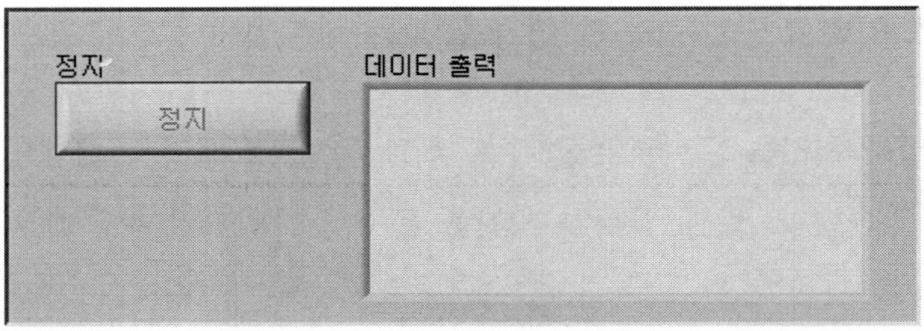

6. TCP 서버.vi와 TCP 클라이언트.vi를 실행합니다. 서버를 먼저 실행하고, 클라이언트를 뒤이어 실행해야 됩니다.

연습 7-5 끝

앞 연습에서 한 개의 서버와 한 개의 클라이언트가 통신하는 VI를 작성하였습니다. 그러나 일반적으로 한 개의 서버에 여러 개의 클라이언트가 접속하여 통신을 수행합니다.

서버에 여러 개의 클라이언트가 접속하는 VI는 클라이언트의 접속과 접속 종료, 리소스 배분 등을 수행할 수 있어야 됩니다. 관련 예제는 **NI 예제 탐색기**의 네트워킹 〉 TCP & UDP 폴더에서 **Multiple Connections – Server.vi**를 찾을 수 있습니다.

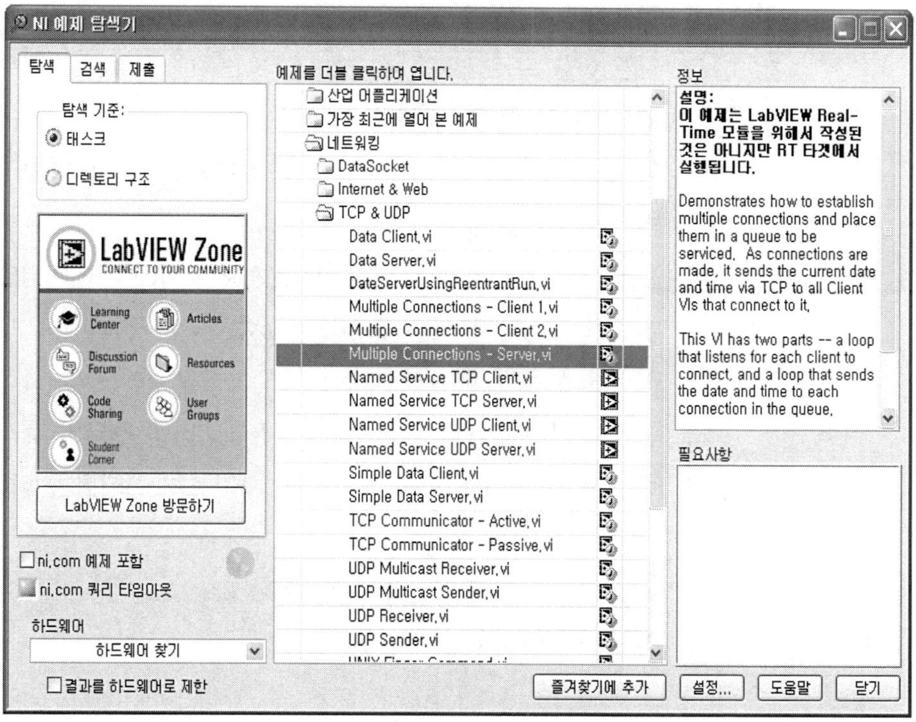

요약정리

가. LabVIEW 프로젝트를 이용하여 프로젝트 기반의 프로그래밍을 할 수 있습니다.

나. LabVIEW 프로젝트의 확장자명은 *.lvproj입니다.

다. 프로젝트의 내 컴퓨터에서 새로 만들기 〉 VI를 선택하여, 새 VI를 프로젝트에 추가할 수 있습니다.

라. 기존 VI를 프로젝트에 추가할 경우에는 내 컴퓨터의 단축메뉴에서 파일 추가를 선택합니다.

마. 내 컴퓨터 아래에 라이브러리를 추가하고, 라이브러리 아래에 공유 변수를 추가합니다.

바. 공유 변수는 단일 프로세스 내의 VI들 사이에서 데이터를 전달하거나 네트워크 상의 다른 프로세스에 있는 VI나 임베디드 시스템으로 데이터를 전달할 때 사용합니다.

사. 글로벌 변수는 여러 VI들 사이에서 데이터를 전달할 때 사용합니다.

아. 로컬 변수는 단일 VI에서 루프들 사이로 데이터를 전달할 때 사용합니다.

자. LabVIEW에서 공유 변수나 DataSocket, TCP 통신을 이용하여 네트워크 통신을 구현할 수 있습니다.

Note

제 8 장

여러 가지 기법

LabVIEW 프로그래밍에 필요한 추가적인 기법들을 소개합니다.

가. 실행파일 만들기

LabVIEW를 이용하여 VI를 생성한 다음, 실행 파일로 만들어 사용하거나 다른 컴퓨터로 배포할 수 있습니다. 실행 파일은 독립적인 프로그램으로 LabVIEW 프로그래밍의 최종 단계입니다.

VI를 실행 파일로 만들어서 배포하기 위해서는 Application Builder가 있어야 됩니다. LabVIEW의 Professional 버전 이상을 사용하거나 Application Builder를 따로 구매하여 설치해야 됩니다.

⌘ 실행 파일 만드는 방법

실행 파일은 **LabVIEW 프로젝트**의 **빌드 스펙**에서 만들 수 있습니다. 그래서 프로젝트를 만들지 않고, 단독으로 VI를 작성한 경우에는 새로운 프로젝트를 만들어줘야 됩니다.

LabVIEW 프로젝트와 VI가 완성되면, 빌드 스펙의 단축메뉴에서 새로 만들기 〉 어플리케이션 (EXE)을 선택합니다.

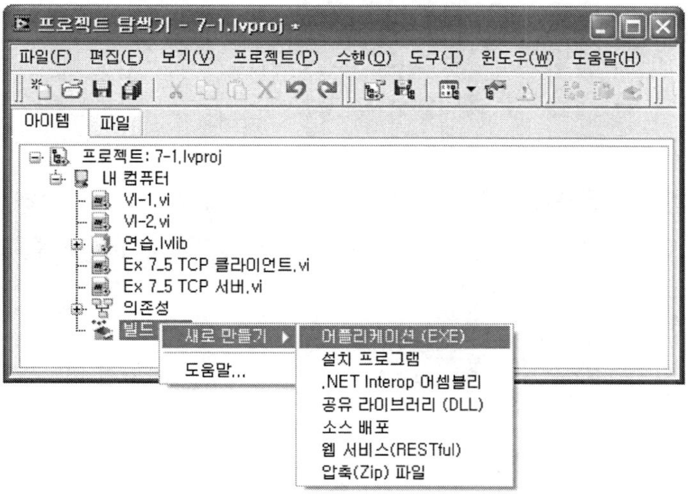

다음과 같이 [나의 어플리케이션 프로퍼티] 창이 나타납니다. 기본적으로 [정보]와 [소스 파일] 부분을 설정해줘야 됩니다.
[정보]에서 빌드 스펙 이름, 타겟 파일 이름, 그리고 대상 디렉토리 등을 설정할 수 있습니다.

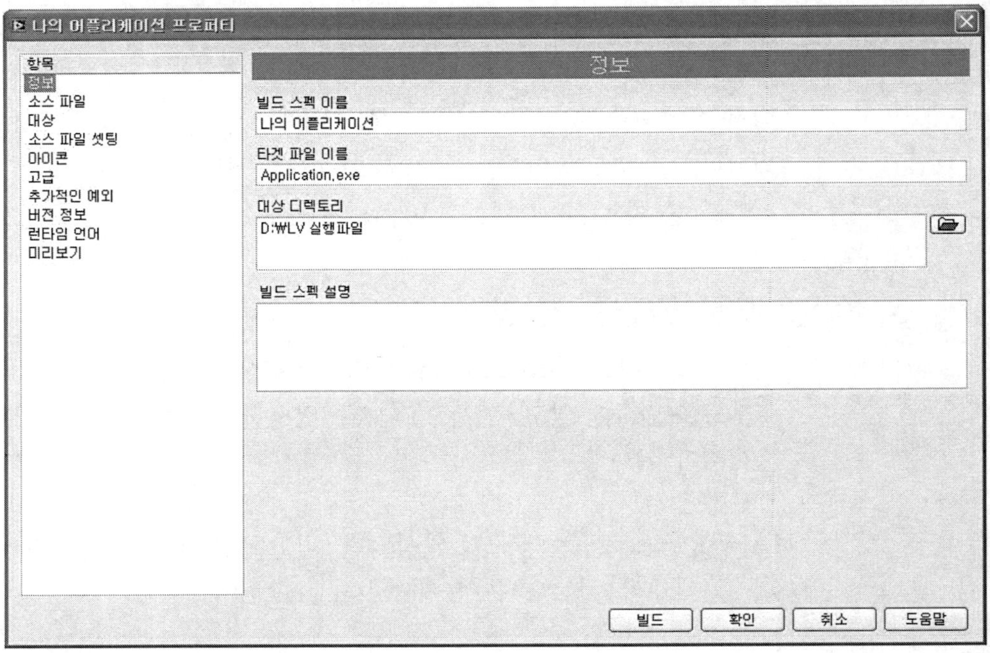

[소스 파일]에서 실행파일로 만들 소스 VI를 추가해줍니다. VI를 선택하고 ➡ 버튼을 클릭하여 시작 VI 창에 추가합니다.

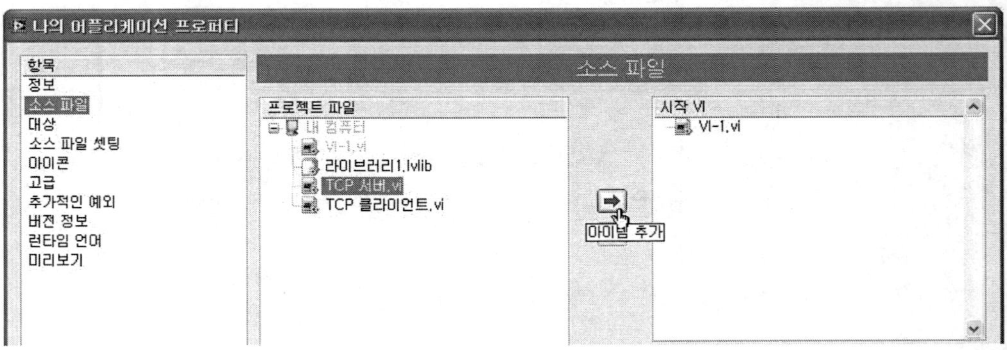

빌드 버튼을 클릭하면 지정한 디렉토리에 실행 파일과 관련 파일들이 생성됩니다.

실행 파일 생성이 완료되면, 다음과 같이 빌드 스펙 아래에 [나의 어플리케이션]이 생깁니다. 이것을 이용하여 LabVIEW 프로젝트를 수정하거나 추가적인 작업을 진행할 때, 실행 파일 생성에 대한 정보를 확인하고 수정할 수 있습니다.

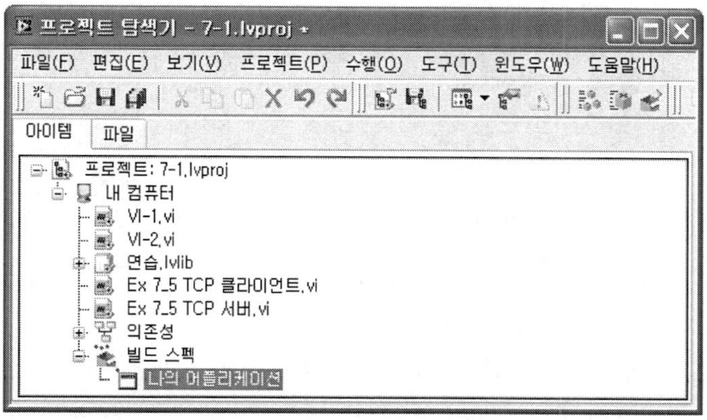

⌘ 실행 파일을 만들기 위한 준비 단계

VI를 실행하는 것과 실행 파일을 이용하는 것에는 차이가 있습니다. 그러므로 실행 파일을 만들 경우에는 VI를 일부 수정해줄 필요가 있습니다.

A. 현재 값을 기본값으로

프런트패널 컨트롤들의 초기값을 저장해줍니다. 메뉴의 편집(E)에서 **현재 값을 기본값으로(M)**를 찾을 수 있습니다.

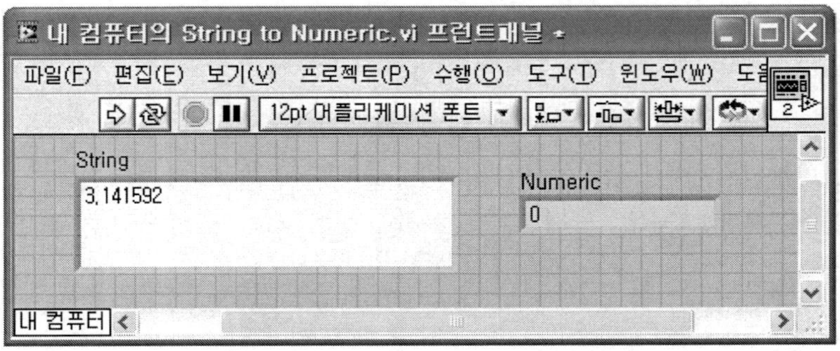

B. LabVIEW 종료 사용하기

실행을 종료할 경우, 윈도우 창이 자동으로 닫히지 않습니다.

실행 종료 후에 윈도우 창을 닫도록 만들기 위해서는  **LabVIEW 종료**를 블록다이어그램에 추가해줘야 됩니다. 함수 〉 프로그래밍 〉 어플리케이션 컨트롤 팔레트에서 찾을 수 있습니다.
일반적으로 블록다이어그램의 마지막 부분은 에러 핸들러이므로 다음과 같이 에러 핸들러 다음에 LabVIEW 종료를 추가해줍니다. 시퀀스 구조를 이용하여 단순 에러 핸들러 다음에 LabVIEW 종료가 실행되도록 구성하였습니다.

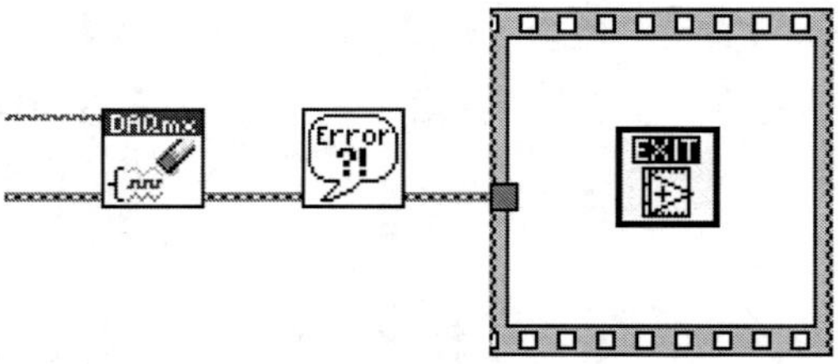

C. 파일 경로 자동 지정

파일 경로를 자동으로 지정할 수 있도록 VI를 수정해줄 필요가 있습니다.

 **현재 VI의 경로**, 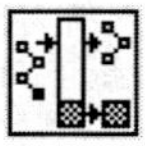 **경로 분리**, 그리고 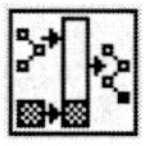 **경로 만들기** 함수들을 사용합니다. 함수 〉 프로그래밍 〉 파일 I/O 팔레트에서 찾을 수 있습니다.

 **현재 VI의 경로**는 VI나 실행 파일이 위치한 파일 경로를 출력합니다.

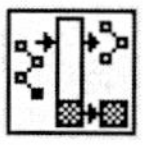 **경로 분리**는 경로에서 한 단계를 분리해냅니다. 현재 VI의 경로를 확인했다면, 경로 분리를 이용하여 VI가 위치한 폴더를 얻을 수 있습니다.

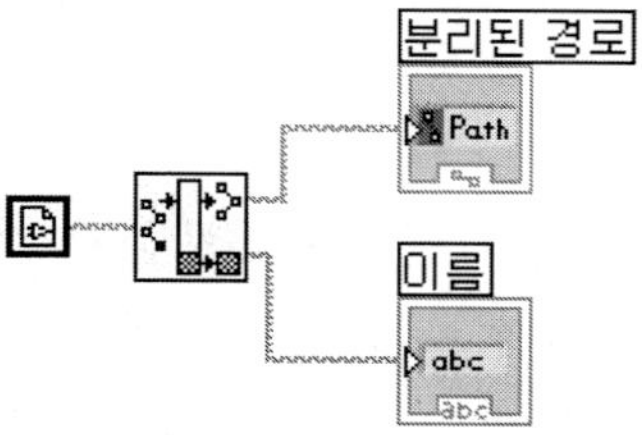

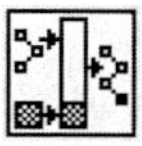 **경로 만들기**를 이용하여 경로를 한 단계 더 추가할 수 있습니다.

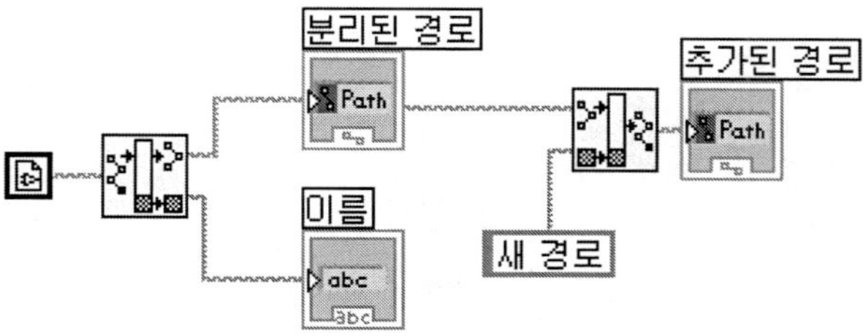

나. 설치 프로그램 만들기

LabVIEW로 만든 실행 파일을 실행하기 위해서는 LabVIEW 런타임 엔진과 여러 하드웨어 드라이버가 필요합니다. 사용된 함수에 따라서, NI-DAQmx 드라이버나 NI-488.2 드라이브, NI-VISA 드라이브 등이 필요합니다.
그래서 LabVIEW가 설치되지 않는 컴퓨터에서 LabVIEW 실행 파일을 사용하기 위해서는 관련 엔진과 드라이버들도 함께 설치해줘야 됩니다. 그러나 어떤 엔진과 드라이버를 설치해야 될 지를 일일이 확인하고 찾아서 설치하는 것은 쉬운 일이 아닙니다.

LabVIEW로 만든 VI를 실행파일로 만들어 원활하게 배포하기 위해서 **설치 프로그램**을 만들어줍니다. 다음과 같이 프로젝트의 빌드 스펙에서 새로 만들기 〉 설치 프로그램을 선택하여 설치 프로그램을 만들 수 있습니다.

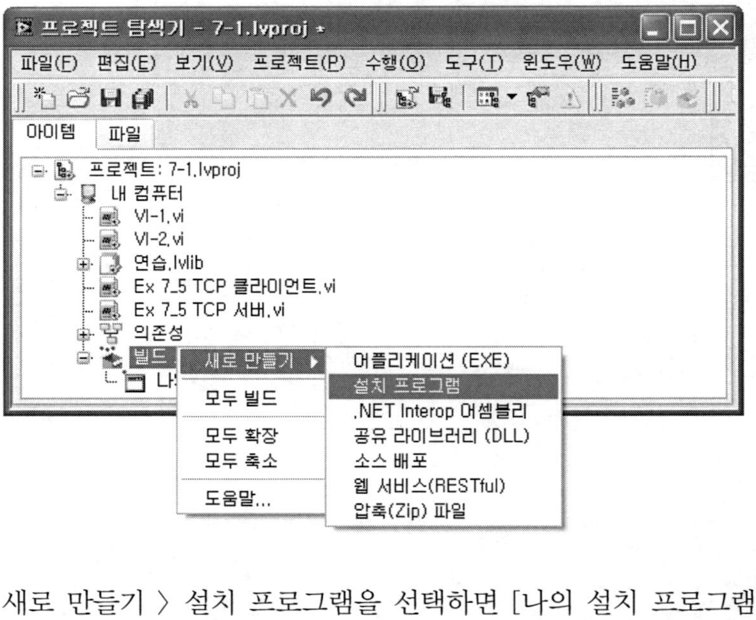

새로 만들기 〉 설치 프로그램을 선택하면 [나의 설치 프로그램 프로퍼티] 창이 나타납니다. 여기에서 [제품 정보], [소스 파일], 그리고 [추가 설치 프로그램] 항목을 필수적으로 설정해줘야 됩니다.

제품 정보

빌드 스펙 이름, 제품 이름, 설치 프로그램 대상을 설정해줍니다. 빌드 스펙 이름은 LabVIEW 프로젝트 상의 이름입니다. 그리고 제품 이름과 설치 프로그램 대상은 생성된 설치 프로그램의 이름과 만들어질 위치를 지정하는 것입니다.

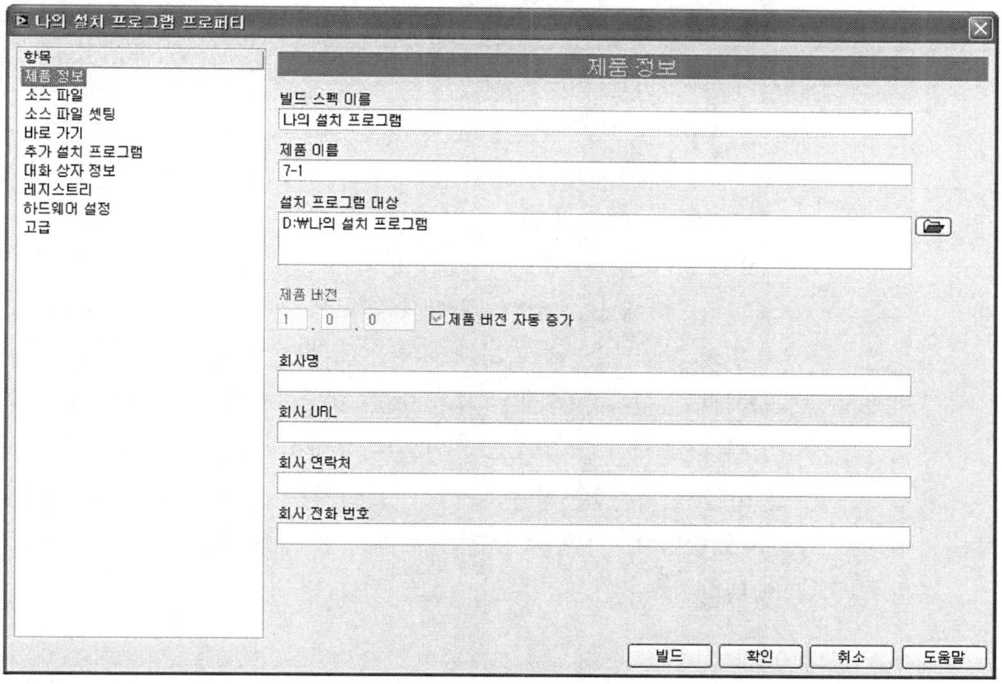

소스 파일

Main이 되는 VI를 프로젝트에서 선택하고, ➡ 버튼을 클릭하여 대상보기 창에 추가해줍니다. 이때 SubVI는 자동으로 링크됩니다.

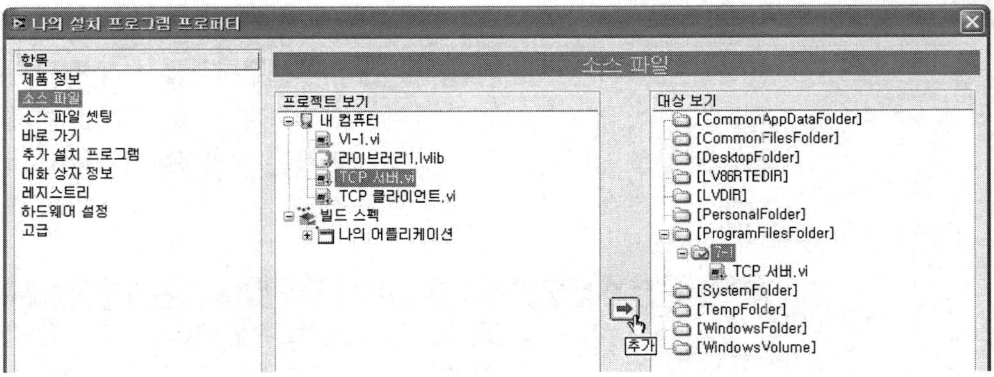

추가 설치 프로그램

LabVIEW 런타임 엔진과 VI의 실행에 필요한 하드웨어 드라이브 들을 선택해 줍니다. 이때 LabVIEW를 내 컴퓨터에 설치할 당시에 사용했던 드라이브나 엔진의 파일 경로에 따라서 관련 드라이브가 선택됩니다. 그 경로에 해당 드라이브가 없을 경우에는 수동으로 선택해줘야 될 것입니다.

일부 하드웨어 드라이브의 원본은 용량이 너무 크기 때문에 [설치 타입]으로 Full을 선택하면, 최종적으로 만들어지는 설치 프로그램의 용량이 너무 크질 수 있습니다. 가장 적합한 설치 타입을 선택해줘서 용량을 최적화시킬 수 있습니다.

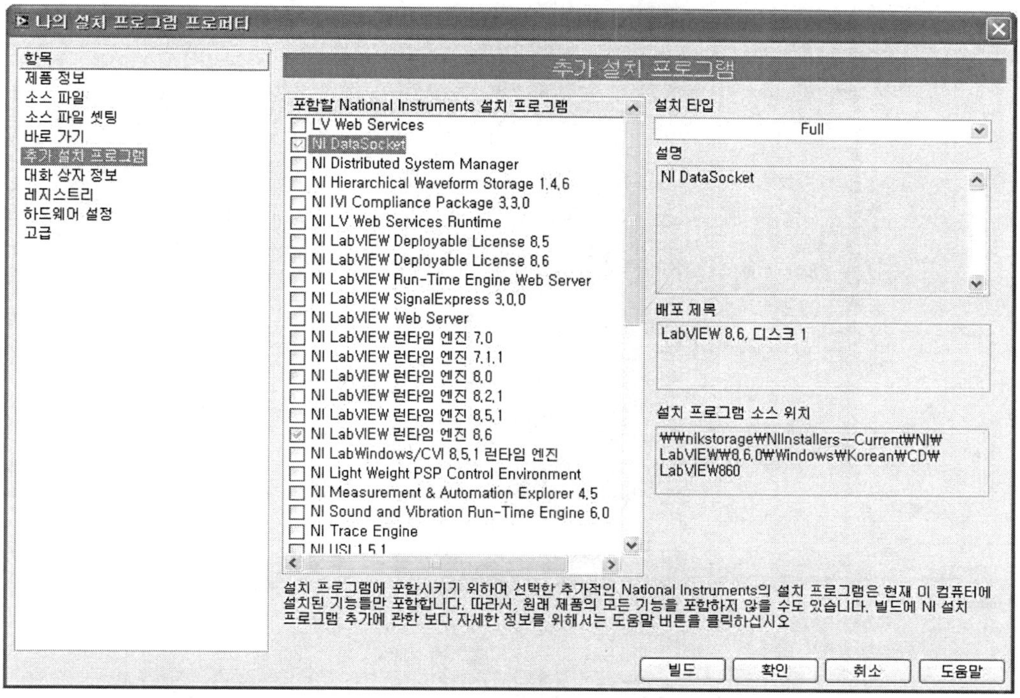

추가적인 세부 설정이 완료되면 **빌드** 버튼을 클릭하여 설치 프로그램을 생성합니다. 다음과 같이 프로젝트의 빌드 스펙에 [나의 설치 프로그램] 항목이 생기고, 지정한 폴더에 설치 프로그램이 생성됩니다.

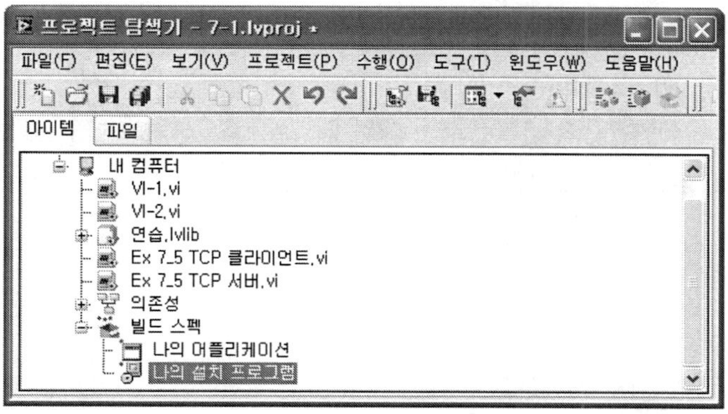

CD로 구울 경우를 가정하여 Volume 폴더에 설치 프로그램이 생성됩니다. 이때 supportfiles 폴더에 선택해준 추가 설치 프로그램들이 들어갑니다. 그리고 setup.exe를 실행하면 아래와 같이 인스톨 과정이 진행됩니다.

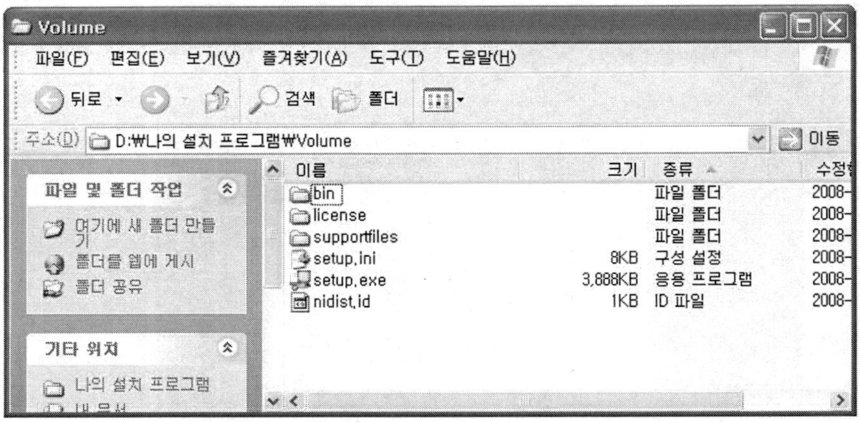

다. VI 프로퍼티

개별 VI의 전반적인 특성을 조정하고 설정하기 위하여 VI 프로퍼티를 사용합니다. 메모리 사용량을 확인하거나 VI에 대한 설명을 작성하거나 VI의 블록다이어그램을 보고 수정할 수 없게 암호를 설정하는 등의 VI 속성을 VI 프로퍼티에서 설정할 수 있습니다.

VI 프로퍼티는 상단 메뉴에서 파일(F) 〉 VI 프로퍼티(I)로 선택할 수 있습니다. 혹은 오른쪽 상단에 있는 아이콘에서 단축메뉴로 VI 프로퍼티를 선택할 수 있습니다.

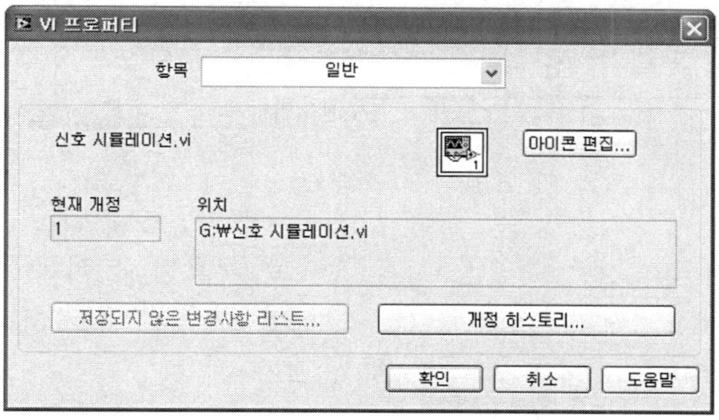

일반

VI의 위치를 확인하고 아이콘 편집이 가능합니다. 또한 개정 히스토리를 바꿀 수 있습니다.

메모리 사용

VI의 메모리 사용량을 상세하게 나타내줍니다. VI의 실행 속도가 현저히 늦거나 컴퓨터의 리소스를 많이 차지할 경우, 가장 먼저 VI의 메모리 사용량을 확인해봐야 됩니다. VI의 프로그램 량보다 메모리 사용량이 지나치게 많다면, 글로벌 변수 사용이나 배열 사용이나 클러스터 사용에서 오류나 남용이 있다는 의미입니다.

문서

VI에 대한 설명을 입력할 수 있습니다. VI 설명은 개발자나 사용자가 VI를 이용할 때의 사용법이나 주의 사항들을 입력합니다. 문서 항목에 입력된 사항은 [LabVIEW 도움말]로 확인할 수 있습니다. 다음은 연습 1-1에서 VI 프로퍼티의 문서를 편집한 사례입니다. [기본 도움말]에서 VI 설명을 확인할 수 있습니다.

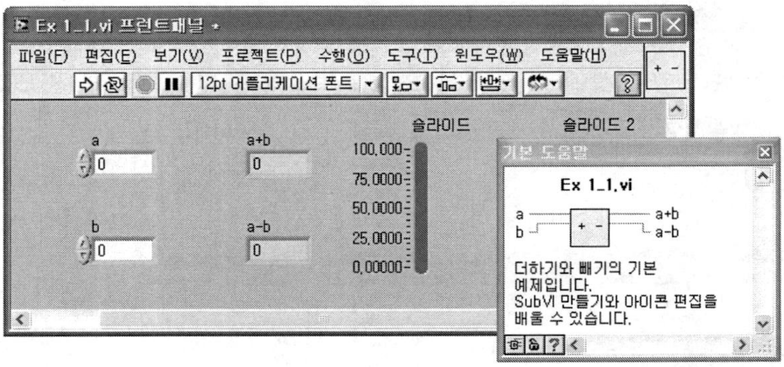

보호

암호를 설정하고 변경할 수 있습니다. [암호로 보호됨]을 선택하면 블록다이어그램을 암호로 잠길 수 있습니다. 암호 설정을 적용하기 위해서는 LabVIEW를 한번 종료하고 재실행해야 됩니다.

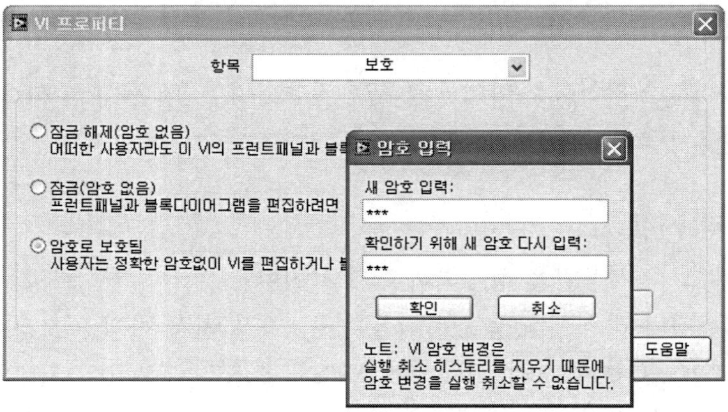

윈도우 모양

VI를 실행했을 때의 윈도우 제목이나 모양을 설정할 수 있습니다. 윈도우 제목을 바꿔주거나 보이는 항목을 선택해줄 수 있습니다. 다음은 연습 1-1의 윈도우 모양을 [대화 상자]로 선택하고 실행한 사례입니다. 반복 실행을 위하여 While 루프를 추가해줬습니다.

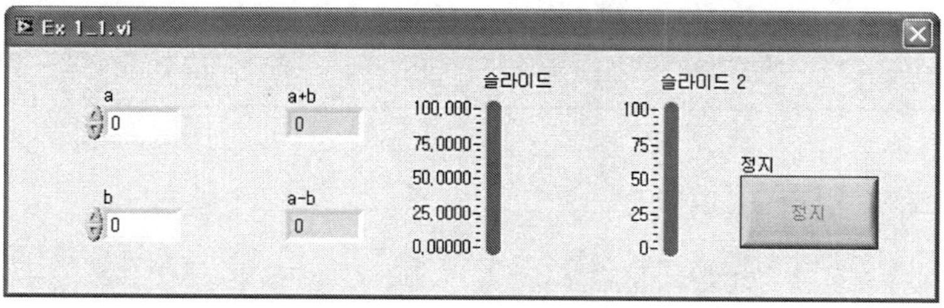

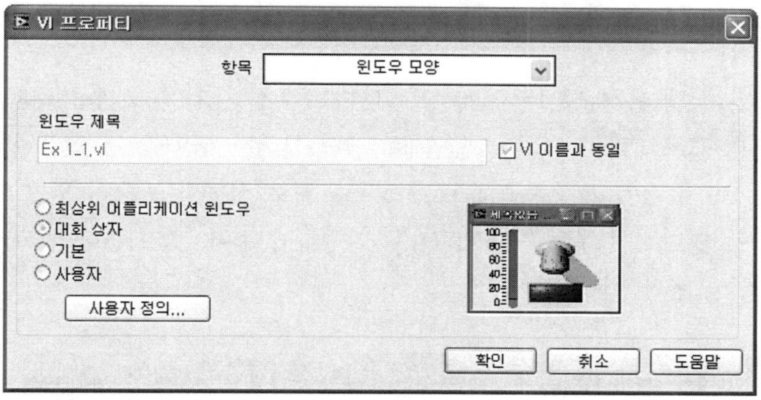

윈도우 크기

VI를 실행할 때 어떤 윈도우 크기로 실행할 지를 설정할 수 있습니다. 예를 들어, 실행파일을 다른 컴퓨터로 배포할 때, 모니터의 해상도가 서로 다르다면 해상도에 따라서 VI의 윈도우 크기가 바뀌게 됩니다. [다른 모니터 해상도에서 윈도우의 비율 유지]를 선택해준다면 모니터의 해상도에 관계없이 윈도우의 비율을 유지할 수 있습니다.

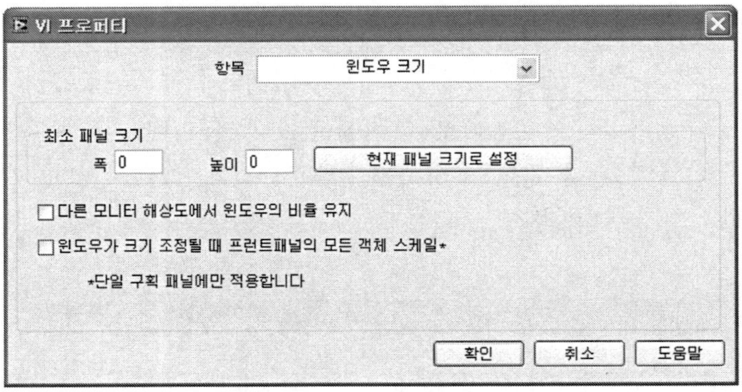

윈도우 런타임 위치

실행될 때의 윈도우 위치를 설정할 수 있습니다. [중심]을 선택한 경우에는 항상 모니터 화면의 중심에 VI가 위치하여 실행됩니다.

실행

고급 실행 옵션을 설정할 수 있습니다. [우선순위] 항목에서 상위로 설정하면, 다른 프로그램들보다 우선순위로 VI가 실행하게 만들 수 있습니다. 서버루틴은 OS 수준이고, 일반적으로 최상위순위로 실행할 필요가 있을 경우에는 [시간에 결정적인 우선순위(최고)]로 설정해줍니다. 그리고 다른 고급 실행 옵션들을 설정할 수 있습니다.

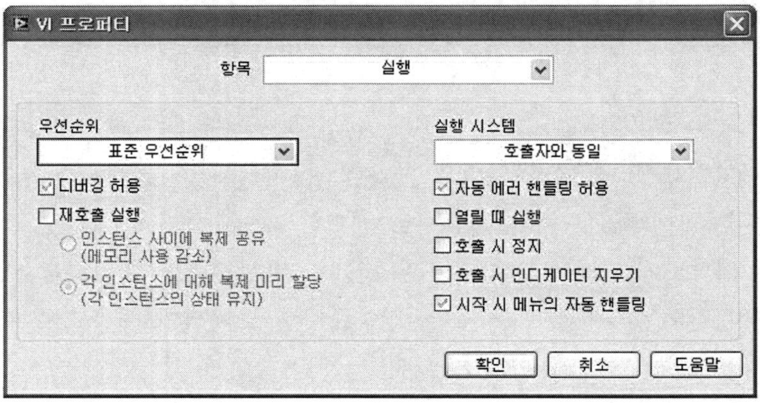

인쇄 옵션

VI의 블록다이어그램이나 프런트패널을 인쇄할 때의 옵션을 선택해줄 수 있습니다. 사용자가 여백을 주거나 용지에 맞도록 자동으로 스케일되도록 설정할 수 있습니다.

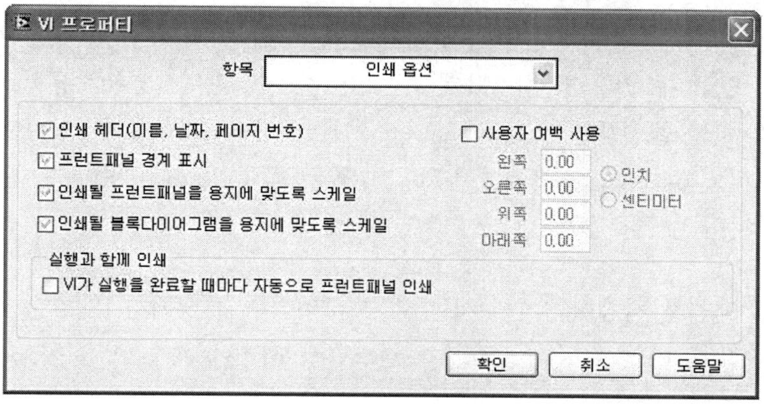

라. VI 재귀

자기 블록다이어그램이나 SubVI의 블록다이어그램에서 스스로를 호출하는 것을 VI 재귀(Recursion)이라 부릅니다. VI의 출력을 재사용하여 여러 번 실행해야하는 경우에 유용하게 사용할 수 있는 방법입니다. 어떤 VI든 재귀 VI로 만들 수 있으며, 한 VI 계층구조에서 여러 재귀 VI를 사용할 수 있습니다. 32 비트 플랫폼에서 LabVIEW는 최대 15,000 개의 재귀 호출을 지원합니다. 그리고 64 비트 플랫폼에서 LabVIEW는 최대 35,000 개의 재귀 호출을 지원합니다.

VI 재귀를 사용하기 위해서는 VI 프로퍼티의 실행에서 [재호출 실행]을 활성화시켜줘야만 됩니다. 그리고 [인스턴스 사이에 복제 공유]를 선택해줍니다.

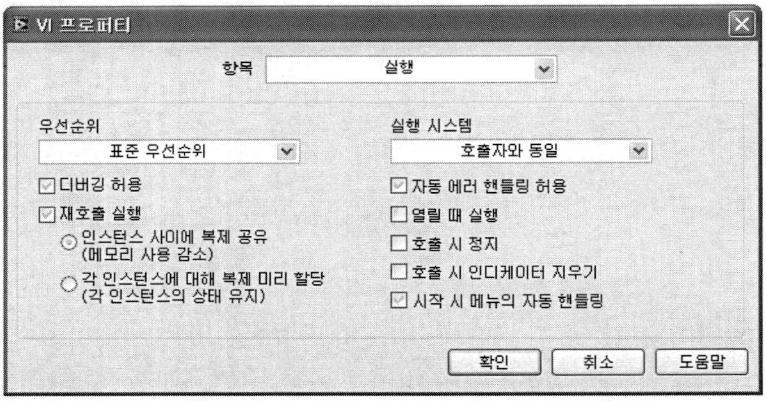

다음 연습을 통하여 VI 재귀에 대하여 익혀봅니다.

연습 8-1. VI 재귀(Recursion)

VI 재귀 기능을 이용하여 N!를 구하는 VI를 만들어 봅니다. N!는 1 • 2 • 3 • … • N입니다.

⌘ 프런트패널

1. 새 VI를 만들고, VI재귀.vi로 저장합니다.
2. 다음과 같이 숫자형 컨트롤과 숫자형 인디케이터를 프런트패널에 위치시킵니다. 라벨을 'n'과 'n!'으로 바꿔줍니다.
3. 아이콘 모양을 편집하고, 컨트롤과 인디케이터를 커넥터에 각각 연결합니다.

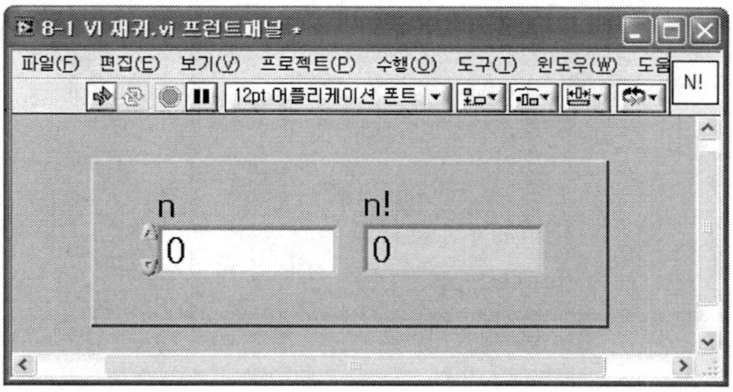

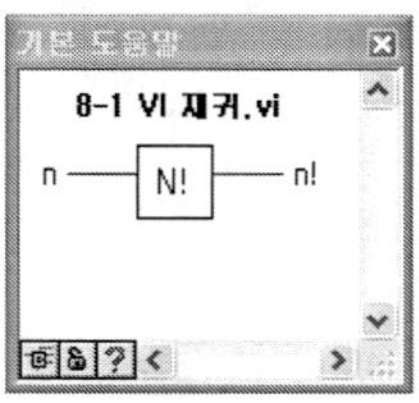

4. VI 프로퍼티 〉 실행에서 [재호출 실행]을 활성화시켜줍니다. 그리고 [인스턴스 사이에 복제 공유]를 선택합니다.

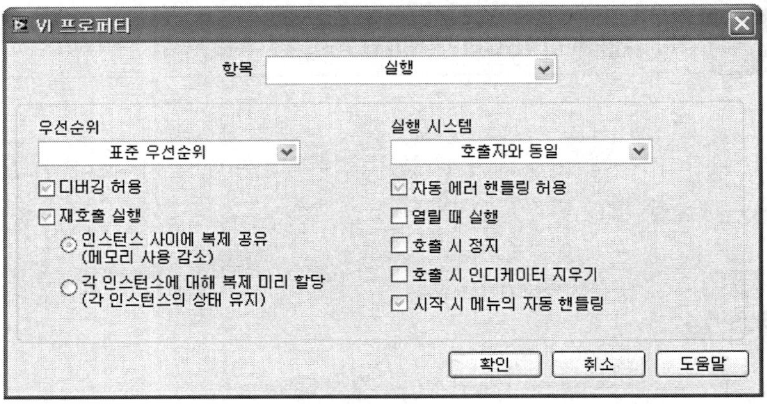

⌘ 블록다이어그램

5. 다음과 같이 Case 구조를 이용하여 블록다이어그램을 구성합니다.

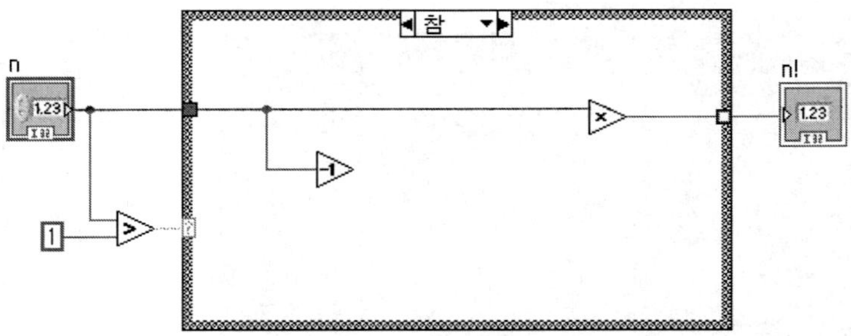

6. 거짓 Case는 다음과 같이 구성합니다.

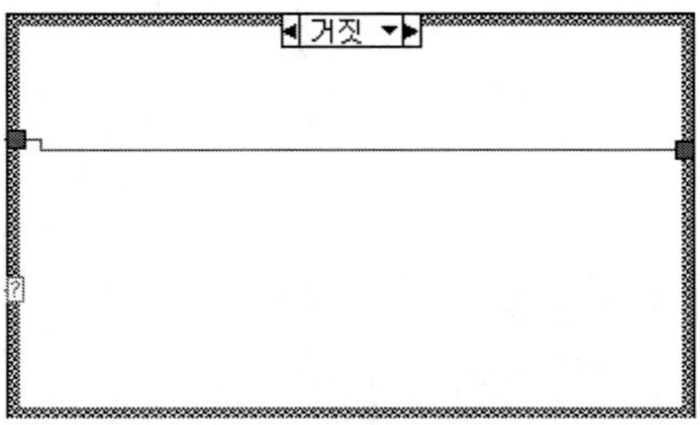

7. 마우스로 VI의 아이콘을 선택하여 블록다이어그램에 끌어서 놓습니다. 그

리고 -1▷ **감소**의 출력을 n에 입력하고 n!출력을 곱하기 연산에 연결합니다.

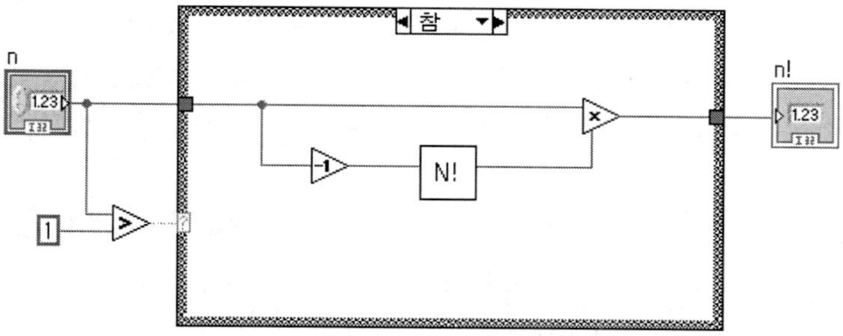

8. 프런트패널을 정리하고 n에 값을 입력하고 실행합니다. 10! = 3628800임을 확인할 수 있습니다.

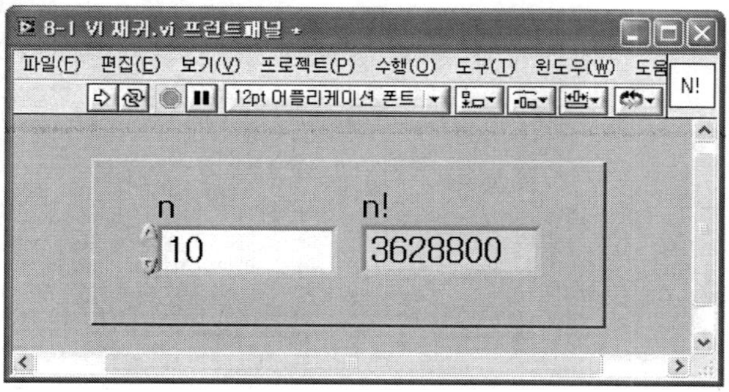

연습 8-1 끝

마. 웹 서버

작성한 VI를 웹 브라우저에서 모니터링하고 컨트롤할 수 있도록 설정할 수 있습니다. 웹 브라우저는 세계 어느 곳에서나 쉽게 접속이 가능하므로, 웹을 이용한 자동제어와 계측 시스템을 만들면 응용의 폭이 넓어지고 편리해집니다.

웹을 이용하여 VI를 제어하기 위해서는 LabVIEW 옵션에서 네트워크 환경 설정을 해줘야 됩니다. **웹 서버: 일반, VI 보기, 브라우저 접근** 등을 설정해줘야 됩니다. 특히 **웹 서버 활성화**를 꼭 선택해줘야 됩니다.

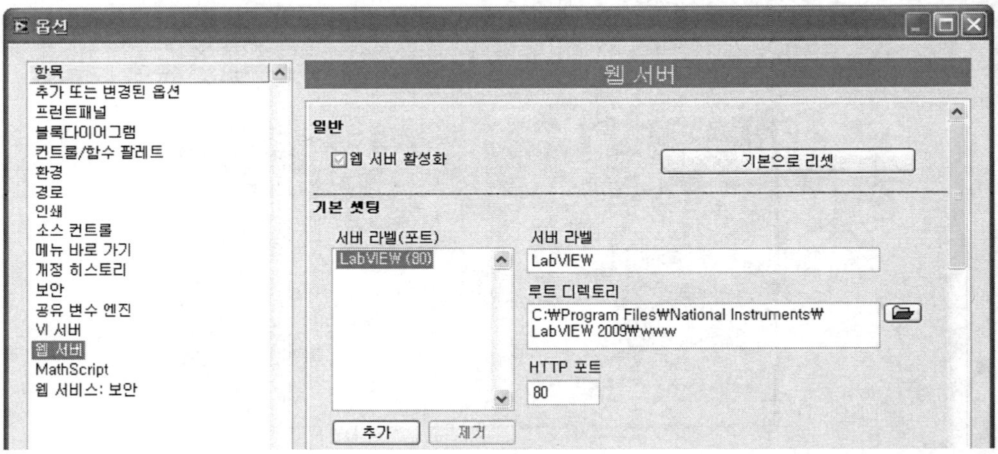

그리고 웹 서버에 접속하기 위해서는 클라이언트 컴퓨터에 **LabVIEW 런타임 엔진**이 설치되어 있어야 됩니다.

다음 연습을 통하여 웹 서버를 이용한 VI 모니터링과 컨트롤을 배워봅니다.

연습 8-2. 웹 서버를 이용한 VI 모니터링과 컨트롤

웹 서버를 이용하는 방법을 배웁니다.

⌘ VI 만들기

1. 새 VI를 만들고, 신호 시뮬레이션.vi로 저장합니다.
2. 다음과 같이 블록다이어그램과 프런트패널을 구성합니다. 함수 〉 익스프레스 〉 입력 팔레트에서 **신호 시뮬레이션**을 찾을 수 있습니다.
3. 신호 시뮬레이션에서 단축 메뉴를 이용하여 **주파수, 진폭** 입력에서 컨트롤을 생성해주고, **사인파** 출력에서 그래프 인디케이터를 생성해줍니다.

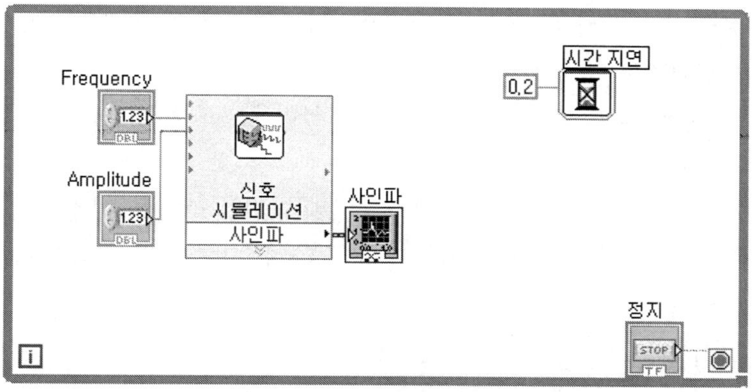

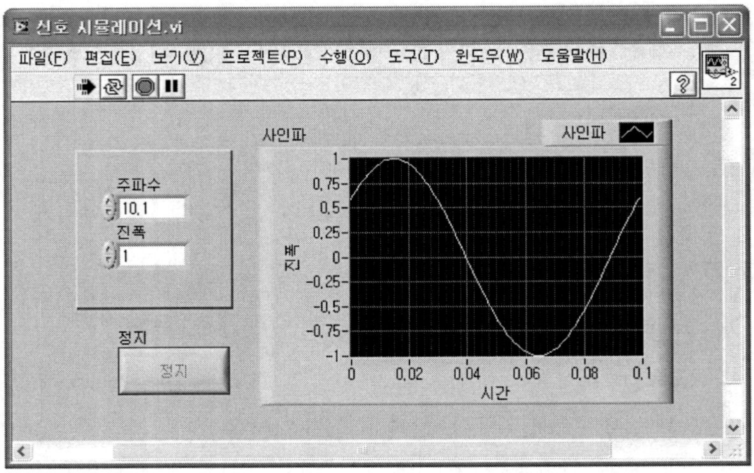

⌘ 웹 서브

4. 상단 메뉴에서 도구(T) 〉 웹 출판 도구...를 선택합니다. [웹 출판 도구]가 실행됩니다.
5. **웹 서버 시작** 버튼을 클릭하여 웹 서버를 시작합니다.
6. [VI와 보기 옵션 선택]의 VI 이름에서 신호 시뮬레이션.vi를 선택해줍니다. 해당 VI가 윈도우 상에 열려있어야만 VI 이름 리스트에 나타납니다. 만약 신호 시뮬레이션.vi가 닫혀 있다면, 먼저 VI를 열고 웹 출판 도구를 실행해야 될 것입니다.
7. 보기 모드에서 [임베디드]를 선택합니다.
   - 임베디드: 웹에서 모니터링과 컨트롤이 모두 가능합니다.
   - 스냅샷: 프런트패널의 정적 이미지를 디스플레이합니다.
   - 모니터: 프런트패널의 업데이트되는 이미지를 디스플레이합니다.

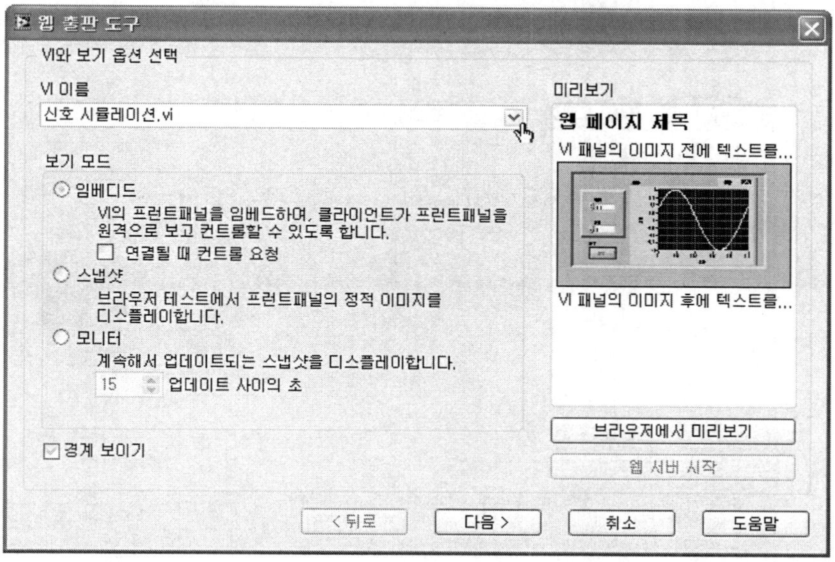

8. 다음 버튼을 클릭합니다. [HTML 출력 선택]에서 문서 제목과 머리글, 바닥글을 입력해줍니다.

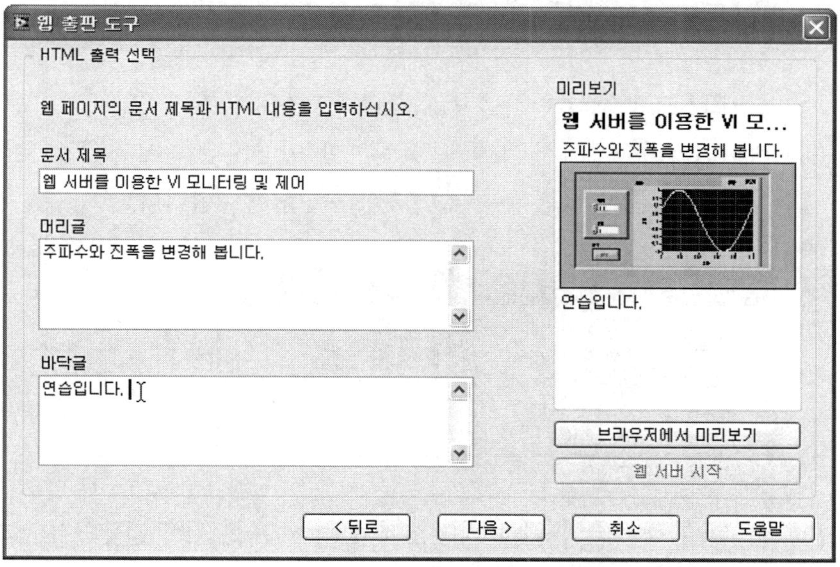

9. 다음 버튼을 클릭합니다. [새 웹 페이지 저장]에서 웹 페이지를 저장할 디

렉토리를 지정해줍니다. 이때 파일 이름은 영문으로 입력합니다.

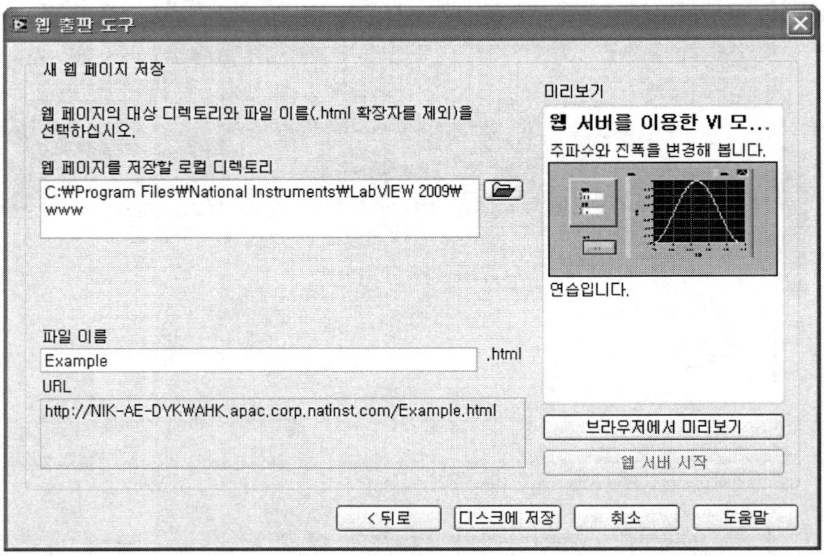

URL을 확인할 수 있습니다. **http://웹 서버의 컴퓨터 이름/파일이름.html**입니다. 또는 http://웹 서버의 컴퓨터 IP/파일 이름.html입니다.

10. **디스크에 저장** 버튼을 클릭합니다. 다음과 같이 [문서 URL] 대화 상자가 나타납니다. 연결 버튼을 클릭하여 인터넷 브라우저에 바로 접속하거나, 확인 버튼을 클릭하여 웹 출판 도구를 종료합니다.

11. 다른 컴퓨터의 웹 브라우저에서 **http://[웹 서버 컴퓨터 IP 혹은 컴퓨터 이름]/파일이름.html**을 입력합니다. 이때 신호 시뮬레이션.vi가 웹 서버의 윈도우 상에 열려있어야 됩니다.

12. 신호 시뮬레이션.vi를 실행합니다. 다음과 같이 웹 브라우저에서 시뮬레이션.vi를 모니터링할 수 있습니다.

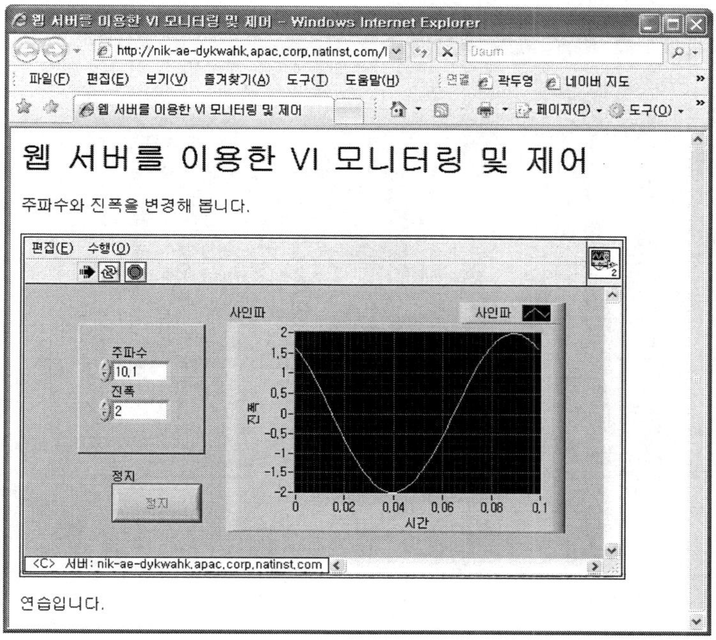

13. 왼쪽 아래 탭에서 [VI의 컨트롤 요청]을 선택합니다. 웹 브라우저에서 모니터링뿐만 아니라 컨트롤까지 가능하도록 설정하는 것입니다.

14. 주파수와 진폭을 바꿔줍니다. 정지 버튼을 클릭하여 VI의 실행을 종료할 수 있습니다.
15. 웹 브라우저 상에서 [VI의 컨트롤 해제]를 선택하여 컨트롤을 해제할 수 있습니다. 혹은 다음과 같이 VI에서 [컨트롤 전환]을 선택하여 컨트롤을 받아올 수 있습니다. VI의 아래 탭에서 선택할 수 있습니다. 이때, [컨트

롤 획득]을 선택하면 동시에 [컨트롤 잠금]도 설정되므로 잠금 해제를 해 줘야만 다른 컴퓨터에서 컨트롤을 요청할 수 있습니다.

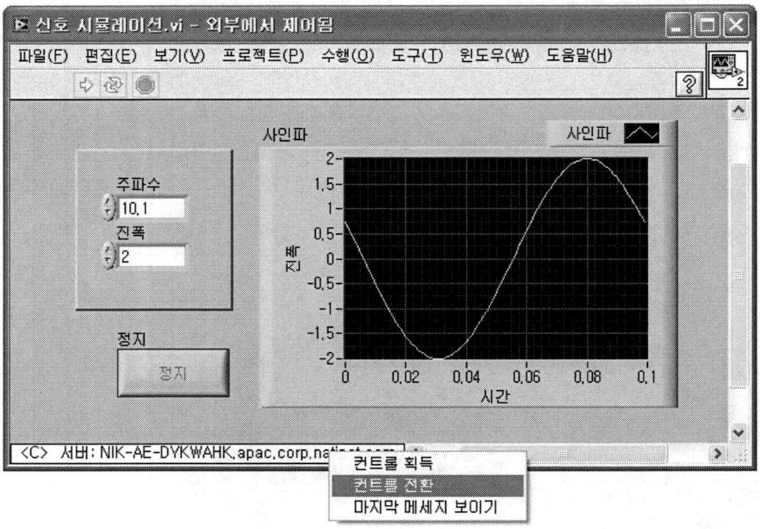

16. 신호 시뮬레이션.vi의 실행을 종료합니다.

연습 8-2 끝

참고 웹 서버를 이용한 VI의 컨트롤은 네트워크 제공 업체에서 쌍방향 통신이 지원될 경우에만 사용할 수 있습니다. 만약 네트워크 관리자가 쌍방향 통신을 막아버렸을 경우에는 컨트롤 모드를 사용할 수 없습니다.

바. 웹 서비스

웹 서버를 이용하여 LabVIEW VI를 모니터링하고 컨트롤하기 위해서는 클라이언트 컴퓨터에 LabVIEW 런타임 엔진이 설치되어야 됩니다. 그리고 웹 서버에서 제공하는 HTML 포맷이 단순하여 고객이 원하는 웹 화면을 구성하기 힘듭니다. 플래시를 넣거나 다양한 컨텐츠를 추가하고자 하는 경우에는 **웹 서비스**를 이용하여 구현할 수 있습니다.
특히 LabVIEW 런타임 엔진을 설치하지 않아도 되고 모든 웹 기반에서 구현이 가능하므로 최근 발전하고 있는 모바일 인터넷 폰이나 PDA에서도 웹 서비스를 이용할 수 있습니다.

LabVIEW 웹 서비스는 8.6 버전부터 지원하며 Full 및 Professional 버전 이상에서 지원됩니다. 그리고 근본적으로 웹 디자인이 필요하므로 웹 디자인 툴을 사용해서 다양한 웹 화면을 구현해야 됩니다. 나모 웹에디터 등의 다양한 툴들을 시중에서 구할 수 있습니다.

웹 서비스는 프로젝트의 빌드 스펙에서 생성하여 배포할 수 있습니다. 빌드스펙 〉 새로 만들기 〉 웹 서비스(RESTful)로 만들 수 있습니다.

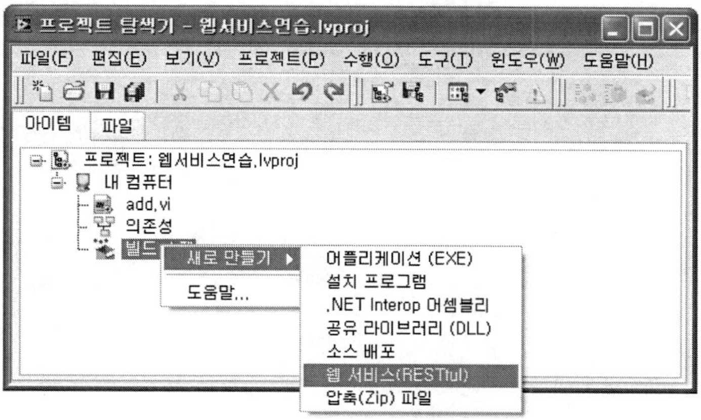

그리고 웹 서비스를 사용하기 위해서는 LabVIEW 옵션에서 **웹 서비스**를 활성화시켜줘야 됩니다. 상단 메뉴의 도구(T) 〉 옵션을 선택하여 옵션 대화 상자를 띄울 수 있습니다. 그리고 웹 서버 〉 고급 셋팅 〉 접근 허용에서 웹 서비스를 활성화시킵니다.

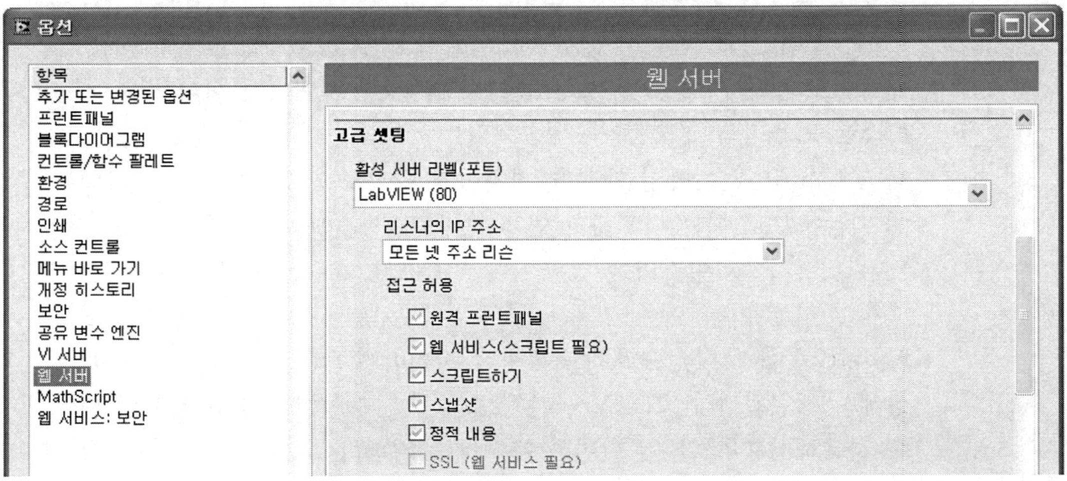

다음 연습을 통하여 웹 서비스를 만들고 사용하는 법을 익혀봅니다.

연습 8-3. 웹 서비스를 이용한 VI 모니터링과 컨트롤

웹 서비스를 이용하는 방법을 익혀봅니다.

⌘ 프로젝트 탐색기

1. 새 프로젝트를 만들고 웹서비스연습.lvproj로 저장합니다.
2. 내 컴퓨터 > 새로 만들기 > VI를 선택하여 새 VI를 만들고 add.vi로 저장합니다.
3. 다음과 같이 add.vi의 블록다이어그램을 구성합니다. 이때 라벨은 영문으로 작성해야 됩니다.

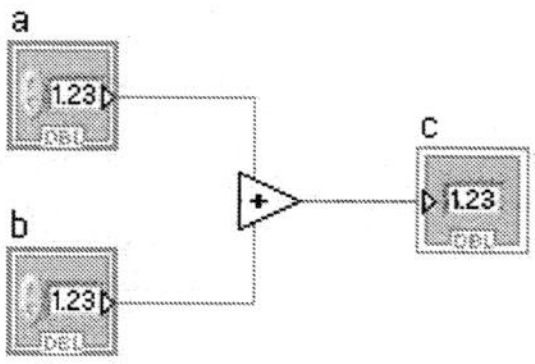

4. 프런트패널을 정리하고 컨트롤과 인디케이터를 커넥터에 연결해줍니다. 커넥터 연결은 SubVI를 만들 때와 동일합니다. 오른쪽 상단의 아이콘을 **커넥터 보이기**로 바꾸고 프런트패널의 컨트롤과 인디케이터를 각각 커넥터에 연결해줍니다.

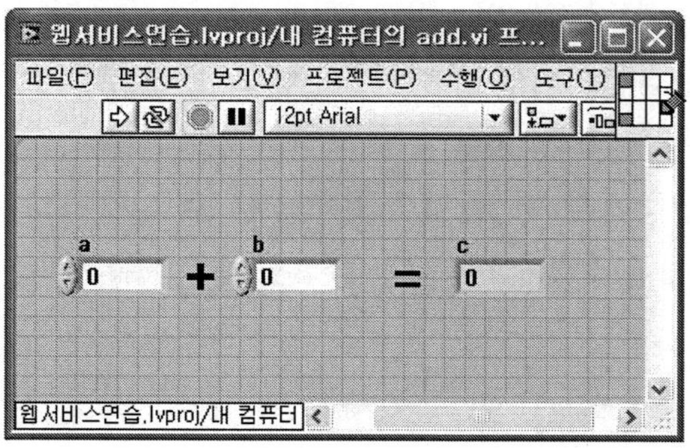

⌘ 웹 서비스 만들기

5. 프로젝트 탐색기에서 빌드 스펙 〉 새로 만들기 〉 웹 서비스(RESTful)를 선택하여 [웹 서비스 프로퍼티] 대화 창을 띄웁니다. 이때 정보 〉 빌드 스펙 이름을 변경하면 대화 창의 이름과 대상 디렉토리의 이름이 함께 변경됩니다.
6. 정보 〉 서비스 이름을 "add"로 바꿔줍니다. [서비스 이름]은 웹 서비스에 접근할 때 URL로 사용됩니다.

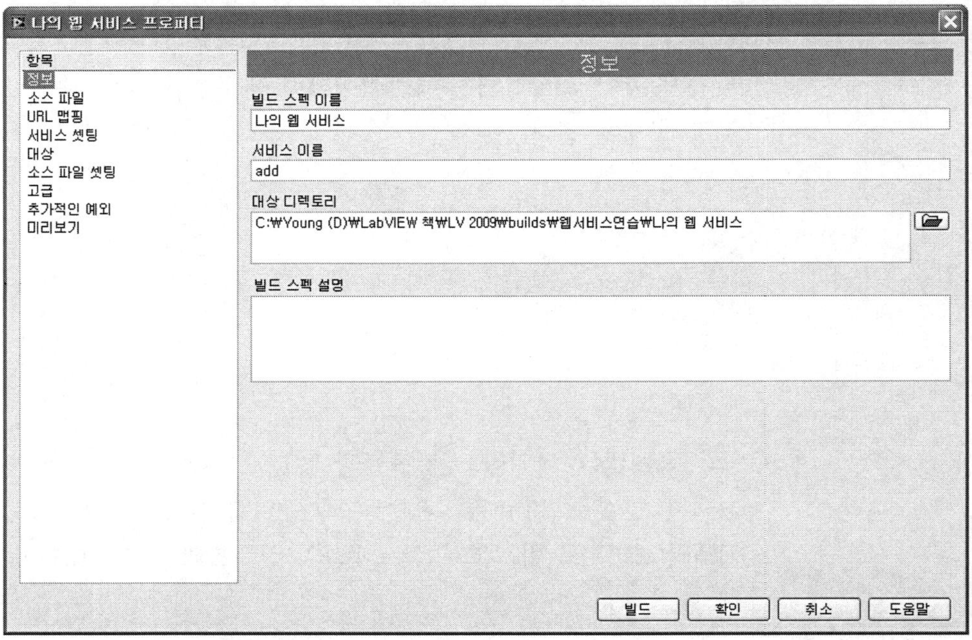

7. [소스 파일]에서 내 컴퓨터의 add.vi를 선택하여 ➡로 서비스 VI(복수)로 추가해줍니다.
8. [RESTful VI 설정] 창에서 VI의 기본설정을 할 수 있습니다. [출력 포맷]으로 HTML을 선택해주고 확인 버튼을 클릭하여 적용합니다.

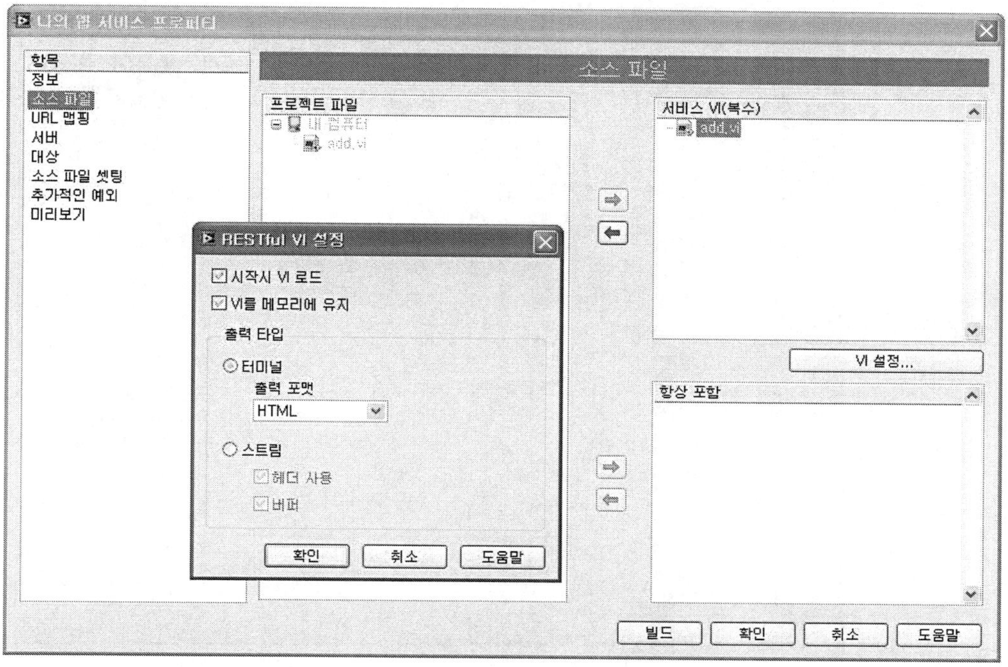

9. [URL 맵핑]에서 ⊞을 클릭하여 URL을 맵핑합니다. 실제 URL 및 웹 디자인과 연동되는 부분이므로 LabVIEW 도움말을 참고하여 맵핑해줘야될 것입니다. 여기에서는 /c/:a/:b를 입력합니다. 소문자와 대문자를 구분하고 VI에서 사용한 컨트롤과 인디케이터의 라벨과 일치해야 됩니다.

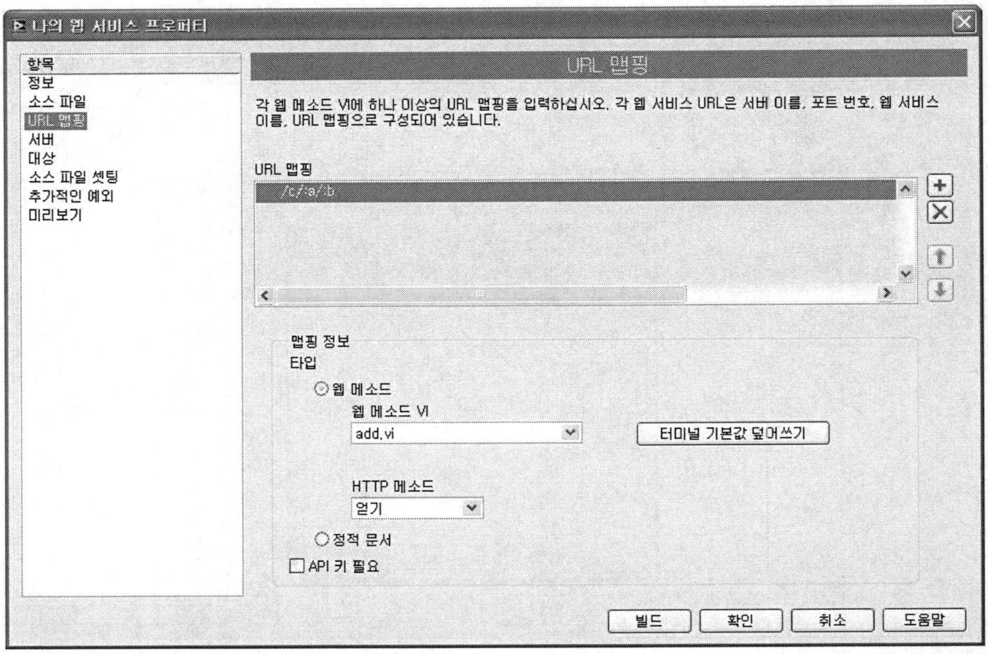

/c/:a/:b는 c 값을 출력하고, a와 b값은 URL로 입력받는다는 의미입니다.

10. URL 맵핑이 끝나면 하단에 있는 빌드 버튼을 클릭하여 웹 서비스를 생성합니다. 다른 항목들은 목적에 맞추어 편집해주면 될 것입니다. 프로젝트의 빌드 스펙에 나의 웹 서비스가 생성됨을 확인할 수 있습니다.

⌘ 웹 서비스 실행하기

11. [나의 웹 서비스]의 단축 메뉴에서 **배포**를 선택합니다. 이때 [웹 서비스]가 활성화되어있어야 되고, 활성화되지 않았을 경우에는 옵션 〉 웹 서버 〉 고급 셋팅 〉 접근 허용에서 웹 서비스를 활성화시켜줍니다.

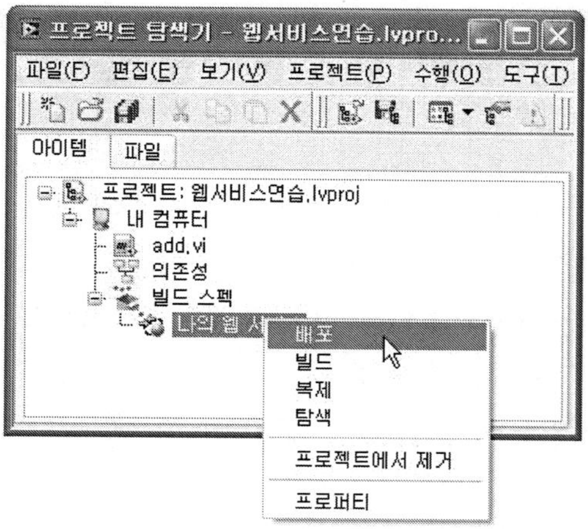

12. 웹 브라우저에 **http://localhost/add/c/2/3**을 입력합니다. 다음과 같이 출력 값 c가 5임을 디스플레이해줍니다. localhost는 내 컴퓨터를 의미합니다. 다른 컴퓨터에서는 http://[웹 서버의 IP]/add/c/2/3을 입력해줍니다.

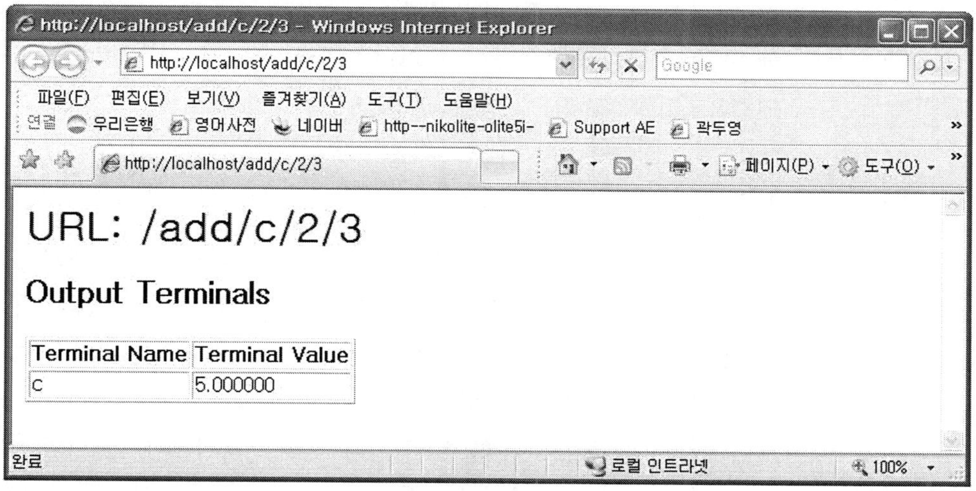

기본 URL은 다음과 같습니다.
http://[웹 서버의 IP]/[웹 서비스 이름]/[추가 포맷]

연습 8-3 끝

사. 프로퍼티 노드, 컨트롤 참조, 인보크 노드

사용자 인터페이스인 프런트패널 객체의 속성을 프로그램적으로 수정할 수 있는 방법에 대하여 소개합니다. 예를 들어, 사용자가 잘못된 패스워드를 입력했을 때, 빨간색 LED를 깜빡거리게 한다거나, 권한이 없는 사람에게는 특정 객체가 보이지 않게 만들거나, 특정 Limit을 넘으면 차트의 플롯이 녹색으로 바뀌게 만드는 등의 속성 변경이 좋을 예입니다.

먼저 프런트패널 객체의 구조에 대하여 설명합니다.
프런트패널 객체는 두 가지 속성을 가집니다. 프로퍼티(property)와 메소드(methods)가 그들입니다.
프로퍼티는 크기, 색, Visibility(보이기), 라벨 관련 속성, 점멸, 값, 활성화 유무, 포맷 정보 등의 객체의 모든 속성들을 의미합니다. 모든 객체들은 수십 가지의 프로퍼티를 가집니다.
메소드는 기본값으로 다시 초기화, 네트워크로 데이터 연결, DataSocket에 연결과 같은 객체의 실행에 대한 것들입니다.

⌘ 프로퍼티 노드

객체의 프로퍼티를 프로그램적으로 수정하기 위하여 프로퍼티 노드를 사용합니다. 프로퍼티 노드는 각 객체의 단축메뉴에서 생성 〉 프로퍼티 노드로 만들 수 있습니다. 그리고 프로퍼티 노드는 객체의 이름과 동일한 라벨을 가집니다. 원래 객체의 이름을 바꾸면, 자동으로 라벨이 바뀝니다.
또한 한 개의 객체에 대하여 여러 개의 프로퍼티 노드를 만들 수 있고, 다음과 같이 프로퍼티 노드의 원소를 아래로 추가할 수 있습니다. 단축 메뉴에서 [원소 추가]를 선택하거나 마우스로 크기를 키워줘서 원소를 더 추가할 수 있습니다. 이때 실행 순서는 위에서부터 아래로입니다.

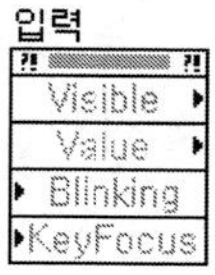

프로퍼티 속성을 변경시키는 경우에는 쓰기로 설정하고, 속성을 읽어오는 경우에는 읽기로 설정합니다. 각 원소에서 [쓰기로 변경] 혹은 [읽기로 변경]을 선택하여 쓰기 또는 읽기로 선택할 수 있습니다.
원소들의 입출력은 숫자형, 불리언, 클러스터 등입니다. 클러스터의 경우에는 풀기나 묶기 함수를 이용하여 정보를 분리하거나 묶을 수 있습니다. 예를 들어, 위치 〉 모든 원소를 선택한 경우에 클러스터로 왼쪽(Left)과 위쪽(Top)이 묶여서 출력됩니다.

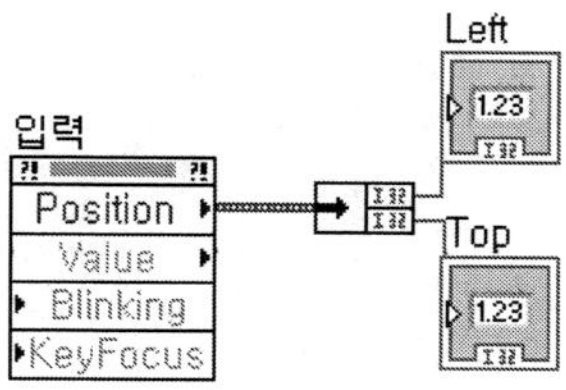

⌘ 컨트롤 참조

프로퍼티 노드는 블록다이어그램에 위치하고 프런트패널의 객체에 대응됩니다. 만약 SubVI에서 Main VI의 프런트패널 객체 속성을 변경하고자할 경우에는 컨트롤 참조를 이용해야 됩니다.
터미널의 단축메뉴에서 생성 〉 참조로 생성하거나 프로퍼티 노드를 포함한 영역을 선택하여 SubVI를 생성하면 컨트롤 참조가 생성됩니다.

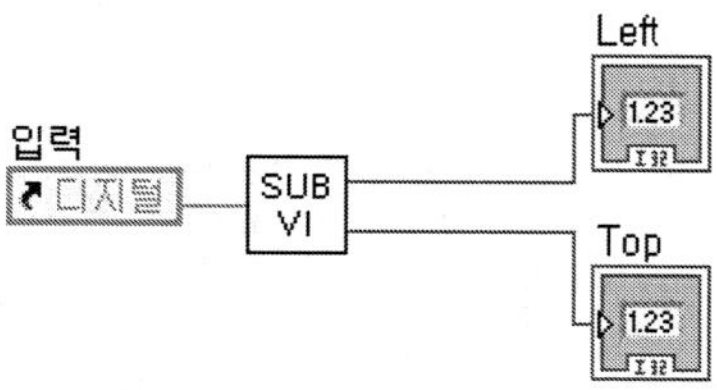

SubVI에는 컨트롤 참조 번호가 생성됩니다. 컨트롤 참조 번호를 직접 만들고

자 할 경우에는 컨트롤 〉 일반 〉 참조 번호 팔레트에서 컨트롤 참조 번호를 찾아서 프런트패널에 위치시키고, 원하는 타입의 컨트롤을 참조 번호 속에 넣어줘서 만들 수 있습니다. 다음은 숫자형 컨트롤을 넣어준 경우입니다. 빨간색 별표는 엄격한 타입의 컨트롤 참조 번호라는 의미입니다.

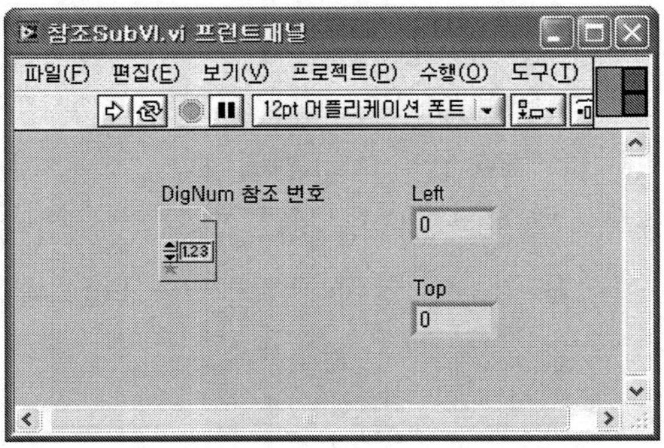

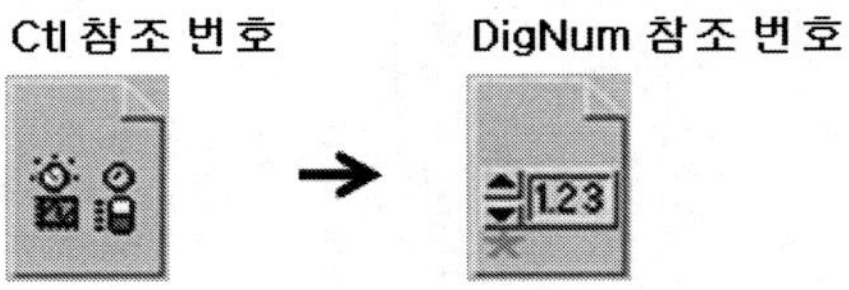

참고 엄격한 타입과 엄격하지 않은 타입의 컨트롤 참조 번호: 엄격한 타입의 컨트롤 참조 번호는 완전히 동일한 데이터 타입의 컨트롤 참조 번호만을 받습니다. 예를 들어, 엄격한 타입의 컨트롤 참조 번호의 타입이 32비트 정수 슬라이드인 경우, 32비트 정수 슬라이드만 컨트롤 참조 번호 터미널에 연결할 수 있습니다. 컨트롤 참조 번호 터미널에 8비트 정수 슬라이드, 배정도 스칼라 슬라이드, 또는 32비트 정수 슬라이드의 클러스터를 연결할 수 없습니다. 엄격하지 않은 타입의 컨트롤 참조 번호는 더 다양한 데이터 타입을 받습니다. 예를 들어, 엄격하지 않은 타입의 컨트롤 참조가 슬라이드인 경우, 32비트 정수 슬라이드, 단정도 슬라이드, 또는 32비트 정수 클러스터의 슬라이드를 컨트롤 참조 터미널에 연결할 수 있습니다.

참고 차트의 히스토리 데이터 프로퍼티는 차트 참조가 엄격한 타입일 경우에만 사용 가능합니다. 그리고 기계적인 래치 동작은 엄격한 타입의 컨트롤 참조와 호환되지 않기 때문

에 기계적인 래치 동작을 가진 불리언 컨트롤은 엄격하지 않은 타입의 컨트롤 참조를 생성합니다.

컨트롤 참조 번호로 사용할 수 있는 일반 프로퍼티 노드 는 함수 〉 프로그래밍 〉 어플리케이션 컨트롤 팔레트에서 찾을 수 있습니다. 참조 번호를 프로퍼티 노드의 참조 입력에 연결해주면, 해당 컨트롤의 프로퍼티를 설정할 수 있습니다.

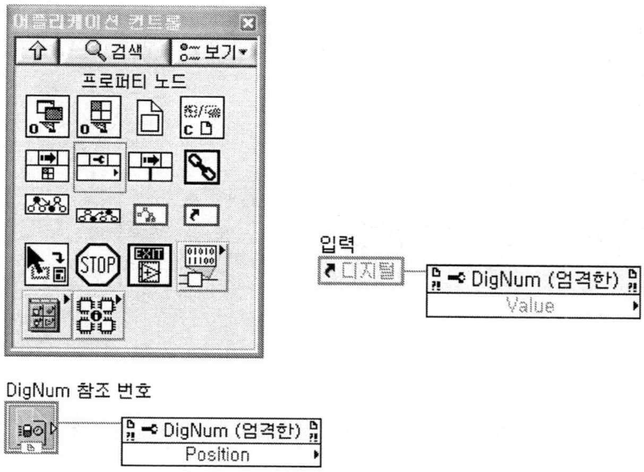

⌘ 인보크 노드

인보크 노드는 객체의 메소드를 설정할 때 사용됩니다. 터미널의 단축메뉴에서 생성 〉 인보크 노드를 선택하여 생성하거나 참조 번호를 이용하여 일반 인보크 노드로 설정할 수 있습니다. 일반 인보크 노드 는 함수 〉 프로그래밍 〉 어플리케이션 컨트롤 팔레트에서 찾을 수 있습니다. 아래와 같이 일반 프로퍼티 노드와 인보크 노드는 비슷한 모양입니다.

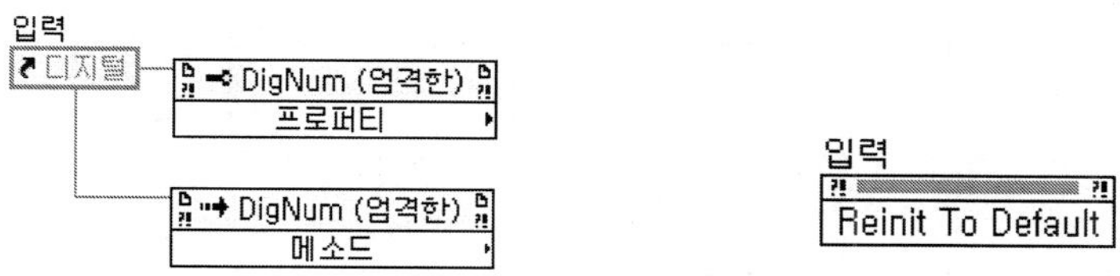

연습 8-4. 프로퍼티 노드를 이용한 슬라이드 색 변경

프로퍼티 노드를 이용하여 값에 따라 슬라이드 색이 변경되는 VI를 만들어봅니다.

⌘ 프런트패널

1. 새 VI를 만들고, 슬라이드색변경.vi로 저장합니다.
2. 수평 포인터 슬라이드와 정지 버튼을 프런트패널에 놓고, 다음과 같이 구성합니다.

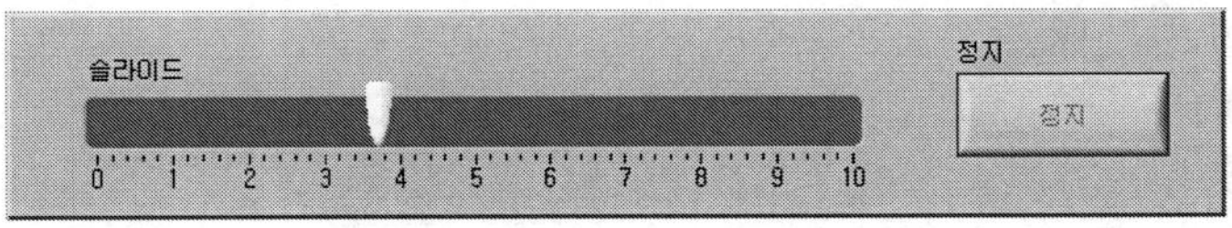

⌘ 블록다이어그램

3. 이벤트 구조를 구성하고, 정지 버튼에 대한 **값 변경** 이벤트를 설정합니다.
   [0] "정지": 값 변경 이벤트가 생성됩니다.
4. 정지 버튼을 이벤트 속에 넣고, While 루프 조건 터미널에 연결합니다.

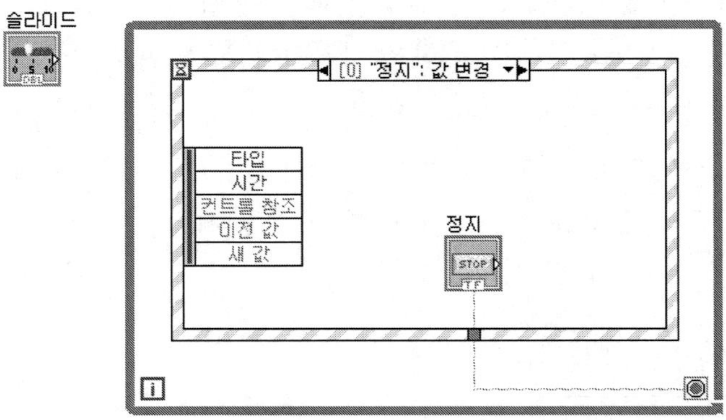

5. 이벤트 케이스 추가를 선택하고, [1] "슬라이드": 값 변경 이벤트를 추

가합니다.

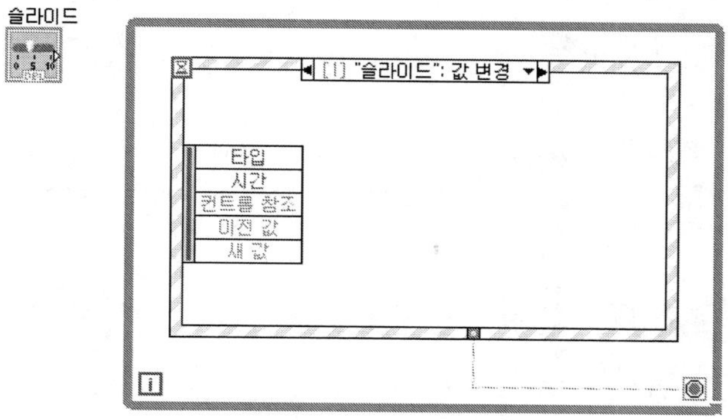

6. 배열 상수를 두 개 위치시키고, 색 상수와 DBL 숫자형 상수를 넣어서 다음을 구성합니다. 함수 〉 프로그래밍 〉 그래픽 & 사운드 〉 그림 함수 팔레트에서  색 상자 상수를 찾을 수 있습니다. {파란색, 녹색, 빨간색}의 색 배열을 만들어주고, DBL 숫자형 배열 상수에는 {0, 4.99, 5.01}을 입력합니다. 0에서 4.99일 때는 파란색, 4.99에서 5.01일 때는 녹색, 5.01 이상이면 빨간색이 되도록 VI를 구성할 예정입니다.

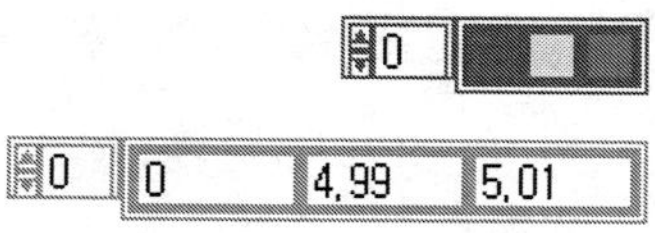

7. 슬라이드 터미널에서 생성 〉 프로퍼티 노드 〉 채우기 색을 선택하여 **프로퍼티: 채우기 색**을 만듭니다.

8. 다음과 같이 블록다이어그램을 완성합니다. 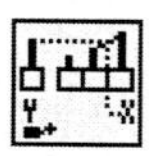 **1D 배열 임계점**은 함수 〉 프로그래밍 〉 배열 팔레트에서 찾을 수 있습니다.  **버림**은 함수 〉 프

로그래밍 〉 숫자형 팔레트에서 찾을 수 있습니다. 슬라이드의 값이 변경되면 [새 값]과 {0, 4.99, 5.01}을 비교하여 0, 1, 2의 세 가지 값을 출력하도록 구성한 것입니다.

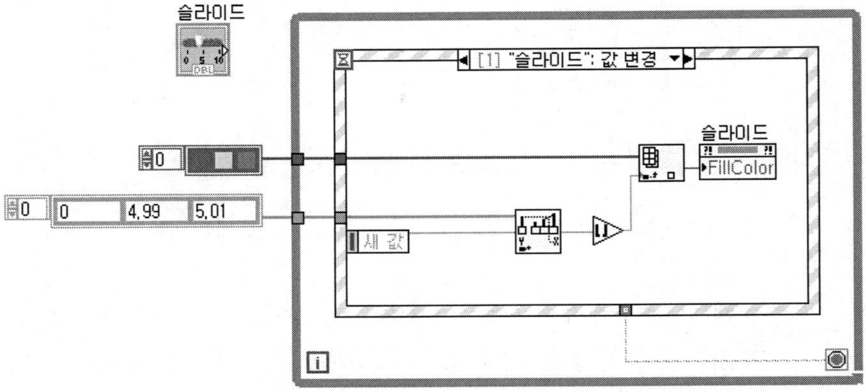

9. VI를 실행하고, 슬라이드의 값을 변경해봅니다. 프로브를 이용하여 각 지점의 실시간 데이터를 확인해봅니다.

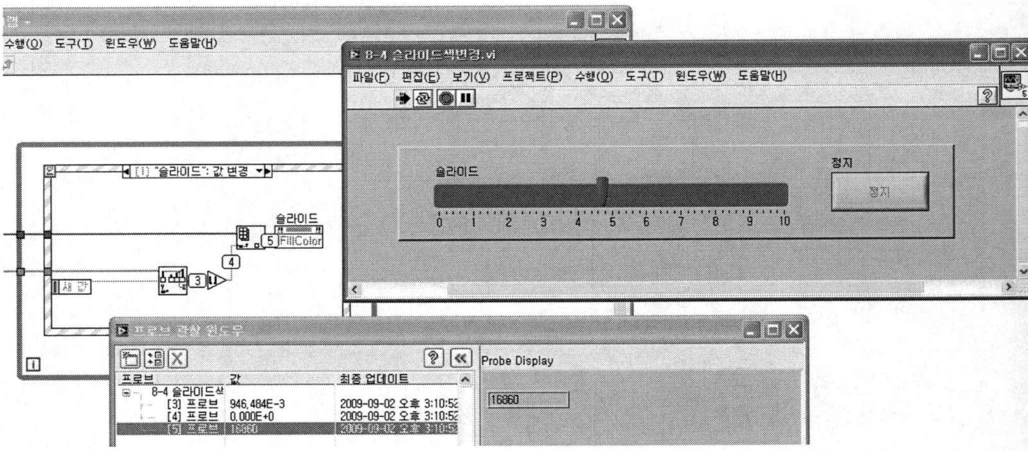

연습 8-4 끝

연습 8-5. 컨트롤 참조를 이용하여 차트 플롯 및 속성 설정

컨트롤 참조를 이용하여 SubVI의 결과 값을 Main VI로 전달하고, Main VI의 차트 속성을 변경해봅니다.

⌘ Sub VI 구성

1. 새 VI를 만들고, 참조Sub.vi로 저장합니다.
2. 프런트패널에 컨트롤 참조 번호 두 개와 웨이브폼 차트와 정지 버튼을 위치시킵니다. 컨트롤 참조 번호는 컨트롤 〉 일반 〉 참조 번호 팔레트에서 찾을 수 있습니다.
3. 정지 버튼의 기계적 동작을 [누를 때 스위치]로 바꿔줍니다. 래치는 엄격한 타입으로 정의할 수 없기 때문입니다. 단축메뉴에서 기계적 동작 〉 누를 때 스위치를 선택해주면 됩니다.

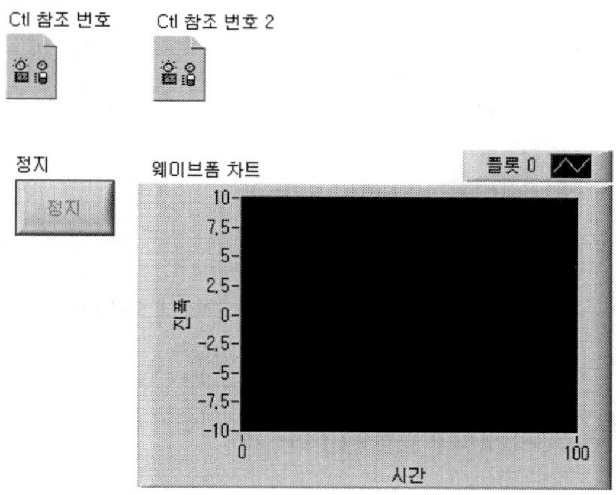

4. 정지 버튼과 웨이브폼 차트를 컨트롤 참조 번호 속에 넣어줍니다. 다음과 같이 프런트패널이 바뀝니다. 라벨도 각각 'Bool 참조 번호'와 'WFChart 참조 번호'로 바뀝니다. 그리고 엄격한 타입으로 정의되므로, 빨간색 별표가 왼쪽 아래에 생깁니다.

5. VI의 아이콘을 수정해주고, 커넥터에 참조 번호를 연결해줍니다.

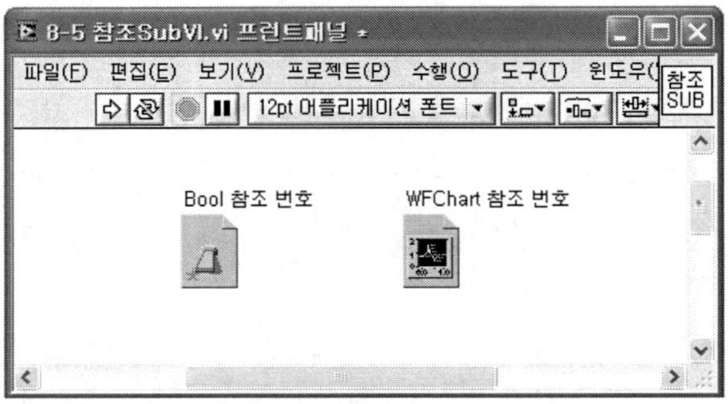

6. 다음과 같이 블록다이어그램을 구성합니다. 일반 프로퍼티 노드 세 개를 While 루프 속에 위치시키고, 참조 입력에 WFChart 참조 번호와 Bool 참조 번호를 입력합니다. 첫 번째와 두 번째 프로퍼티 노드는 [쓰기로 변경]을 선택하여 쓰기로 설정합니다. 프로퍼티는 [점멸]과 [값]으로 선택해줍니다.

함수 〉 프로그래밍 〉 어플리케이션 컨트롤 팔레트에서 **프로퍼티 노드**를 찾을 수 있습니다. 첫 번째 프로퍼티 노드는 웨이브폼 차트의 점멸을 설정하고, 두 번째 프로퍼티 노드는 웨이브폼 차트에 값을 입력하고, 세 번째 프로퍼티 노드는 정지 버튼의 값을 읽어오는 역할입니다.

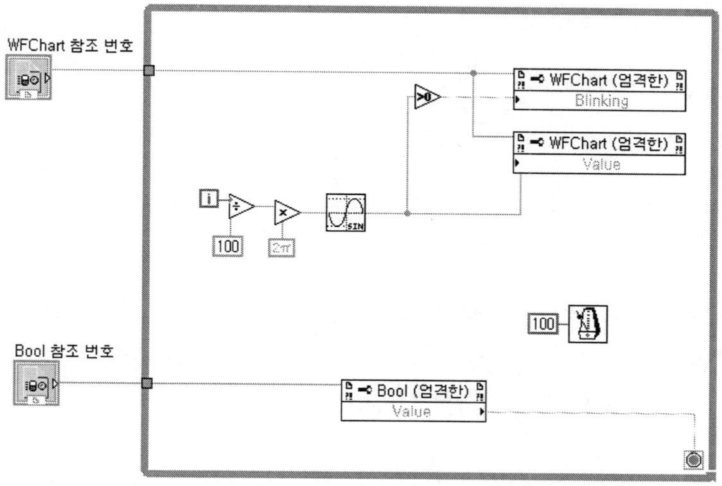

⌘ Main VI 구성

7. 새 VI를 만들고, 참조Main.vi로 저장합니다.
8. 프런트패널에 웨이브폼 차트와 정지 버튼을 위치시키고, 정지 버튼의 기계적 동작을 [누를 때 스위치]로 바꿔줍니다.

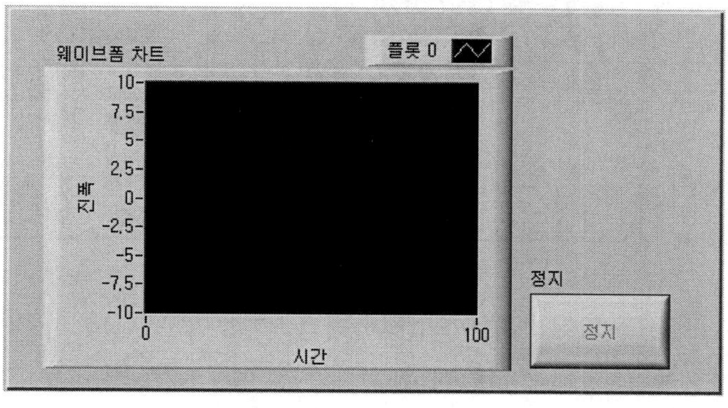

9. 블록다이어그램의 터미널에서 생성 〉 참조를 선택하여 웨이브폼 차트와 정지의 참조를 생성합니다.
10. 다음과 같이 참조Sub.vi를 위치시키고, [WFChart 참조 번호]와 [Bool 참조 번호]에 각각 웨이브폼 차트 참조와 정지 참조를 연결합니다. 이때 정지 버튼의 기계적 동작이 [누를 때 스위치]로 설정되지 않으면 에러가

발생합니다.

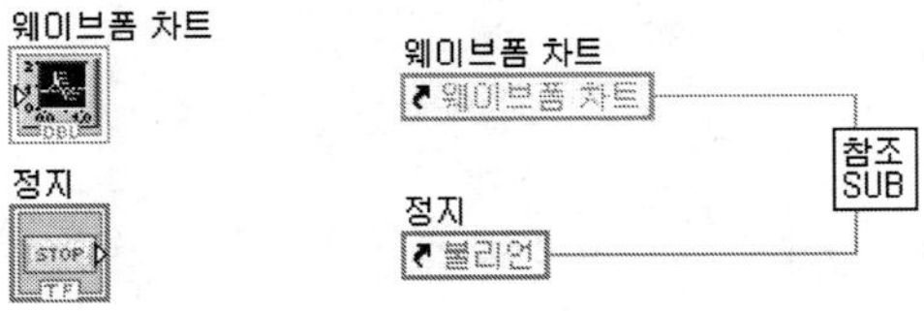

11. 참조Main.vi를 저장하고, 실행합니다. 사인파형이 출력되고, 0이상이면 점멸함을 확인할 수 있습니다. 그리고 Main VI에는 While 루프가 없지만 반복 실행함을 확인할 수 있습니다.

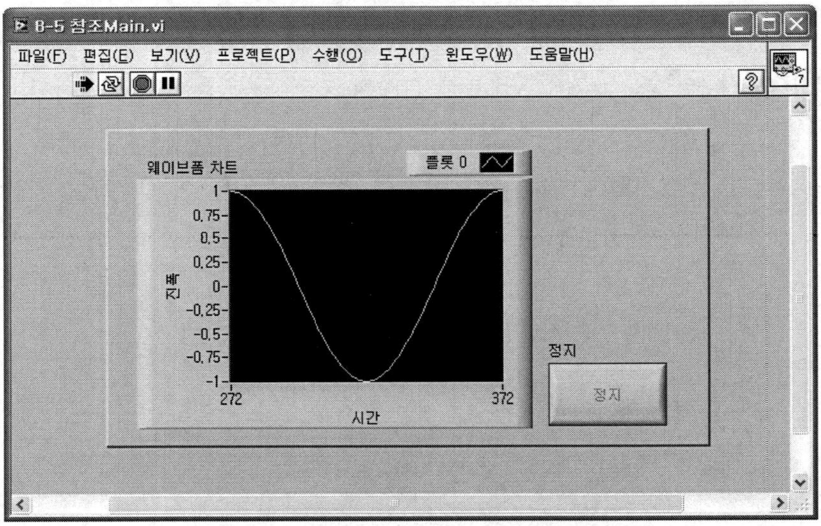

12. 참조Sub.vi를 다음과 같이 수정합니다. 인보크 노드를 위치시키고, Bool 참조 번호를 참조에 연결합니다. 메소드로 [기본값으로 다시 초기화]를 선택해줍니다. 함수 〉 프로그래밍 〉 어플리케이션 컨트롤 팔레트에서 **인보크 노드**를 찾을 수 있습니다.

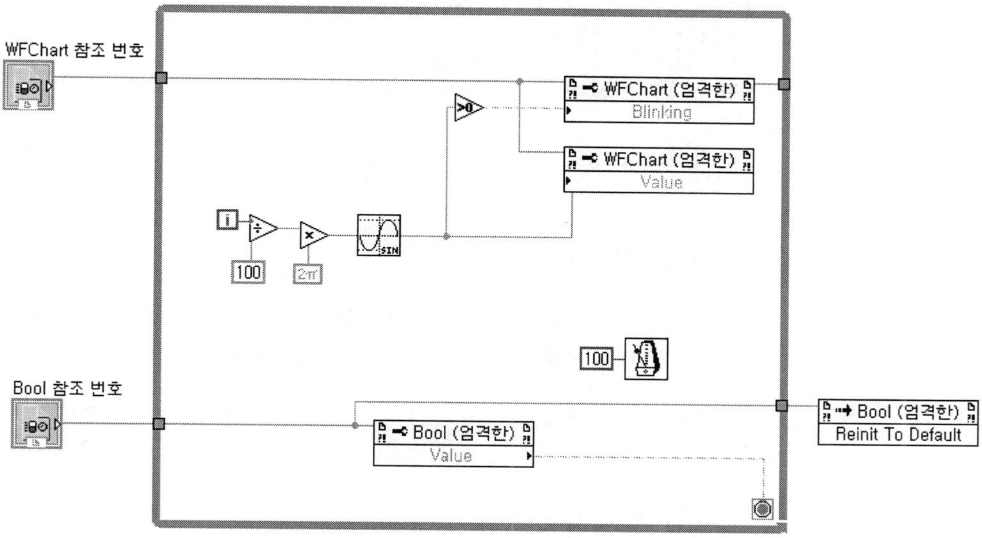

13. 참조Main.vi를 다시 실행합니다. 정지 버튼을 클릭하여 VI를 종료한 뒤에 정지 버튼이 기본값으로 돌아옴을 확인할 수 있습니다.

연습 8-5 끝

아. 다양한 추가 기능

LabVIEW에서 사용할 수 있는 다양한 추가 기능을 소개합니다.

1. 인쇄하기

LabVIEW는 CAD와 비슷한 모양이지만, 프로그래밍 언어이므로 CAD처럼 프런트패널이나 블록다이어그램을 축소/확대하여 확인할 수는 없습니다. 그러나 블록다이어그램을 크게 작성한 경우에 블록다이어그램 전체를 한눈에 보고 확인할 필요가 종종 있습니다. 이때 유용하게 사용할 수 있는 방법이 인쇄하기입니다.

메뉴의 파일(F) 〉 인쇄... 선택합니다. 인쇄 내용으로 아이콘, 설명, 패널 및 다이어그램을 선택하고, **블록다이어그램을 스케일하여 맞춤**으로 선택해주면 프린트 용지 크기에 맞추어 인쇄가 됩니다.

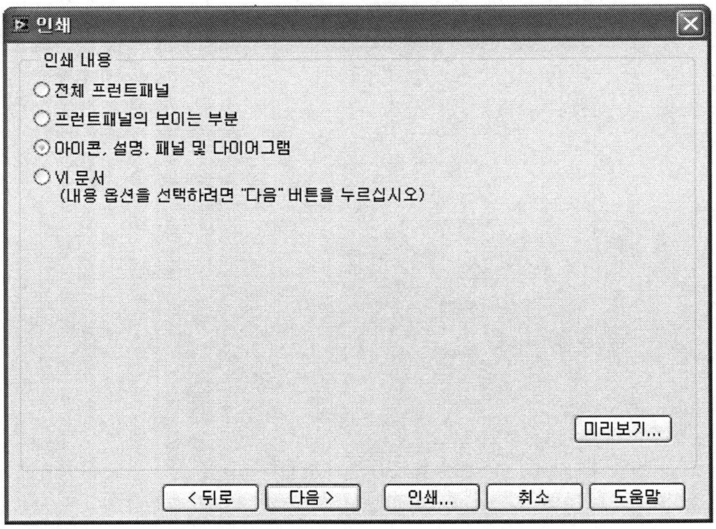

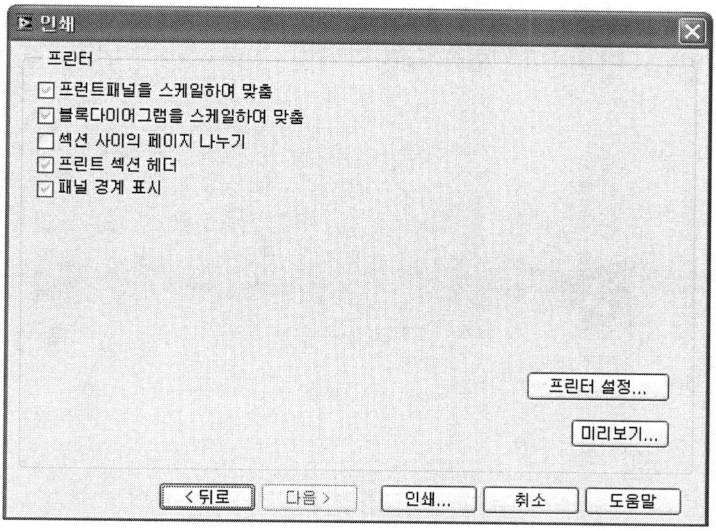

2. 탐색 윈도우

탐색 윈도우는 보기(V) 〉 탐색 윈도우(N)에서 선택하여 띄울 수 있습니다. 큰 블록다이어그램이나 프런트패널을 탐색하기 위하여 탐색 윈도우를 띄우고, 원하는 부분을 탐색하여 확인할 수 있습니다.

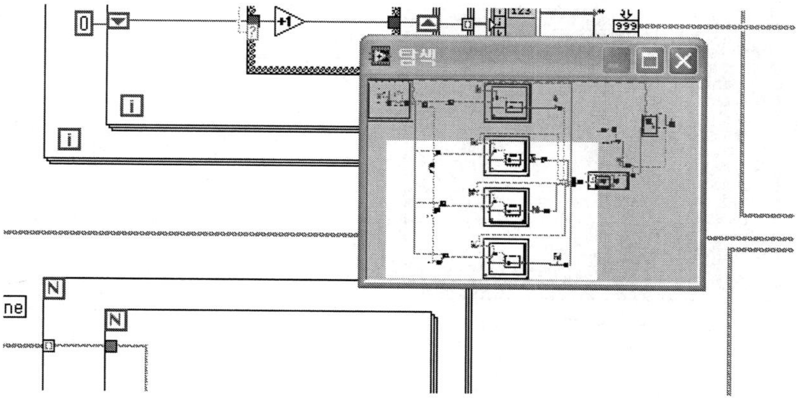

3. 빠른 탐색

함수 팔레트에서 함수 이름으로 검색하고자 할 경우에는  검색 버튼을 클릭하여 팔레트 검색 창을 띄울 수 있습니다. 키워드를 이용하여 함

수를 검색할 수 있습니다.

또한 메뉴의 보기(V) 〉 **빠른 탐색**을 선택하여 함수를 검색할 수 있습니다.

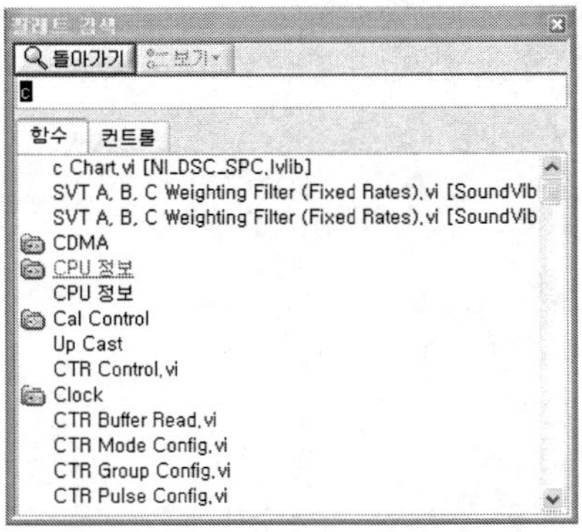

[빠른 탐색] 대화 상자에서 키워드를 이용하여 함수나 VI를 검색할 수 있습니다. 빠른 탐색은 팔레트 검색과 다르게 LabVIEW에서 제공되는 함수뿐 아니라 프로젝트에 포함된 사용자 VI도 검색하여 불러올 수 있습니다. 아래에서 사용자 VI.vi는 사용자가 만든 VI입니다.

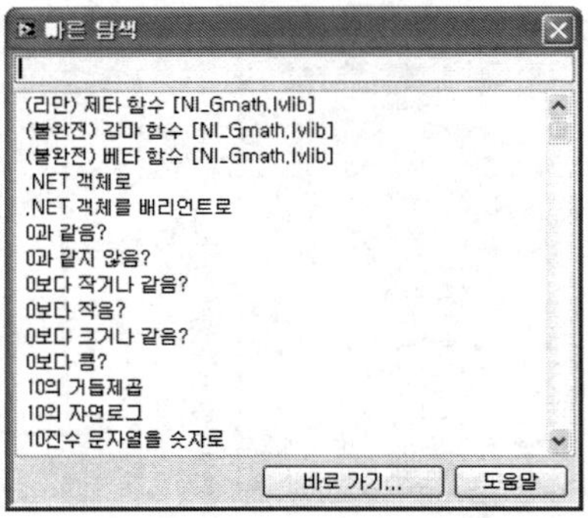

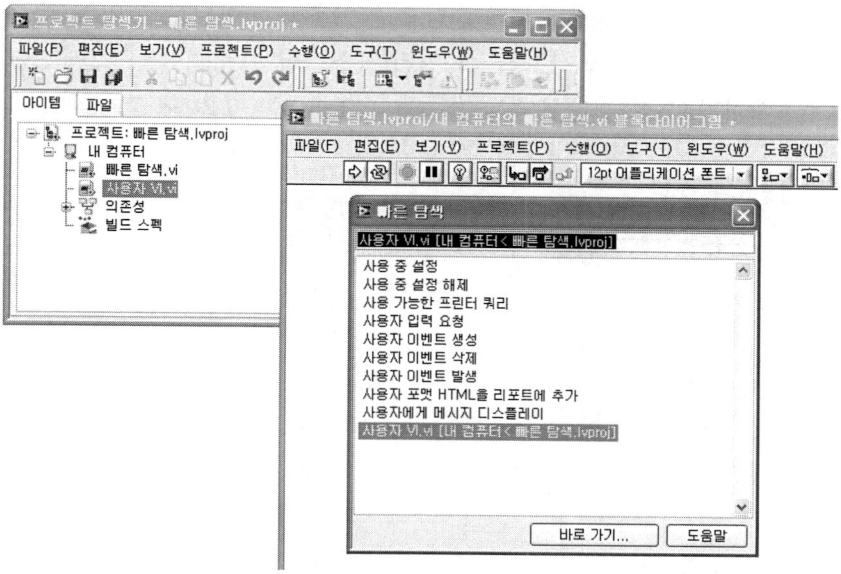

처음으로 **빠른 탐색** 윈도우를 띄우는데 수분의 시간이 소요됩니다. 그러나 한 번 실행한 뒤에는 단축키 〈Ctrl + Space〉로 쉽게 다시 띄울 수 있습니다. 그리고 빠른 탐색 윈도우를 띄운 뒤에는 몇 가지 추가적인 단축키를 사용할 수 있습니다.

블록다이어그램에 있는 함수를 선택하고, 단축키 〈Ctrl + Space〉로 빠른 탐색 윈도우를 띄운 다음, 단축키 〈Ctrl + D〉를 선택하면, 선택된 함수의 모든 입력과 출력에 자동으로 컨트롤과 인디케이터가 생성됩니다.
같은 방법으로 단축키 〈Ctrl + Shift + D〉를 선택하면, 선택된 함수의 모든 입력에 자동으로 상수가 생성됩니다.
그리고 블록다이어그램의 함수를 선택하고 빠른 탐색을 띄운 다음, 단축키 〈Ctrl + R〉을 선택하면, 선택된 함수가 삭제됨과 동시에 남은 함수들이 자동으로 와이어가 연결됩니다.
단축키 〈Ctrl + T〉를 선택하면, 컨트롤의 라벨은 왼쪽으로 정렬되고, 인디케이터의 라벨은 오른쪽으로 정렬됩니다.

다음과 같이 간단한 예제를 이용하여 빠른 탐색의 단축키를 익혀봅니다.

블록다이어그램에 DAQmx 함수를 이용하여 아날로그 입력 관련 함수들은 차례로 위치시키고, 태스크와 에러를 연결합니다. 함수 〉 측정 I/O 〉 DAQmx – 데이터 수집 팔레트에서 함수들을 찾을 수 있습니다.

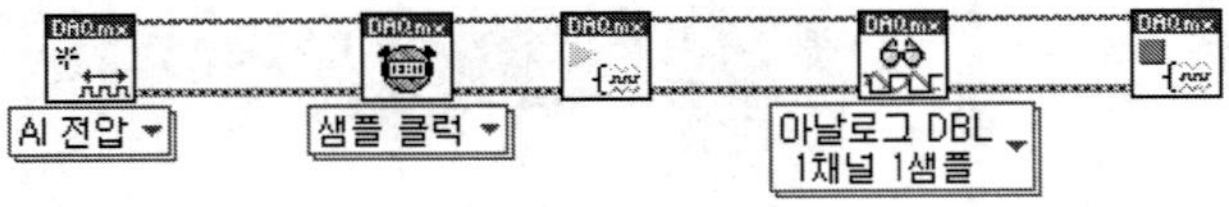

첫 번째에 위치한 DAQmx 채널 생성을 선택하고, 단축키 〈Ctrl + Space〉로 빠른 탐색을 띄운 다음, 단축키 〈Ctrl + D〉를 선택하면, 다음과 같이 모든 입력과 출력에 컨트롤과 인디케이터가 자동으로 생성됩니다.

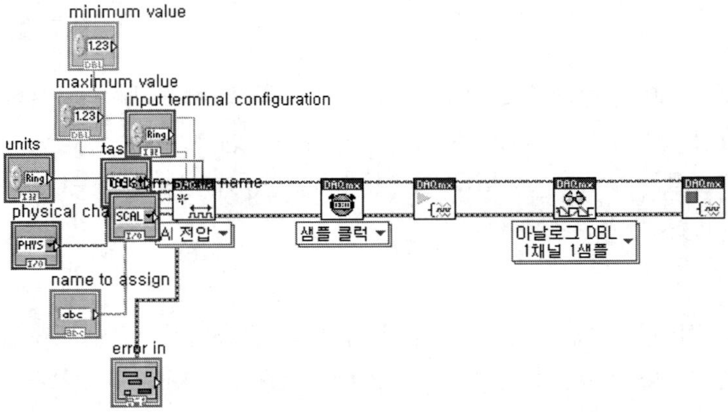

두 번째에 위치한 DAQmx 타이밍을 선택하고, 빠른 탐색 윈도우를 띄우고, 단축키 〈Ctrl + Shift + D〉를 선택하면, 다음과 같이 모든 입력에 자동으로 상수가 생성됩니다.

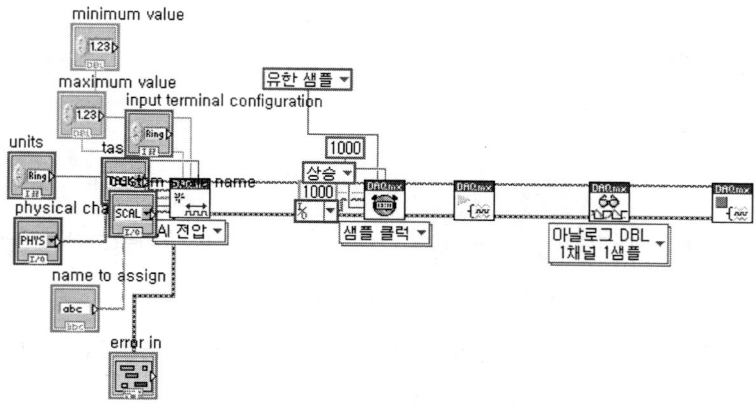

세 번째에 위치한 DAQmx 태스크 시작을 선택하고, 빠른 탐색을 띄우고, 단축키 〈Ctrl + R〉을 선택하면, 다음과 같이 선택된 함수는 삭제되지만 태스크와 에러 와이어는 연결된 상태로 유지됩니다.

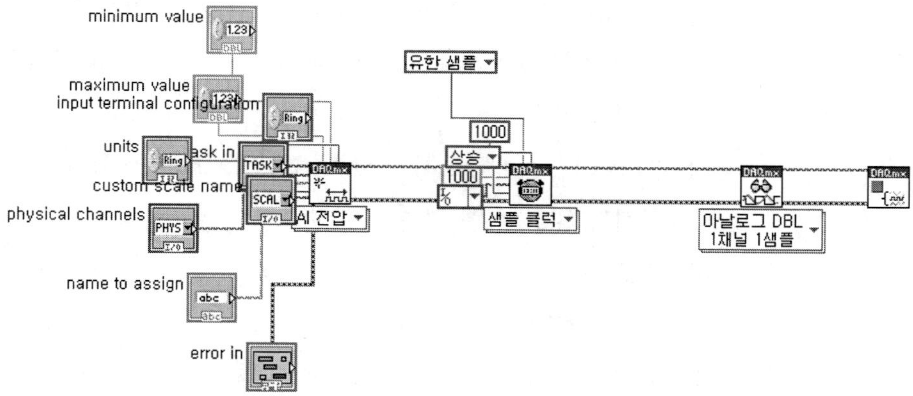

이와 같이 빠른 탐색과 단축키를 이용하면 빠른 프로그래밍이 가능합니다.

요약정리

가. LabVIEW 프로젝트의 빌드 스펙에서 새로 만들기 〉 어플리케이션(EXE)을 선택하여 실행 파일을 생성합니다.

나. LabVIEW 프로젝트의 빌드 스펙에서 새로 만들기 〉 설치 프로그램을 선택하여 설치 프로그램을 만듭니다.

다. VI 프로퍼티에서 VI의 여러 옵션을 설정할 수 있습니다.

라. VI 재귀로 설정하여 자기 블록다이어그램에서 VI를 재 호출하여 사용할 수 있습니다.

마. VI 프로퍼티 〉 실행에서 [재호출 실행]과 [인스턴스 사이에서 복제 공유]를 선택해줘야만 VI 재귀를 사용할 수 있습니다.

바. 웹 서버를 이용하여 웹 브라우저에서 VI의 프런트패널을 모니터링하거나 컨트롤할 수 있습니다.

사. 웹 서비스는 HTML이나 XML 포맷을 그대로 이용할 수 있으므로 사용자가 원하는 웹 화면을 구성하여 연동시킬 수 있습니다.

아. 프로퍼티 노드와 인보크 노드를 이용하여 프런트패널의 객체 속성을 프로그램적으로 제어할 수 있습니다.

자. 한 개 객체에 대하여 여러 개의 프로퍼티를 변경할 경우나 SubVI를 이용할 경우에는 컨트롤 참조를 이용할 수 있습니다.

Note

컴퓨터 기반의 제어와 계측 LabVIEW™

초보자도 쉽게 이해할 수 있다.

LabVIEW를 처음 접하는 경우에도 쉽게 따라서 익힐 수 있다.
LabVIEW의 구성, 사용법 그리고 실무 팁을 쉽게 설명하여
처음 시작하는 초보자도 이해하기 쉽게 구성되었다.

풍부한 예제를 이용하여 설명하였다.

그래픽 기반의 프로그래밍 언어인 LabVIEW를 예제를 통하여
익힐 수 있도록 구성하였다.
예제들은 LabVIEW의 기능을 가장 효율적으로 설명하기 위하여
엄선한 것이므로 이 예제들을 사용하여 최적의 프로그램을 완성할 수 있다.

LabVIEW의 초급과 중급 사용자를 위한 교재이다.

초보자가 LabVIEW를 시작하여 중급 수준까지 도달할 수 있도록 구성하였다.
그리고 중급자가 LabVIEW의 기본 개념을 다시 리뷰하고
부족한 점을 보충할 수 있게 구성하였다.

컴퓨터 기반의 제어와 계측 LabVIEW™ *Express*

곽두영 지음

중급에서 고급 사용자로

LabVIEW의 중급 사용자가 고급 수준으로 나아갈 수 있는 다음 단계를 제시하였다.

풍부한 예제

간단 명료한 예제와 연습을 통하여 각 부분의 핵심을 익힐 수 있도록 구성하였다.

컴퓨터 기반의 제어와 계측

LabVIEW는 컴퓨터 기반의 제어와 계측에 특화된 프로그래밍 언어이다.
LabVIEW는 컴퓨터를 이용하여 제어와 계측 시스템을 구성하고자 하는 사용자들에게 가장 체계적이고 효과적인 프로그래밍의 방향을 제시해 준다.

LabVIEW를 이용한 기초공학실험

이병옥,이영진,최성주 공저

산업 현장의 변화에 신속하게 대응하도록 개선된 공과 대학의 실험 과목을 위한 지침서

학생들에게 빠르게 변화하는 산업 현장에서 필요한 기술을 가르쳐서 능동적으로 대처할 수 있도록 하였다.
계측에 필요한 센서의 기초지식을 습득하고 신호처리에 대한 과정을 이해할 수 있도록 하였다.

자동 계측 시스템을 구축하는데 LabVIEW를 활용하는 능력을 기르도록 하였다.

저자약력

- 1993년 밀양고등학교 졸업.
- 1999년 연세대학교 이과대학 물리학과 졸업.
- 2001년 포항공대 물리학과 석사.
- 2001년 3월 한국내쇼날인스트루먼트 입사.
- 2002년 4월 LabVIEW 컴퓨터 기반의 제어와 계측 Solution 저 – Ohm사.
- 2003년 9월 LabVIEW Express 저 – Ohm사.
- 2004년 8월 LabVIEW 컴퓨터 기반의 제어와 계측 저 – Ohm사.
- 2006년 11월 LabVIEW 한글판 – Ohm사.
- 2008년 10월 LabVIEW 8.6 한글판 – Ohm사.
- 현재 한국내쇼날인스트루먼트 기술지원부 본부장.

컴퓨터 기반의 제어와 계측

LabVIEW 2009 (한글판)

초판발행	2009년 10월 1일
초판인쇄	2009년 9월 25일
저 자	곽 두 영 지음
발 행 인	곽 종 학
발 행 처	도서출판 **Ohm사**
주 소	140-150 서울시 용산구 갈월동 17번지. 세기B/D
전 화	02-776-4868~9
팩 스	02-779-6757
등록번호	1975년 9월 12일 제3-3호

ISBN 978-89-7101-816-X **보급특가 22,000원**